문화
냉전

문화 냉전

미국의 공보선전과 주한미공보원 영화

김려실 지음

현실문화

일러두기

1. 영화 제목은 〈 〉로 표기했고 처음에만 괄호 안에 원제, 제작연도, USIS 목록번호를 병기했다.

2. 인명과 작품 제목은 필요한 경우 괄호 안에 원어를 병기했다.

3. 기관명은 '약어 일람'에 원어 전체를 소개했고, 본문에서는 처음에만 괄호 안에 원어의 약어를 병기하고 이후로는 약어 또는 한국어 통칭으로 표기했다.

4. 원문을 인용할 경우 현대어로 고치고 국어 맞춤법에 따라 표기했고 한자는 한글로 바꾸고 필요시에는 원문을 괄호 안에 병기했다.

5. 아래 장과 절은 저자의 기존 논문을 수정·보완하거나 일부를 발췌한 것이다.

　제4장 1–4절　「뉴스릴 전쟁: 한국전쟁 초기 미국의 뉴스릴과 〈리버티 뉴스〉의 탄생」, 『현대영화연구』 25호, 현대영화연구소, 2016.

　제6장 1–2절　「'원자력의 평화이용' 캠페인과 주한미공보원(USIS)의 영화공보」, 『비교한국학』, 26권 2호, 2018.

　제9장 1–2절　「냉전사 재고와 영상역사 쓰기: 주한미공보원(USIS)의 원조 선전영화를 중심으로」, 『로컬리티의 인문학』 19호, 부산대학교 한국민족문화연구소, 2018.

　제10장　「냉전과 박애: 냉전기 미국의 구라활동과 USIS 영화 〈황토길〉의 사례」, 『현대문학의 연구』 55집, 한국문학연구학회, 2015.

　제11장　「댄스, 부채춤, USIS 영화: 문화냉전과 1950년대 USIS의 문화공보」, 『현대문학의 연구』 49호, 한국문학연구학회, 2013 및 「1950, 60년대 주한미공보원(USIS) 영화의 '아시아 문화' 표상에 대한 고찰」, 『한국문예비평연구』 40집, 한국현대문예비평학회, 2013.

차례

약어 일람	8
용어 해설	10
여는 글	13

제1부 문화냉전의 서막

제1장 전시정보국의 극동 지역 공보선전 _23
크릴위원회의 해외영화부 / 국제영화부의 해외 공보선전

극동 지역 영화 지침과 중앙영화배급사의 설립

제2장 주한미공보국의 영화공작 _38
적산극장 불하 문제와 「극장 및 흥행 취체령」 / 「활동사진의 취체」와 「영화의 허가」

'장택상 고시'가 던진 파문 / 중앙영화배급사 조선 지부의 설립

중앙영화배급사 영화에 대한 반발 / 미군정의 중앙영화배급사 지원

입장세령 개정과 중앙영화배급사의 로비 / 미군정 공보부 영화과의 변천

주한미공보국 영화과의 공보 활동 / 5·10 총선거 선전영화

제3장 주한미공보원의 설립과 문화냉전의 서막 _88
스미스-문트 법의 제정 / 한국전쟁 이전 주한미공보원의 영화 프로그램

대한민국 정부의 공보영화

제2부 문화냉전과 주한미공보원 영화

제4장 한국전쟁기 주한미공보원의 영화공작 _115
주한미공보원의 심리전 행동 / 미 육군부의 뉴스릴

일본 언론과 한국전쟁 뉴스릴 / 리지웨이와 진해영화제작소

전쟁 포로 영화공작 / 김기영의 주한미공보원 영화 〈사랑의 병실〉

전쟁고아 구호사업과 주한미공보원 영화 / 운크라 영화 〈고집〉

제5장 미국해외공보처의 탄생과 상남 시대의 개막 _176
굿바이 트루먼, 웰컴 아이젠하워 / 상남영화제작소: 주무기로서 주한미공보원 영화

미 국무부 국제공보처 프로그램의 긴축과 주한미공보원의 구조조정

제6장 냉전의 과학과 주한미공보원의 과학영화 _199
미국의 핵전략과 '원자력의 평화 이용' 캠페인

주한미공보원의 원자력 영화 / 아폴로 외교와 삼선 개헌

제7장 주한미공보원이 제작한 반공영화 _225
외부의 위협과 내부의 적 / 〈주검의 상자〉의 용공 논란

험프리 렌지 컬렉션과 4월혁명 / 케네디 정권기 주한미공보원의 유화정책 영화

〈탱크〉의 주인공은 누구인가? / 〈한라산〉이 그린 4·3

제8장 우정과 예술이라는 신무기 _257
아이젠하워 정권의 공공외교 / 음악, 공공외교의 새로운 언어

유리공예에 새겨진 민간협력 / 평화부대와 케네디의 개발원조

풀브라이트 프로그램 홍보영화 / 그들은 왜 주한미공보원을 습격했는가?

제3부 냉전근대 한국을 영사하기

제9장 냉전 개발주의와 주한미공보원 영화 _303
'자조-원조'라는 도식과 재건의 드라마 / 반공주의로서 개발주의

제10장 냉전과 박애 _339
냉전기 한센병 관리체제와 미국의 구라활동
주한미공보원의 구라영화 〈황토길〉 / 냉전 박애주의의 한계

제11장 냉전 오리엔탈리즘 _359
자유민주주의의 기표로서 댄스 / 부채춤은 어떻게 민속무용이 되었는가?
주한미공보원 영화의 '아시아 문화' 표상

제12장 주한미공보원이 남긴 것들 _384
〈나에게 물어봐!〉는 왜 사장되었을까? / 주한미공보원 영화를 만든 한국인들
〈내 친구 헤이먼〉의 귀환 / 미국학의 탄생: 〈미국문화센터와 지역사회〉

맺는 글	408
감사의 말	411
참고문헌	414
찾아보기	427

약어 일람

AEC	미국 원자력위원회(Atomic Energy Commission)	
AID	국제개발청(Agency for International Development)	
Amembassy	주한미대사관(The U.S. Embassy)	
AFAK	주한미군 대민원조처(Armed Force Assistances Korea)	
BMP	OWI의 국내영화과(Bureau of Motion Picture)	
CAD	미 육군 민정국(Civil Affairs Division)	
CIA	미국 중앙정보국(Civil Information Agency)	
CIC	주한미군방첩대(Counter Intelligence Corps)	
CIE	일본점령군 민간정보교육국(Civil Information and Education Section)	
CMPE	중앙영화배급사(Central Motion Picture Exchange)	
CPI	미 국무부 공보위원회(Committee on Public Information) 또는 크릴위원회(Cree Committee)	
DA	미 육군부(The United States Department of the Army)	
ECA	주한경제협조처(Economic Cooperation Administration)	
FEA	미국 해외경제관리국(Foreign Economic Administration)	
FOA	미국 대외활동본부(Foreign Operation Administration)	
GHQ/SCAP	연합군최고사령관총사령부(General Headquarters, the Supreme Commander of Allied Power)	
ICA	미 국무부 국제협조처(International Cooperation Administration)	
IIA	미 국무부 국제공보처(International Information Administration)	
IMP	OWI, OIC, OII의 국제영화부(International Motion Picture Division)	
IMS	국제영화부(International Motion Picture Service, 1952년 IMP에서 개칭)	
IOC	IIA 및 USIA의 민간협력과(Office of Private Cooperation)	
ISNSE	국제원자과학공학연구소(International Institute of Nuclear Science and Engineering)	
KCAC	주한민사처(Korean Civil Assistance Command)	
KRAI	정보과(Korean Relations and Information Section)	

MPEA	미국영화수출협회(Motion Picture Export Association)	
MPTB	OIC, CIE의 영화연극과(Motion Picture and Theatrical Branch)	
NARA	미국국립공문서관(National Archives and Records Administration)	
NASA	미항공우주국(National Aeronautics and Space Administration)	
NSC	국가안전보장회의(National Security Council)	
OCI	주한미공보국(Office of Civil Information)	
OEC	유엔 주한경제조정관실(Office of the Economic Coordinator)	
OEX	교육교류국(Office of Educational Exchange)	
OIC	미 국무부 국제공보문화국(Office of International Information and Cultural Affair)	
OII	미 국무부 국제공보국(Office of International Information)	
OIE	미 국무부 국제공보·교육교환국(Office of International Information and Educational Exchange)	
OSS	OWI의 전략사무국(Office of Strategic Services)	
OWI	전시정보국(Office of War Information)	
PAO	미대사관 공보관(Public Affair Officer)	
POW	전쟁 포로(Prisoner of War)	
PSB	심리작전위원회(Psychological Strategy Board)	
PWB	심리전지국(Psychological Warfare Branch)	
UNCACK	유엔민사처(United Nations Civil Assistance Command in Korea)	
UNKRA	운크라, 유엔한국재건단(United Nations Korea Reconstruction Agency)	
USAMGIK	재조선미국육군사령부군정청(United States Army Military Government in Korea)	
USIA	미국해외공보처(United States Information Agency)	
USIE	미국 국제공보·교육프로그램(United States International Information and Educational Program)	
USIS	미국공보원(United States Information Service), 주한미공보원(USIS Korea)	
USOM	주한미경제협조처(United States Operations Mission to Korea, 유솜)	
VOA	미국의 소리(Voice of America) 방송	

용어 해설

공공외교(public diplomacy)

전통적으로 외교의 주체는 각국 정부이고 그 수행은 외교관이 대리하며 중심 영역은 안전보장과 경제적 이해관계다. 그러나 장기간에 걸친 냉전의 영향으로 정부와 민간이 두루 주체가 되어 자국의 이미지를 개선하고 국제사회에서의 신뢰도와 영향력을 높이기 위해 외국 대중을 상대로 홍보활동을 전개하는 공공외교가 발달하게 되었다. 공공외교는 전통적 외교에 비해 군사력, 경제력과 같은 힘의 우위보다는 문화외교, 인물·교육 교환, 관광외교, 도시외교 등 인적·문화적 자산을 그 수단으로 한다.

공보선전(public information)

공보는 정부나 공공기관이 일반에 널리 알리는 문서나 보고를 의미하며 사실을 전달하는 것에 중점을 둔다. 반면 선전은 반드시 사실을 다룬다기보다는 정부, 단체, 개인의 주장을 대중에게 알려 여론을 육성하고 설득하는 데 중점을 둔다. 미국의 대외 정보활동은 객관적 사실을 널리 알리는 공보와 미국의 특정한 주장을 설득하고 전파하기 위한 선전이 불가분으로 결합되어 있으므로 이 책에서는 공보선전이라는 용어를 사용한다.

문화냉전(cultural Cold War)

비군사적 냉전의 총칭. 여기서 문화란 문예와 교양을 의미하는 협의의 개념이 아니라 교육·연구, 출판·번역, 미디어, 과학, 스포츠, 오락, 언어, 종교, 사상, 행동양식, 생활양식까지 포괄하는 광의의 개념이다. 냉전기에 미소 양국은 냉전 이데올로기를 고취하고 자국에 우호적인 국제 여론을 형성하기 위해 막대한 국가예산을 문화사업에 투입했다.

문화냉전은 표면적으로는 평화적 경쟁으로 여겨졌으나 그 이면에서는 심리전이나 사상전과 동의어로 취급되었다. 미국의 경우 CIA와 USIS는 전 세계를 대상으로 체제 선전에 유리한 문화 프로그램을 지원하고 자신들의 관여를 드러내거나 숨긴 채 국제 여론을 형성, 조작했다.

USIS 영화(USIS Film)

USIS가 생산하거나 USIS가 전파한 영화. USIS는 국가마다 조율된 영화 프로그램과 필름 목록을 갖추고 영화를 전파했다. USIS 영화는 대부분 뉴스릴과 다큐멘터리이며 극영화는 드문 편이다. 따라서 일부 연구자들은 USIS가 제작한 영화를 'USIS 문화영화'로 부르기도 한다. 일제강점기에 사용된 '문화영화'라는 용어는 해방 이후에도 국립영화제작소가 생산한 관제 다큐멘터리를 지칭하는 용어로 사용되었고 한때 서브 장르를 형성하기도 했다. 그러나 미국 정부의 해외 공보선전용 영화를 가리키기 위해 문화영화라는 소멸한 용어를 소환할 필요는 없을 것 같다. 따라서 이 책에서는 'USIS 영화'를 통칭으로 삼고자 한다.

다큐픽션(docufiction)과 극화된 다큐멘터리(fictional documentary)

USIS 영화는 있는 그대로 현실을 재현했다는 믿음을 주기 위해 다큐멘터리의 문법과 관습을 차용했으나 논픽션은 아니었다. 홍보 및 교육 효과를 증대하기 위해 실화를 각색하거나 허구를 덧붙였다. 이 책에서는 실제 사건의 인물이 영화에 등장하는가의 여부를 기준으로 실화의 당사자가 자신을 표상하는 경우는 다큐픽션, 실화에서 소재를 취했어도 배우가 당사자를 대신해 연기한 경우는 극화된 다큐멘터리로 분류한다.

여는 글

 냉전은 기본적으로 배타적 이데올로기와 핵무기를 가진 적의 잠재적 위협을 바탕으로 한 '상상의 전쟁'이었다. 물론 아시아에서 냉전은 한국전쟁과 베트남전쟁처럼 상상에 머물지 않고 현실화되기도 했지만 냉전이 종식될 때까지 핵전쟁은 결국 일어나지 않았다. 지난 세기 양 진영은 적과 나의 동반 몰락을 초래할 핵전쟁을 대신해 곳곳에 대체 전장(戰場)을 형성했고 긴 세월 동안 전선과 후방이 따로 없는 상상의 전면전을 펼쳐왔다.
 냉전에서 군대와 무기만큼이나 중요한 수단은 정보였다. 미소 양국은 이질적 지역들을 하나의 진영으로 묶어두고 장벽 너머 적의 동태를 감시하기 위해 선전과 첩보를 핵심 전략으로 삼았다. 특히 미국 정부는 국가 이미지를 개선하고 우호적 국제 여론을 조성하기 위해 막대한 예산을 쏟아부었고, 한국전쟁 이후 전 세계에 '미국의 정의'를 전파하기 위해 미국해외공보처(USIA)라는 방대한 조직을 구축했다.

USIA는 냉전 종식 후 폐지되었으나 그렇다고 미국이 정보전략을 포기한 것은 아니다. 인터넷의 모태가 1969년에 미 국방부가 구축한 군사용 통신망 알파넷(ARPANET)인 것처럼 미국은 뛰어난 정보기술력으로 기존의 정보전략을 사이버 외교, 사이버 첩보로 진화시켜왔다. 주지하다시피 현재 전 세계인이 가장 많이 접속하는 글로벌 뉴미디어 플랫폼은 모두 미국에서 탄생했다. 오늘날 미국 대통령은 냉전 시대처럼 '미국의 소리(VOA)' 라디오 방송을 통해 전 세계를 향해 연설할 필요가 없다. "140자의 헤밍웨이"로 자칭하는 트럼프 대통령처럼 손가락 몇 개를 놀리는 것만으로 간단히 전 세계의 이목을 집중시키는 것이 가능하기 때문이다.

이 책은 기본적으로 미국이 냉전에서 승리하기 위해 어떤 정보를 어떻게 유포했는가에 대한 이야기다. 한국전쟁 종식을 대선 공약으로 내걸었던 아이젠하워 대통령은 취임 직후 USIA를 설립하고 USIA 처장을 국가안전보장회의(NSC)의 구성원으로 포함시켰을 만큼 해외정보 전략을 국가안보에 직결되는 문제로 취급했다. USIA는 38개 언어로 송출된 VOA를 관장했고 세분화된 미디어 부서를 두고 잡지, 신문, 서적, 소책자, 포스터, 사진, 영화, 만화, TV 프로그램 등을 다양한 언어로 생산해 각국에 설치된 미국공보원(USIS)을 통해 전 세계에 배포했다.

USIS가 설치된 국가는 가장 많았을 때 150여 개국에 달했다. USIS는 USIA가 제작한 공보물을 현지어로 번역해 사용했을 뿐만 아니라 필요시에는 현지에서 제작해 배포하기도 했다. 도서관 및 전시회 프로그램, 영어 교육, 풀브라이트 프로그램과 같은 교육 교환 사업, 미국과 관련된 문예·학술 활동의 진작, 국제교류 및 공공외교 지원도 USIS의 업무였다. 그러나 USIS는 이런 표면적 공보활동 외에도 현지 여론을 조사하거나 정보를 수집해 USIA에 보고했으며 미군이나 CIA의 기밀활동에 협조하기도 했다.

　이 책은 한국 USIS가 분단국가 한국에서 냉전을 유지하고, 미국의 냉전 정책에 대한 지지를 끌어내고, 미국의 이미지를 풍요와 자유의 나라로 각인시키기 위해 어떤 활동을 했는지를 USIS 영화를 중심으로 기술했다. 영화는 라디오 수신기 보급이 미진했던 1940, 50년대와 TV가 상용화되기 전인 1960년대에 걸쳐 한국에서 가장 인기 있고 영향력 있는 미디어였다. 한국전쟁을 겪으며 영화가 다른 어떤 미디어보다 공보선전과 심리전에 유용하다는 점을 알게 된 USIS는 경상남도 상남에 최신 설비를 갖춘 영화제작소를 건설하고 '리버티 프로덕션'이라는 자체 레이블을 만들어 뉴스릴과 다큐멘터리를 제작했다. 한국 USIS는 곧 전 세계에서 가장 많은 영화를 자체 생산하는 지부가 되었다. 이 책에서 USIS 영화를 분석하기 위한 문제틀은 다음과 같다.

한국에서 주한미공보원 영화 프로그램의 특수성은 무엇인가?

USIS 영화를 통시적으로 살펴보면 1953년부터 1960년대 초반까지 활발하게 생산되었다는 점을 알 수 있다. 영화는 1960년대 후반 TV에 주도권을 넘겨줄 때까지 한국에서 USIS 미디어 공작의 최량의 도구로 기능했다. USIS 영화는 한국의 정치, 사회, 문화 등을 고려해 주제와 대상을 주의 깊게 선택, 미국에 대한 신뢰감을 구축했고 미국이 제시하는 냉전 근대국가를 한국이 도달해야 하는 보편적 가치로 표상했다. 한국 USIS의 영화 프로그램은 기본적으로 미국 정부의 냉전정책과 USIA의 지침을 따랐지만 현지 사정에 따라 운영되었다. 같은 영화라 할지라도 지역적 특수성에 의해 다른 의미로 받아들여질 수도 있었고 언어와 문화의 차이 때문에 각국 USIS는 USIA의 지침을 재량에 따라 현지화했다. 이를 검증하기 위해서는 주변 아시아 국가의 USIS 프로그램과 한국의 그것을 비교하는 작업이 필수적이다. 이 책에서는 주로 일본 USIS의 영화 프로그램을 참조틀로 삼았다. 명령 계통상 미군정의 공보정책은 일본에 있는 연합국최고사령관총사령부(GHQ)의 지침을 따랐고, 정부 수립 이후에도 한국과 일본은 미국의 해외 공보선전 전략에 따라 극동이라는 같은 권역으로 묶여 '아시아의 반공 보루'의 역할을 나누어 가졌기 때문이다.

미국은 한국에서 스스로가 어떻게 인식되기를 바랐나?

USIS가 영화를 한국에서 가장 유력한 미디어로 판단했고 냉전 헤게모니 확립을 위한 수단으로 이용했다는 사실은 기존 연구에서도 분석하고 있는 바다. 그런데 역으로 USIS 영화가 이차세계대전 이후 미국의 새로운 정체성과 한국 상상에 영향을 미치기도 했다는 점은 간과되어 왔다. 이 책에서는 USIS 영화를 통해 한국의 미국화(Americanization)와 미국의 대한(對韓) 미디어 전략을 분석하는 데 그치지 않고 이들 영화가 미국인의 한국 내지는 아시아 상상과 어떤 관련이 있는지도 검토한다. 해방 이후 한국에서 미국화는 압도적 현상이었지만 타자의 문화를 수용하는 과정은 수동적이기보다는 선망과 질시, 모방과 저항이 교차하는 것이었다. 이른바 국제교류라는 문화의 교차 과정은 냉전체제의 구축과 더불어 한미 양국에 부여된 새로운 정체성을 구성하는 데 중요한 역할을 했다. 따라서 USIS 영화가 한국 국민에게 어떤 미국을 제시했는가 하는 질문뿐만 아니라 그것이 미국의 냉전 문화주의에 영향을 미쳤다는 점 또한 쌍방향적으로 조명되어야 한다.

주한미공보원 영화는 한국에서 어떻게 수용되었는가?

냉전기 미국 정부는 문화외교라는 이름으로 대상국이 미국 문화의 우월성을 인식하도록 갖가지 캠페인과 프로그램을 전개했다. 미국 정부는 비군사적 체제 경쟁에서 승리하기 위해 문화냉전을 강화하면서, USIS를 통해 미국 문화에 대한 오해와 편견을 불식하고 미국의 선진 문화를 알리는 한편, 효과적 선전을 위해 한국을 연구하고 한국인들의 의견을 참조했다. 그렇다 하더라도 미국이 제시한 미국 이미지와 미국 문화가 저항 없이 무조건적으로 수용된 것은 아니다. 따라서 한국인이 미국적 가치와 미국 문화의 어떤 면을 선택적으로 수용했으며, 1950, 60년대 한국 영화가 USIS 영화와의 교섭 속에서 어떻게 스스로를 구축해갔는가라는 문제도 함께 생각해볼 필요가 있다.

책의 구성

이 책에서는 크게 3부로 나누어 문화냉전과 USIS 영화의 이모저모를 살펴본다.

제1부 「문화냉전의 서막」에서는 USIS가 설립되기까지 미국 정부의 해외 공보선전 활동 중에서 영화 프로그램을 개괄했다. 이차세계대전 시기 전시정보국(OWI)의 극동 지역 영화 지침이 미군정의 영화정책에 어떻게 반영되었는지 고찰하고 미군정의 영화정책과 USIS의 영화 공보 프로그램의 연속성을 밝혔다. 미군정 공보기구의 변천을 살펴본 뒤 주한미공보국(OCI)의 영화 프로그램을 공문서와 문헌자료를 통해 검증했다. 또한 USIS의 설립 과정과 남한 단독정부 수립 이후 한국 정부의 영화정책에 대해서도 살펴보았다.

제2부 「문화냉전과 주한미공보원 영화」에서는 USIS 영화가 미국의

냉전 이데올로기를 한국 사회에 정착시키고 미국의 문화적 헤게모니를 구축하는 데 어떤 역할을 했는지 조명했다. 먼저 USIS 영화가 미국의 냉전정책을 어떻게 반영했는가를 미소 냉전 국면의 변화와 더불어 살펴보았다. 한국전쟁기 USIS의 심리전 행동을 조명했고 운크라(UNKRA) 및 유엔민사처(UNCACK)의 활동을 홍보한 영화들, 전후의 재교육·재정향 프로그램의 일환으로 제작된 영화들을 분석했다. USIA가 한국전쟁 휴전 이후 설립되면서 USIS가 아이젠하워 및 케네디 행정부의 냉전전략에 따라 어떤 문화 프로그램을 운영했는지 살펴보았고, 원자력의 평화 이용 캠페인, 피플 투 피플 캠페인, 풀브라이트 프로그램, 평화부대 창설 등과 관련해 USIS가 제작·배포한 영화들도 분석했다.

제3부 「냉전 근대 한국을 영사하기」에서는 USIS 영화가 냉전 근대 국가 한국의 이미지 구축에 어떤 역할을 했는지 고찰했다. 1950년대의 전후 무상원조와 1960년대 개발원조의 성과를 홍보한 USUS 영화들은 아시아 개발도상국의 모델로서 한국의 이미지를 표상했다. 한편 한국 USIS는 아시아 전체의 공보 목표와의 유기적 연관 속에서 미국의 개발주의가 한국의 문화와 전통을 훼손하지 않는다는 점을 설득하기 위해 미국을 문화와 전통의 수호자로 표상한 영화들도 제작했다. 한국의 냉전 근대와 한국의 전통 문화라는 상반된 이미지의 통합이 미국의 냉전 오리엔탈리즘과 어떤 관계가 있는지 분석한 다음, 반세기 동안 지속된 냉전으로 문화적 접촉면이 넓혀짐에 따라 발생한 '의도치 않았던' 상호 교류의 결과에 대해서도 살펴보았다.

미국이 냉전 이데올로기를 전파하고 문화적 헤게모니를 구축하기 위해 사용한 미디어는 비단 영화만이 아니다. 따라서 이 책은 냉전기 미국의 대한(對韓) 공보선전의 맥락을 이해하는 데 도움을 줄지라도 전체상을 망라하지는 않는다. 또한 영화를 주된 대상으로 삼았으나 영화학 분야의 저서처럼 영화미학이나 영화감독에 주목해 필름을 분석하지도 않는다. 아마도 각 분야의 전공자들이 본다면 생략된 부분도 있을 것이고 관점의 차이도 있을 것이다. 이 책은 주로 미국 정부의 정보자유법(Freedom of Information Act)에 따라 기밀 해제(declassified)된 자료를 참조하여 씌었는데, 여러 가지 이유로 외국인 연구자가 방대하며 복잡한 공문서의 미로 속에서 필요한 자료에 접근하는 것이 수월하지는 않았다. 냉전은 끝났지만 냉전 연구는 여전히 정보 불균형 속에서 이루어지고 있다는 것을 책을 집필하면서 절실히 깨달았다. 그럼에도 이 책이 냉전 문화와 냉전적 사고에 대한 독자의 이해를 돕기를 기대하며 다양한 분야와 관점에서의 활발한 후속 연구를 기다린다.

제1부
문화냉전의 서막

제1장
전시정보국의 극동 지역 공보선전

제2장
주한미공보국의 영화공작

제3장
주한미공보원의 설립과 문화냉전의 서막

공식적으로 냉전이 끝난 뒤에야 우리는 이 전쟁이 다른 전쟁의 끝에서 시작된 것이 아니라 그 이전에 이미 배태되어 있었다는 사실을 깨달게 되었다. 식민지였으나 제국과의 전쟁에서 승리하여 독립국가가 된 미국과 민중혁명을 통해 세계 최초로 공산주의 국가를 수립한 소련은 압제에 저항해 탄생한 근대국가라는 공통점이 있었다. 유럽 제국들이 두 차례에 걸친 전쟁으로 철저히 파괴되는 동안 광대한 국토와 풍부한 물적·인적 자원을 갖춘 두 국가는 장차 세계를 반으로 가르게 될 각자의 이데올로기를 발전시켜 나갔다. 1941년에 그들은 처음으로 손을 마주잡았다. 일본의 하와이 친주만 공습과 독일의 소련 침공으로 제이차세계대전에서 같은 편이 되어 싸우게 된 그들은 5년간의 전쟁을 통해 상대가 얼마나 강력한지만큼이나 얼마나 다른지에 대해서도 알게 되었다. 전쟁에 승리한 바로 그 순간부터 미소 양국은 서로를 신중히 탐색하기 시작했고 필연적으로 그 사이에는 냉랭한 기운이 감돌 수밖에 없었다. 냉전이라는 용어는 1947년에야 비로소 공식화되었지만 그 기원은 어쩌면 1917년에 비롯되었다고도 할 수 있다. 러시아혁명이 성공한 바로 그해, 우연인지 필연인지 미국은 기존의 고립주의를 버리고 유럽의 전쟁에 참전했고 국민을 전쟁에 동원하기 위해 미국 역사상 최초의 해외 공보기관인 전시정보국을 만들었다.

제1장
전시정보국의 극동 지역 공보선전

크릴위원회의 해외영화부

미국 정부의 해외 공보기관인 USIA의 뿌리는 일차세계대전 때로 거슬러 올라간다. 우드로 윌슨(Thomas Woodrow Wilson) 대통령은 유럽의 전쟁에 관여하지 않겠다는 평화공약으로 재선되었으나 독일이 미국 상선을 공격해 침몰시키면서 반독 감정에 불이 붙었고 임기가 시작된 1917년 초부터 언론은 고립주의를 버리고 적극적으로 '민주주의 외교'를 천명해야 한다는 캠페인을 진행하기 시작했다. 이에 윌슨은 대통령 직속의 공보위원회(CPI)를 설치해 참전 준비에 착수했다. 기자 출신의 조지 크릴(George Creel)이 CPI 위원장을 맡았고 그의 이름을 따 '크릴위원회'라 불린 조직은 진보 언론인들의 이상주의와 광고산업계의 커뮤니케이션 기술을 결합시켜 평화 지

조지 크릴, 1917.
© Library of Congress

크릴위원회가 제작한 선전영화
〈미국의 응답〉 포스터.
© Library of Congres

향적이었던 여론을 참전으로 돌리는 데 성공했다. 그리고 국내 선전에 치중했던 CPI는 그해 9월 독일의 선전에 대항하기 위해 외무과(Foreign Section)를 설치하고 세계 질서에 대한 윌슨 정부의 전망을 해외로 전파하기 시작했다.[1]

CPI 외무과는 라디오 및 전신부, 해외출판부, 해외영화부로 나뉘어 있었다. 즉 미국에서 영화 공보의 역사는 해외 공보의 역사와 일치할 정도로 뿌리가 깊었고 처음부터 민간 영화산업계와 불가분의 관계를 맺었다. 해외영화부는 CPI 제작 영화의 수출을 감독하는 한편, 할리우드의 동의 아래 해외 배급을 통제했다. CPI는 전시무역위원회(War Trade Board)를 통해 미국을 '잘못 반영한' 영화의 수출 면허를 취소할 수 있는 권한을 가지고 있었다. 또한 CPI는 미국 정부의 선전영화와 함께 배급한다는 조건 아래에서만 오락영화의 해외 배급을 허락했다. 따라서 해외 배급업자들은 할리우드 영화를 수출하기를 원한다면 독일영화를 보여주지 말아야 한다는 것, CPI 제작 영화를 상업영화와 묶어 보여줘야 한다는 것을 곧 인지하게 되었다. 할리우드 스타 "찰리 채플린(Charlie Chaplin)과 메리 픽포드(Mary Pickford)가 〈퍼싱 장군의 십자군(Pershing's Crusaders)〉(1918)과 〈미국의 응답(America's Answer)〉(1918)을 적진으로 이끌고 가는"[2] 방식으로 미국 정부는 전 세계의 극장을 컨트롤했고, 할리우드는 전쟁 협력이 불러온 반사이익을 톡톡히 누리면서 전쟁으로 유럽영화가 주춤한 틈을 타 전 세계의 영화시장을 장악할 수 있었다.

---

1. Cull 2008, 6-7.
2. MacCann 1973, 122.

국제영화부의 해외 공보선전

역사적으로 이차세계대전은 영화의 이용가치가 극대화된 전쟁이었다. 기술적으로 무성에서 토키로, 흑백에서 컬러로 나날이 진보했던 영화라는 뉴미디어는 라디오나 신문 같은 올드미디어보다 광범위하고 강력한 전파력을 증명했다. 항공정찰과 공중폭격에도 영화 기술이 도입됨으로써 영화는 사상전뿐만 아니라 말 그대로 근대 전쟁에 필요불가결한 무기가 되었다.

미국 정부의 각 부처는 일찍부터 영화를 대민 교육과 선전에 상시적으로 사용했다. 1936년의 조사에 따르면 20개소의 정부 부처가 독자적으로 영화과를 설치해 영화를 제작·배급했다. 미군도 그중 하나로, 일차세계대전 때부터 전쟁부(War Department)[3]에는 사진과 영화로 전황을 기록하는 육군 통신부대가 있었다. 육군은 민간회사에 하청을 주어 군사훈련용 영화와 뉴스릴을 제작했는데 일부 영상은 CPI를 거쳐 대민 선전용으로 사용되었다.[4]

1941년 12월 7일 진주만 공습으로 미국은 다시 세계대전에 참전하게 되었고 반년 뒤인 1942년 6월 13일, 루스벨트(Franklin Delano Roosevelt) 대통령은 전시 공보 프로그램을 운영할 조직으로 전시정보국(OWI) 설립을 승인했다. 『뉴욕 타임즈(New York Times)』 기자 출신이자 라디오 해설자로 전국적으로 명성이 높았던 엘머 데이비스(Elmer Holmes Davis)가 OWI 국장에 임명되었다.

OWI는 남북아메리카문제조정국(Office of the Coordinator of Inter-

---

3. 1789년에서 1947년까지 전쟁부로 불리다가 이후 국방부(Department of Defense) 산하의 육군부(Department of the Army)로 명칭이 변경되었다.
4. MacCann 1973, 45-46.

일본 및 나치의 선전물을 살펴보는 OWI 국장 앨머 데이비스 (1943). © Library of Congress

American Affairs)[5]이 담당한 라틴아메리카를 제외한 전 세계를 공보 대상으로 삼았다. 표면적으로 OWI의 역할은 언론, 라디오, 영화 등의 미디어를 이용해 국내외에 미국 정부의 전쟁 목표, 활동, 정책과 미국 국민의 전쟁 협력을 알리고 그에 대한 이해를 촉진하는 것이었다. 그러나 이면의 활동은 전쟁 프로파간다와 심리전까지도 포함했다. 이차대전 종결로 OWI는 폐지되었지만 미국이 냉전을 시작하면서 OWI 산하 전략사무국(OSS)은 첩보 조직인 중앙정보국(CIA)으로 발전했고, 해외정보과는 미국의 소리(VOA) 방송으로 계승되었다.

OWI는 해외부와 국내부로 나뉘어 있었고 각각 국제영화부(IMP)와 국내영화과(BMP)를 두었다. BMP 과장은 『워싱턴 데일리 뉴스(Washington Daily News)』 편집장에서 루스벨트 대통령의 보좌관이 된 로웰 멜릿(Lowell Mellet)이었다. 그는 1943년에 전쟁부가 제작하고 프랭크 카프라(Frank Rosario Capra)가 연출한 육군 대상 교육영화 〈우리는 왜 싸우는가(Way We Fight)〉 시리즈를 총지휘했다. BMP는 할리우드에 사무소를 두었는데, 멜릿의 친구이자 『세인트 피터스버그 타임즈(St. Petersburg Times)』의 발행인 넬슨 포인터(Nelson Poynter)가 책임자였다. IMP는 할리우드와 뉴욕 양쪽에 사무소를 두었다. 뉴욕 사무소 소장으

---

5. 남북아메리카문제조정국은 루스벨트 대통령이 라틴아메리카 담당 차관보로 임명한 대부호 록펠러 가문 출신의 넬슨 록펠러(Nelson Aldrich Rockefeller)가 지휘했다.

로는 시나리오 작가이자 제작자였던 로버트 리스킨(Robert Riskin)이, 부소장에는 MGM 영화사의 루이스 로버(Louis Lober)가 임명되었다. 할리우드 사무소 소장에는 언론인 울리크 벨(Ulrik Bell)이 임명되었다.

뉴욕시장(좌)과 로웰 멜릿(우)(1939). ⓒ Library of Congress

인선에서 알 수 있듯 OWI는 관료 출신보다는 OWI의 공신력을 보장할 수 있는 언론인이나 영화산업계와 연결고리가 될 영화인으로 영화과를 구성해 할리우드로부터 협력을 이끌어내기를 원했다. 그러나 지난 전쟁에서 CPI 검열에 위축되었던 기억 때문에 협조에 소극적이었던 할리우드는 루스벨트 대통령에게 정부와 할리우드의 협력 관계를 조율해줄 수 있는 인물을 임명해줄 것을 요청했다.[6] 그럼에도 멜릿은 친우 포인터를 BMP 할리우드 사무소 책임자로 임명해버렸고 포인터는 영화에 대해서는 문외한이라 BMP가 할리우드로부터 적극적 협력을 이끌어내기는 어려웠다.

BMP는 1942년 7월에 영화산업계에 전쟁을 위해 만들어야 할 영화의 제작 매뉴얼을 전달했다. 그리고 멜릿은 12월 9일 각 스튜디오 책임자에게 전쟁 협력에 유해한 내용을 제거하기를 권장한다며 제작 중

---

6. OWI의 연혁을 집필 중이었던 역사가 앤 슈거가 루이스 로버에게 보낸 각서 Ann Sugar to Louis Lober, "Memorandum," 4 Apr. 1945 및 슈거가 넬슨 포인터와 인터뷰한 후 작성한 보고서 참조. Ann Sugar, "OB Motion Pictures: Conference with Nelson Poynter," 25 Sep. 1945, Overseas Branch Motion Picture Bureau, Records of the Historian Relating to the Overseas Branch, Box 2, RG 208 Records of the Office of War Information, The U. S. National Archives and Records Administration(NARA). 이하, NARA의 공문서를 인용할 경우 초출에만 문서군(Record Group)을 밝혀 쓰고 다음부터는 RG 208과 같이 그룹 번호만으로 약기한다.

인 영화의 시놉시스와 최종 스크립트를 BMP 할리우드 사무소로, 즉 포인터에게 보내라는 '권고' 서한을 보냈다. BMP는 자신들이 유해하다고 판단한 영화의 상영을 금지할 권한이 없었지만[7] 할리우드는 멜럿의 '권고'를 OWI를 등에 업은 '검열'의 다른 이름으로 받아들였다. 할리우드의 제작자 월터 웨인저(Walter Wanger)[8]는 『퍼블릭 오피니언 쿼터리(Public Opinion Quarterly)』를 통해 BMP가 할리우드 영화를 윤색하려 한다며 공개적으로 비판했고 다른 매체들도 같은 우려를 표명했다. 이에 엘머 데이비스는 시놉시스 및 스크립트 제출은 어디까지나 자발적이라며 멜럿의 권고에 대해 해명했지만 이 문제에 대한 할리우드의 불만을 수용해 백악관에서 청문회가 열렸다. 그 자리에서 할리우드 영화와 비교해 아마추어적 BMP 영화가 과연 전쟁 프로파간다에 얼마나 효과적일지에 대한 의문이 제기되었다. 더 나아가 엘머 데이비스는 상원 청문회에서 OWI에 영화부가 왜 필요한가라는 더 근본적인 공세에 직면했다. 결국 1943년 봄 의회에서 OWI 국내지부에 대한 예산이 삭감되면서 BMP의 규모도 대폭 축소되었다. 1943년 1월부터 국내 선전용 영화 생산은 민간이 전담하게 되었고 같은 해 10월에 멜럿을 대신해 할리우드 내부의 인물, 즉 증권 인수업자이자 파라마운트 집행위원회 위원장인 스탠턴 그리피스(Stanton Griffis)가 BMP 과장으로 임명되었다.[9]

---

7. 영화 검열 및 수출 면허 발급은 검열국(Office of Censorship)의 소임이었다.
8. 1920년대 파라마운트에서 제작자로 일했던 웨인저는 루돌프 발렌티노(Rudolph Valentino)를 주연으로 한 일련의 작품으로 흥행에 성공했다. 1930년대에는 할리우드 내부의 독립제작자로서 존 포드(John Ford)의 〈역마차(Stagecoach)〉(1939), 프리츠 랑(Fritz Lang)의 〈진홍의 거리(Scarlet Street)〉(1945) 등 작품성을 갖춘 흥행작을 제작했다.
9. MacCann 1973, 129-136.

BMP의 활동은 미국 내에서 전쟁 프로파간다를 유포하는 것에 반발한 언론과 검열에 반대하는 영화산업계의 압박으로 미미한 수준에 머물렀다. 이에 비해 해외에서의 영화공작(film operation)은 전쟁이 과열됨에 따라 한층 확대되었다. 1942년 4월 9일자 「외국에서 뉴스릴 배급」이라는 OWI의 공문서를 보면 OWI 설립 전부터 미국 정부는 유나이티드뉴스(United Newsreel)라는 비영리 회사를 세워 해외 공보선전에 영화를 적극적으로 이용하고 있었다.[10] 파테뉴스(Pathé News)[11]의 뉴욕 스튜디오가 제공한 공간에 자리 잡은 유나이티드뉴스는 5대 메이저 영화사인 20세기폭스, MGM, RKO, 파라마운트, 유니버설의 어떤 자료도 무료로 사용할 수 있다는 계약을 맺었다. 유나이티드뉴스의 주된 업무는 민간 영화사의 뉴스릴이나 필름 아카이브에서 얻은 자료로 주간 뉴스릴을 제작해 해외에 배급하는 것이었다. 뉴스를 외국어로 더빙하는 데 드는 모든 비용은 미국 정부가 부담했다. 뉴욕 제작소를 비롯해 카이로, 스톡홀름, 봄베이에서 13개 언어로 더빙된 뉴스릴은 민간 영화사의 배급망을 통해 권역별로 배급되었다. 20세기폭스는 중동, MGM은 중남아프리카, RKO는 포르투갈과 그 식민지 및 스위스, 파라마운트와 유니버설은 스웨덴과 핀란드, 유니버설은 인도와 중국에서 배급을 담당했다. 이렇게 광범위한 지역에서 공보선전 활동을 펼쳤음에도 OWI의 해외 공작은 독일 및 일본에 비해 부족하다는 평가를 받았다. 이에 미국 정부는 해마다 해외부서의 예산을 파격적으로 늘렸고 IMP의 예산도 더불어 늘어났다. 전쟁이 막바지에 다다랐던 1945년도 IMP의 예

10. "Distribution of Newsreels in Foreign Countries," 29 Apr. 1942, Box 2, RG 208.
11. 파테뉴스는 축음기 제조, 판매 업자였던 파테 형제가 설립한 기업 파테 프레르(Pathé Frères)가 영국과 미국에 설립한 뉴스 및 다큐멘터리 스튜디오였다. 파테 프레르는 영화 제작으로 크게 성공한 뒤 전 세계에 배급소를 설치해 1910년대 초에 이미 방대한 영화 배급망을 구축했었다.

산은 BMP의 33배에 달했다.[12]

OWI는 영화가 심리전과 장기 프로파간다에 적합한 미디어라는 점을 인식하고 있었다. 따라서 미국이 점령하거나 해방시킨 지역에 뉴스릴 외에도 자체 제작한 다큐멘터리와 할리우드 극영화도 배급했다. BMP와 갈등을 빚었던 할리우드는 해외 공보선전에 있어서만큼은 전면적으로 협조했다. 민간 영화사는 전쟁영화나 뉴스릴을 제작하기 위해 미군의 협조를 얻어야 했고 미군이 점령하거나 해방한 지역은 잠재적으로 미국 영화의 시장이 될 수 있었기 때문이었다. IMP 할리우드 사무소 소장 울리크 벨은 검열국이 IMP의 결정을 따르도록 설득하는 한편, 할리우드를 향해서는 해외 사정만큼은 IMP가 더 전문가라는 점을 인식시켜 영화산업계의 협조를 이끌어낼 수 있었다.[13]

IMP는 연합군이 점령한 지역에서 자국 영화사의 이익을 최대한 보호했다. 미군 점령 지역에서는 음식, DDT,[14] 미국 영화가 점령군의 표준 패키지라는 말이 돌 정도였다. IMP 뉴욕 사무소 소장 로버트 리스킨이 OWI 해외부서장 에드워드 W. 배럿(Edward Ware Barrett)에게 보낸 1944년 8월 12일자 각서를 보면 그 점이 뚜렷하다. 할리우드 출신인 리스킨은 유럽 점령 지역에서 영화 배급을 두고 할리우드의 요구를 대변

12. OWI의 국내부서가 요청한 1945년도 예산이 2,464,633달러였고 그중 약 50분의 1인 49,861달러가 BMP에 배정되었다. 이에 비해 같은 해 해외부서가 요청한 예산은 국내부서의 24배가 넘는 59,562,101달러였고 그중 약 36분의 1인 1,640,328달러가 IMP에 배정되었다. MacCann 1973, 137.
13. IMP는 OWI가 해외로 유출하는 모든 영화를 검토하는 영화검토위원회(Film Review Board)를 뉴욕에 두고 있었지만 할리우드 사무소의 보고서를 참조하여 양쪽의 의견을 조율한 뒤 어떤 영화를 해외로 보낼지 결정한 것으로 보인다.

할리우드 사무소의 커닝햄은 뉴욕 사무소 부소장 로버에게 서한을 보내 IMP의 결정이 어떻게 이루어지느냐는 질문을 했고 로버는 할리우드 사무소의 보고서와 영화검토위원회의 결정이 다를 경우 어느 쪽을 따를 것인가는 회의를 통해 조율한다는 답변을 보냈다. William S. Cunningham to Mr. Louis Lober, "Letter," 26 Aug. 1944; Louis Lober to Mr. William Cunningham, "Letter," 18 Sep. 1944, Box 2, RG 208.
14. 한국에서 유엔군은 1951년 9월 30일 현재 인구의 75%에 DDT를 살포했다. 허은 2008, 149.

한국인에게 DDT를 살포하는 미군(1952). ⓒ NARA

하고 있다.[15]

리스킨은 노르망디 상륙작전이 성공하고 불과 두 달 뒤에 작성된 이 각서에서 "OWI 내부에서는 IMP가 과도하게 상업적 이익을 고려한다는 좋지 못한 의견이 만연한 것 같다"며 이 각서가 그런 오해를 불식하기 위한 것이라고 주장했다. 먼저 그는 할리우드가 지금까지 미군이 "해방시킨" 국가에 영화를 공급했을 뿐만 아니라 자막과 더빙 작업까지 해왔다는 것을, 즉 뚜렷한 불이익에도 불구하고 관대하게 협조해왔다는 점을 강조했다. 그다음으로 해방지에서 제너럴 모터스가 자동차를, 제너럴 푸즈가 식료품을 무상 제공했지만 정부가 영화산업계에도 무

---

15. Robert Riskin, Motion Picture Bureau to Edward Barrett, Executive Director, "Memorandum," 12 Aug. 1944, Box 2, RG 208.

상 제공을 요구하는 것은 무리라는 주장을 펼쳤다. 그 근거로 영화의 무상 제공은 그 나라 국가 경제에 큰 혼란이 될 수 있다는 점을 들었다. 그리고 결론에서 미군이 점령지나 해방지에서 신탁관리자(trustee)처럼 할리우드 영화산업계의 이익을 최대한 보호해야 한다고 속내를 드러냈다. 그 시기 프랑스의 일부 지역은 OWI나 심리전 지국(PWB)의 관할이 아니었고 독일의 일부 지역은 앞으로도 OWI가 관여하지 않기로 예정되어 있었다. 그럼에도 리스킨은 OWI나 PWB가 관할하지 않는 지역의 경우 미국 영화 필름을 그 지역 기관이나 정부에 넘겨주어 배급하도록 하는 특별 조치가 필요하다고 제안했다. 다시 말하면 미군 관할이 아닌 지역에서는 할리우드가 독자적 배급망을 조직하겠다는 의미였다.

이 제안에 대해 OWI 해외부서장 대리였던 버나드(T. L. Barnard)는 부정적 답변을 해주었다.[16] 이미 이들 지역에서는 기존의 배급체계가 빠르게 복구되고 있었고 IMP가 해당 지역 배급업자들에게 필름을 넘겨준다 하더라도 그 업무는 어디까지나 영화산업계가 아니라 해외경제관리국(FEA)의 소관이라는 점이 그 이유였다. 이처럼 유럽에서 OWI는 할리우드의 과도한 요구를 거부했지만 극동에서는 전략적 이유뿐만 아니라 경제적 이유에서 할리우드가 배급망을 창설하는 것을 허락했다. 그 결과 설립된 회사가 바로 미국영화수출협회(MPEA) 산하의 중앙영화배급사(CMPE)였다.

---

16. T. L. Barnard, Asst. Executive Director to Mr. Robert Riskin, Chief, Motion Picture Bureau, "Memorandum," 17 Aug. 1944, Box 2, RG 208.

극동 지역 영화 지침과 중앙영화배급사의 설립

OWI 공문서 중 미국 영화의 극동 지역 배급에 대한 최초의 언급은 IMP 할리우드 사무소의 윌리엄 S. 커닝햄(William S. Cunningham)이 루이스 로버에게 보낸 1944년 8월 26일자 서한에서 확인된다.[17] 커닝햄은 OWI 극동부(Area III) 소속의 동아시아 전문가 존 K. 페어뱅크(John King Fairbank)[18]와의 긴 토론을 언급하며 극동 지역에 배급할 영화를 준비해두기 위해 샌프란시스코 본부[19]의 극동 지역 전문가들을 이용할 것을 제안했다. 로버는 1944년 9월 18일 답신에서 IMP가 이미 일본어로 단편영화를 더빙 중이며 IMP의 영화검토위원회(Film Review Board)가 중국어로 더빙할 영화에 대해 논의 중이라는 소식을 알려왔다.[20] 주제, 제목, 프린트 수, 배급 지역에 대한 검토위원회의 지침을 기다리는 중이었던 로버는 샌프란시스코 본부의 극동 지역 전문가들 및 IMP 할리우드 사무소가 추천하는 필름의 리스트를 보내달라고 요청했다. 그 사이 영화검토위원회는 1944년 9월 5일자 문서로 「상업영화에 대한 지침」을 할리우드 사무소에 전달했다.[21] 그리고 내용에 따라 임의로 ① 시사영화: 현재의 전쟁과 그 기원 또는 국내, 경제, 정치적 상황, ② 뮤지컬 코미디, ③ 코미디, ④ 감상적 드라마, ⑤ 미스터리와 스릴러, ⑥ 웨스턴, ⑦ 역사물로 나눈 세부 지침을 첨부하면서 상업영화에 대해서는 영화산업계가 제출한 시나리오를 근거로 IMP 할리우드 사무소가 선

---

17. Cunningham to Lober, "Letter."
18. 하버드대학 출신의 중국학 전문가 페어뱅크는 미국이 참전하게 되자 OWI와 OSS에서 극동 지역 전문가로 일했다. 그는 종전 이후 하버드대학에 동아시아연구센터를 설립, 미국 동아시아학의 기틀을 다지고 미국 내 동아시아 학계에 지대한 영향력을 미쳤다.
19. OWI 해외부서는 지역에 따라 둘로 나뉘어 있었는데, 대서양 공작은 뉴욕 본부에서, 태평양 공작은 샌프란시스코 본부에서 담당했다.
20. Lober to Cunningham, "Letter."
21. "Motion Picture Guidance for Commercial Films," Office of War Information Overseas Branch, New York Review Board, 5 Sep. 1944, Box 2, RG 208.

정 원칙을 마련하기를 요청했다.

이처럼 IMP는 할리우드의 목소리를 반영하고 부서 간 의견 조율을 거쳐 점령지에서의 영화 지침을 만들어갔다. 극동 지역에 대한 지침은 1944년 10월 13일자의 2급 기밀문서 「극동에서 영화와 극영화에 관한 지침」(수정판)을 통해 그 윤곽을 파악할 수 있다.[22] 이 문서는 I. 목적과 범위, II. 배경, III. 목표, IV. 주제, V. 주의사항 및 극동 7개국에서의 세부 지침을 '할 일'과 '하지 말아야 할 일'로 나누어놓은 리스트로 구성되어 있다. 이에 따르면 중국, 필리핀, 인도네시아, 버마, 태국, 인도차이나, 일본, 그 외 지역에 OWI 활동 거점 40개소를 설치하고 미국 영화 배급을 재개하는 것이 미군의 전략이었다. IMP가 극동 지역에 영화를 배급하는 목적은 "미군의 임무 수행을 용이하게 하고 미군이 어디에 상륙하더라도 미국의 평화 계획이 환영받을 수 있는 상황을 만드는 데 있"었다. 아시아인의 심적 태도, 종교적 감정, 자존심, 민족주의 등은 유럽과 다르다는 전제에서 출발한 이 지침은 "우리는 상공회의소의 홍보 담당자가 아니라 인류학자와 같은 태도를 갖추어야 한다"고 강조했다.

국가별 세부 지침을 살펴보면 외국과 타민족에 대한 고려 혹은 고정관념이 뚜렷이 반영되어 있다. 예를 들어 태국에서는 동물을 죽이는 것을 보여주는 필름이나 불상을 기념품으로 보여주는 필름을 금지했다. 이에 비해 중국인들은 종교에 무관심하므로 종교적 주제는 피하라는 세부 지침이 있었다. 열거된 국가들 중 유일하게 책, 잡지, 영화 등을 통해 미국에 대한 정보가 대중화되어 있으며 과거에 반미 선전영화를 생산했던 이력이 있는 일본에 대해서는 미일 관계나 일본의 선전영화에

---

22. "Guidance on Pictures and Features for the Far East(revised)," 13 Oct. 1944, Box 2, RG 208.

대한 구체적 정보를 바탕으로 지침이 작성되었다. 예를 들어 일본계 미국인이 전쟁에 협력적이며 미국 군대가 일본 민간인을 인간적으로 대우한다는 점을 보여주되, 일본인 관객을 얕보거나 미국인이 아시아인보다 우월하다거나 사치스럽다는 인상을 주는 영화는 금지했다.

극동에서의 다큐멘터리 배급에 관해서는 1944년 11월 6일자 공문서 「OWI 제작 다큐멘터리에 대한 지침」 중 "극동에 대한 노트"를 통해 파악할 수 있다.[23] 아시아는 미국이 물질주의에 빠져 있다고 비난한다는 점을 명심하고 과시하는 태도는 극도로 삼가야 한다고 이 노트는 당부했다. 그리고 농업 발전에 관심이 많은 농촌 관객용 다큐멘터리와 아시아 관객의 수준에 맞춘 다음의 7가지 다큐멘터리를 권장했다.

a. B-29[24] 이야기
b. 유럽의 해방(이태리-프랑스-벨기에)
c. 태평양 해전
d. 미국의 전쟁에 대한 동양인의 공헌
e. 우리가 극동에 도착하는 것이 왜 오래 걸렸는가를 설명하는 다큐멘터리. 유럽에서의 긴 전쟁과 태평양에서 예비적 전투를 보여주는 영화
f. 미국의 육군, 해군, 공군
g. 국제기구에서 미국의 역할

극동 지역 영화 배급에 관한 최후의 OWI 문서는 1944년 12월 22일자 「극동에서 OWI 제작 다큐멘터리 및 상업영화 배급을 위한 작전 지

---

23. "Guidance on OWI Documentary Films," 6 Nov. 1944, 5, Box 2, RG 208.

24. 미국이 개발한 최초의 전략폭격기로 태평양전쟁을 승리로 이끄는 데 기여했다.

침」²⁵이다. 여기에는 CMPE 설립 지침과 더불어 식민지 조선에서의 배급 지침도 명시되어 있다. 필리핀, 중국, 만주, 불령 인도차이나, 대만, 일본, 조선, 네덜란드령 동인도, 버마, 말레이시아를 대상으로 한 이 지침에 따르면, OWI 심리작전부(Psychological Warfare Division) 영화과가 점령 지역에 CMPE를 설립하고 영화담당관(motion picture officer)의 감독 아래 업무를 수행하기로 되어 있다. 영화담당관에게는 미군의 지도와 인가 아래 각 지역에서 발견된 모든 필름을 압수하고 극장주의 '적성'을 심사하여 옛 필름의 상영 계속 여부를 판단할 권한이 주어졌다. 즉 영화담당관이 검열, 배급, 극장 영업에도 관여할 수 있다는 뜻이다. 각 지역의 영화담당관을 통솔할 책임영화담당관으로 CMPE의 설립자이자 대표인 마이클 버거(Michael Bergher)가 임명되었다. 버거는 전쟁 전 콜롬비아영화사의 일본 지점장이었다. 그런 인물이 책임영화담당관이 되어 전쟁 이전 극동에서 영화 배급에 종사한 미국인들을 영화담당관으로 소집했다는²⁶ 점을 고려한다면 이 지침의 본질은 미군 점령지 또는 해방지에서 미국 영화사의 배급 재개를 미군이 지원하는 것이었다고 할 수 있다. 즉 극동 지역에서 미국의 메이저 영화사가 전쟁 전처럼 배급을 개시할 수 있을 때까지 임시 조치로 CMPE를 통해 영화 배급을 일원화하고자 한 것이다.

미국 정부는 미국 영화의 배급을 점령정책의 일환으로 생각했다. 그랬기 때문에 OWI는 CMPE가 충분한 필름을 확보할 수 있도록 전쟁부를 통해 전쟁생산위원회를 움직였고 육군의 우선항공편으로 극장에 물자를 운송해주는 등 전폭적 지원을 계획했다. CMPE는 1945년 8월

---

25. 이 문서는 페어뱅크가 워싱턴 영화검토위원회의 앨리스 T. 커랜(Alice T. Curran)에게 보낸 서한에 첨부된 것이다. 원 작성자는 IMP 부장 루이스 로버와 CMPE를 설립한 마이클 베르거(Michael Bergher)이다. 谷川 2002, 111-115.
26. 谷川 2002, 265.

31일 OWI가 폐지된 뒤에도 국무부 산하 국제공보문화국(OIC) 관할로 옮겨갈 목적했던 활동, 즉 극동 시장에서의 미국 영화의 배급을 재개할 수 있었다.

제2장
주한미공보국의 영화공작

적산극장 불하 문제와 「극장 및 흥행 취체령」

1945년 9월 9일 서울에 주둔한 미군이 가장 먼저 처리한 일 중 하나는 미디어 장악이었다. 15일에 서울중앙방송국(전 경성중앙방송국, JODK)을 비롯해 38도선 이남의 지방 방송국 10곳(부산, 이리, 대구, 광주, 목포, 마산, 대전, 춘천, 청주 방송국 및 강릉 이동방송중계소)을 접수한 미군은 조선총독부 기관지였던 『경성일보』를 9월 25일에, 『매일신보』를 10월 2일에 접수했다. 이어서 미군은 12월 6일에 발령한 미군정 법령 제33호 「조선 내에 있는 일본인 재산권 취득에 관한 건」에 근거해 38도선 이남의 극장을 접수했다.

해방 직후 한반도의 극장 수는 202관이었다. 미군 점령지인 남한의 극장 수는 116관이었는데 9할 이상이 일본인 소유였다. 일본인으로부터 극장을 위양(委讓)받거나 매수한 조선인 중에는 친일 모리배가 허다하므로 적산 처리를 기회로 국가가 극장을 관리해야 한다고 주장한 사설처럼[1] 적산극장 처리는 친일 청산과 관련된 문제였다. 따라서 극장 불하는 제대로만 한다면 문화계의 신뢰를 얻을 수 있는 좋은 기회였지만 미군정은 별 고민 없이 그것을 날려버렸다.

군정 당국은 먼저 서울 시내 극장 16관을 적산으로 처리한 뒤 1945년 12월 3일 경기도 경찰부 보안과의 알선으로 이들 극장을 '한성극장협회'로 조직했다.[2] 이듬해 3월 중순 경기도 재산관리과는 적산극장 중 조일좌, 명치좌, 성남극장, 도화극장, 제일극장, 신부좌, 대륙극장, 약초극장, 우미관, 영보극장 10관의 대여를 입찰에 부쳤다.[3] 미군정이 내건 입찰 조건은 학력, 경제 상태, 직업 이력 등이었을 뿐 친일 행적에 대해서는 문제 삼지 않았다. 이에 문화계는 즉각 반발하고 나섰다. 조선영화동맹(이하, '영맹'), 연극동맹, 가극동맹, 문학동맹, 미술가동맹, 음악가협회, 국악원, 무용가 일동 등 8개 단체 대표가 군정에 건의서를 제출했다. 종전의 극장 관리인 중에는 극장 예술 발전에 유해한 자가 많으므로 극장 경영을 예술가가 추천하는 양심적 문화인에게 맡겨야 한다는 내용이었다. 군정 당국은 진중하게 심의하겠다고 답했지만 의도적으로 입찰을 늦춰 극장 불하 문제를 흐지부지 넘겨버렸고, 결국 7월 1일 경기도 재산관리과는 서울 시내 각 극장 관리자를 호출해 그대로 경영을 계속하도록 명했다.[4]

또한 미군정은 필름 검열과 극장 취체를 부활시켜 친일 청산 문제에 대한 무관심을 드러냈다. 1946년 2월 7일에 수도경찰청장 장택상(張澤

---

1. 「극장의 공공관리」, 『동아일보』, 1946.2.14(1).
2. 「시내 극장 합동 극장협회 새로이 조직」, 『대동신문』, 1945.12.3(2); 「순문화적 운영을 목표로 서울 16극장 통합, 극장협회창립」, 『조선일보』, 1945.12.3(2); 「한성극장협회 설립」, 『서울신문』, 1945.12.5.(2). 한성극장협회는 1946년 11월 18일 서울시극장협회로 명칭을 변경했다.
3. 「시내극장 대여입찰」, 『대동신문』, 1946.3.13(2); 「前 일인의 극장 대여 입찰키로」, 『서울신문』, 1946.3.22(2).
4. 「극장관리는 현(現) 관리인에게」, 『서울신문』, 1946.7.5(2).

경찰부장 시절 장택상.

相)[5]은 「극장 및 흥행 취체령」을 발령해 미군정 반대 또는 관민 이간(離間), 계급투쟁 의식의 유발·고취 등에 저촉될 경우 극장에서 임검(臨檢)을 실행할 것이라고 발표했다. 경찰이 극장에 나가 현장을 단속하는 임검은 일제강점기 내내 실행되었던 악명 높은 검열제도였기 때문에 문화계는 "일제 이상의 억압"[6]이라고 반발했다. 3월 7일 조선문화단체총연맹 대표 20여 명은 경기도 경찰부를 방문해 즉각적 명령 철회를 요구했다. 장택상은 「극장 및 흥행 취체령」이 법령이 아니라 경찰의 방침일 뿐이라고 해명했으나 항의는 수습되지 않았다. 결국 경기도 경찰부는 이 명령을 재검토해 현장 임검을 폐지한다고 각 서에 통첩했다. 그럼에도 경찰은 법령이 아니라는 극장 취체를 번연히 계속했다.

이어서 미군정은 3월 9일에는 38선 이남에서 소련 영화의 상영을 금지한다는 명령을 내렸다. 이 명령은 미국 영화의 배급이 아직 정상화되지 않은 상태에서 소련 영화 및 좌익 영화의 상영이 확대되는 것을 막기 위한 조치였다. 영맹이 3·1운동 기념으로 군정청의 허가를 받고 상영 중이었던 〈윈나(Vienna) 진주〉〈승리의 관병식〉〈일본항복조인식〉이 3월 11일에 상영 중지되었고 필름도 압수당했다. 필름 검열과 극장 취체에 관한 법령은 4월에야 공포되었지만 군정 장관 러치(Archer. L. Lerch) 소장은 이 영화들이 군정청 외무과의 허가를 받지 않았기 때문

---

5.   1893년 10월 22일생 1969년 8월 1일몰. 영국 에든버러대학교를 졸업한 미군정기의 대표적인 친미우익 정치가다. 1946년 1월 12일에 경기도 경찰부장, 9월 17일에 수도경찰청장(겸직)에 임명되었다. 1948년 대한민국 초대 외무부장관이 되었고 제2-5대 국회의원(1950-61년), 제3대 국무총리(1952년)를 역임했다.

6.   「흥행취체령 철폐를: 각 문화단체서 경찰부에 요구」, 『서울신문』, 1946.3.8 (2).

에 압수했다며 소급 적용에 대해 궁색한 해명을 내놓았다.[7]

「활동사진의 취체」와 「영화의 허가」

1946년 4월 12일에 공포된 법령 제68호 「활동사진의 취체」에 의해 조선총독부의 「조선영화령」은 폐지되었고 조선총독부 경무부의 영화 제작·배급·상영의 감독 및 취체에 관한 임무, 직무, 문서 및 재산은 모두 미군정청 공보부로 이관되었다. 4월 22일부터 시행된 이 법령에 따라 조선에서 상영하려는 영화는 모두 공보부에 상영 허가를 신청한 뒤 주한미군방첩대(CIC)의 검열을 받아야 했다. 신청서에는 영화 대본 전문과 한국어 또는 일어로 제목을 기입한 서면에 영어 번역문을 3부 첨부해야 했고 검열을 통과한 필름에는 군정청의 날인과 "CIC檢閱濟"라는 문구를 넣어야 했다.[8]

군정장관 러치.

그런데 법령 제68호가 시행되기도 전인 4월 20일부터 미군정은 서울 시내 영화관에서 상영 중이던 필름 12편을 압수했다. 이때 화신영화관의 〈새벽의 비상선〉, 제일극장의 〈시피오네〉〈불의 밤〉, 명동극장의 〈서유기〉, 장안극장의 〈다루마치의 모험〉, 서울극장의 〈키튼의 폭풍의 항구〉, 한성극장의 〈베수비우스〉, 성남극장의 〈그대여 나의 품으로〉, 광무극장의 〈인생 간주악〉, 우미관의 〈청춘의 십자로〉, 춘천극장의 〈사막의

---

7. 「소련영화 상영금지는 외무과(外務課) 허가 없는 때문」, 『서울신문』, 1946.3.13(2).
8. 「영화 상영 전 검열」, 『조선일보』, 1946.4.20(2);

「9영화관 휴관상태 필름 압수가 원인으로」, 『동아일보』, 1946.5.5(2).

싸움〉 등이 검열을 받지 않았다는 이유로 압수되었고 이에 서울 극장가는 어쩔 수 없이 휴관하게 되었다.⁹ 압수된 필름은 무성영화기 할리우드 스타 버스터 키튼(Buster Keaton) 주연의 〈폭풍의 항구〉나 이탈리아 영화 〈시피오네〉(1937), 조선 영화 〈청춘의 십자로〉(1934) 등 좌익 사상과는 관계없는, 대부분 해방 전에 유통되던 재고 필름에 불과했다.

일제와 다를 바 없는 영화 검열의 부활이라는 여론에 대해 군정청 공보국장 글렌 뉴먼(Glenn Newman) 대령은 법령 제68호가 행정상 필요하며 그 목적이 "필름이 불법하게 사용되"는 것을 방지하는 데 있다고 해명했다.¹⁰ 그러나 법령을 소급 적용해 미군정이 상영 중이던 필름을 압수한 진짜 목적은 4월 초에 CMPE가 조선 지점을 설립하고 그달 말부터 미국 영화의 배급을 개시할 예정이었기 때문이었다. 즉 미군정은 이 법령을 이용해 CMPE 이외의 루트로 배급될 가능성이 있는 해방 이전의 재고 필름을 단속한 것이다.

이어서 미군정은 1946년 10월 18일 사전 검열을 명문화한 법령 제115호 「영화의 허가」를 발령했다. 이 법령은 제1조에 "일본의 국가주의적 선전에 이용하기 위해 전 일본 정부가 예술적 오락의 범위를 제한한 영화의 제작 및 영사에 관한 통제를 배제하고 최소한도의 통제 아래 조선 영화산업의 질서 있는 운영을 수행하며 영화 내용의 건전한 기초를 확립케 함"¹¹이라는 목적을 밝혔다. 그러나 제115호는 "최소한도의 통제"라는 표현과 달리 사전 검열과 영화 상영 허가제를 명시했다는 점에서 일제의 악법 「조선영화령」과 별반 다를 바가 없었다. 더구나 제3조에는 영화의 일반 상영(Public Exhibition) 전에 공보부의 허가를 받아야

9. 「돌연 상영영화를 압수」, 『중외신보』, 1946.5.6(2).
10. 「해롭다면 개정하겠다: 영화검열제에 뉴먼 부장 언명」, 『중외신보』, 1946.5.8(2); 「영화계 발전에 장애되면 검열법은 언제든지 수정하겠다: 뉴먼 부장 담」, 『자유신문』, 1946.5.9(2).
11. 재조선미국육군사령부 1983, 343.

한다는 새로운 제약도 포함되었다. 법령 제115호는 일반 상영을 15인 이상이 모인 집회에서의 상영으로 정의했는데, 이를 허가받기 위해서는 ① 신청자의 성명 및 주소, ② 영화명, ③ 영화의 권수, ④ 영화 제작자의 성명 및 주소, ⑤ 국문 및 영문으로 된 영화 내용의 개요, ⑥ 국문으로 작성한 제목, 대화의 내용 및 주석을 기재한 서면과 그 영문 번역을 제출해야 했다. 그렇지만 미군정과 그 대리 기관에서의 상영은 예외로 인정되어 허가가 필요치 않았다.

영맹, 조선연극동맹, 조선음악동맹, 조선미술가동맹, 조선조형예술동맹, 조선법학자동맹, 조선과학자동맹 등의 단체가 10월 23일에 이 법령의 철회를 요구하며 공동 성명을 발표했다. 그 요지는 ① 오늘 조선의 모든 예술가, 문화인은 자기의 창작물을 자유롭게 발표할 완전한 자유를 향유해야 한다. ② 무허가 상영 영화를 몰수한다는 것은 법인, 자유인을 막론하고 신성한 사유재산에 대한 무시다. ③ 15인 이상 집회에서의 상연이라 하였음은 제작 중의 시사 연구용 영화, 문화단체의 내부 영사, 영업상의 시사도 간섭이니 500인 이상으로 해야 한다. ④ 관계 서류 제출에 대화까지 영어로 번역하는 것은 원칙적으로 불필요하며 일제의 검열과 다를 바 없다는 것이었다.[12] 러치 장관은 이 성명에 대해 기자회견을 통해 법령 제115호는 검열이 아니라 세계 각국에 통상적으로 있는 상영 허가에 관한 것이며 그 목적은 엄중한 취체가 아니라 오히려 그 제거에 있다는[13] 납득할 수 없는 답변을 내놓았다.

---

12. 「영화법령으로 문화단체서 성명」, 『자유신문』, 1946.10.24(2); 「영화상영허가제 철폐를: 8개 문화단체에서 요구」, 『조선일보』, 1946.10.24(2).

13. 「영화법과 극장문제로 러-장관과 기자단 회견」, 『독립신보』, 1946.10.30(2).

'장택상 고시'가 던진 파문

「활동사진의 취체」와 「영화의 허가」는 좌익단체의 영화 활동만 탄압한 것이 아니라 남한의 문화계 전반을 위축시키는 결과를 불러왔다. 당시 남한에서는 문화예술인들의 대거 북행이 문제시되었다. 그 자신도 월북 작가인 김남천(金南天)에 따르면 북행의 원인이 ① 극장은 외국 영화의 시장이 되었고 문화인이 일할 장소가 없어 가두에서 방황한다, ② 필름도 없고 종이도 없다, ③ 문화인의 생활이 보장되어 있지 않다는 것이었다.[14] 물자 부족과 이념의 차이뿐만 아니라 미군정의 몰이해도 문화예술인들의 북행에 한몫했지만 미군정은 그 점을 굳이 감추려 하지도 않았다. '장택상 고시'가 바로 그 예다.

1947년 1월 30일 장택상 경찰청장은 서울 시내 각 흥행장에 "앞으로 민중의 휴식을 목적하는 오락 이외 정치나 기타 선전을 일삼아 정치교란을 양성(釀成)하는 자는 포고령 위반으로 엄형에 처한다"고 고시했다. 문화예술계뿐 아니라 사회 일반에 파문을 던진 이 고시의 목적은 좌익의 선전 활동을 규제하는 데 있는 것처럼 보였다. 그러나 장택상 고시가 일반에 무차별적으로 적용되지 않으리라는 보장이 없었기에 문화예술계는 극도의 몰상식이자 "문화예술 활동의 자유를 박탈하는 원자탄적인 고시"라며 비판했다. 조선문화단체총연맹의 대표 30여 명은 즉각 2월 1일에 러치 장관을 방문해 진정서를 제출했다. 같은 날 기자회견을 연 장택상은 "그러한 고시를 낸 의도는 어디에 있는가"라는 기자의 질문에 "상부 측 경무부 고문 「맥크린」 대좌의 명령에 의해서 낸 것이다"라고 해명하며 3월 1일이 지나면 완화할 것이라 약속했다.[15] 그러나 열

14. 「예술인의 북행 문제」, 『예술통신』, 1946.11.18(2).
15. 「문화 각계에 물의 비등」, 『독립신보』, 1947.2.2(2); 「사상 없는 예술은 없다: 각 문화단체 러-장관에 진정 항의」, 『동아일보』, 1947.2.2(2); 「새싹 트는 문화 유린: 장 총감 고시에 대한 각계의 파문 심대」, 『경향신문』, 1947.2.4(2).

흘 뒤 장택상은 영맹의 김한, 김소영을 호출해 이 문제를 군정 장관에게 가져간 것을 문책하며 자신의 명령은 군정 장관의 명령과 동일한 것임을 강조했고 고시 내용을 완화하겠다는 약속도 뒤집었다.[16] 장택상의 해명과 번의는 이 고시가 경찰청장의 단독 결정이 아니라 미군정의 지시였다는 점을 방증한다.

이처럼 미군정은 1946년 초부터 신문, 잡지, 영화, 강연, 방송 등 미디어 검열을 위한 법령을 만들어 좌익단체의 활동을 탄압하고 좌익 미디어를 배제하려고 했다. 문제는 미군정의 미디어 검열이 무차별적으로 집행되어 문화예술계 전반을 위축시켰다는 점이다. 영화계만 보더라도 법령 제68호를 공포 열흘 만에 시행한 것은 영어 번역 비용은 물론이거니와 극심한 품귀 현상으로 신문조차 휴간이 비일비재했던 "조선의 종이 사정으로서도 매우 곤란한"[17] 일이었다. 그리고 미군정의 석연치 않은 재고 필름 단속으로 극장가가 휴관에 들어간 사이, 스펙터클로 무장한 미국 영화가 CMPE를 통해 상륙했다.

중앙영화배급사 조선 지부의 설립

앞서 살펴본 문서 「극동에서 OWI 제작 다큐멘터리 및 상업영화 배급을 위한 작전 지침」에 따르면 조선에도 영화담당관 한 명과 35mm와 16mm 필름의 영사·음향설비 각 한 세트가 배정되어 있었다. 또한 1945년 1월 29일에 승인된 각서 「극동 영화 비축 프로그램」[18]을 보면

16. 「고시는 취소 않는다: 장 총감을 회견한 김한 씨 담」, 『예술통신』, 1947.2.11(2).
17. 「9극장 휴관상태 재고 영화의 검열문제로」, 『서울신문』, 1946.5.5(2).
18. 국제영화부의 돈 브라운(Don Brown)이 뉴욕 영화검토위원회에 제출한 각서. "Memorandum: Far East Motion Picture Stockpiling Program," 29 Jan. 1945, 谷川 2002, 123(재인용).

조선에는 극영화 45편, 단편영화 45편의 프린트가 각 2벌씩, OWI 다큐멘터리 30편의 35mm 및 16mm 프린트가 각 2벌씩 할당되어 있었다. 그런데 OWI는 극동에서 배급할 프린트를 일본어 자막이나 영어로만 준비했고 조선어 자막은 제작하지 않았다.

OWI 폐지 후 독일, 오스트리아, 일본, 조선 등 미군 점령지의 영화 프로그램은 미 육군부 민정국(CAD)이 담당하고 OIC가 지원하는 것으로 업무 분장이 이루어졌다. 미군 진주 직후부터 CAD 영화과가 본격적으로 업무를 시작한 1946년 7월경까지 조선에서 어떤 영화 프로그램이 전개되었는지에 대한 문서는 찾을 수 없어 아래에서는 해방 후 신문 및 잡지를 참조해 기술했다.

1945년 11월 미 국무부는 해방 이후 한반도에는 미군보다 소련군이 먼저 진주했고 서울의 소련영사관은 소련 영화를 수입하려고 노력하고 있으므로 미군정도 도쿄 연합군사령부(GHQ)에 연락해 조처를 취해야 한다고 전쟁부에 보고했다.[19] 1946년 1월부터 소련영사관이 영화를 제공하기 시작했으나 미군정은 그해 4월이 될 때까지도 뉴스영화 외에는 미국 영화의 상영을 개시하지 못했다.[20] 그 사이 조선 극장가는 해방 이전의 재고 필름을 상영하며 영화 기근을 버텨내고 있었다. 미국 영화의 배급이 지연된 까닭은 점령지의 자생적 배급망을 이용하지 않고 미국 회사를 통해 배급을 일원화하는 시스템을 갖추는 데 시간이 걸렸기 때문이었다. 앞서 살펴본 것처럼 양차 세계대전에서 미국 정부

---

19. Frank A. Schuler Jr., State Department and Lt. Colonel Bruce Buttles, GSC, War Department, "Report United States Information Activities in Japan and Korea," Nov. 1945, Records of the Assistant Secretary of State for public Affairs, 1945-1950, Box 1, RG 59 General Records of the Department of State. 장영민 2001, 128(재인용).

20. 「외국영화 언제 들어오나: 영화제작 자재 수입계획」, 『중앙신문』, 1945.11.30(2); 「중국 극영화 춤추는 상해 근일 상영: 조선인 위(魏)씨 주연」, 『중앙신문』, 1946.1.10(2)

는 할리우드의 협력을 얻어 해외 공보선전을 수행했고 할리우드는 전쟁 특수를 누렸다. 미국 정부는 점령 통치에 있어서도 할리우드 메이저 영화사(워너브라더스, 20세기폭스, 유나이티드 아티스트, 콜롬비아, MGM, 파라마운트, 유니버설, RKO, 리퍼블릭)가 협력하기를 원했고 MPEA의 대리 기관인 CMPE가 미국 영화의 전파라는 실제적 업무를 담당할 터였다.

CMPE 조선 지부의 설립과 관련한 가장 앞선 뉴스는 GHQ 내 '중앙영화배급소'가 미국 영화의 배급 계획을 수립 중이라는, 1946년 3월 30일 공보국장 글렌 뉴먼 대령의 발표였다.[21] 미 국무부 경제사무국(Bureau of Economic Affairs) 문서철에는 CMPE 도쿄 본사 대표 버거가 4월 중 서울에 조선 지부를 설치했음을 1946년 4월 17일에 IMP에 고지했다는 문서가 있다.[22] 뉴먼의 발표 이후 곧 수입, 상영될 미국 영화를 다룬 신문 기사도 있어서[23] 이를 종합해본다면 CMPE 조선 지부의 설립 시기는 1946년 4월 초순으로 추정된다.

> 신작 미 영화 불원 각 극장서 상영
>
> 오랫동안 두절되었던 미국 영화가 조선과 외국과의 통상이 성립되기 전은 군정청 직할로 1년에 백본(百本)가량 수입하는데 이번에 『할리우드』 영화촬영소 작품 15편이 조선에 도착되어 근근 시내 각 극장에서 상영케 되었다.
>
> 우선 상영될 것은 다음의 세 영화인데 우리말 자막이 완성될 때까지 부득이 일본어 자막을 사용하게 된다고 공보과에서는 일반의 양해를 구하

21. 「미국서 영화 수입」, 『조선인민보』, 1946.3.31(2).
22. "Korea", 20 May 1946, Commercial Affairs and Business Activities Relating to Motion Pictures 1963-1965, Bureau of Economic Affairs, Box 51, RG 59.
23. 「미 영화 9종 불일내 상영」, 『조선일보』, 1946.4.1(2).

고 있다.

△ 첫사랑 — 디애너 더빈 주연

△ 타잔 — 조니 와이어스몰러 주연

△ 샌프란시스코 — 클라크 케이블 주연

중앙영화배급소 설치

그리고 배급영화의 중앙배급소는 남대문통(通) 4정목인데 극동총지배인은 '빠거'씨이고 한국총지배인은 '요한손'으로 방금 부임 도중인데 조선인 지배인은 김동성(金東成)씨이다.[24]

위 기사에서 "빠거"는 CMPE의 책임자 마이클 버거다. 그는 OWI 폐지 후 일본으로 건너가 CMPE 초대 대표로 활동했다. 한국 총지배인 "요한손"은 아마 CMPE의 영업 담당자 E. F. 요한센(E. F. Johansen)일 것이다.[25] 김동성은 오하이오주립대학 신문학과를 졸업한 미국통으로, 1945년 12월 30일에 설립된 합동통신사의 사장으로 재임하다가 정부 수립 후에 초대 공보처장에 임명되었다. 그런 인물이 조선 측 지배인이었다는 사실은 일개 배급회사를 넘어서는 CMPE의 위상을 말해준다.

CMPE 도쿄 본사는 조선 지부보다 약 석 달 먼저 설립되었다. GHQ 문서철에서 CMPE에 대한 최초의 언급은 1945년 11월 22일자 전신(電信)에서 찾아볼 수 있으나 설립일은 명확하지 않다. 다만 버거가 그해 11월 29일에 입원했다는 기록이 있고, OWI 폐지로 함께 소멸한 IMP가 OIC 내에 부활한 것이 1946년 1월이었으므로 CMPE 설립은

24. 「신작 미영화 불원 각 극장서 상영」, 『동아일보』, 1948.4.8(2).
25. 『한성일보』에는 요한손을 3월에 부임한 미국 베취트 회사의 조선·일본 지배인으로 소개하고 있다. 「미국 영화 연 백 편 배급」, 『한성일보』, 1946.4.12(2).

1946년 1월 이후라고 보는 것이 타당하다.[26]

일본에서 최초의 CMPE 배급 영화 〈봄의 서곡(春の序曲; His Butler's Sister)〉(1943)과 〈퀴리 부인(キューリー夫人; Madame Curie)〉(1943)의 개봉일은 1946년 2월 28일이다. 따라서 CMPE가 일본에서 영업을 개시한 것은 2월 중이었다고 볼 수 있다.[27] 조선의 경우 CMPE의 영업은 4월 중에 개시되었는데, 두 영화의 첫 상영일은 각각 1946년 11월 23일과 12월 1일이다. 대체로 CMPE 필름은 일본 상영을 마치고 조선으로 보내졌는데, CMPE는 조선인의 반일 감정을 인지하고 있었으면서도 일본어 자막이 달린 필름을 배급했다. 일본어 자막 영화는 관객과 평단의 반발을 불러일으켰지만 CMPE의 편의상 계속되었다. CMPE 영화의 한글 자막은 군정청 공보부 영화과가 담당했는데, 1946년 한 해 동안 한글 자막 영화는 〈최후의 지옥선(Two Years Before the Mast)〉(1946)과 〈아브라함 링컨(Abe Lincoln in Illinois)〉(1940) 두 편에 불과했다.[28]

중앙영화배급사 영화에 대한 반발

해방 후 약 1년 동안 서울에서 상영된 미국 영화 중 CMPE 영화의 비중을 알아보기 위해 신문 및 잡지의 기사와 영화 광고란을 조사해 〈표 1〉과 같이 정리해보았다.[29] CMPE는 1946년 4월 말부터 12월까지 〈첫

26. 谷川 2002, 266.
27. 谷川 2002, 275.
28. 「군정 영화과 1년간 작품」, 『예술통신』, 1946.12.3(2).
29. 『서울신문』, 『한성일보』, 『조선인민보』, 『독립신보』, 『조선일보』, 『중외신보』 등의 일간지와 『신천지』, 『민성』, 『부인』, 『예술영화』, 『예술조선』 등의 잡지를 참조해 작성했다. 번역된 한국어 제목, 감독명, 배우명이 원어와 반드시 일치하지 않아 다음의 사이트로부터 검색해 원제와 감독명, 제작사, 제작년도를 찾아 넣었다. http://www.imdb.com; http://movie.walkerplus.com; http://en.wikipedia.org.

〈표 1〉 해방 직후 조선에서 상영된 미국 영화(1945-1946)

개봉일	영화제목/원제	제작·배급사	제작연도	감독	상영관/구관명
1945년					
12월 16일	유혈의 거리 / What Price Crime	비콘(Beacon Productions)	1935	앨버트 허먼 (Albert Herman)	조일좌
	(동) 타잔 / Tarzan the Ape Man	MGM	1932	W. S. 반다이크 (W. S. Van Dyke)	
12월 23일	새벽의 총공격 / Journey's End	게인즈버러(Gainsborough Pictures)	1930	제임스 웨일 (James Whale)	
1946년					
2월 24일	미조리 함상의 일본항복 조인식		1945		국제극장/ 명치좌
	(동) 태평양의 분격 / Fury in the Pacific	미 육군 및 해군			
2월 28일	준마의 명예 / The Miracle Rider	마스코트 (Mascot Pictures)	1935	B. 리브스 이슨 (B. Reeves Eason)	장안극장/ 조일좌
3월 3일	거리의 왕자(王者)	유나이티드		찰리 채플린 (Charlie Chaplin)	우미관
3월 13일	로이드의 구둣방 / Feet First	해롤드로이드 코퍼레이션	1930	해롤드 로이드 (Harold Lloyd)	장안극장
3월 18일	대서양의 비밀 / Undersea Kingdom	리퍼블릭	1936	B. 리브스 이슨	국제극장
3월 23일	알래스카의 열정 / Call of the Yukon	리퍼블릭	1938	B. 리브스 이슨	단성사
	바다의 야수 / Sea Wolf	워너브라더스	1941	마이클 커티즈 (Michael Curtiz)	우미관
3월 27일	광도(廣島)에 덮인 원자폭탄				제일극장
4월 1일	철완(鐵腕) 타잔 / Tarzan and the Green Goddess	버로스(Burroughs)	1938	에드워드 A. 쿨 (Edward A. Kull)	서울극장, 제일극장
4월 4일	채플린의 투우사 / Charlie Chaplin's Burlesque on Carmen	에사네이 (Essanay Studios)	1915	찰리 채플린	장안극장
4월 8일	미소회담				국제극장
	삼림계획	미 농림부			
4월 10일	선더볼트 / Thunderbolt	리걸 (Regal Production)	1935	스튜어트 패튼 (Stuart Paton)	우미관
4월 12일	(동) 유모아 박사의 탐험				단성사
4월 15일	라-리에 비행(飛行)				우미관
	(동) 로이드의 마천루 / Never Weaken	로린(Rolin Film Company)	1921	프레드 C. 뉴머 (Fred C. Newmeyer)	

4월 18일	소년의 거리 / Boys Town	MGM	1938	노먼 터로그 (Norman Taurog)	제일극장
4월 26일	*첫사랑 / First Love	유니버설	1939	헨리 코스터 (Henry Koster)	수도극장/ 약초극장
4월 28일	키튼의 폭풍의 항구 / The Boat	퍼스트 내셔널(First National Pictures)	1921	버스터 키튼 (Buster Keaton)	서울극장
5월 1일	*시카고 / In Old Chicago	20세기폭스	1937	헨리 킹 (Henry King)	국제극장
5월 3일	바다의 거인 / Sea Devils	20세기폭스	1937	벤 스트로프 (Benjamin Stoloff)	서울극장
5월 3일	진주(眞珠)의 목걸이 / Desire	파라마운트	1936	프랭크 보제이지 (Frank Borzage)	국제극장
5월 5일	*비는 온다 / The Rains Came	20세기폭스	1939	클라렌스 브라운 (Clarence Brown)	수도극장
5월 13일	해적 / The Buccaneer	파라마운트	1938	세실 B. 드밀 (Cecil B. DeMille)	국제극장
5월 21일	(동)결사의 탐험				우미관
5월 23일	*타잔의 복수 / Tarzan Escapes	메트로	1936	리처드 소프 (Richard Thorpe)	단성사
5월 24일	오페라 햇 / You Can't Take It with You	콜롬비아	1938	프랭크 카프라 (Frank Capra)	
6월 1일	밀림의 투쟁 / Tarzan's Desert Mystery	모노그램	1943	윌리엄 티엘 (Wilhelm Thiele)	장안극장
6월 4일	벵갈의 대선풍(大旋風) / Storm Over Bengal	리퍼블릭	1938	시드니 샐코우 (Sidney Salkow)	국도극장/ 성보극장
6월 8일	(동)사랑을 찾아서	유니버설			장안극장
6월 9일	씨-호크 / The Sea Hawk	워너	1940	마이클 커티스 (Michael Curtiz)	수도극장
6월 10일	유황도(硫黃島)전기 / To the Shore of Iwo Jima	OWI	1945		국제극장
6월 18일	모히칸족의 최후 / The Last of the Mohicans	유나이티드	1936	조지 자이츠 (Gorge B. Seitz)	단성사, 장안극장
6월 22일	콩크링의 G멘	미국 파테			우미관
6월 28일	유황도결전기				중앙극장
	대통령 선거는 어떻게				
7월 7일	로이도의 거인정복	미국 파테	1923		우미관
	(동) 맥시코 쾌남아				
7월 10일	골든 보이 / Golden Boy	콜롬비아	1939	루벤 마물리언 (Rouben Mamoulian)	제일극장

7월 12일	춤추는 호놀룰루 / Honolulu	MGM	1939	에드워드 버젤 (Edward Buzzell)	서울극장
7월 20일	서부(西部)의 거리				장안극장
7월 22일	*로미오와 줄리엣 / Romeo and Juliet	MGM	1936	조지 쿠커 (Gorge Cukor)	장안극장
7월 23일	악마의 인형 / The Devil Doll	메트로	1936	토드 브라우닝 (Tod Browning)	단성사
	(동)유나이티드사 최신입하뉴스	유나이티드			
7월 29일	버버리 코스트 / Barbary Coast	유나이티드	1935	하워드 혹스 (Howard Hawks)	국제극장
8월 5일	미국의 기밀실 / Rendezvous	MGM	1935	윌리엄 K. 하워드 (William K. Howard)	국도극장
8월 6일	사랑 실은 특급열차	유니버설			장안극장
8월 19일	*아브라함 링-컨 / Abe Lincoln in Illinois	RKO	1940	존 크롬웰 (John Cromwell)	수도극장
8월 23일	사랑의 길	유니버설			장안극장
	(동) 라리 권투왕(拳鬪王)	파테			
8월 26일	공작부인 / Dodsworth	유나이티드	1936	윌리엄 와일러 (William Wyler)	수도극장
8월 28일	전쟁은 무엇을 가져왔나?	미 국무부			국제극장
	(동) 제2차 세계대전	미 육군부 공보부			
8월 29일	*로스마리 장미의 천사 / I Married an Angel	MGM	1942	W. S. 반다이크	국도극장
9월 14일	크리스티나 여왕 / Queen Christina	MGM	1933	루벤 마물리언	국제극장
9월 16일	아라비아 나이트 / The Son of the Sheik(?)	유나이티드	1926	George Fitzmaurice	우미관
9월 26일	창공을 달리는 사랑 / Strange Cargo	MGM	1940	프랭크 보제이지	국도극장
10월 11일	전쟁아 잘 있거라	R·P			장안극장
	(동) 로이드의 난투왕	미국 파테			
10월 16일	강력 타-산	마스코트			우미관
10월 16일	어느 날 밤의 살인사건 / After Office Hours	MGM	1935	로버트 Z. 레오나르드 (Robert Z. Leonard)	국도극장
10월 16일	황금마도(魔盜)	퍼스트			장안극장
10월 19일	비도(比島)결전기	미 육군부			단성사

날짜	제목	배급사	연도	감독	극장
10월 20일	*라인강의 감시/ Watch on the Rhine	워너	1943	허먼 슘린 (Herman Shumlin)	국도극장
11월 1일	춤추는 버러지/ Once Upon a Time	콜롬비아	1944	알렉산더 홀 (Alexander Hall)	국제극장
11월 2일	악마의 정글				우미관
11월 6일	길 잃은 천사/Lost Angel	MGM	1943	로이 로랜드 (Roy Rowland)	국도극장
11월 6일	*무역풍/Trade Winds	유나이티드	1938	테이 가넷 (Tay Garnett)	장안극장
11월 8일	만국의 찬미	미 국무부			국제극장
	(동) 미식축구영화	미 제24군단			
11월 16일	우리집의 낙원/ You can't Take It with You	콜롬비아	1939	프랭크 카프라	수도극장
11월 19일	*샌프란시스코/San Francisco	MGM	1936	W. S. 반다이크	서울극장
11월 22일	명일은 안 온다/ Make Way for Tomorrow	파라마운트	1937	레오 맥커리 (Leo McCarey)	국제극장
11월 25일	*루팡 등장/Enter Arsene Lupin	유니버설	1944	포드 비베 (Ford Beebe)	국도극장
11월 23일	*사랑의 노래/His Butler's Sister	유니버설	1943	프랭크 보제이지	수도극장
12월 1일	*퀴리부인/Madame Curie	MGM	1943	머빈 르로이 (Mervyn LeRoy)	국제극장
12월 1일	*최후의 지옥선/ Two Years Before the Mast	파라마운트	1946	존 패로우 (John Farrow)	국도극장
12월 2일	추억의 노래/ The Melody Lingers On	유나이티드	1935	데이비드 버튼 (David Burton)	우미극장
12월 7일	왕중왕/The King of Kings	파라마운트	1927	세실 B. 드밀	명동극장
12월 9일	탄식(嘆息)의 백장미/ The Men in Her Life	콜롬비아	1941	그레고리 라토프 (Gregory Ratoff)	수도극장
12월 16일	청춘의 꿈	파라마운트			수도극장
12월 24일	*유령의 집/The Uninvited	파라마운트	1944	루이스 앨런 (Lewis Allen)	수도극장
12월 27일	키튼의 행운아	메트로		버스터 키튼	우미관
12월 31일	쾌남 락크린/Tall in the Saddle	RKO	1944	에드윈 L. 마린 (Edwin L. Marin)	서울극장
	대 뉴욕(大紐育)/ Little Old New York	20세기폭스	1940	헨리 킹 (Henry King)	국제극장
	북해의 남아(男兒)/ Spawn of the North	MGM	1938	헨리 해더웨이 (Henry Hathaway)	서울극장

*는 CMPE 배급영화, (동)은 동시상영.

제1부 문화냉전의 서막

사랑〉〈시카고〉〈비는 온다〉〈타잔의 복수〉〈로미오와 줄리엣〉〈아브라함 링컨〉〈로스마리 장미의 천사〉〈라인강의 감시〉〈무역풍〉〈샌프란시스코〉〈루팡 등장〉〈사랑의 노래〉〈퀴리부인〉〈최후의 지옥선〉〈유령의 집〉 총 15편의 극영화를 배급했다. 전체 상영작의 20퍼센트에 못 미치는 비중이지만 〈표 1〉에서 보다시피 미군정의 공보선전용 다큐멘터리나 1920, 30년대의 재고 필름은 경쟁이 되지 못했기 때문에 CMPE 영화는 관객 유인에 압도적으로 유리한 상황이었다.

조선의 관객들이 "5년 만에 보는 더빈 영화"[30]의 감흥에 젖어 있던 5월 초, 갑작스레 서울 시내 9개 극장이 휴관하는 사태가 벌어졌다. 미군정이 4월 12일 공포한 법령 제68호를 20일부터 시행, 상영 중인 재고 필름을 압수해 검열을 시작했기 때문이다. 상영 허가를 받기 위해서는 대본의 영어 번역문을 첨부하는 등 번거로운 절차가 필요했기 때문에 극장에 따라서는 폐관하는 곳도 나왔다.

해방 직후 조선에는 별다른 오락이 없어 서울 시내 극장은 연일 초만원을 이루었고[31] 극장이 수지맞는 장사라는 것이 금방 증명되었다. 그렇지만 미군정이 정식으로 무역을 허가하지 않고 CMPE가 미국 영화의 배급을 독점한 상태에서 극장들은 궁여지책으로 해방 이전의 낡은 필름을 재상영하는 수밖에 없었다. 〈표 1〉에서 보듯 채플린, 키튼, 로이드의 무성영화나 태평양전쟁 이전의 재고 필름이 상영되었고 심지어 멸종된 줄 알았던 변사가 나타나 낡은 무성영화를 해설하기도 했다.

이 시기 극장가는 전적으로 외국 영화에 의존하고 있어서 CMPE 영화를 상영하는 극장은 독점 효과를 누릴 수 있었다. 전시기 물자 부족

30. 『서울신문』, 1946.4.26(2)에 실린 영화 광고 문구. 뮤지컬영화에 자주 출연했던 1930년대 아역 스타 디애나 더빈(Deanna Durbin)의 〈첫사랑〉을 독점 개봉한 수도극장은 이 영화 상영을 위해 RCA 장치를 새로 설치했다.

31. 「무제한 입장을 취체」, 『조선일보』, 1946.6.17(2).

으로 일제 말기 통제 대상이었던 생필름은 미군정기 때도 품귀 현상을 빚었고 영화 관련 기자재는 일본인들이 반출하거나 적산으로 처리되었기 때문에 국산 영화 제작에는 시일이 걸렸다. 해방 후 첫 상업영화는 1946년 하반기에야 겨우 등장했고[32] 미군정기 삼 년을 통틀어 민간이 제작한 영화는 25편에 불과했다.[33]

영화인들이 해방에 품은 기대는 금방 사그라졌다. 제작 상황은 30년 전으로 후퇴한 것 같았다. 영화 기근을 버텨내기 위해 때 아닌 '키노드라마[34] 운동'이 펼쳐졌고[35] 〈검사와 여선생〉(1948)처럼 무성영화가 제작되기도 했다. 〈청춘의 십자로〉(1934), 〈심청〉(1937), 〈신개지〉(1942) 등 흘러간 시절의 필름이 창고 밖에서 나와 국산 영화에 대한 관객의 갈증을 더욱 부추기는 사이, 무려 일제 말기에 제작된 국책 선전영화까지 상영되어 물의를 빚었다.[36]

이런 상황에서 CMPE는 "전후 조선에 오락을 제공하고 조선 영화 발전의 자극이 되고자" 한다는 설립 명분을 내세웠지만 미국 영화의 배급이 조선 영화 건설의 마중물이 되지 못한다는 사실을 곧 드러냈다. CMPE 영화가 개봉된 지 한 달 남짓한 시기부터 영화계에서는 규탄의 목소리가 들리기 시작했다. 영화인들은 "우리 영화의 비료가 되기는커녕 이제 움터 나오는 우리 영화의 싹 곁에 강인(强靭)하고 왕성한 성장력을 가진 미국 영화의 느티나무를 심으려 하는 것"이며 "자주경제를

---

32. 1946년 9월 7일 국제극장에서 개봉한 〈똘똘이의 모험〉.
33. 한국영상자료원 데이터베이스(http://www.kmdb.or.kr/)에서 관제영화를 제외한 수치.
34. 초기영화(early cinema) 시대에 유행했던, 무성영화를 무대장치나 연행의 일부로 활용한 연쇄극.
35. 「영화연기자의 키노드라마」, 『중앙신문』, 1945.11.5.(2); 「키노드라마: 각본은 박영호 씨 작」, 『중앙신문』, 1945.11.12(2).
36. 1946년 3월 지원병 〈군용열차〉(1938)가 〈낙양의 젊은이〉라는 제명으로 상영되었다. 「일제의 국책영화 기만 상영으로 모리」, 『서울신문』, 1946.3.4(2).

무시하는 원조라는 것은 원조가 아니"라며 시급한 대책을 촉구했다.[37] 그러나 미군정이 극장을 접수하고 외국 영화 수입을 통제하며 그 비호 아래 CMPE가 불리한 계약 조건을 강요하는 왜곡된 구조에서 미국 영화의 범람은 막을 수 없었다.

그런데 CMPE에 대한 비판은 상도덕 때문만이 아니라 영화의 질 때문이기도 했다. 〈퀴리부인〉이나 〈라인강의 감시〉처럼 호평을 얻은 영화는 극소수였고 졸작이라는 평가를 받는 영화가 더 많았다. 예를 들어 대지진, 대홍수를 특수 촬영으로 처리한 〈비는 온다〉는 성격 묘사가 부족한 "저급한 스펙터클 영화",[38] 〈로즈마리 장미의 천사〉〈루팡 등장〉 등은 저속하고 비문화적, 비도덕적이라는 평을 받았다. 당시 가장 규모가 큰 일간지 『서울신문』에서 발행한 잡지 『신천지』의 미국 영화 특집은 CMPE 영화에 편향된 외국 영화의 수입 구조에 대해 문화계 인사들이 가졌던 문제의식을 확인시켜준다. "이런 것은 반입하지 말았으면 좋겠다고 생각한 영화"라는 설문에 신문기자, 신문 편집장, 영화연구가들은 "미국 영화보담 독불(獨佛) 것을 좀 더 볼 수 있다면 합니다" "미국 영화 수입은 시기상조다 (…) 지금 현상은 영화 식민지를 자취(自取)하는 길이다" "너절한 영화를 보러 갈 틈을 내지 않습니다. 조선은 너절한 외국의 영화까지도 팔아주는 시장이 되어서는 안 될 줄 압니다"라고 비판했다.[39]

"구주(歐洲) 영화에 비하야 예술적 표준에 있어서 거리가 멀"고 "기술적 위대성 그리고 자본의 힘에는 경탄하지 않을 수 없으나 대체로 미국 영화에는 시와 사상성이 결여된 감이 있다"는 평처럼 조선의 식자

---

37. 용천생, 「외국영화수입과 그 영향」, 『서울신문』, 1946.5.26(4).
38. 「영화평: 〈비는 온다〉 20세기폭스사 작품」, 『중외신보』, 1946.5.9(2).
39. 「설문: 아메리카 영화에 대하야」, 『신천지』 3권 1호 (1948년 신년호), 154-157.

층에서 미국 영화는 유럽 영화에 비해 기술력과 스펙터클은 뛰어나나 예술성이 떨어진다는 의견이 지배적이었다.[40] 더구나 CMPE 조선 지부는 "한 세대 전에 일본 동경에서 일반에게 공개하던 케케묵은 미국 영화를 일본 자막을 붙인 채"[41] 배급해 설립 명분을 의심하게 만들었다.

1946년에 한국과 일본에서 개봉된 CMPE 영화를 비교해보면, 일본에서 2월 28일에 개봉된 〈퀴리 부인〉과 〈사랑의 노래〉(일본 개봉명은 〈봄의 서곡〉)를 시작으로 〈라인강의 감시〉(3월 23일 개봉), 〈아브라함 링컨〉(4월 18일 개봉), 〈루팡 등장〉(5월 16일 개봉), 〈최후의 지옥선〉(6월 27일 개봉), 〈유령의 집〉(6월 27일 개봉)[42] 7편의 영화가 일본 상영 후 4개월에서 9개월의 시간차를 두고 조선에 배급되었다는 사실을 확인할 수 있다. 즉 CMPE는 조선을 이류 시장으로 취급하고 있었다. 따라서 한글 자막 요청에 대해서도 적극적 해결 의지를 보이지 않았다. CMPE 책임자는 "조선의 영화 관람자는 조선말 자막보다 일어 자막을 더 잘 읽을 수 있다"[43]고 답변하여 조선에 대한 무지를 드러내는 동시에 조선인의 친일 청산 노력을 무시하는 편의주의로 일관했다.

CMPE 영화의 한글 자막은 군정청 공보부 영화과가 제작했다. IMP의 1946년 6월판 「작전 매뉴얼」에 따르면 점령 지역 독일, 오스트리아, 일본, 조선에서의 영화 프로그램은 독일어와 일본어 자막이 들어간 (superimposed) 네거티브 필름만 제공했다.[44] 따라서 한글 자막 작업은

40. 이태우, 「미국 영화를 어떻게 볼 것인가」, 『경향신문』, 1946.10.31(4); 옥명찬, 「아메리카 영화론」, 『신천지』 3권 1호 (1948년 신년호), 137; 박인환, 「아메리카영화시론」, 『신천지』 3권 1호 (1948년 신년호), 151.
41. 「조선극장문화 위협하는 중앙영화사의 배급조건」, 『경향신문』, 1947.2.2(3).
42. 슈川 2002, 289-290.
43. 채정근, 「아메리카영화 잡감: 미국 영화와 조선연예계에 입은 영향」, 『신천지』 3권 1호 (1948년 신년호), 140.
44. 「미 영화 9종 불일내 상영」, 『조선일보』, 1946.4.1(2); 「미국 영화 온다 1년에 100개식 수입」, 『조선일보』, 1946.4.7(2); "Manual of Operation," Jun. 1946, 503, International Motion Picture Division, Office of International Information and Cultural Affairs, Department of States, Box 143, RG 59.

전적으로 군정청 영화과의 재량이었다. 1946년 4월 CMPE가 배급을 개시하자 미군정청 영화과는 두 달 뒤부터 한글 자막 영화를 볼 수 있을 것이라고 장담했다. 그런데 영화과는 평단의 호평을 얻었던 〈퀴리부인〉이나 할리우드 스타가 등장한 화제성 있는 영화를 제쳐두고 〈아브라함 링컨〉과 〈최후의 지옥선〉에 우선적으로 한글 자막을 제공했다. 작품성이나 흥행 가치보다는 국가 홍보에 목적을 둔 선정으로 판단된다. 전자는 링컨 대통령의 생애를 그린 전기물이고 후자는 영웅주의적 내용의 해양 모험극이다.

당연히 두 영화 모두 평판이 좋지 않았지만 군정청이 나서서 관객을 모아주었다. 예를 들어 〈최후의 지옥선〉의 경우 적산극장인 국제극장에서 상영되었는데, 극장 측은 군정청의 허락으로 통감(通鑑)[45] 입장을 막았고 로드쇼를 개최해 하루만에 1만 4천 명의 관객을 끌어모았다. 이 영화가 역시 적산극장인 국도극장에서 상영될 때는 여드레 밤 연속으로 라디오 프로그램에 영화 해설이 편성되어 편파 방송 논란을 불러일으켰다. 〈최후의 지옥선〉이 〈퀴리 부인〉과 대등한 역작이라는 과대광고에 대해 한 평론가는 "지옥선은 미(美) 본국서도 3류 이하요. 일본 공개에 있어서도 태작(駄作)이란 낙인이 붙은 것"으로 "이 땅에서도 유의사(有意思)를 울분케 한 작품"이라고 비판했다.[46]

---

45. 일제강점기부터의 관행으로 극장 및 영화 관계자, 언론사, 당국자 등에게 배부되었던 자유통행증. 해방 후 영화 수익에 영향을 끼칠 정도로 초대권이나 통감이 남발되었는데, CMPE는 수익 극대화를 위해 통감 입장을 거절했다.

46. J 생(生), 「방송 영화해설의 권위를 위하여」, 『예술통신』, 1946.12.10.(2); 「연예 네거티브」, 『경향신문』, 1946.12.12(4).

미군정의 중앙영화배급사 지원

CMPE의 고압적 태도와 비합법적 이익 추구는 미군정의 묵인 없이는 불가능한 것이었다. 그러나 관련 문제가 불거질 때마다 군정청은 CMPE는 민간 영리단체이며 군정청과는 아무런 관계가 없다는 입장을 고수했다. 사실상 CMPE는 미군정 직할기관으로서 갖가지 특혜를 누렸다. CMPE가 수입한 필름은 관세를 물지 않고 군용기로 공수되었고, 미군정은 적산극장에 CMPE로부터 배급을 받도록 통첩해 독점을 도왔다.

일본에서는 이미 1946년도에 50%의 보율(步率)[47] 때문에 도호, 쇼치쿠 직영관이 일시적으로 CMPE 영화 상영을 거부한 일이 있었으나 드러내놓고 "GHQ의 비즈니스"를 비판할 수는 없었다.[48] CMPE의 횡포와 극단적 이익 추구는 조선에서 더 심화되었다. 1946년 12월부터 CMPE는 영화 상영을 기존 1주일에서 2주일로 늘리라고 통보했다. 이에 극장주들이 항의하자 군정 장관 대리 헬믹(G. C. Helmick) 소장은 CMPE는 "미국 영화를 보려고 하는 조선인의 요망으로 말미암아 조선에 설치하게 된 것"이며 군정청의 대행기관이 아니라 상사회사이므로 그 경영상의 문제에 대해 군정청은 취체하고 있지 않다고 답했다.[49] 무성의한 답변에 서울 시내 CMPE 개봉관인 수도극장, 국제극장, 국도극장 대표들은 원칙적으로 1주일만 상영한다는 결의서를 제시하기로 하고 요구조건이 관철되지 않을 경우 거래를 정지하겠다는 내약을 맺었다. 그러자 CMPE는 1947년 1월 30일 아래와 같이 한층 가혹한 조건을 세 극장에 통보해 압박을 가해왔다.

---

47. 극장이 영화배급사 측에 지불해야 하는 매표수익의 배당 비율을 의미하는 용어로 일제강점기부터 사용되었다.
48. 谷川 2002, 299-301.
49. 「중배는 전혀 영리기관: 조선문화를 방해해선 안 된다 군정장관 대리 언명」, 『예술통신』, 1946.12.20(1).

(1) 3개월분으로 영화 5본을 한 번(일회)에 계약할 것

(2) 계약금 10만 원을 전납(前納)할 것

(3) 영화 5본은 3개월 내에 아래 일자에 의하여 적당히 상영할 것

㉮ 2본은 각기 2주일간 속영할 것

㉯ 1본은 10일간

㉰ 2본은 각기 1주일간 속영할 것

(4) 뉴스 사용료는 상영 여부를 불문하고 3개월분 8만원을 납부할 것

(5) 극장통감 입장자를 사절하는 동시에 경관급 소방관도 10명 정도로 제한할 것

(6) 선전비는 극장 부담(종전에는 쌍방 부담)이나 선전의 만전을 기하기 위하여 중배(CMPE)로부터 조사할 것

(7) 계산서를 매일 중배에 지참 보고할 것

(8) 기타사항

㉮ 예고편 2주일간 분 2천원을 납부할 것

㉯ 스틸 사용료를 받을 것(5원 내지 3원)

㉰ 계약에 있어서는 31일까지 작성해줄 것. 그리고 각 극장이 공동으로 와서 계약치 말고 개별적으로 내방 계약할 것

(9) 보율은 종전과 같음. 선전비는 극장 부담으로 함.[50]

(3)에 따르면 연간 208일 이상 CMPE 영화를 상영해야 했다. 이런 조건으로는 극장과 영화관이 분리되어 있지 않고 극장이 곧 영화관으로 사용되고 있던 조선에서 국산 영화는 물론이고 연극, 음악 등의 공연예

---

50. 「조선극장문화 위협하는 중앙영화사의 배급 조건」, 『경향신문』, 1947.2.2(3); 「중배에 월 18일을 제공하면 우리 무대예술은 어디로: 극장인의 양심적 항의에 문화계 관심」, 『예술통신』, 1947.2.4(2).

술도 그만큼의 무대를 잃어버리게 되는 셈이었다. 뿐만 아니라 CMPE는 가혹하다고 할 만한 50%의 보율에 더해 ⑹과 ⑼처럼 선전비까지 극장에 떠넘기면서 극장의 선전 내용까지 통제하고자 했다. 극장 측과 중배의 줄다리기는 해를 넘겨서도 타결을 보지 못하고 있다가 극장 측은 1947년 2월 24일 미국 영화의 상영 중지를 각오하고 아래와 같은 타협 조건을 제시했다.

⑴ '중배' 측이 요구한 상영보증금 십만 원은 이를 전폐할 것
⑵ 종래의 상영보율 50%는 35%로 인하할 것
⑶ 뉴스영화 상영요금은 상영하든 않든 간에 3개월 단위에 8만 원이라 하는 것을 상영 시에 한하여 ○(해독불능-인용자)편 2%로 할 것
⑷ 선전비는 극장에서 부담해도 좋으나 자료 예고편(종래는 천 원)등은 일절 무료 제공할 것
⑸ 어트랙션, 병연(竝演)을 인정할 것
⑹ 신 수입 작품에 한하여는 가급적 일본 자막 판을 없앨 것
⑺ 미화(美畵)는 월 2프로 이내로 상영해도 좋으나 그 상영 기간 급 일정 배정은 극장 측의 임의에 맡길 것

CMPE 조선 지점장은 이 타협안의 단 한 건도 용인할 수 없다고 답했다. 군정청 출입 기자들의 질문에 러치 군정 장관은 중배 문제는 중배에 문의하라며 CMPE는 군정청과 관계없다는 입장을 고수했다.[51] 결국 세 극장이 미국 영화의 상영을 일제 거부하자 CMPE 대표 찰스 C.

---

51. 「전(全) 조건 '노!'로 수결렬!!: 미화(美畵)는 당분간 자취 감출까?」, 『예술통신』, 1947.2.26(1); 「영화 못해도 타협 못 한다: 조선 지점장 따실버 씨와 1문 1답」, 『예술통신』, 1947.2.28(1); 「중배 문제는 중배에 문의하라: 러-취 장관 기자 질의에 언명」, 『예술통신』, 1947.2.28(1).

메이어(Charles C. Mayer)가 개입했다. 메이어는 전쟁 전에 20세기폭스의 자바 지점장이었고 1946년 여름 버거의 뒤를 이어 MPEA의 대리인으로서 CMPE 대표에 취임했다. 버거가 콜롬비아영화사 및 MGM의 일본 지점장이었다 하더라도 국무부 소속이었던 것에 비해, 메이어는 MPEA의 대리인이었기 때문에 MPEA의 이익을 최대화한다는 목표로 CMPE를 운영했다. 4월 21일 메이어가 국제극장, 수도극장, 국도극장 대표와 회합한 결과 보율은 종전과 같이 50%로 유지하되, 상영 일자는 극장 측이 임의로 하고 선전비는 극장이 부담하기로 표면적 타협이 이루어졌다.[52]

그런데 그 배후에는 미군정의 압력이 있었다. 국제극장, 수도극장, 국도극장 대표는 상영 거부 문제로 당국의 호출을 받았고 "당신은 반미 사상을 품고 있느냐? 그렇지 않다면 어찌하여 미국 영화의 상영을 거부하느냐"는 말을 듣고서 할 수 없이 타협안을 받아들였다. 결국 7월부터 미국 영화의 상영이 재개되었지만 애초에 불공정했던 계약은 그나마 지켜지지도 않아서 CMPE는 영화에 따라 60%까지 높은 보율을 강요하는 등 횡포를 일삼았다.[53] 이에 문화예술계를 비롯한 각 방면으로부터 항의가 이어졌다. 작가이자 영화평론가 김정혁은 CMPE의 가혹한 계약 조건은 일제 통치하의 동양척식주식회사에 버금갈 정도이며 명백한 "문화적 침략"이라며 강도 높게 비판했다.[54]

한편 미군정과 CMPE 사이에도 수익금을 두고 마찰이 있었다. 이 문제에 있어서만큼은 미군정도 CMPE는 영리기관이라 군정청과 무관하

---

52. 「각 극장에 미국 영화 5월 중순부터 등장: 중배문제 해결」, 『경향신문』, 1947.4.29(2).
53. 채정근 1948, 141.
54. 「가혹한 「중배」의 투석: 백년 치욕 되지 않기를」, 『경향신문』, 1947.2.6(4).

다는 기존의 입장을 번복하고 "군정청의 대행기관이며 그 이익금은 조선은행에 동결시키고 있음으로 미국으로 송금할 수 없으며 다른 사업에 투자할 수도 없다."[55]고 답변했다. 그러나 조선 방문 시 메이어는 CMPE 수익금의 용처에 대한 기자의 질문에 "회사의 이익금을 조선 문화 원조에 쓰고 안 쓰고는 당신이 물을 것이 없다. 우리는 영화 배급을 통하여서 이익을 얻자는 것이 목적이다."[56]라고 대답했다. 이런 엇박자는 이윤의 극대화라는 MPEA의 목적과 점령 지배라는 GHQ의 필요가 만나 설립된 CMPE의 태생에서부터 예견된 것이었다.

설립 당시에 잠재해 있던 갈등은 CMPE의 시장 장악이 확실해지자 표면 위로 부상했다. 1946년 5월 20일자 문서에 따르면, 미 국무부는 CMPE는 사기업이지만 미 육군부의 교육 프로그램의 발전을 위해 설립된 만큼 CMPE에 일본의 외환을 지불하는 것은 바람직하지 않으므로 필름 대여료 송금은 나중 일이라고 못 박았다.[57] CMPE의 수익은 그대로 MPEA로 들어가는 것이 아니라 일본은행에 동결된 상태에서 GHQ의 일본 점령비 예산 중에서 달러로 환산해 받아가는 구조였다.[58] 조선에서도 사정은 마찬가지였다. 군정 3년간 CMPE는 400편의 영화와 250편의 뉴스영화를 조선에 배급했고 1억 2천 5백만 원의 예금이 조선은행 구좌에 동결되어 있었다. 조선과 일본 모두 MPEA와 GHQ 사이의 계약이 1949년 6월 말로 만료 예정이었기 때문에 그 즈음 대여료 송금 문제가 다시 부상했다. CMPE는 미군 철수가 기정사실화된 1949년 2월 이래 한국에서 미국 영화의 배급을 중지했고 MPEA는 동

---

55. 「수곡(收穀)과 영화배급문제: 군정장관 담(談)」, 『한성일보』, 1947.1.24(2).
56. 「민족극장문화는 어디로?: '극장불하'를 논의하는 좌담회」, 『중앙신문』, 1947.7.20(2).
57. "Korea."
58. 「미국 영화수입 결국 중지: 맥 사령부 업자요구 강경거부」, 『조선중앙일보』, 1949.5.28(2).

결 자금을 송금하지 않으면 계약이 만료되는 6월부터 한국과 일본에 필름 수출을 중단하겠다고 미 육군부에 경고했다. 협상을 거쳐 MPEA와 육군부 사이에 1950년 6월 30일까지 1백 6십만 달러를 지불한다는 계약이 성립되었다. CMPE는 이익금 일부를 한국 내 부대사업에 쓰기로 양보하는 조건으로 수출을 계속하기로 하고 1949년 10월부터 미국 영화의 배급을 재개했다.[59]

이후로도 CMPE는 동결 자금을 송금받기 위한 교섭을 계속했다. MPEA의 부회장인 어빙 마스(Irving Maas)가 1950년 6월 30일로 다가온 계약 만료를 앞두고 방한해 송금을 요청했다. 마스는 8주 예정으로 일본과 한국을 방문해 다음 해 계약을 위해 교섭하는 중이었다. 한미경제안정위원회 제46회 회의록을 보면 CMPE는 1950년 5월까지 한국은행에 적립되어 있던 6천 5백만 달러의 동결을 풀도록 한국 정부 재무장관에게 요청했다. 그러나 한미경제안정위원회는 이 문제를 외환정책과의 연장선으로 보고 CMPE의 요청을 승인하지 않겠다는 데 합의했다. 그리고 비슷한 요청이 있을 경우를 대비해 과정과 원칙을 확립할 수 있도록 외환소위원회(the Sub-Committee on Foreign Exchange)에서 이 문제를 재검토하기로 결정했다.[60] 1951년 CMPE가 해산되고 일본 점령이 종식된 1952년까지도 동결 자금 문제는 완전히 해결되지 않았다.

---

59. 「국산영화의 위기: 긴급한 대책 강구하라」, 『서울신문』, 1948.4.23.(4); 「외화범람방지 등으로 문교부서 공연법 제정」, 『자유신문』, 1948.10.28(4); 「미국의 영화 한·일에 수출중지 대금동결이 이유」, 『조선중앙일보』, 1949.5.26(2); 「미국 영화수입 결국중지 맥사령부 업자요구 강경거부」, 『조선중앙일보』, 1949.5.28(2); 「미국 영화 다시 상영 이익금 운용문제는 완전 해결」, 『조선일보』, 1949.10.16(2)

60. "Excerpt from Minutes of Forty-Sixth Meeting, Korean Government-American Mission Economic Stabilization Committee," 22 May 1950, Commercial Affairs and Business Activities Relating to Motion Pictures 1963-1965, Box 51, Entry A1, RG 59. 한미경제안정위원회는 인플레이션 억제와 재정 안정을 목표로 주한경제협조처(ECA)와 한국 정부 경제 관료로 구성된 협의체로 1950년대 초반 6개월간의 활동에 그쳤지만 미곡정책에서부터 환율정책까지 막강한 영향력을 행사했다.

MPEA는 비록 자금 동결을 완전히 풀지는 못했지만 집요한 노력을 통해 미 육군부로부터 1백 5십만 달러를 송금받았다.[61]

입장세령 개정과 중앙영화배급사의 로비

CMPE의 무리한 계약 조건과 고압적 태도는 점령기 내내 계속되었고 대한민국 정부 수립 이후에도 변함이 없었다. 혹자는 미국 영화의 한국 시장 잠식의 기원을 CMPE의 설립으로 보고 그것이 1988년도 UIP 직배로 이어진다고 주장한다.[62] 그만큼 CMPE가 영화계뿐만 아니라 국가 경제와 해방 이후 문화 건설에도 악영향을 영향을 미쳤다는 의미일 것이다. 그럼에도 미군정은 CMPE의 전횡을 묵과했고 입장세까지 인상해 시장의 혼란은 가중되었다.

1946년 8월 31일 법령 제101호 「세령(稅令)의 개정」으로 극장의 입장세가 30% 인상되었다. 이에 극장협회는 수도경찰청에 요금 인상을 요청했고 그것이 받아들여져 11월 6일부터 연극 요금은 15원에서 20원으로, 영화요금은 10원에서 15원으로 인상되었다. 그런데 이 과정은 CMPE의 개입에 의한 것으로 한성극장협회 사무국장 김두수가 한 일간지에 그 내막을 밝혔다. K 극장 S 지배인은 그에게 관리처 과장의 서명이 들어간 영문 서류를 보여주며 요금 인상은 극장협회의 건의와는 별개로 "모 영화사와의 보율 문제(흥행계의 암이랄가)로" 결정되었다고 전했다. 여기서 "모 영화사"가 바로 CMPE로 보율을 종전보다 10퍼센트 인상하겠다는 CMPE의 요구에 K 극장이 반발하자 CMPE는 당국을 통해 영화요금을 인상시켜주는 조건으로 보율 10퍼센트 인상에 합의하

---

61. 슈川 2002, 361-362. 62. 조혜정 1997, 59.

도록 종용했다는 것이다.⁶³

이처럼 CMPE의 로비는 미군정을 통해 수도경찰청을 제 뜻대로 움직일 정도로 막강했다. 극장협회를 비롯한 각 흥행단체는 입장료 인상보다는 인플레에 의한 경영난과 CMPE의 폭리 등에 대한 근본적 개선책을 요구했지만 당국의 대응은 공정 영화요금 인상을 허락하는 데 그쳤다. 미군정의 과도한 과세와 CMPE의 높은 보율로 경영난에 빠진 극장들이 공정 요금을 지키지 못하고 2, 3배 높은 가격으로 불법 영업을 함으로써 그 폐해는 결국 고스란히 관객과 조선 영화계에 전가되었다.

〈표 2〉와 같이 서울 시내 공정 영화요금은 1년 여에 걸쳐 5배 이상 인상되는 비정상적 앙등을 보였다. 극장에 따라서는 공정 요금보다 최고 8배까지 높은 요금으로 불법 영업을 하는 곳도 있었다. 그 근본 원인은 미군정의 비호 아래 CMPE가 요구한 높은 보율과 군정청 각 처가 기금 마련을 위해 빈번하게 거두어들인 추징금에 있었다. 당국이 영화요금을 거듭 인상하는 것으로 문제를 무마하려고 했기 때문에 시장에 왜곡이 일어난 것이다. 대한민국 정부 수립을 목전에 두고도 같은 일이 반복되었다.

1948년 6월 1일, 입장세를 100%로 인상한다는 법령 제193호가 실시되었다. 극장협회를 비롯하여 30여 개의 연예단체가 이 법령에 항의했으며 6월 1일을 기해 남한 전역의 극장이 문을 닫고 일제히 동맹 휴업에 들어갔다. 그러나 미군정은 강경하게 교섭을 거부했고 헬믹 소장은 자의적으로 휴관할 경우 극장 관리권을 취소할 수 있다고 언명했다.⁶⁴ 극장들은 어쩔 수 없이 6월 4일부터 통상적으로 영업을 개시했

---

63. 「극장 입장료 문제 (중)」, 『예술통신』, 1946.11.12.(1); 「극장 입장료 문제 (하)」, 『예술통신』, 1946.11.13.(1).
64. 이승희 2011, 52.

〈표 2〉 미군정기 입장세령과 서울의 영화요금 추이[65]

관계 법령	입장세율	공정 영화요금	시행일
법령 제101호 「세령의 개정」 (1946년 8월 31일 발령)	2원 50전 이상 30%, 특별입장세 15-35%, 비영리 행사의 특별입장세 폐지	15원	1946년 11월 6일
		20원	1947년 1월 8일
		30원	1947년 9월 21일
		40-50원	1947년 12월 말
		40-80원	1948년 3월 27일
법령 제193호 「유흥음식세 및 입장세령 등의 개정」(1948년 5월 1일 발령)	10원 이하는 면세, 10원 초과는 100%	60-120원	1948년 6월 1일

지만 갑작스러운 요금 인상에 관객 수는 5분의 1 내지 7분의 1 이하로 격감했다. 관객이 몰리는 외국 영화에 비해 조선 영화를 상영하는 극장, 영화에 비해 입장료가 높았던 무대예술계의 타격이 컸다.[66] 경영난과 가혹한 과세를 견딜 수 없었던 극장 중에는 입장세를 내지 않아도 되는 염가의 '10원 극장'으로 전환해 영업을 계속하는 곳도 나왔다. 공보부는 신생 대한민국 정부의 재원을 마련하기 위한 특별 조치라고 발표했지만[67] 과도한 입장세는 결국 입장권 위조, 탈세, 횡령 등의 폐해를 불러와 외려 새 정부의 부담으로 남게 되었다.

미군정 공보부 영화과의 변천

진주 직후 점령군의 대민 공보 활동은 제24군단의 정보과(KRAI)가 수

---

65. 법제처 국가법령정보센터, 「연혁법령」, http://www.law.go.kr/lsSc.do?tabMenuId=tab27&query=%EC%9E%85%EC%9E%A5%EC%84%B8.
66. 「관객 종전의 1/5 역효과 내는 입장세 개정」, 『경향신문』, 1948.6.8(2); 「한산한 극장 속 입장자수는 종전의 7분지 1」, 『조선중앙일보』, 1948.6.8(2); 「입장세가 던진 연예계 파문은 어떤가: 시들어가는 무대 예술 경비(經費)에 쓰러지는 극단은 운다」, 『자유신문』, 1948.6.12(2).
67. 「연예계 중대 영향이면 재조치 시급 강구: 입장세 인상에 이공보부장 담화」, 『대동신문』, 1948.6.5(2).

행하다가 1946년 1월 4일에 재조선미국육군사령부군정청(USAMGIK)이 발족되면서 군정청 공보과가 담당하게 되었다. 군정청의 공보기구는 초기에는 주로 라디오와 신문을 통한 여론 및 정치 동향 수집에 중점을 두었지만 점차 문화공보의 중요성을 깨닫게 되면서 다른 미디어에 비해 파급 효과가 강력했던 영화공보를 강화해갔다.[68]

먼저 1948년도 중반까지의 상황이 정리된 미군정의 공문서「공보부의 역사」(개요)를 참조해 공보부 영화과의 변천을 정리해보고자 한다.[69] 작가 출신의 폴 헤이워드(Paul Hayward) 중령이 이끌던 제24군단의 정보과는 1945년 9월 20일에 '정보·공보과(Intelligence and Information Section, IIS)'로 확대 개편되었고 글렌 뉴먼 대령이 과장에 임명되어 1947년 2월 군정 장관 대리 보좌관으로 전보될 때까지 책임자로 일했다. 정보·공보과는 공보계(기획반, 출판반, 라디오반, 영화반, 인쇄반, 삐라반)와 여론계(대민접촉반, 조사반, 정치분석반)로 나뉘어 있었다. 공보계 '영화반'의 임무는 ① 한국인들에게 정보 보급을 위해 영화관을 운영하고, ② 영화 제작자들과 지속적으로 연락을 취하는 것이었다. 11월 29일에 정보·공보과는 공보과로 명칭이 변경되었지만 하부 부서명은 그대로 유지되었다.

1946년 2월 13일 공보과는 공보국으로 승격되었고 CMPE 조선 지부 설립 무렵인 3월 29일 공보국은 공보부로 승격되었다. 공보부는 공보국(번역과, 이동교육과, 영화과, 라디오과, 배포과, 강연과, 생산과, 출판과, 미술·포

---

68. 찰스 암스트롱은 냉전 초기부터 미국 정부가 영화를 프로파간다전의 '무기'이자 '특별히 뛰어난 미디어'로 간주했다는 점에 주목해 한국전쟁 이전까지 영화가 문화냉전에 어떻게 이용되었는지 고찰했다. Amstrong 2003, 74.
69. "History of the Department of Public Information(An Outline)," USAFIK: XXIV Corps, G-2 Historical Section, 1945-1948, Box 39, Entry A1 1256, RG 554 Records of Far Command, the Supreme Command of Allied Powers and the United Nations Command.

스터과, 연락과)과 여론국(조사과, 여론조사과, 대민접촉과, 정치분석과, 정치교육과, 번역과), 특별보고과로 조직화되었다. 공보부 영화과의 임무는 1) 단편영화 제작, ② 한국에서 모든 영화의 제작·배급·상영을 통제하는 것으로 ②는 검열 업무를 의미했다. 공보부 영화과 외에 이동교육과도 지방 공보를 위해 확성기, 스케치, 포스터, 책자 등과 더불어 영화를 이용한 교육 프로그램을 운영했다. 지방의 경우 대민 공보는 주한미군사령부 공보과의 공보관이 담당하다가 4월에 각 도 소재 군정 내무부에 공보과가 따로 설치되면서 그곳에서 담당하게 되었다.[70]

주한미군의 공보정책은 다른 점령 지역에 비해 소극적이었다고 평가받는다. 예산과 인원으로 볼 때 공보부가 다른 부서보다 작은 규모로 출발했다는 점도 이를 뒷받침한다. 그러다가 점령 통치상의 필요와 냉전 심화로 공보선전의 필요성이 부각되자 공보부도 확대되었다. 국제적으로는 미소공동위원회 결렬로 양 진영 사이의 적대감이 고조되던 시점, 국내적으로는 북조선노동당과 남조선노동당이 창당되고 대구의 10월 항쟁을 시작으로 민중 봉기가 전국적으로 확대된 1946년 하반기가 그 분기점이었다. 회계연도 1945-46년과 1946-47년을 비교해보면 공보부 예산은 4,366,496.18원에서 30,918,860원으로 약 70퍼센트 증가했고 1948-49 회계연도까지 매년 증가했다. 인력 면에서도 1945년에 장교 3명과 하사관 5명, 조선인 약 20명으로 출발했던 공보부는 예산이 최고치에 이른 1946년에는 미국인 50명, 조선인 423명이 일했다.[71]

하위 부서의 확대 및 세분화도 공보선전의 확대를 방증한다. 1946년

---

70. 박수현 2010, 376-377. 공보장교는 주한미군사령부 공보과 소속으로 주로 미국 대중과 미 육군 제24군단 소속 군인들에게 주한미군의 활동을 알리는 임무를 맡았지만 군정청 공보부가 담당하는 임무를 일부 수행하기도 했다.
71. "History of the Department of Public Information," 32-33.

10월 18일에 공보부의 하위 부서는 공보국(번역과, 언론보도과, 영화과, 한국사진과, 사진과), 출판국(농민주보과, 주간다이제스트과, 생산과, 배포과, 미술·포스터과), 방송국(편성과, 방송과, 총무과, 제작과), 연락사무국(이동교육과, 강연과, 대민접촉과, 시각교육과, 지방연락과), 여론국(번역과, 조사과, 정치교육과, 정치분석과, 여론조사과)으로 확대·개편되었다. 그중 공보국 영화과의 임무는 ① 한국인을 대상으로 단편영화를 만들고, 2) 한국의 전문 업체를 통해 미국 영화를 편집하고 배급하며, ③ 미국인의 생활 방식을 묘사한 미국 영화에 한국어 사운드트랙을 입히는 것이었다. 「공보부의 역사」에 따르면 이 시기 공보부 공보국 영화과는 미국 정부와 의회도서관 등에 대한 다큐멘터리 영화 9편을 조선에서 상영하기 위해 내용을 각색하고 한국어로 더빙했다.[72] 또한 이동교육과는 이동교육열차[73] 프로그램을 계속 운영했으며 한국사진과는 미군정의 정책을 홍보하는 영화를 만들 때 영화과에 협조했다. 그리고 시각교육과는 조선의 당면 문제와 그 해결 방법을 강조하는 단편영화와 다큐멘터리의 상영을 맡았다.

1946년 봄 정훈부대였던 502부대의 부대장 리어든 대위가 영화과장으로 부임하여 영화 제작을 지휘했다. 502부대원들이 직접 만들지는 않았고 군정청에 녹음·현상 시설을 두고 조선 영화인들에게 하청을 주어 뉴스영화를 제작했다. 〈조선시보〉를 부정기적으로 제작했던 영화과는 그것을 대체해 1947년 1월 19일부터 2주에 한 번 정기적으로 〈조선전진보(Progress of Korea)〉를 발행했다. 리어든은 GHQ에 자체 제작

---

72. "History of the Department of Public Information," 26.
73. 녹음 스튜디오, 이동 가능한 무대장치, 확성기 시스템, 영사기, 발전기를 갖춘 6개 차량으로 구성된 특수 열차로 '은색자유열차(The Silver Freedom Train)'라는 애칭으로 불렸다. 매달 3주 일정으로 철도연선 마을에 파견되어 학교 운동장, 마을 광장, 논 등에 가설무대와 스크린을 설치하고 교육적인 쇼와 영화를 상영했다. 후에 OCI로 이관되었다. "History of the Department of Public Information," 25-26; Caldwell 1952, 32.

⟨표 3⟩ 미군정 영화과 및 OCI가 제작한 영화(1945-1949)[74]

연도	제목	제작·배급사	비고
1945	⟨자유의 종을 울려라⟩	공보과	메이슨 대위 지휘, 한창섭 촬영, 방한준 편집. 16밀리로 축소해 상영
1945-47	⟨해방뉴스⟩[75]	공보과 및 공보부 영화과	1945년 9월부터 1947년 초까지 영건, 영맹, 군정 조영 등이 청부한 뉴스영화
1946-47	⟨조선시보⟩	공보부 영화과	매월 평균 2호씩 제작. 1호-15호까지 발행
1947-48	⟨조선전진보⟩		1947년 1월부터 매월 평균 2호씩 제작. 대한민국 정부 수립 이후 ⟨대한전진보⟩로 개칭
1946	⟨군정청뉴스⟩		1946년 봄부터 제작. 군정청 활동 홍보영화
1946	⟨파리 박멸⟩	보건후생부 위생국	가을부터 초등학교에서 상영한 위생교육영화. ⟨이 박멸⟩도 제작됨
	⟨귀환동포⟩	공보부 영화과	2릴(reel)
	⟨백의천사⟩		2릴의 간호사업 장려 영화
	⟨기계시대⟩		해방 후 조선 공업 시설의 발전과 공업 발전의 필요성 홍보. 미국 및 유럽의 점령지에서 상영
	⟨직물공업⟩		조선 직물의 우수성을 홍보하고 장려
	⟨호열자(콜레라)⟩		2릴의 위생교육영화
	⟨조선올림픽⟩		제2회 조선올림픽 기록영화. 체육 조선의 의기를 높임
1947	⟨미곡수집⟩	OCI 영화과	16밀리 유성영화. 미군정의 미곡 공출에 대한 선전영화
1948	⟨인민 투표⟩		5.10 총선거 선전영화. 관객 최대 800만 명 추정
	⟨장추화 무용⟩		장추화의 현대 발레를 미국에 소개하기 위해 만든 다큐멘터리
	⟨희망의 마을⟩		16밀리 컬러 필름으로 한국의 농촌 풍경을 담은 해외 홍보용 영화

74. 다음 자료를 종합해 작성했다. 「해방뉴스 제3보 근일 완성!!」, 『중앙신문』, 1945.11.16.(2); 「군정부 문화영화 근일 편집완성」, 『중앙신문』, 1945.12.11.(2); 「영화 ⟨파리박멸⟩」, 『조선일보』, 1946.8.30(2); 「군정 영화과 1년간 작품」, 『예술통신』, 1946.12.3(1); 「영화과 제작 영화 기계시대 해외서 호평」, 『예술통신』, 1947.1.23(1); 「국산영화의 위기 긴급한 대책 강구하라」, 『서울신문』, 1948.4.23.(4); 한국영상자료원 데이터베이스; "History of the Department of Public Information,"; The Office of Civil Information, "Public Relations, Relations with Koreans," G-2 Historical Section, 1945-1948, Box 42, RG 332 Records of USAFIK: XXIV Corps.

75. 미군정이 제작한 ⟨해방뉴스⟩는 현존하지 않는다. 2005년에 일본에서 발견되어 현재 한국영상자료원이 소장 중인 ⟨해방뉴스⟩(1-4호)는 재일조선인 회사 '민중영화제작주식회사'가 제작한 같은 제명의 다른 영화다. 조혜정 2011, 339.

의 필요성을 호소하기 위해 1947년 2월 4일 일본으로 떠났다.[76] 영화과는 〈조선전진보〉의 16밀리 프린트 15부는 OCI로, 35밀리 프린트 5부는 전국의 극장에 배포하기 위해 CMPE로 보냈다.[77] 1947년 12월 이후로는 OCI가 〈조선전진보〉를 제작했고 정부 수립 후에는 주한미공보원(USIS Korea)이 〈대한전진보〉로 이름을 바꿔 제작했다가 한국전쟁 발발로 중단되었다.[78] 공보부 영화과는 1945년과 1946년에 걸쳐 뉴스릴 26편과 농업, 산업, 공중보건에 관한 군정 활동을 홍보한 다큐멘터리 7편을 제작했다.

미군정은 군정청 영화과 설립 전에 조선총독부의 국책회사였던 조선영화제작주식회사(이하, '조영', 미군정이 접수한 조영은 '군정 조영'으로 줄임)를 접수하여 뉴스영화 제작을 시작했다. 조영의 기자재, 시설을 이용해 1945년 9월 24일 조선영화건설본부(이하 '영건')에 〈해방뉴스〉 1호 제작을 맡겼다.[79] 영건은 12월에 조선프롤레타리아영화동맹과 함께 영맹에 통합되었고 이후 영맹이 〈해방뉴스〉 3호를 제작했다. 군정 조영도 〈해방뉴스〉를 제작했는데 군정청 영화과가 설립되어 뉴스릴을 자체 제작하자 이 회사는 1946년 11월 자본 총액 1천만 원 중 5백만 원을 불입한 뒤 주식을 공모해 주식회사 조선영화사로 창립했다. 조선영화사의 사업계획서를 보면 수입 내역에 〈해방뉴스〉 12편의 상영 수입과 제작비가 포함되어 있다.[80]

---

76. 「영화과 리어든 대위 자료 획득 차 일본에」, 『예술통신』, 1947.2.6(1).
77. "History of the Department of Public Information," 22-23.
78. 한국예술연구소 2003, 33; 문화공보부 1979, 27. 〈조선전진보〉와 〈대한전진보〉 필름은 1947년 11월부터 1950년 10월분까지 38편이 현존한다고 한다. 1994년에 개인 소장자 허태룡 씨가 KBS에 기증했다고 한다. 「백범 장례 등 담은 뉴스필름 발견: KBS 47-50년 제작 151편 입수」, 『동아일보』, 1994.7.23(21).
79. 이영일 2004, 215.
80. 『예술통신』, 1946.11.20(1).

군정청 영화과는 뉴스릴 제작을 위해 조선인 직원을 고용했는데 과장 방한준을 비롯해 대부분이 과거에 조영에서 활동하던 기술진이었다. 이들은 정부 수립 이후에는 USIS의 진해촬영소나 한국 정부 공보처 영화과로 옮겨가 일했다. 촬영감독 유장산과 이필우, 녹음기사 이경순의 회고에 따르면 군정청 영화과의 제작 방식은 필름을 비롯해 재료와 기자재 일절을 공급하되, 그 외 모든 것은 조선 영화인들에게 맡기는 형태였다.[81]

앞서 살펴본 「공보부의 역사」에서도 조선 영화인이 뉴스릴 제작 실무를 주도했다는 점을 확인할 수 있다. 처음에 군정청 공보부는 미국인 책임자가 편집과 내용을 담당하고 그 외 기술적 부분은 조선인이 담당하는 형태로 운영되었다. 그러나 남조선 단독 과도정부를 수립한다는 결정에 따라 1946년 9월 이후부터 공보부 각 과의 책임자가 조선인으로 바뀌고 미국인은 고문으로 남게 되었다. 따라서 공보물 제작 방식에서도 조선인의 권한이 늘어났다. 특히 "조선화(Koreanization)"가 잘 이루어진 영화과의 경우 조선인에게 제작을 전적으로 맡기고 미국인 고문은 필름 검열과 허가, 일반적 감독만을 담당했다.[82]

주한미공보국 영화과의 공보 활동

1946년 9월 3일 제24군단의 공보 장교 랜킨 로버츠(Rankin Roberts) 중령은 미군정과 GHQ 상층부에 정치 교육 및 공보 프로그램 촉진 계획을 보고했다. 하지와 맥아더가 그 계획을 승인해 로버츠는 10월에 미국

---

81. 한국예술연구소 2003, 30-31, 303.
82. "History of the Department of Public Information," 31.

에 가서 필요 장비를 요청하고 OWI 소속 민정공보 담당관 출신이었던 제임스 L. 스튜어트(James L. Stewart)를 포함한 공보 전문가 여섯 명을 채용했다. 그때까지 군정청 공보부는 공보 전문가가 아닌 일반 군인이 운영하고 있었다.

　1946년 연말에 조선에 도착한 스튜어트와 공보 전문가들은 군정청 공보부의 역량과 활동을 조사·평가한 뒤 개혁을 추진했다. 제24군단 공보 장교로 임명된 스튜어트는 1947년 2월 15일부터 뉴먼의 뒤를 이어 공보부 고문이 되었다. 그는 1947년 4월 미국의 새로운 해외 공보 정책을 수행하기 위해서는 조선인이 관할하게 된 공보부가 아니라 미군이 직접 지휘하는 기관이 필요하다고 하지에게 건의했다. 그 결과 1947년 5월 30일 미군사령부령 제10호에 의해 주한미공보국(OCI)이 설립되었고 스튜어트가 국장에 임명되었다. OCI는 옛 일본여행협회 조선 지부 건물에 자리 잡았는데, 그 건물이 용산 기지와 가까우면서 서울에서 가장 현대적인 빌딩 중 하나였기 때문이었다.

　OCI의 설립은 조선 내 정세와 미국 해외 공보선전 정책의 변화가 맞물린 결과였다. 이차세계대전 이후 미국 부의 해외 공보선전 기구는 규모가 축소되고 예산도 대폭 삭감되었다. 그러나 미소 양 진영에 의한 세계 분할이 확실시되자 소련의 선전에 대항해 미국의 참된 모습을 알리기 위해 다시 해외 공보선전을 확대해야 한다는 목소리가 국무부 내에서도 높아갔다. 1947년 3월 모스크바 주재 대리 대사였던 조지 F. 캐넌(Gorge F. Kennan)의 제안으로 공산주의에 대한 봉쇄정책이 추진되었고 9월에 소련이 코민포름을 창설함으로써 냉전은 공식화되었다. 같은 해 남조선에 단독 과도정부를 수립한 미군정은 점령 통치 종식을 앞두고 조선인과 우호적 관계를 구축하고 친미 세력을 육성할 대민 선전 전담기구가 필요했다. 그리하여 설립된 것이 바로 OCI였다.

OCI 건물. 정부 수립 후의 미국공보관(1950). © NARA

 OCI 설립 후 군정청 공보부의 업무는 대부분 OCI로 이관되어 미군정의 공보정책은 OCI가 주도하고 군정청 공보부가 협력하는 형태로 바뀌었다. 공보부 영화과의 경우도 마찬가지였다. 1947년 12월부터 영화제작, 감독, 자료 및 물품 제공, 영사기 획득 및 필름 배포까지 모든 실질적 업무가 OCI 영화과로 이관되었고 공보부 영화과는 영화의 검열·허가·감독을 담당하고 OCI 영화과가 필요로 하는 장비를 지원하는 정도로 역할이 축소되었다.[83]

 1947년 11월 스튜어트가 주한미군 사령부에 보낸 보고서를 보면 본격적으로 공보선전을 개시하기에 앞서 OCI의 준비 태세를 짐작할 수

---

83. 박수현 2010, 411.

있다.[84] OCI는 행정부, 생산부, 현장작전부로 조직되어 있었고, 선전물을 제작하는 생산부는 출판과, 시각과, 언론과, 영화과, 라디오과로 세분화되어 있었다. 영화과는 본격적 제작에 앞서 미 국무부의 승인을 얻어 16밀리 생필름 500만 피트를 구입할 예정이었고 그중 5만 피트를 긴급 공수하도록 요청한 상태였다. 또한 OCI 영화과는 산간벽지까지 영화공작을 확대하기 위해 1947년 10월까지 16밀리 나트코(Natco) 사운드 영사기[85] 200대를 확보했다. 적합한 영화가 부족해 나트코를 적극 활용하지는 못했지만 그럼에도 OCI는 1948년 초반까지 이동교육열차의 순회 상영으로 미국 다큐멘터리 필름 몇 편을 약 20만 명에게 상영했다.[86]

OCI의 이름으로 배급된 첫 영화는 조선인 민간 영화사에 맡겨 16밀리 발성으로 제작된 〈미곡수집(The Rice Collection)〉이었다. 해방 후 쌀값 폭등을 잡기 위해 1946년 1월 25일 공포된 미곡수집령(법령 제45호)에 따라 2월부터 강제 공출이 시작되었다. 그렇지만 오히려 쌀값은 이전보다 더 폭등했으며 농촌 경제는 식민지 때보다 악화되었다. 미군정의 무리한 미곡 공출로 각지에서 일어난 파업은 1946년의 대구 10월 항쟁을 기점으로 전국으로 확대되었다. 1947년 12월 15일까지 납품될 예정이었던 영화 〈미곡수집〉은 강제 공출에 대한 조선인의 반발을 무마하기 위한 선전물이었던 것으로 추측된다.

OCI 영화는 CMPE를 통해 전국 극장에 배급되었고 OCI 지부에 의

84. James L. Stewart to Headquarters United States Army Forces in Korea, "Report on the History and Growth of the Office of Civil Information, USAFIK," 10 Nov. 1947, 3-4, History of Dept. of Public Information, USAFIK, Box 42, Entry A1 1256, RG 554.
85. 시카고의 영사기 제조회사 내셔널 컴퍼니(National Company)가 제조한 영사기의 약칭. 조선과 비슷한 시기에 미 육군부는 GHQ에 16밀리용 나트코 영사기 1천 3백 대를 제공했고 CIE는 이 영사기로 도시뿐만 아니라 농어촌 구석구석을 순회하며 교육영화를 상영했다. 일본인들이 CIE 영화를 '나트코영화'라는 별칭으로 부르는 것도 여기에 기원한다. 土屋 2009, 130.
86. "Public Relations, Relations with Koreans," 16.

전남(좌) 및 춘천(우)의 미국공보원(1949). © NARA   인천 미국문화연구관(1948). © NARA

대전 미국문화관(1950.7). © NARA   충북 미국문화연구소(1951). © NARA

해 순회 상영되었다. 1947년 9월 부산을 시작으로 춘천, 개성, 서울, 인천, 대전, 대구, 광주, 전주, 제주도 등 전국 주요 10개 도시에 OCI 지부, 미국공보관(U.S. Information Center)이 설립되었다. 직역하면 미국공보센터인데, 조선과 마찬가지로, 점령지인 일본, 독일, 오스트리아에도 설치된 미국공보센터는 현지 사정에 따라 "CIE 도서관"(일본), "아메리카 하우스"(독일) 등으로 불렸다.[87] 한국의 경우에는 미국공보관으로 불리다가

---

87. 渡辺 2008, 34.

1949년 USIS가 OCI를 승계하면서 1950년 3월부터 '미국문화관'으로 명칭을 통일하는 작업을 했고 1953년 4월에 그 명칭이 공식화되었다. 그렇게 명칭을 변경한 것은 정보 수집 및 정책 홍보 활동을 연상케 하는 '공보'라는 용어를, 한국에서 특권적 용어인 '문화'로 대체함으로써 교육·연구기관이라는 이미지를 부각하는 긍정적 효과를 얻을 수 있었기 때문이었다.[88] 현재 쓰이는 통칭 '미국문화원'은 1957년에 공식화되었다. 예산 삭감으로 지부를 줄이고 한국인이 운영하는 지역문화원 설립을 지원하기 시작한 USIS는 1957년 11월에 전국공보원장회의를 개최하고 그때까지 '공보원'과 '문화원'이라는 명칭을 혼용하고 있던 지역문화원에 '문화원'으로 명칭을 통일하도록 지시했다.[89]

OCI 지부 중 가장 규모가 컸던 것은 1948년 4월 29일 남대문로에 문을 연 서울 미국문화연구소였다. 번화가의 4층 빌딩을 통째로 점령한 이 연구소 1층 홀에서는 미 국무부가 보내오는 자료로 구성된 전시가 2주에 한 번 꼴로 교체되었고 2층 강당에서는 영화, 콘서트, 강연, 인형극, 연극 등이 정기적으로 상연되었다. 3층에는 1만 8천 권의 영어 장서와 200 종류의 미국 잡지 및 연속간행물을 갖춘 개가식 도서관이 구비되었다.[90] 서울 미국문화연구소는 개소 직후부터 연일 문전성시를 이루어 1948년 10월부터는 개소 시간을 오전 10부터 오후 9시로 일괄 연장했다.[91]

서울 미국문화연구소의 영화 상영(1949). © NARA

88. 「미국문화연구소 문화관으로 개칭」, 『경향신문』, 1950.3.8.(2); Amembassy, Pusan to the Department of State, Washington, "Name for USIS Branches in Korea," 7 Apr. 1953, Decimal File 1950-1954, Box 2541, RG 59.
89. 허은 2008, 194.
90. Caldwell 1952, 98-99.

서울 미국문화연구소의 반공 전시회(1949). © NARA

USIS 드라마부서가 제작하고 서울 미국문화연구소가 상연한 연극 〈애국자들〉(1949). © NARA

특히 영화 상영 프로그램은 1948년도 매월 평균 2만 명이 관람할 정도로 인기를 끌었다.[92]

OCI 영화는 주로 CAD가 보내온 필름을 한국어로 더빙한 것이었다. CAD 뉴욕사무소는 1947년에서 1948년 사이 150여 대의 영사기와 다양한 교육영화 69편을 OCI로 보냈고, OCI 영화과는 각 10부씩 복사하여 문교부 등 한국 정부의 각 기관에 배부했다.[93] 1947년 12월에 제작에 착수한 OCI 영화과는 불규칙했던 〈조선전진보〉를 2주에 한 번 정기 제작했고 그 외에도 선전상의 필요에 따라 단편영화를 제작했다. 5·10 총선거를 앞두고는 〈투표하는 방법(How to Vote)〉[94]과 〈이승만 박사의 대통령 선거(Dr. Syngman Rhee's Election to the Presidency

91. 「미국문화연구소 공개시간을 연장」, 『동아일보』, 1948.10.13.(2).
92. 「미국문화연구소 출입자 75%가 학생」, 『평화일보』, 1948.11.7.
93. "Public Relations, Relation with Koreans," 47.
94. 1958년 USIS 영화 목록에 있는 10분 분량의 한국어판 필름 〈이렇게 투표한다〉(USIS 176)가 같은 영화일 가능성이 있다. 〈이렇게 투표한다〉는 "한국민들이 민주주의적 전통에 따라 투표소에 가서 투표하는 것을 보여준" 영화였다. 미국 공보원 1958, 51, USIS Korea의 영화 목록으로는 한국어 버전(1958년, 1964년)외에도 영어 버전(1967년)이 있다. USIS Japan의 영화 목록으로는 영어 버전(1953년)과 일본어 버전(1959년)을 참조했다. 이하에서 인용하는 한국 및 일본의 USIS 영화 목록의 필름 번호는 출처를 일일이 적지 않고 번호만 명기하도록 한다.

of Korea)〉를 제작했다. 1948년 중반에는 〈안전(Safety)〉 〈한국의 선거(Elections in Korea)〉 〈유엔한국임시위원단(The United Nations Temporary Commission on Korea)〉을 제작했다.[95] 그런데 이들 영화는 OCI 영화과가 직접 제작한 것이 아니라 조선인 영화사에 하청을 준 것이고 OCI는 결재권을 갖고 전반적 감독만 담당했다. OCI 영화과의 과장은 찰스 태너(Charles M. Tanner)로, 그가 감독한 하청 영화들은 사운드 트랙이 명확하지 못하고 때때로 각본이 조잡하다는 평이었지만 영상이 훌륭하여 선전상의 필요를 충족시켰고 무엇보다 비용 절감 면에서 높은 평가를 받았다.[96]

5·10 총선거 선전영화

OCI의 규모는 1947년 10월 15일부터 1948년 3월 15일에 걸쳐 50퍼센트 이상 확장되었다. 짧은 기간 동안의 급격한 확장은 5·10 총선거 선전 때문이었다. 3월 12일에 남조선 단독선거가 결정되자 하지 사령관은 선거 선전의 중추가 될 OCI 지부 설립에 박차를 가했다. 3월 19일 현재 개관된 지부가 한 군데밖에 없었기 때문에 그는 각 부대에 늦어도 4월 15일까지는 5개 지부 모두가 개관될 수 있도록 최우선적으로 지원하고 공보자료 제공에 협력하라는 명령을 내렸다.[97] 전국적으로 단독선거 반대운동이 일어난 상황에서 미군정은 선거를 성립시키기 위한 민주적 절차를 조성하는 데 최우선적으로 역량을 투입했다. OCI에 맡

---

95. "History of the Department of Public Information," 23.
96. Caldwell 1952, 125.
97. "Public Relations, Relation with Koreans," 22; John R. Hodge to Distribution 'D', "Priority Assistance for Office of Civil Information," 19 Mar. 1948, KMAG, Adjutant General, Decimal File, 1948-53, Box 1, RG 338 Records of U.S. Army Operational Tactical and Support Organizations(World War II and Thereafter).

OCI의 '미국의 선거' 전시회. ⓒ NARA   5·10 총선거 투표 현장. ⓒ NARA

겨진 임무는 가급적이면 많은 유권자들이 투표에 참여하도록 선전하는 일이었다.

모든 인력과 미디어가 선거 선전에 총동원된 가운데 OCI 영화과도 짧은 기간 안에 가급적이면 많은 선전영화를 제작해야 했다. 선거와 관련해 OCI가 확보하고 있었던 필름은 미국 청소년을 대상으로 투표 과정을 설명한 〈어떻게 우리의 대표를 선출하는가(How We Elect Our Representatives)〉밖에 없었는데, 그 영화는 조선의 실정과 맞지 않아[98] 새로 영화를 제작할 필요성이 있었다. 그러나 당시 OCI는 미국으로부터의 보급이 원활하지 않아 생필름, 16밀리 자동현상기, 16밀리 녹음기 등 영화 제작에 필수적인 기자재조차 부족해 3월부터 6월까지 〈투표하는 방법〉과 〈인민투표(The People Vote)〉[99] 단 2편밖에 완성하지 못했다.[100] 따라서 OCI 영화과는 〈인민투표〉와 함께 CAD는 한국어로 더빙한 〈11월

---

99. Caldwell 1952, 31.
99. 두 영화 모두 필름이 현존하지 않는다. 〈인민투표〉는 한국영상자료원 데이터베이스에서는 〈국민투표〉로 아카이빙되어 있다. 이 책에서는 당시 언론에 알려진 제명을 따라 〈인민투표〉로 표기했다.
100. "Public Relations, Relation with Koreans," 46.

의 화요일(Tuesday in November)〉(1945) 35밀리 프린트 5부와 16밀리 프린트 15부를 적극 배포하기로 결정했다. 〈11월의 화요일〉은 OWI 시절 미국의 선거제도를 해외에 홍보하기 위해 만들어진 영화로, 1946년도 상반기에 일본 GHQ 민간정보교육국(CIE)이 〈선거당일(選擧当日)〉이라는 제목으로 공개한 바 있었다.[101] OCI는 일본과 마찬가지로 민주주의 선거제도가 아직 확립되지 못한 한국에서도 효과적일 것이라고 보았다.

현재 NARA의 영상음향자료연구실(Motion Picture, Sound, and Video Research Room)에 소장된 필름은 OWI 영화과가 1945년에 제작한 영어 버전이다. 일본과 조선에 배포된 1945년 버전은 민주당 후보 루스벨트가 대통령으로, 트루먼(Harry Shippe Truman)이 부통령으로 당선되었던 1944년의 선거를 다룬 것이다. 그런데 USIA 영화의 대본을 모아둔 문서철을 살펴보면 〈11월의 화요일〉은 1953년 8월과 1956년 5월에 걸쳐 두 번 재편집되었다.[102] 1953년 버전은 공화당 후보 아이젠하워(Dwight David Eisenhower)가 대통령으로 당선된 1952년 선거를 배경으로 했고, 1956년도 버전은 1953년도 버전에는 들어가 있던 각 당의 후보(아이젠하워 포함)가 투표하는 장면을 삭제하고 투·계표기를 이용한 투표 신을 첨가한 차이가 있다. 말하자면 USIA는 1945년 버전을 모태로 시대적 변화를 반영하여 미국식 민주주의 선거제도를 해외에 홍보하는 영화로 〈11월의 화요일〉을 여러 차례 활용했던 것이다.

1945년 버전의 내용을 살펴보자. 〈11월의 화요일〉은 "미국의 한 도시, 그다지 크지도, 부유하지도, 오래되지도 않은" 캘리포니아의 소도시 리버턴(Riverton)을 배경으로 투개표 진행 과정을 보여주며 '평범한 미

---

101. 土屋 2009, 134.
102. *Tuesday in November*, 306.3587, Moving Images Relating to U.S. Domestic and International Activities, 1982-1999, RG 306; "*Tuesday in November*," Movie Scripts, 1942-1965, Box 47, Entry 1098, RG 306.

국 시민'의 투표가 민주주의 근간이라는 메시지를 전달한다. 선거 당일 리버턴의 투표 절차를 묘사한 신에 이어지는 4분가량의 애니메이션은 삼권분립과 대의민주주의를 통해 국민의 권리와 자유가 어떻게 보장될 수 있는가를 쉽게 설명한다. 즉 〈11월의 화요일〉은 단독선거를 둘러싼 한국의 치열한 상황과는 다소 거리가 있는 교육영화다. 그럼에도 OCI가 이 영화의 배포에 총력을 기울인 것은 단선·단정 반대운동을 잠재울 공보선전보다는 한국에서는 민주적 선거 절차에 대한 교육이 더 시급하다고 판단했기 때문이었다. OCI는 투표용지가 어떻게 생겼는지 구경도 못한 유권자들이 넘치는 상황에서 투표율을 올리기 위해 사전에 견본 투표지를 제작해 산간벽지까지 배포했다.[103] 문맹률이 높아 투표 과정을 그림으로 설명해야 했던 만큼 〈11월의 화요일〉은 '선거란 이런 것이다'를 보여주는 견본으로 사용되었던 것이다.

한편, 한국의 상황에 맞춰 제작된 〈인민투표〉는 유권자 등록 마감일(4월 10일)을 지나 선거가 한 달도 채 남지 않은 4월 12일에야 완성되었다. 일제 말기 조영에서 선전영화 제작에 종사하다가 해방 후 '광복영화 삼부작'을 내놓았던 최인규 감독이 이 영화를 연출했다.[104] 〈인민투표〉는 일본에서 현상, 프린트되었고 4월 20일부터 35밀리 15부와 16밀리 20부가 배급되었다. 35밀리 중 7부는 CMPE가 서울과 인천에 배급했고 나머지 8부는 OCI 지부가 지방 영화관에 배급했다. 5월 10일까지 50만의 관객이 상업영화관에서 35밀리 필름으로 〈인민투표〉를 보았는데 그중 CMPE 배급 분은 196,571명이었다. 16밀리 중 11부는 OCI 지부나 이동교육대의 순회 상영에 충당되었고 나머지 9부는 문교부 등

103. Caldwell 1952, 30.
104. 최인규 감독의 해방 후 대표작 〈자유만세〉가 광복영화의 효시이자 항일영화의 정전으로 자리 잡아가는 과정을 비판적으로 고찰한 논문으로는 김려실 2009.

관공서로 보내졌다. 총 2백 6십만 명 정도가 16밀리로 이 영화를 보았다고 추정된다.[105] 35밀리와 16밀리의 관객 수를 모두 합하면 불과 20일간 3백만 명 이상이 이 영화를 본 셈이 된다.

〈인민투표〉는 필름이 보존되어 있지 않지만 춘천 OCI 지부장 콜드웰(John Cope Caldwell)의 회고록 『한국이야기』(The Korean Story)』에 영화 줄거리와 순회 상영 시의 상황이 묘사되어 있다.[106] 강원도 산간 지역에서 〈인민투표〉를 이용한 홍보 캠페인을 벌인 춘천 OCI의 이동교육열차는 8천 킬로미터를 이동하면서 수십만의 조선인들에게 이 영화를 상영했다. 5월 초순, 38선과 가까운 한 마을에 도착한 OCI 직원들은 아직 말라 있는 논에 조선산 광목으로 만든 스크린을 치고 임시 원형극장을 설치한 뒤 해지기 두 시간 전부터 확성기로 관객을 불러 모았다. 어둠이 내리고 흰옷 입은 사람들이 약 5천 명 정도 모이자 엘지 플레처(Elsie Fletcher)[107]가 마이크 앞에서 완벽한 조선어로 사회를 보아 관객과 친밀감을 형성했다. 영화를 기다리는 동안 녹음된 음악이 30분 정도 흘렀으며 미리 섭외해둔 그 지방의 정치가가 짧게 소개 연설을 했다. 이어서 자유선거에 대해 강조하는 플레처의 조선어 연설이 이어졌는데, 객석에서는 "아이고" "좋다" 등의 감탄과 동조의 반응이 있었다. 영사기가

---

105. "Public Relations, Relation with Koreans," 46-47.
106. Caldwell 1952, 122-125; 「미문화연구소장에 존 콜트웰씨 취임」, 『경향신문』, 1948.9.16(2). 선교사의 아들로 중국 푸젠성에서 출생한 콜드웰은 1943년부터 1945년까지 OWI 관료로 중국에서 일했다. 대민 공보 전문가였던 그는 종전 이후 1947년까지 중국 USIS의 책임자로 일했다. 1948년 1월 조선에 부임한 그는 2월 14일에 춘천 OCI 지부를 개관하고 지국장에 취임했다. 1948년 9월 14일 서울 미국문화연구소 소장이 되었고 OCI의 공보 업무가 미국대사관 관할의 USIS로 넘어간 1949년부터는 USIS 부국장으로서 공보 실무를 담당했다. 1950년 2월에 은퇴하였고 한국전쟁 발발 직후 귀국해서 미 육군부 재정향 지부의 고문으로서 일본 및 한국군이 수복한 지역에서 상영할 필름을 검토하는 일을 했다.
107. 미국 북장로교 선교사로 대구 동산기독병원 원장을 역임한 아치볼드 G. 플레처(Archibald Gray Fletcher)의 딸. 조선에서 태어나 자랐으며 콜드웰과 혼인했다.

5·10 총선거 공보 포스터를 검토하는 엘지 플레처(좌)와 콜드웰(중). © NARA

돌아가고 스크린 위에는 조선 배우들이 등장한 〈인민투표〉가 시작되었다.[108] 자기가 한 약속을 지키는 정직한 어떤 후보자가 주인공이다. 같은 선거구의 경쟁자는 권력자들의 지지를 얻은 악당으로 헛된 약속을 남발한다. 영화 중간에 여성 투표에 대한 토론이 들어있다. 선거 당일이 되자 투표에 관심이 없던 노인을 포함해 모든 사람들이 나타나 투표를 했고 결국 주인공이 당선된다. 엔딩 신에서 제헌의원이 된 주인공은 국회에서 감동적인 첫 연설을 마친다. 영화가 상영되는 동안 여기저기서 감탄, 웃음, 한숨, 즐거운 고함이 들렸고 심지어 이 영화를 구경하기 위해 몰래 38선을 넘어 온 사람들도 5백 명이나 되었다.

108. 한국영상자료원 데이터베이스에 따르면 〈인민투표〉에 출연한 배우는 최지애, 박일룡, 권일청, 전택이 등으로 일제강점기부터 활동했거나 광복영화 삼부작에 출연했던 배우들이었다.

〈인민투표〉는 콜드웰에게 현지 제작의 필요성을 일깨워주었다. 고작 4천 달러를 들여 3주 만에 완성한 이 영화는 수만 달러를 들여도 1년씩이나 걸리는 IMP 영화보다 효과적이었다. IMP가 제작한 '전문적' 영화는 각본 단계에서부터 지역 전문가의 검토를 비롯해 각종 회의를 거쳐야 했고 완성된 필름은 다시 전문가 리뷰를 받아야 했기 때문에 현지에 도착한 시점에는 선전에 이용해야 할 이유가 사라져버리곤 했다.[109] 유엔위원단이 남한 단독선거를 결정한 것은 3월 12일이어서 불과 선거를 2개월 앞둔 시점에 OCI는 미국에서 영화를 제작해올 시간적 여유가 없었다. 5·10 총선거를 앞두고 상황이 긴박하게 돌아가기도 했고 OCI가 국무부-미국대사관 라인이 아니라 육군부-GHQ-주한미군 라인이었던 까닭에 〈인민투표〉는 일사천리로 제작되었다. 한국정부 수립 후에 USIS 부국장이 된 콜드웰은 그때의 경험을 살려 현지 영화(local film)의 비중을 늘려가려고 노력했다. 그러나 몇 가지 장애가 있었다.

미 육군부 관할이었던 OCI나 CIE는 점령지에서 민간에 하청을 주는 방식으로 일부 영화를 조달했다. 일본의 경우 문화·교육 부문에서 재교육·재정향 정책을 전담한 CIE는 영화 및 출판물 제작을 담당했던 CAD 재정향 부서(Reorientation Branch)가 제공한 교육영화(short documentary)를 주로 상영했지만 필요에 따라 현지 민간 영화사에 하청을 주어 제작하기도 했다.[110] 그런데 CAD와는 별개로 미 국무부 국제공보·교육교환국(OIE)의 IMP도 영화를 제작하고 있었다. 국무부는 현지 제작에 대해 육군부와는 다른 관점을 가지고 있었다. CAD는 현

---

109. Caldwell 1952, 88. 308-309.
110. 일본제 CIE 영화 54편의 리스트는 土屋 2009,

지 제작 미디어가 심리전에 효과적이라고 보았지만 IMP는 비전문적이라는 이유로 현지 제작에 소극적이었다. 따라서 국무부 소속이었던 USIS도 현지 제작에 소극적일 수밖에 없었다.

콜드웰이 한국을 떠나 CAD 재정향 부서의 고문으로 일하는 사이 한국전쟁이 발발했고, USIS가 심리전에 관여하면서 국무부도 현지 제작에 대한 입장을 바꾸게 되었다. 진해로 영화제작소를 이전한 USIS는 한국인을 고용해 필요한 영화를 적시에 조달하고자 했다. CAD 뉴욕 사무국이 1951년 12월 31일에 폐쇄되고 국무부가 해외 공보선전용 영화 제작을 전담하게 되면서 IMP와 CAD의 견해 차이와 의사소통 문제도 자연스레 해소되었다. 이후 해외 공보선전용 영화는 1952년 4월부터 국무부 국제공보처(IIA)가, 1953년 8월부터는 새로 발족한 USIA가 제작하게 되었다.

제3장
주한미공보원의 설립과 문화냉전의 서막

스미스-문트 법의 제정

1945년 8월 31일, 트루먼 대통령은 OWI의 폐지에 서명했다. 그러나 해외 공보선전의 중요성을 인식하고 있던 그는 1946년 1월 국무부 산하에 국제공보문화국(OIC)을 설치하여 OWI 기능과 인력의 일부를 이관했다. 이때 USIS와 VOA가 OIC에 편입되었다. OIC는 지역과와 작전과로 나뉘었는데, 작전과에 국제방송부, 국제언론·출판부, 도서관 및 기관(institutions)부, 국제인적교류부, IMP가 있었다. IMP는 해외 공보용 다큐멘터리 제작을 위탁하거나 구입하는 일을 담당했고 1945년 가을부터 민간 뉴스영화사들로부터 협력을 얻어 〈유나이티드뉴스〉[1]를 해외에 배급하기 시작했다.

---

1. 해외 공보선전에 뉴스릴을 이용하기 위해 미국 정부가 수립한 비영리 회사. 제1부 제1장 제2절 '국제영화부(IMP)의 해외 공보선전' 참조.

OIC 초대 국장으로는 광고업계 출신인 공보·문화 차관보 벤튼(William S. Benton)이 임명되었다. 그는 미국 영화가 해외공보 캠페인에서 대단히 중요한 역할을 할 것이라고 믿었고 1946년 3월 메이저 영화사들로부터 협력을 이끌어내기 위해 할리우드 방문했다. 할리우드는 자기네 영화에서 국제적 사건을 다룰 때 국무부와 상의하는 자발적 시스템을 갖추는 데 동의했고 그 대가로 벤튼은 경제 차관보에게 할리우드 영화의 수출이 갖는 정치적 가치를 제고해주었다. 이처럼 할리우드는 양차 대전뿐만 아니라 냉전기의 해외 공보선전에도 국익과 기업 이익이 일치하는 한 협조했다.

같은 해 8월 1일 풀브라이트(James William Fulbright) 상원의원이 제안한 '국제교육교류법안,' 일명 풀브라이트법(Public Law 584; 79th Congress)이 의회에서 통과되었다. 로즈(Rhodes) 장학생으로 영국 옥스퍼드대학에서 유학했던 그는 로즈 장학금을 모델로 이미 1945년 9월에 해외에 있는 미국 정부의 전시 잉여물자를 처리한 자금을 국제교육교류 기금으로 사용하자고 제안한 바 있었다. 기본적으로 그의 아이디어는 미국인이 미국과 협정을 맺은 국가에서 공부를 하거나 가르치고, 마찬가지로 그 국가의 학생이나 교원에게도 장학금을 수여해 미국 유학 기회를 제공하자는 상호교류였다. 벤튼은 '풀브라이트'라는 대부호 가문의 브랜드 가치에 주목해 이 계획을 "풀브라이트 프로그램"이라고 명명했다.[2] 풀브라이트 의원은 정치적 목적보다 교육·문화 교류를 통한 국가 간의 상호이해를 우선시하려 노력했지만[3] 그럼에도 이 프로그램

---

2. Cull 2008, 23-32.
3. 케네디 정권하에서 풀브라이트는 풀브라이트법의 원래 취지에 부합하도록 1961년 상호교육·문화교류법, 일명 풀브라이트-헤이즈법(Fulbright-Hays Act)을 새롭게 제정함으로써 미국 정부의 해외 공보정책과는 선을 긋고 상호교류를 중시하고자 했다. 풀브라이트 프로그램 홍보를 위한 USIS 영화에 대해서는 제2부 제8장 제5절 참조.

이 미국의 냉전기 해외 공보선전의 중요한 축이었다는 점은 부인할 수 없다. 엘리트 교육과 원조가 결합한 이 프로그램은 미국에서 교육받은 개발도상국(이하, '개도국') 엘리트 집단에게 추구해야 할 근대국가의 모델로 미국의 이미지를 각인시켰고 그들이 귀국해 미국의 문화와 제도를 모방하고 확산하는 데 기여했다.

민주당원인 트루먼의 집권 2년차에 실시된 중간선거에서 승리한 공화당은 상원과 하원을 모두 장악했다. OIC는 OWI의 연장이라는 의회의 비판에 직면해 1947년도 예산이 대폭 삭감되었다. OIC는 풀브라이트 프로그램을 비롯한 교육·문화 교류 프로그램을 운영하는 동시에 여전히 VOA와 USIS를 거느렸지만 일부 USIS를 폐쇄했고 영화 구입도 축소했다. 그런데 냉전으로 치닫고 있던 국제 정세는 미국 정부의 해외 공보선전에 새로운 국면을 초래했다. 1947년 3월 12일 트루먼은 의회에서 내적, 외적 원인(공산주의) 때문에 전복 위기에 있는 국가에 군사적, 경제적 원조를 제공하겠다는 트루먼 독트린(Truman Doctrine)을 천명했다. 그리고 6월에 조지 C. 마셜(Gorge Catlett Marshall) 국무장관이 유럽 부흥 지원을 선언한 마셜플랜(Marshall Plan)으로 트루먼 독트린을 뒷받침했다. 이에 대항하기 위해 공산 진영이 9월에 소련을 중심으로 한 국제공산주의 운동기관으로서 코민포름(Cominform)을 결성했기 때문에 두 진영 사이의 외교적 대결은 가시화되었다. 이러한 상황에서 소련의 선전에 대항해 미국의 정당성을 알리는 해외 공보선전 활동이 필요하다는 인식이 당파를 초월해 무르익었다. 그리하여 트루먼은 1948년 1월 27일 평상시의 해외 공보 및 교육교류법(Information and Education Exchange Act), 일명 스미스-문트 법(Smith-Mundt Act) 제정에 성공할 수 있었다.

스미스-문트 법의 취지는 해외 공보선전과 인적 교류를 통해 미국에 대한 오해를 불식하고 미국과 미국인에 대한 '올바른' 정보를 전 세계에 알린다는 것이었다. 이에 따라 OIC는 미국에 관한 광범위한 정보를 해외에 제공하고 문화교류와 교육·기술 원조를 통해 미국에 대한 불신과 비난을 해소할 전담 기관이라는 의미로 국제공보·교육교환국(OIE)으로 개편되었다. 1948년 3월에 OIE의 업무는 라디오, 언론, 영화와 같은 '빠른 미디어(fast media)'를 취급하는 국제공보국(OII)과 교육교환, 도서관, 기관 간 연계와 같은 '느린 미디어(slow media)'를 취급하는 교육교류국(OEX)으로 분장되었다.

OIE 내 IMP는 마셜 플랜의 지원으로 해외 상영용 다큐멘터리를 제작해 전 세계에 배급했다. 1950년까지 1억 2천 5백만 명이 OIE 영화를 본 것으로 추정된다. 할리우드는 OWI나 OIC 시절과 다름없이 OIE의 해외 공보선전에도 적극 협력했다. 할리우드 영화는 현실 정치에도 영향을 미쳤다. 공산 진영과 자유 진영이 대립한 1948년 4월 이탈리아의 선거에서 할리우드의 스튜디오들은 후방 공작을 전개했다. 극영화와 다큐멘터리를 막론하고 자본주의 체제하의 번영을 보여주는 영화를 무상으로 대량 배포했다.[4] 할리우드는 당장의 손해가 자본주의 시장을 지키는 필요 비용이라는 점을 경험을 통해 알고 있었던 것이다.

스미스-문트 법 제정은 군사적 결전을 피하면서 미국과 미국의 이념에 대한 지지를 확대하는 새로운 방식의 전쟁을 위한 입법이었다. 냉전이라는 이름의 새로운 전쟁은 역사상 유래가 없는 "장기적이고 적극적으로 추진된 비평화 상태"[5]였으며 "전선과 후방의 경계를 지우고 대중동원을 현대 전쟁의 필수적 요소로 만든 총력전"이었다.[6] 따라서 냉전

---

4. Cull 2008, 41-46.
5. 베른트 슈퇴버 2008, 15.
6. Osgood 2006, 1.

기 미국 정부의 방대한 해외 공보선전 활동은 냉전의 전장(battlefield)이 정치·외교·경제·군사 행동만이 아니라 민간과 일상의 영역으로 확장되었다고 보는 문화냉전의 패러다임을 도입하여 분석할 때 그 본질을 더 잘 파악할 수 있다. 지난 세기를 돌이켜 볼 때 냉전은 문화예술 분야뿐만 아니라 오락과 생활 양식을 포함한 문화·정보·미디어 전략 전반에 걸쳐 이루어졌으며 정밀 공작, 문화외교(Cultural Diplomacy), 교육 교류, 과학기술 협력, 출판·번역, 핵개발·군축·전쟁 등 국제 여론에 영향을 끼치는 모든 분야에서 이루어졌다.[7]

그런데 해외 공보선전을 뒷받침했던 스미스-문트 법에는 미국이 해외에 제공하는 정보를 미국 국내에 유포해서는 안 된다는 조항이 있었다. 미국 정부는 국내와 해외라는 이중 잣대로 공보선전을 전개하고 있었고 해외에 유포한 이른바 '미국의 진실'이 국내 정치에 미칠 영향을 사전에 차단하기 위해 이 조항이 만들어진 것이다. 그 때문에 예외적 경우를 제외하고 미국인들은 USIA 영화나 USIS 영화를 원래의 형태대로는 볼 수 없었다.

한국전쟁 이전 주한미공보원의 영화 프로그램

스미스-문트 법으로 해외 공보선전의 법률적, 재정적 조건을 갖춘 미 국무부는 지역에 따라 정치·사회·문화를 고려하여 세심하게 조율된 공보선전을 전개해 나가기 시작했다. 유럽에서는 노골적인 반소·반공 선전보다는 전후 황폐화된 유럽의 재건을 돕는 조력자로서 미국의 이미지를 각인시켜 지지 세력을 육성했다. 이에 비해 식민지와 미군정을

---

7. 기시·쓰치야 2012, 16.

서울, 광주, 부산 미국문화연구소의 도서관(1949), © NARA

거치며 외세에 의해 분단국가가 된 한국에서는 내정간섭이라는 인상을 피하면서 한국의 근대화가 미국식 민주주의와 자본주의를 확대할 때 달성될 수 있다고 강조했다. 따라서 유럽에서는 경제 원조만 아니라 막대한 자금이 예술·문화 분야로 흘러 들어갔지만[8] 한국의 경우 냉전 자금은 전후 재건과 개발원조에 더 집중되었다.

1949년부터 미국의 대한(對韓) 공보선전 업무는 미 육군부-주한미군에서 미 국무부-주한미대사관으로 이관되었다. 1949년 4월 20일에 설립된 주한미대사관은 7월에 OCI를 USIS로 재조직했다. OCI의 국장이

8. 1995년 클린턴(Bill Clinton) 정부가 정보자유법(Freedom of Information Act)을 25년이 지난 기밀 해제된 공문서로 확대하면서 그동안 알려지지 않은 냉전의 실상이 공개된 바 있다. 영국의 역사학자이자 다큐멘터리 감독인 손더스(Frances Stonor Saunders)는 다음 저서에서 CIA가 마셜 플랜의 자금을 이용해 유럽의 문화계·학술계·예술계를 대상으로 반공 공작을 했다는 사실을 밝혀냈다. Saunders 1999. 한국어 번역본으로는 프랜시스 스토너 손더스 2017 참조.

서울 미국문화연구소의 미술 전시회(1949)

었던 제임스 L. 스튜어트는 미대사관 1등 서기관과 USIS 국장을 겸임했고 서울 미국문화연구소 소장 존 C. 콜드웰은 USIS의 부국장으로 전보되었다. OCI의 영화과장 찰스 태너가 USIS 영화과장직을 승계했고 윌리엄 G. 리지웨이(William G. Ridgeway)가 대리(acting director)로서 그를 보조했다.[9] 1953년 8월 USIA가 발족하기 전까지 USIS의 공보선전 활동은 주한미대사관의 지시와 승인을 얻어 진행되었다.

한국에서 USIS가 문화냉전의 중요한 수단으로 활용했던 대표적 미디어는 미국문화연구소(USIS 지부)였다. 9대 도시에 설치된 미국문화연구소는 그 도시뿐만 아니라 도(道) 전체의 공보 책임을 맡았다. 미국문화연구소는 1만에서 2만에 이르는 주소록을 작성해 출판물을 우송하는 한편, 시민 일반에 출판물을 배포해 미국과 미국의 이념에 대해 알

9. Ridgeway 1989.

USIS 원조로 공연하는 서울교향악단(1949)

리고자 했다.[10] 미국문화연구소는 반공 선전보다는 한국인이 미국과 민주주의에 우호적 감정을 갖게 하는 것을 일차적 목표로 삼았다. 극장 외에 이렇다 할 근대적 문화시설이 없었던 한국에서 미국문화연구소에 대한 한국인의 호응은 뜨거웠다. 각 지방의 미국문화연구소는 도서관을 운영하면서 구하기 힘든 장서를 갖추고 대출까지 했으며 각종 전시회와 음악회, 전람회, 영화 상영회를 주최했고 영어 강좌와 문화 강좌를 운영했다. 미국문화연구소는 이처럼 정보 창구인 동시에 문화기관으로 자리 잡음으로써 미국에 대한 호감과 지지를 자연스럽게 끌어낼 수 있었다.

주한미대사관 참사관 드럼라이트(Everett F. Drumright)가 국무부로 보낸 보고서에 따르면 1949년 11월부터 1950년 4월에 걸쳐 6개월 동안

---

10. PAO James L. Stewart to Ambassador Muccio, "USIE Program in Korea," 11 Jan. 1950, Box 2540, RG 59.

드럼라이트(중)와 이승만(우). © NARA   왼쪽부터 이승만, 장면, 무초(1952). © 국가기록원

　미국문화연구소 출입자 수는 3,197,360명으로 월평균 50만 명이 넘었다.[11] 미국문화연구소의 프로그램 중에서도 영화 상영은 다른 프로그램에 비해 압도적 성과를 거두었다. 같은 기간 동안 영화 관람 인원은 2,919,715명에 달했다. 라디오 수신기 보급률이 낮았고 농촌 지역 문맹률이 높았던 한국에서 영화는 "모든 목표(target)를 대상으로 하는 가장 효과적인 미디어"로 평가되었다. USIS 국장 스튜어트가 존 J. 무초(John Joseph Muccio) 대사에게 보낸 각서에 따르면 1949년 8월에서 10월에 걸쳐 실시된 USIS의 이동영사에는 매월 참가자가 100만 명이 넘었을 정도로 반응이 뜨거웠다.[12]

　1950년대 초에 USIS 영화는 ① 청년 및 학생, ② 농민, ③ 노동자, ④ 공무원 및 군인을 주요 대상으로 삼았다. 극동 외 지역에서 가장 중요했던 선전 대상은 ①이었지만 극동 USIS 지부들은 ②를 가장 중요한 대상으로 보고 농촌 지역에서의 상영률과 농민 참여율 제고에 주력했다.[13] 이 시기 한국 USIS는 ①을 가장 중요한 선전 대상으로 파악했

---

11. Everett F. Drumright to Department of State, "Statistical Report of U.S. Information Center Activities for Six Months(November 1949-April 1950)," 1 Jun. 1950, Box 2540, RG 59.
12. "USIE Program in Korea."

지만 농민도 한국에서 가장 큰 직군이자 중추적 집단이므로 장기적 프로그램으로 교육해야 한다고 평가했다.[14] 1950년대 전반으로 시기를 확대하면 농민이 USIS의 가장 중요한 선전 대상이었다. 한국은 1950년대까지도 대도시를 제외하고는 영화 상설관이 거의 설치되어 있지 않았기에 농촌에서 농민이 처

USIS의 이동영사에 몰입한 어린이들(1950.3). © NARA

음 접한 영화는 USIS 영화인 경우가 많았다. 미국의 정치·문화·역사·교육·과학기술의 우수성을 어떤 문화적 배경에서도 이해할 수 있을 정도로 단순한 플롯과 이미지로, 때로는 할리우드적 오락성까지 가미하여 보여주는 USIS 영화는 마치 초기영화(early film)의 관객과도 같은 상태에 있던 한국 농민의 눈을 사로잡았다.[15]

영화과의 업무는 USIS 내부에서도 라디오와 텔레비전이 널리 보급되기 전인 1960년대 중반까지 막중한 것으로 평가받았다. 1950년 1월

---

13. International Education Staff, "Targets of USIS Films," May 1953, International Information Administration, the Department of State, NARA, 수집번호 0112246B_92376, 국사편찬위원회.
14. Everett F. Drumright to Department of State, "USIE Country Papers-Korea," 5 Jun. 1950, Box 2540, RG 59.
15. 1950년 4월 전남 영광군 계림고등공민학교 교장 박상국이 광주 미국문화관에 보낸 감사 편지에서 드러나듯 농민들에게 USIS의 순회 상영은 어트랙션(attraction)에 가까웠다. 농민들은 영화 속의 미국을 의심할 바 없는 사실로 받아들였다.

"이 농촌마을은 당신들의 이동영사대가 오기 전까지 일제시기에도 심지어 해방 이후에도 영화를 보지 못했습니다. 당신들의 영화는 농부들에게 영화의 굉장한 가치에 대해 알게 해주었습니다. 농민들은 미국에서 무슨 일이 일어나고 있는지 알게 되었고 영화를 본 후 자기들의 감명을 말하고 칭송했습니다. (중략) 네 군데 면의 모든 농부들이 곧 다른 영사대를 보내주기를 바라고 있습니다." Seoul 578 to Department of States, "Letters received by U. S. Information Center, Kwangju, Cholla Namdo," 2 Jun. 1950, Box 2540, RG 59.

대략 16밀리 프로젝터 70대를 보유하고 있던 USIS는 학교에서의 집중 상영을 포함하여 도시, 지방, 육군, 해군, 경찰 등의 집단으로 나눠 순회 상영을 전개했다. USIS 영화과의 제작팀은 국무부가 보낸 "진지한 다큐멘터리(heavy documentary)"를 한국어로 더빙하거나 한국 사정에 맞게 각색하는 한편 "한국의 특수한 필요 때문에" 직접 영화를 제작하기도 했다.[16] 한국전쟁 직전까지 USIS는 국무부 영화를 각색한 것, 한국인 배우를 고용해 직접 제작한 것을 포함해 매월 15-18편의 영화를 제작했다. 이렇게 제작된 USIS 영화는 38선 이남 대부분의 지역에서 극장뿐만 아니라 영사기가 설치될 수 있는 곳이라면 어디서든 상영되었다.[17]

각국 USIS는 국무부로부터 국가별, 문화별, 언어별로 세심하게 조율된 주제의 필름을 공급받아 상영했지만 간혹 필요에 따라 현지에서 제작하는 경우도 있었다. 한국 USIS의 경우 다른 지부에 비해 현지 제작 비중이 월등히 높았다. 1950년대에 미국문화센터 19개소, 미일문화센터 3개소, USIS 도서관 46개소를 갖추어 아시아 최대 규모였던 일본 USIS의 경우에도 자체 제작 영화는 20여 편에 불과했다.[18] 이에 비해 한국 USIS는 한국전쟁 발발 이후 전쟁 선전에 적합한 영화를 적시에 배포하기 위해 스튜디오 시설을 갖추고 영화를 양산하기 시작했다. 1952년부터 1967년에 걸쳐 제721호까지 발행된 〈리버티뉴스〉를 포함하여 다큐멘터리, 극영화, 애니메이션 등 수백 편이 제작되었고 그중 일부가 NARA에 보존되어 있다. 그러나 한국전쟁 이전에 USIS가 제작한 필름은 현재 남아 있지 않다. 따라서 아래에서는 USIS가 발행한 월간

16. "USIE Program in Korea."
17. "USIE Country Papers-Korea."
18. 다음 자료를 참조한 수치임. Distribution Section Motion Picture Branch American Embassy Tokyo 1953; 杉山 1959.

USIS의 기관지 월간 『아메리카』와 ECA 홍보물. ⓒ NARA

지 『아메리카』에 실린 리뷰를 중심으로 해당 시기 USIS 영화를 재구해 보기로 한다.

애치슨 선언(Acheson line declaration)[19]이 공식화했다시피 미국은 한국전쟁 이전까지는 대외적으로 한국이 미국에 전략상 의미 있는 지역이 아니라는 포즈를 취해왔다. 따라서 같은 시기의 USIS 영화 프로그램은 기본적으로 반공영화보다는 미국을 소개하는 영화로 채워졌다.[20] 그러나 1949년 5월 중공군이 상하이를 점령하자 미국 정부 내부적으로는 중국에서의 실패가 한국에서도 반복될 것이라는 우려가 나왔다. 이미 1948년의 제주 4·3사건과 여순 10·19사건으로 국무부가 감지하는 수준보다 한국 현지에서의 위기의식은 팽배해져 있었고 한국 USIS

19. 트루먼 독트린의 입안자였던 국무장관 애치슨(Dean Gooderham Acheson)은 1950년 1월 12일 미국의 극동 방어선에서 한국을 제외할 것을 천명했다.
20. Caldwell 1952, 104.

는 두 사건의 여파를 잠재우기 위한 선무공작이 필요하다고 판단했다. 그런 맥락에서 제작한 반공영화가 바로 〈전우(Brothers in Arms)〉(USIS 50)였다.

원래라면 사전에 각본을 제출하고 국무부의 승인을 받아야 했지만 USIS 부국장 콜드웰은 신속한 제작을 위해 〈전우〉의 제작 계획을 상부에 보고하지 않았다. 나중에 알게 된 국무부가 그 계획을 추인했기 때문에 USIS는 이 영화를 동시녹음으로 제작할 수 있었고 생필름도 마음껏 쓸 수 있었다.[21] 제작 실무는 이명우 프로덕션이 맡았다. 연출은 과거 조선총독부의 관변단체 조선문화영화협회 소속으로 다큐멘터리 제작 경험이 있던 홍개명이 맡았다. 한국 육군본부 작전국 정훈과 영화대 및 내무부 치안국 경무과의 후원을 얻어 완성된 〈전우〉는 일반 상영뿐만 아니라 군부대 위안 행사 프로그램에도 포함되었다.[22]

〈전우〉의 배경인 여순사건은 국방경비대(1948년 9월 5일에 육군으로 조직됨)와 경찰의 갈등이 원인 중 하나였다. 정부의 진압 과정에서 대대적 보복이 있었으며 반란군으로 간주된 민간인 사상자도 엄청났다. 그러나 이 영화는 반란군과 민간인에 대한 군경의 잔혹한 학살을 "군과 경찰 간의 친목을 훼방하는" 유언비어에 지나지 않는 것으로 호도했다. 군인과 경찰은 혈육과 같은 존재라는 메시지를 담기 위해 주인공은 인민군에 저항하다가 월남한 농민 출신 형제로 설정되었다. 남한에서 육군 중사가 된 형과 경찰 경위가 된 아우는 남북통일을 염원하며 지리산에서 함께 "공산도배"와 싸운다. 동생은 전사하고 형은 부상을 입었지만 살아남아 신문기자와의 인터뷰에서 다음과 같이 말한다. "동생을

---

21. Caldwell 1952, 105; 이경순 2002, 236.
22. 「군민 위안의 밤 현충(顯忠)부대에서 개최」, 『경향신문』, 1949.10.12(2).

잃은 서러움보다도 조국광복을 위해서 군경이 힘을 서로 모아 목숨을 다해 싸우는 데는 그저 눈두덩이 뜨거워짐을 느낄 뿐이었습니다."[23] 국무부의 대외적 원칙에 어긋나기는 했지만 USIS는 공보선전상의 필요에 따라 반공영화를 제작했다. 현지에서 취재한 내용을 가공해 호소력이 있으며 저렴한 비용으로 단기간에 제작할 수 있다는 점에서 효과가 컸기 때문에 〈전우〉와 같은 기획은 계속되었다.

1949년에 제작된 〈철도 이야기〉(USIS 372)는 미군정청 예술과장, 과도정부 문교부 예술과장, 대한민국 정부 문교부 예술과장을 역임한 문화분야의 엘리트 관료 안철영이 연출했다. 일제강점기에 베를린대학 사진과를 졸업한 그는 귀국하여 상업영화 〈어화〉(1938)를 연출한 경험이 있었다. 해방 후에는 문교부 예술과장으로서 하와이와 미국을 시찰하면서 하와이 교민들의 생활상을 기록영화 〈무궁화동산〉(1948)에 담았다. 〈무궁화동산〉은 군정청의 하청업체 중 하나였던 서울영화사가 제작했는데 안철영은 그 회사의 간부이기도 했다. 〈철도 이야기〉도 서울영화사가 USIS로부터 청부한 영화로, 일제강점기에 '문화영화'[24] 경험이 풍부했던 카메라맨 이용민이 촬영을 담당했다. 〈철도 이야기〉는 중산층

23. 활천, 「애국적 영화 〈전우〉 시사를 보고서」, 『아메리카』 1권6호 (미국공보원, 1949.8.1), 67.
24. 『아메리카』에 USIS 영화 리뷰를 쓴 활천도 USIS 영화를 문화영화로 소개한 바 있다. 그가 "지난날의 독일처럼 문화계몽을 위해서는 이러한 작품이 많이 나오기를 고대하는 바이다"(활천, 「영화평: 〈철도 이야기〉」, 63)라고 썼듯 당시 한국 영화인들은 익숙했던 문화영화의 틀로 USIS 영화를 이해했던 것이다. 문화영화의 유래는 1930년대 일본의 수입·배급회사 도와상사(東和商事)가 독일 우파(UFA)사의 'Kulturfilm'을 '文化映畵'라는 명칭으로 배급했던 사실에서 찾는 것이 통설이다. '문화'라는 용어는 독일어 Kulture의 번역어인 동시에 다이쇼기 이후 일본에서는 '문명(개화)'을 대체해 국민 통합을 위한 강력한 이데올로기로 작동했다. 따라서 1939년에 영화법을 제정한 일본 정부는 '문화영화'를 국가가 장려해야 할 영화로 채택해 국민 통합의 이데올로기 장치로서 전쟁 선전에 적극적으로 이용하고자 했다. 식민지 조선에서도 조선총독부의 문화 통치 전략에 따라 문화라는 용어가 1920년대부터 특권적으로 사용되었다. 일본 영화법에 연동하여 1940년 시행된 조선영화령에 의해 문화영화는 조선에서도 의무 상영되었다. 문화영화의 기원과 변천에 대해서는 다음을 참조. 김려실 2015b.

가정의 아버지와 아들에 초점을 맞춰 한국 철도산업의 현황을 설명하는 극화된 다큐멘터리로, 아들은 경제 발전을 위해 철도가 얼마나 중요한지 깨닫고 교통학교에 지원한다. 원래는 교통부가 〈철도 50년사〉라는 기념영화를 제작하려다 여의치 않자 USIS가 제작을 맡고 교통부는 후원으로 물러선 것이었다. USIS가 제작에 나서면서 주한경제협조처(ECA)의 원조에 대한 홍보가 스토리에 가미되었다. 당시 ECA는 한국 정부의 철도 부흥 계획을 검토해 필요한 물자를 원조했었는데, 그 점을 부각하기 위해 영화에는 ECA가 공급한 침목으로 선로를 신설하는 장면이 삽입되었다.[25]

〈우리 농장의 수리조합공사〉(1949)는 ECA 원조 물자가 한국의 산업 부흥에 이바지한다는 메시지를 담은 다큐멘터리다. 영화는 충북 진천에 준공된 댐과 수원의 저수지 공사 장면을 보여주며 현대적 수리 시설이 농촌 개발의 원동력이며, 그로 인해 농민뿐만 아니라 도시민까지 전 국민이 혜택을 입는다고 설명한다. 물론 이 영화에도 한국 농민의 오랜 고충을 해결한 공사가 ECA가 원조한 물자로 이루어졌다는 점이 홍보되었다. 〈전우〉〈철도 이야기〉에서 원작을 담당한 지계동이 원작과 연출을 맡았다.[26]

〈원조물자계정〉(1949) 역시 ECA 원조의 성격을 알리고 한국인의 잘못된 인식을 수정한다는 목표로 제작되었다. 지계동이 원작, 이명우가 연출을 담당했다. 영화의 프롤로그에는 외자총국장 백두진의 설명이 삽입되었다. "우리나라의 경제 부흥과 안전을 위해 계속적으로 오는 원조 물자는 미국 사람들의 우정으로부터 우러나오는 선물이지 결코 차

---

25. 활천, 「영화평: 〈철도 이야기〉」, 『아메리카』 1권 7호 (미국공보원, 1949.9), 63.

26. 활천, 「〈우리 농장의 수리조합공사〉」, 『아메리카』 1권 10호 (미국공보원, 1949.12), 74.

용하는 것이 아니므로 그 값을 환상하지도 않는다."[27] 영화는 관객에게 그 점을 이해시키기 위해 농민에서 노동자로 이어지는 원조 물자(비료)의 순환 경로를 보여준다. 농민의 손에서 비료 대금으로 지불된 100원은 금융조합으로 가고, 금융조합의 100원은 비료 장만을 위해 외자총국으로, 외자총국의 100원은 조선은행의 '원조물자계정'으로 이동하며, 다시 그 100원은 수리조합공사 청부업자를 거쳐 노동자의 손에 도착한다. 이처럼 〈원조물자계정〉의 주안점은 ECA 원조가 한국의 경제 부흥을 위한 '무상 원조'임을 홍보하고, 내정간섭이자 미봉책에 불과하다는 비판에 맞서 ECA 원조의 긍정적 측면을 부각하는 데 있었다. 그럼에도 무상이라는 비료에 값을 지불해야 했던 농민이나 노동의 대가를 원조 당국이 아니라 청부업자에게서 받는 노동자처럼 일반 국민이 ECA 무상 원조의 혜택을 피부로 느끼는 일은 요원했다.

이상과 같이 1949년도에 USIS가 제작한 영화 4편 중 3편이 ECA 원조에 관한 다큐멘터리였다.[28] 신생 대한민국에서 USIS가 가장 심혈을 기울인 활동 중 하나는 ECA 원조가 한국의 발전을 위한 것이라는 점을 한국인에게 이해시키는 일이었다. 1948년 12월 한미원조협정이 체결되어 1949년 1월에 ECA가 설립되었지만 미국 의회의 승인이 늦어지면서 원조 물자 도입도 지체되었다. 게다가 ECA 원조는 한국전쟁으로 중단되어 약 1년간 시행되었을 뿐이고 단기간에 그쳤기 때문에 애초에 목표로 했던 경제 부흥과 자립보다는 비료, 석탄, 곡물 등 당장의 빈곤을 해결하는 소비재 원조에 치중되었다. USIS 영화는 '미국의 선물'이라는 말로 ECA 원조가 무상이라는 점을 강조했지만 거기에는 대가가

27. 활천, 「문화영화 〈원조물자계정〉(援助物資計定): 국민의 복리를 위하여」, 『아메리카』 1권 1호 (미국공보원, 1950.1.1), 82.

28. 『USIS 영화목록』(1958)에서는 상기 영화들을 찾아볼 수 없다. 이 목록에서 ECA 관련 영화로는 〈E.C.A. 원조〉(USIS 84)가 유일하다.

따랐다. 어떤 분야를 얼마만큼 원조할지, 내버려둘지를 결정하는 것 자체가 이미 내정간섭이었고, 원조는 미국이 한국 정부의 의사 결정에 개입하는 장치의 하나가 되었다.

대한민국 정부의 공보영화

USIS 영화 프로그램을 한국의 상황에 비추어 중층적 맥락에서 이해하기 위해서는 한국 정부의 영화행정과 공보영화 프로그램에 대해 알아보는 것도 필요하다. 따라서 이 절에서는 그와 관련해 정부 수립 이후 1950년대까지의 상황을 간단히 정리하고자 한다.

정부 수립 후 한국 영화의 건설은 민간에서부터 시작되었다. 한국 영화는 35밀리 영화와 16밀리 영화를 포함해 1948년에 18편, 1949년에 21편의 영화가 제작되었고, 1949년에는 제작사 수도 17사로 늘었다. 이에 비해 한국 정부의 공보기구는 정부 수립 이후 공보처로 축소되었고 공보영화의 전파력과 영향력도 USIS 영화에 비교하면 미미했다. 1950년대까지 제작 시설, 기자재, 인력 면에 있어서 공보처 영화과는 USIS는 말할 것도 없고 북한의 국립영화촬영소에 비해서도 열세였다.

북한은 소련군정의 지원으로 1947년 2월 6일에 세트장, 녹음, 편집 시설은 물론 야외 촬영장과 배우 양성소까지 갖춘 국립영화촬영소를 설립했다. "우리 민족의 영명한 영도자 김일성 수상의 특별한 배려 하에"[29] 북한에서 영화 제작은 곧 국가사업이 되었다. 1947년 2월부터 1949년 9월까지 북한의 국립영화촬영소는 〈인민위원회〉〈인민군대〉〈수

---

29. 김우성, 「조국의 통일 독립과 영화예술인들의 임무」, 『영화예술』, 제3호 (조선영화예술사, 1949), 9. Captured Korean Documents, Box 619, RG 242 National Archives Collection of Foreign Records Seized.

풍댐〉 등 기록영화 14편, 〈특보〉 제1호~제5호 및 〈조선시보〉 제1호~제 18호 등 뉴스영화 23편을 제작했을 뿐만 아니라 북한 최초의 장편 극영화 〈내 고향〉(1949)도 제작했다.[30]

    북한이 사회주의 건설을 위한 영화 보급을 목표로 영화를 국유화했다면, 한국 정부는 주로 검열과 통제를 통해 이 미디어에 대한 영향력을 행사하고자 했다. 먼저 설치 직후인 1948년 10월 9일 공보처는 국산 영화와 외화를 막론하고 군정청 공보부와 과도정부 공보부의 검열을 통과한 필름에 대한 재검열을 발표했다.[31] 1949년 12월 20일 이후로는 한국어 자막이 없는 외화뿐만 아니라 녹음이나 화면이 부실한 국산 영화의 검열 신청 자체를 받지 않는 것으로 재검열은 확대되었다.[32] 그 명분은 신생 대한민국의 실정에 비추어 기존 필름의 내용을 재검토하고 필름의 마모도를 확인하며 밀수된 영화를 단속한다는 것이었다. 두 번째로 일본어 자막 영화 금지 조치를 발표했다.[33] 10월 말 공보처는 유예 기간을 두고 1949년 7월 1일부로 일본어 자막 영화를 일절 금지하겠다고 공포했다. 세 번째 조치는 외화 수입의 조절 및 검열이었다. 1949년 1월 20일부터 종전에 CMPE가 아무런 제한 없이 수입, 상영하던 시스템은 상공부 무역국이 공보처 검열을 통과한 영화에 한해서만 수입을 허가하는 것으로 변경되었다.[34] 상공부는 미리 정해진 외국 영화의 수입 총액, 즉 외화 쿼터 내에서 수입을 허가했다. 국산 영화 의무상영제도(screen quota)의 모태가 된 이 방식은 문화산업으로서 영

30. 「국립영화촬영소 영화제작 카드(1947.2-1949.9)」, 『영화예술』 제2호 (조선영화예술사, 1949), 36-38, Captured Korean Documents, Box 1146, RG 242.
31. 「내외영화 모두 재검열 내월 25일까지 공보국에 제출」, 『자유신문』, 1948.10.10(2).
32. 「국어 자막 없는 외화검열 접수 않는다」, 『동아일보』, 1949.12.21(2).
33. 「일어판 상영금지」, 『경향신문』, 1948.10.26(3)면; 「일어자막 영화 금지」, 『자유신문』, 1949.10.28(4).
34. 「외국영화 수입 사전 허가제로」, 『자유신문』, 1949.1.28(3).

화산업의 특수성을 고려한 영화정책으로 한국 영화를 보호하는 데 기여했다. 반면에 외화 배급업자 간의 경쟁을 부추겨 로열티를 과도하게 인상시키는 부작용을 낳기도 했다.[35] 위의 세 가지 조치는 국가 영화(national cinema)로서 한국 영화의 건설이라는 당면 과제를 해결하기 위한 수단이었다. 그러나 이는 영화에 대한 장려와 지원보다는 검열을 영화정책의 근간으로 삼은 부당한 출발이기도 했다.

그조차도 정부 수립 초기에는 검열의 주체가 애매모호해 혼선을 빚었다. 정부 수립 전 영화 및 연극의 검열 업무는 출판·신문 검열과 마찬가지로 공보부 소관이었다. 그러나 문교부는 1948년에 제정된 정부조직법과 문교부 직제에 따라 각본 검열 업무를 문교부 문화국 예술과가 맡아야 한다고 주장했다. 문교부 직제에 따르면 문교부 내 "예술과는 음악, 연극, 무용, 미술, 공예, 극장, 예술단체의 지도감독, 교육영화의 제작과 감독 및 기타 예술에 관한 사항을 분장"하게 되어 있었다. 한편, 공보처 직제에 따르면 공보처의 업무는 "법령의 공포, 언론, 정보, 선전, 영화, 통계, 인쇄, 출판, 저작권 및 방송에 관한 사무"였고, 공보처 내 "영화과는 영화 및 사진촬영에 관한 사항을 분장"하게 되어 있어 영화행정을 놓고 두 기관의 업무상 충돌이 불가피했다. 이에 공보처는 각본 검열 사무를 한 차례 문교부 예술과에 넘겨주었다가 1949년 7월부터 다시 주관하게 되었다. 그러다가 1955년 2월 7일 정부조직법이 개정되어 문교부 장관이 "교육·과학·기술·예술·체육·출판·저작권·영화검열 기타 문화행정과 방송관리에 관한 사무를 장리"하는 것으로 정리되었다. 이때부터 문교부 예술과가 검열을 포함한 영화행정 전반을 관장하게 되었고 공보처는 1956년 2월 9일 대통령 직속 공보실 직제로 개

---

35. 오영진, 「외국영화의 수입: 기준 설정을 위한 참고로서」, 『한국일보』, 1954.7.12(4).

정되어 법령의 공포, 언론, 보도, 정보, 선전, 선전영화 제작, 인쇄, 정기 간행물 및 방송에 관한 사무만을 관장하게 되었다.[36]

이처럼 한국전쟁 이전의 영화행정은 대체로 공보처와 문교부로 이원화되어 있었다. 외화 수입쿼터와 검열은 공보처 소관이었고 흥행 및 극장 취체에 관한 업무는 문교부 소관이었다. 그러나 영화행정이 정비되어가면서 공보처 영화과가 해왔던 업무는 문교부 문화국 예술과로 점차 이관되었다. 정부 수립 직후 문교부가 가장 먼저 착수한 영화행정은 입장세 문제의 개선이었다. 영화에 100%의 입장세를 부과했던 미군정 법령 제193호로 인해 극장 관리인들의 입장세 횡령이 빈번하게 발생하자 문교부는 재무부에 입장세 삭감을 건의했다. 문교부 안은 입장세를 30%로 삭감하고 국가적 행사의 경우 면세하되 그로 인해 축소되는 세입은 외화에 수입세를 중과함으로써 해결하자는 것이었다. 재무부 안은 영화에 90%, 연극에 70%를 부과하는 것이었다.[37] 무대예술계의 요구를 반영하여 1949년 10월 21일에 법률 제61호 「입장세법」이 제정되어 연극과 연예는 30%, 영화는 60%로 입장세가 인하되었다. 외화에 더 높은 입장세를 부여한 문교부 안의 취지 역시 공보처의 외화 수입 제한 조치와 마찬가지로 국산 영화 산업을 보호하는 데 있었다. 한국전쟁 이후 국내 영화산업 재건이 시급해지자 정부는 1954년 3월 31일 입장세법을 개정해 국산 영화에는 면세, 외화에는 90%의 입장세를 부과했다. MPEA는 입장세 개정에 강력히 항의했으나 장면 내각 때까지 외

36. 「정부조직법」(법률 제1호, 1948.7.17 및 법률 제345호, 1955.2.7), 「문교부직제」(대통령령 제22호, 1948.11.4), 「공보처직제」(대통령령 제15호, 1948.11.4 및 제95호, 1949.5.6.), 「공보실직제」(대통령령 제1127호, 1956.2.9), 법제처 국가법령정보센터 http://www.law.go.kr/main.html; 「공보문교 어느 편에?」, 『경향신문』, 1949.9.19(2); 「연극각본검열사무 이총리 준수를 통문」, 『경향신문』, 1949.10.2(2).

37. 「입장세 삭감 건의: 문교부에서 재무부에」, 『조선중앙일보』, 1949.3.23.(2); 「문교부안」, 『경향신문』, 1949.4.2(3).

화에 대한 차별적 입장세는 유지되었다.

그 외에도 문교부는 1949년 12월에 극영화 상영 시 반드시 한 가지 이상의 뉴스영화를 의무 상영하라는 지침을 내렸다. 또한 국립영화제작소와 국립연예훈련소 등의 설치를 준비했으며 공보처 및 서울시 공보과와의 공동 주최로 배우 자격 심사를 실시하는 등 영화정책을 주도했다. 우수영화 추천도 문교부의 업무였다. 함세덕의 희곡 「동승」(1939)을 원작으로 한 문예영화 〈마음의 고향〉(동서영화기업사, 1949)이 문교부 추천 영화 1호로 한불 영화 교환 사업에 채택되어 1950년에 파리에서 상영되었고 일본, 필리핀, 미국(하와이), 대만 등에서도 상영되었다.[38] 미군정기에 〈자유만세〉(1946)가 미국(하와이)과 대만 등에서 상영된 선례가 있었는데 〈마음의 고향〉의 교환도 상업적 이유보다는 자유 진영 간 문화 교류의 일환으로 이루어진 것이었다. CIE 영화과도 이 영화와 일본 영화의 교환을 검토했다. CIE는 과거 "일본에서 기술적 훈련을 받은 스태프가 만든" 이 영화가 한국에서뿐만 아니라, 프랑스와 동남아시아에서도 인기가 있었기 때문에 "일본에서 상영된다면 의심할 바 없이 두 국가의 문화적 관계를 향상시킬 것으로" 판단했다.[39]

공보영화의 제작은 처음부터 공보처가 주도했다. 정부 수립 직후 공보처 영화과는 OCI가 제작하던 뉴스릴 〈조선전진보〉에 뒤이어 〈대한전진보〉를 부정기적으로 제작했다. 1950년에는 문화영화 〈명령만 내리면〉을 제작했지만 한국전쟁 발발로 완성을 보지 못했다. 공보처 직제

---

38. 「〈마음의 고향〉 파리 진출 환송 공연」, 『동아일보』, 1950.6.2(4).
39. "Re: Application for Sample Import of Korean Film," 15 Mar. 1950, Civil Information & Education Section, Information Division, Motion Picture Branch, SCAP, Decimal File, 1946-52, Box 5307, RG 331 Records of Allied Operation and Occupation Headquarters. 참고로 이 영화를 연출한 윤용규 감독은 도요타 시로(豊田四郎) 감독의 조감독 출신으로, 해방 전에 하루야마 준(春山潤)이라는 일본 이름으로 도호(東宝)영화사에서 일했다.

는 1952년 4월 12일 공보처 내에 공보국, 선전국, 통계국 및 방송국을 두는 것으로 개정되었다. 공보처 공보국 내에 있던 영화과는 1953년 휴전 무렵부터 국정 홍보 뉴스릴 〈대한뉴스〉를 월 1회 제작하기 시작했다. 〈대한뉴스〉는 한국 정부의 시정, 전후 재건, 미국의 구호 및 원조, 정치적 사건 및 정치인의 행적 등을 다루었다. 1954년부터는 이승만 대통령의 동정과 영도력을 부각한 '경무대소식'을 매호 포함했다. 1956년 공보처가 대통령 직속 공보실 직제로 개정되면서 공보실 선전국 영화과가 〈대한뉴스〉 제작을 맡게 되었다. 〈대한뉴스〉의 발행 빈도는 1954년에 월 1, 2회에서 1955년에는 월 2, 3회로 점차 늘어났으며, 1957년부터는 1편당 프린트 10벌이 복사되어 전국 극장에서 의무 상영되었다.[40]

한국전쟁 동안 남북한의 영화제작 시설은 거의 완전히 파괴되었다. 북한의 국립영화촬영소는 1955년에야 복구되었고 남한 최초의 영화촬영소는 1957년에야 안양에 준공되었다. 북한은 촬영소 복구 이후 영화 생산을 확충하고 예술적 수준을 높이는 데 매진했다. 1956년 4월 2일 내각결정 제32호 「영화예술의 급속한 발전대책에 관하여」 이후 4월 28일에 '시나리오 창작사'를 신설하고 국립영화촬영소의 인원을 220명으로 증원했다. 효율적 생산을 위해 1957년 4월 18일에는 국립영화촬영소를 인민군 2·8예술영화촬영소(현 조선인민군 4·25예술영화촬영소)와 조선기록영화촬영소로 분리했다.[41]

남한의 경우 영화 재건은 민간 상업영화에서부터 시작되었고 1958년 말에 국립영화촬영소 격인 대통령 직속 공보실 영화제작소가 완공되었다. 1957년 3월 13일 한미 양국 경제조정관의 합의에 따라 보

40. 문화공보부 1979, 27; 〈대한뉴스〉, e-영상역사관 http://www.ehistory.go.kr/page/koreanews/korea_news.jsp.
41. 이명자 2007, 42, 56-58.

도기술 계량사업의 일환으로 유엔한국재건단(UNKRA) 원조 3만 5천 달러가 투입되어 중앙청 내에 영화촬영소가 건립되었고, 미 국무부 국제협조처(ICA)의 대충자금 원조 1억 5천 7백만 원으로 1958년 12월 21일 동양 최대의 필름현상소까지 갖춘 공보실 영화제작소가 완공되었다. 한국 정부도 공보실 영화제작소 건설을 위해 예산을 투입했는데 미국 원조와 정부 예산을 합친 총액은 47만 5천 달러에 달했다. 이 예산으로 자동현상기, 고속도 인화기, 시네마스코프 렌즈와 줌 렌즈 등 수차례에 걸쳐 최신식 기자재가 도입되었다. USIS 영화 〈공보실 선전국 영화과(Welcome to Motion Pictures)〉(1959)와 〈대한뉴스〉(제197호, 1959)의 '새로운 영화제작소'는 공보실 영화제작소의 영화 설비와 제작 및 배포 과정을 다루었다. 공보실 영화과는 〈대한뉴스〉와 그 영문판 『Korea in Review』를 비롯하여 〈대한뉴스 특보〉, 텔레비전 영화, 가요 보급 영화, 문화영화, 교육영화 등을 수시로 제작했고 한국 최초의 35밀리 총천연색 시네마스코프 영화를 제작하기도 했다.

대통령 직속 기관이 된 공보실 영화과는 자유당의 선거전과 이승만 우상화 선전에 일익을 담당했다. 공보실 영화과는 3·15 선거를 앞두고 선거 선전을 위해 필름 사용을 무제한으로 허락받았다. 공보실장 전성천(全聖天)은 미국에서 16밀리 영사기 100대와 발전기를 구입해와 자유당의 선거자금으로 만든 이승만 우상화 영화 〈독립협회와 청년 이승만〉(1959)과 〈만송 이기붕〉 등의 기록영화 30종을 전국에 배포했다. 영사기와 발전기를 돌릴 인력이 모자라자 미국 원조를 요청해 미국에서 기술자를 불러와 일주일간 속성 훈련을 시켰는데, 전성천은 선거 선전이 미국의 승인이라는 인상을 풍기기 위해 미국인 기술자의 훈련 과정을 기록영화로 남기기도 했다.[42]

공보실은 4월혁명 이후 1960년 7월 1일부터 국무원사무처 직제로 개정되었다. 국무원사무처 내 공보국 영화과는 정부영화와 보도사진 제작을 분장했다. 군사정권은 쿠데타 직후인 1961년 6월 22일 다시 국무원사무처를 공보부 직제로 돌렸고, 공보부 내 공보국 영화과는 정부영화의 제작 및 배부, 보도선전을 위한 영화의 검열과 국립영화제작소에 관한 사항을 분장하게 되었다. 1961년 6월 16일 시행된 개정 정부조직법 제4조 '행정기관의 종류·명칭·조직과 그 설치'(국가재건최고회의령 제14호)를 근거로 국립영화제작소가 설치되었다. 국립영화제작소는 1962년부터 〈대한뉴스〉뿐만 아니라 해외 공보용으로 일본어판 뉴스릴 〈한국뉴스〉(이후 〈고향소식〉으로 타이틀 변경)를 제작·배포했다. 또한 1966년부터 1973년까지는 시군 홍보용 뉴스릴 〈새소식〉과 〈농촌뉴스〉도 제작했다.[43]

이상과 같이 1950년대 한국 정부의 영화행정과 공보영화 제작에 대해 살펴보았다. 정부는 검열과 통제를 통해 영화 미디어에 대한 영향력을 행사하는 한편 관제영화의 생산을 확대하고 의무 상영을 통해 배포 범위를 확충하고자 했다. 그럼에도 불구하고 대체로 1960년대 초반까지 USIS 영화의 영향력은 한국 정부의 관제영화보다 앞서 있었다.

---

42. 「외국 특파원이 본 전성천 공보실장: 한국 최대의 낭비자」, 『동아일보』, 1960.5.11(1).

43. 문화공보부 1979, 47.

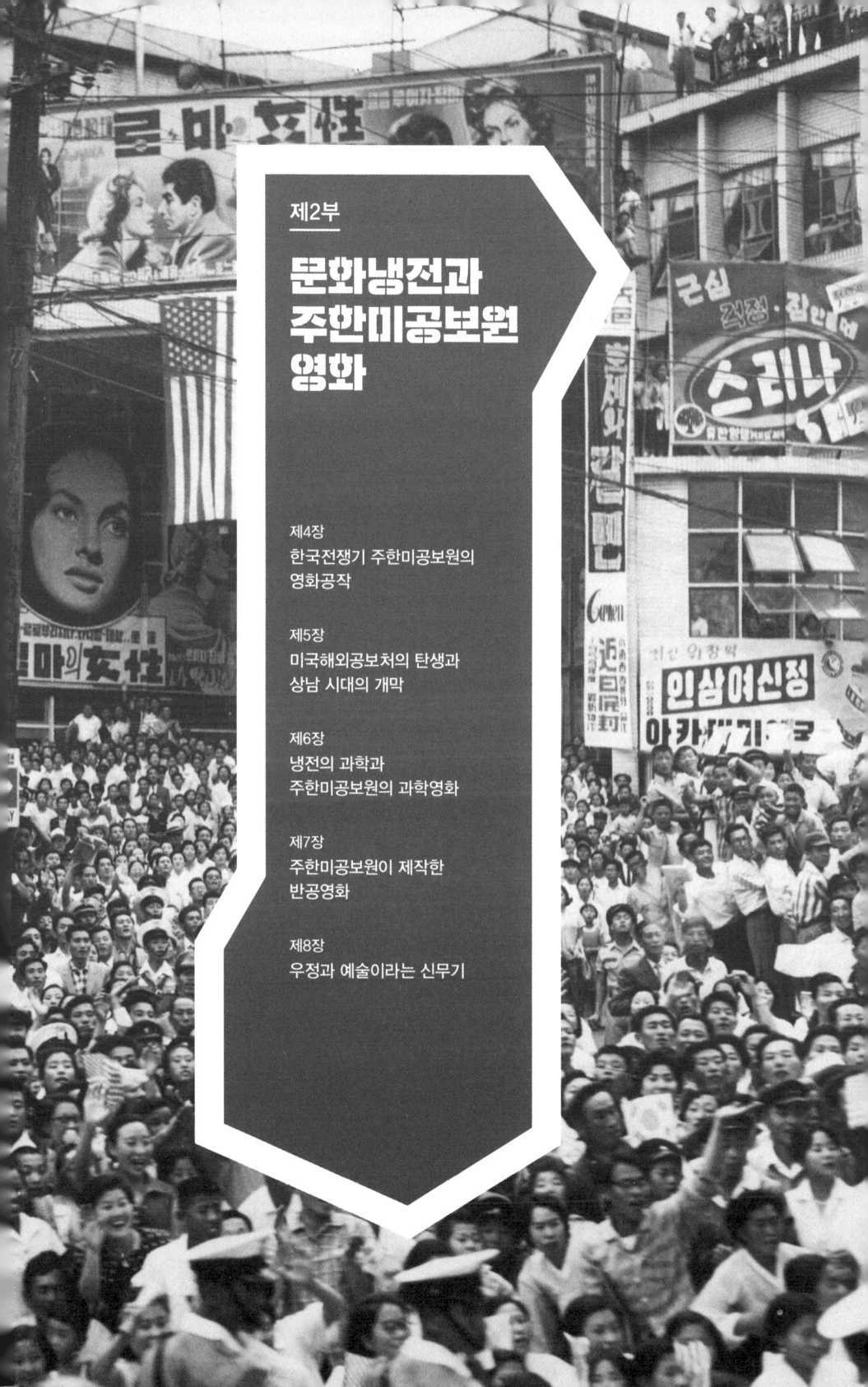

제2부

문화냉전과 주한미공보원 영화

제4장
한국전쟁기 주한미공보원의 영화공작

제5장
미국해외공보처의 탄생과 상남 시대의 개막

제6장
냉전의 과학과 주한미공보원의 과학영화

제7장
주한미공보원이 제작한 반공영화

제8장
우정과 예술이라는 신무기

냉전이라는 장기간 지속된 비평화 상태는 도처에 비군사적 전장을 형성했고 문화예술 영역 또한 예외는 아니었다. 문화냉전의 관점에서 검토해보면 냉전이란 전 세계 사람들의 마음을 얻기 위한 체제 대결의 전쟁이었다. 미소 양국은 자기 체제의 우월성을 과시하거나 이념 교육의 방편으로 삼기 위해 비정치적 분야에 막대한 자본과 인력을 투입했다. 예술가, 교육자, 과학자, 언론인, 체육인 등 다양한 전문가들의 활동이 정부 예산으로 이루어졌으며 그들은 상투적 슬로건이나 노골적 선전의 차원을 벗어나 세련된 언어로, 때로는 대중적으로 친근한 언어로 전 세계를 누비며 자기 진영의 메시지를 실어 날랐다. 냉전기 최초의 열전이었던 한국전쟁의 휴전 직후, 미국 정부는 USIA라는 해외 공보기관을 조직했다. 전 세계에 지부를 설치한 USIA 목표는 미국의 이념을 전파하고 미국에 유리한 국제 여론을 형성하는 것이었다. 그러기 위해 USIA가 제공한 것은 냉전의 메시지만이 아니라 냉전의 미디어이기도 했다. USIS는 언어와 문화의 장벽을 넘어 다양한 인종과 민족의 마음을 얻기 위해 출판, 방송, 영화 제작 설비를 갖추었고, 공연과 전시 공간을 마련했으며, 현지에서 직원을 채용해 선전의 대상이 스스로 선전의 내용을 채우도록 했다. 냉전 선전을 로컬 문화와 결합시킴으로써 선전기관이었던 USIS는 문화기관으로 인식될 수 있었다.

제4장
한국전쟁기 주한미공보원의 영화공작

주한미공보원의 심리전 행동

한국전쟁은 미국의 해외 공보선전의 극적인 확대를 초래했다. 1950년 1월 애치슨 선언으로 미국은 극동 방위선을 후퇴시켰지만 그 결정이 해외 공보선전의 축소를 의미한 것은 아니었다. 트루먼은 소련의 반미 프로파간다에 맞서 해외 공보선전을 강화하기 위해 같은 해 2월 OWI 해외부서장을 역임했던 저널리스트 에드워드 W. 배럿을 기용했다. 그리고 4월부터 소련의 거짓과 모함에 대항해 미국 국내와 전 세계에 '올바른' 정보를 제공한다는 목적으로 '진실 캠페인(Campaign of Truth)'을 전개했다. 이 캠페인은 막대한 비용을 필요로 했는데, 마침 6월 25일 한국에서 전쟁이 발발했고 6월 27일에 미국이 참전을 공포함으로써 즉각적으로 국가안전보장회의(NSC)의 승인을 얻을 수 있었다.

9월 28일 서울 수복으로 일단락될 것 같았던 전쟁은 10월 25일 중국인민지원군(이하, '중공군')의 참전으로 예상을 빗나가 장기화될 조짐을 보였다. 그로 인해 심리전이 강화되었고 미국의 해외 공보선전도 유래 없는 규모로 확대되었다. 1951년 4월에는 국무부, 군부, CIA 등 각 정보기관의 심리전 계획을 조정할 심리작전위원회(PSB)가 설치되었다. 1951년도 미국의 해외선전 프로그램은 93국을 대상으로 했고 6천만 부 가량의 책자와 전단이 생산되었으며 VOA는 45종의 언어로 방송되었다. 1952년도 국무부의 공보 관련 예산은 1948년의 2천만 달러에서 1억1천5백만 달러로 5배 넘게 증가했다.[1]

한국전쟁 초기에는 심리전을 총괄할 주한미군(The 8th Army)의 작전부서가 아직 완비되지 않은 관계로 GHQ의 심리전 지국(PWB)이 유엔군사령부로 개편되어 심리전을 총지휘했다. GHQ는 미국의 군사적 개입을 정당화하되 그것이 유엔의 결정이며 한국전쟁에서 유엔의 역할을 부각하라는 지침을 내렸다. 영화를 이용한 심리전은 CIE가 담당했지만 OIC의 지침에 따랐다. OIC의 영화연극과(MPTB)가 7월 1일자 대외비로 CIE에 내린 지침을 요약하면 다음과 같다.[2] ① 지금까지 심리전 활동과 연관해 전단 및 그림 살포, 확성기 등의 수단이 효과적으로 사용되었으나 ② 소련이 남한이나 다른 아시아 주민에게 도발을 정당화하는 선전을 펼칠 것이므로 미국과 민주주의 국가들이 개입하게 된 이유를 진실하게 설명하기 위한 역선전 수단을 취할 필요가 있다. ③ 모든 발언은 유엔의 이름으로, 즉 유엔한국위원회를 통해 할 것이며 유엔안전보장이사회(이하, '안보리')의 활동을 그곳 주민이 이해할 수 있도록 문서로 번역, 모든 수단을 동원해 배포한다. ④ 강조점은 다르지만 남한 주민뿐만 아니라 북한 주민과 군대에게도 그것이 제공되어야 한다. ⑤

---

1. Cull 2008, 52-55; Osgood 2006, 43.
2. "Morale Operation," 1 Jul. 1950, Civil Information & Education Information Division, Motion Picture Branch, Decimal File, 1946-52, Box 5307, RG 331.

다음 지시가 있을 때까지 이상을 고려하라.

미 국무부는 주한미군의 심리전 작전 부서가 완비될 때까지 USIS가 초기 심리전을 주도할 수 있도록 적극 지원했다.[3] 주한미대사관 서기관이자 USIS 국장이었던 제임스 L. 스튜어트가 긴급 투입되어 주한미군의 심리전 책임자가 되었다. 이 시기는 USIA가 설치되기 전으로 USIS는 주한미국대사관 소속이었다. 따라서 한국전쟁기 USIS의 심리전 행동 및 영화공작에 대해서는 미 국무부와 관련된 공문서(RG 59)를 통해 살펴볼 수 있다.

USIS는 전쟁이 발발하자 미국인 직원 및 한국인 직원을 일본 GHQ로 철수시켰다가 9·28 수복 후 신속히 조직을 재건했다. USIS는 주한미군과 함께 심리전을 수행하면서 유엔의 각 기관을 지원하고 미국과 유엔의 군사 행동의 목표가 평화 수호라는 점을 남북한 주민에게 선전했다. 주한미군의 심리전은 PWB의 지침을 따랐고 심리전에 사용할 물자도 PWB로부터 공급받았다. 그렇지만 USIS는 필요에 따라 독자적으로 전단을 제작, 살포하거나 확성기 방송, 또는 KBS의 네트워크를 활용하여 라디오 방송을 하기도 했다.[4]

그러나 심리전의 효과는 모호했다. PWB의 심리전 담당자들은 효과가 있다고 보고했다. 반면 육군과 PWB의 심리전을 비체계적이고 불확실한 실험이라고 회의적으로 보았던 국무부는 심리전을 어디까지나 해외 공보선전의 일환으로 간주해 진행하고자 했다. 따라서 심리전 미디어에 있어서도 PWB와 USIS의 견해가 달랐다. PWB가 가장 효과적이라고 보았던 것은 비행기로 전단을 대량 살포하는 것이었으나 USIS는 좀 더 정련된 양식의 프로파간다를 전달할 수 있는 미디어, 이를테면

---

3. 장영민 2005, 319, 323.   4. 장영민 2005, 338.

영화를 이용하는 것이 더 효과적이라고 보았다.

USIS의 영화과는 전쟁 이전부터 OII의 IMP로부터 공급받은 〈세계뉴스(World News)〉와 한국 현지에서 제작한 〈전진대한보〉를 16밀리로 복사해 전국 USIS 지부에 배포해왔다.[5] 전쟁으로 서울의 제작 시설이 파괴되자 도쿄의 GHQ로 철수한 USIS는 CIE 영화과로부터 협조를 얻으려 했으나 여의치 않자 한국에서 배포할 영화 제작을 7월 20일 IMP에 긴급히 의뢰했다. 그 내용은 유엔 관련 다큐멘터리와 뉴스릴을 한국어 사운드 트랙으로 제작해 16밀리 10부, 35밀리 3부를 복사해 도쿄로 보내달라는 것이었다.[6] 덧붙여 USIS 영화과장 찰스 태너는 한국인의 사기 진작을 위해 한국어판 뉴스릴에 일본에 관한 어떤 이야기도 담지 말 것, 대사는 단순하게 하고 한국 상황에 맞추어 보통보다 3배 정도로 느리게 할 것 등을 요청했다.[7] 바로 다음날 IMP 부장 허버트 T. 에드워즈(Herbert T. Edwards)는 유엔의 활동과 트루먼 대통령의 연설[8]이 담긴 영화를 곧 마무리해 CAD를 통해 일본으로 프린트를 보낼 것이며, USIS 영화과가 "한국을 위해 준비하고 있는 영화가 무엇이든 간에" IMP가 충분한 물자를 확보할 수 있도록 보조할 것이라고 답신했다.[9] IMP는 USIS에 매주 뉴스릴을 보낼 고정 항공편을 배정했고 8월 9일에 처음으로 한국어 뉴스릴 35밀리 3부와 16밀리 10부를 보냈다.[10]

에드워즈가 답신에서 언급한 IMP 영화는 1릴(reel) 길이의 〈유엔이

5. Everett F. Drumright to Department of State, "New Distribution Policy for 16mm Film," 19 May 1950, Box 2541, RG 59.
6. Tokyo to Secretary of State, "Incoming Telegram: no.200," 20 Jul. 1950, Box 2541, RG 59.
7. Tokyo to Secretary of State, "Incoming Telegram: no.199," 20 Jul. 1950, Box 2540, RG 59.
8. 트루먼이 미군의 참전을 선언하고 극동군총사령관 맥아더를 유엔군총사령관으로 임명한 6월 27일의 연설.
9. Edwards IMP to Charles Tanner USIE Korea, "Outgoing Telegram: no.6075," 21 Jul. 1950, Box 2541, RG 59.
10. Acheson to Motion Picture Branch, USIE, "Outgoing Telegram: no.2799," 9 Aug. 1950, Box 2541, RG 59.

침략에 답하다(United Nations Answers Aggression)〉였다.[11] 이 영화는 한국뿐만 아니라 일본에서도 상영되었다. 에드워즈의 답신은 7월 22일 GHQ에 전달되었고 국무부는 25일에 일본에서도 그 영화를 사용할 수 있도록 프린트를 언제 일본으로 보내야 할지 확정해달라는 공한을 CIE 영화연극과(MPTB)로 보냈다.[12] CIE는 〈유엔이 침략에 답하다〉의 16밀리, 35밀리 일본어판을 만들어 1950년 8월 15일에 공개했다.[13] 영화는 유엔의 설립 과정과 북한 공산주의자들로부터 남한을 지키기 위해 유엔안보리가 참전을 결정하는 신, 유엔사령관 맥아더 장군이 유엔기를 받드는 신을 보여주며 미국의 개입은 유엔의 원칙에 따른 것이라고 설명했다.[14]

USIS 국장 스튜어트와 무초 대사는 IMP의 한국어 뉴스릴이 매우 효과적이라고 평가했다. 서울 수복 전 후방에서도 간간이 교전의 총소리가 들리던 그때, USIS는 불안해하는 시민들에게 수복에 대한 희망과 일상의 회복이라는 감각을 주입시키기 위해 영화관 재개를 서둘렀다. 아직 전국의 극장이 폐쇄된 상태였지만 스튜어트는 IMP의 〈세계뉴스〉제416호 및 제417호가 도착한 바로 다음날인 9월 6일, 1300석으로 대구에서 객석 수가 가장 많던 문화극장(Cultural Theatre)의 문을 열고 관리와 상급 장교들이 참관한 가운데 일반 시민에게 〈세계뉴스〉를 상영했다. 그날 네 번에 걸친 상영으로 6천 5백 명 이상이 그 뉴스릴을 보았다. 무초 대사는 관객의 반응이 열정적이었다고 IMP에 보고하면

11. 에드워즈의 공한과 같은 파일 속에 도널드 R. 뉴젠트(Donald R. Nugent) CIE 국장이 수취인으로 된 메모가 있는데 거기에 영화명이 밝혀져 있었다. "Draft Memo for Col. Nugent," Box 5307, RG 331.
12. "Request the following be dispatched by Radio to RO," 25 Jul. 1950, Box 5307, RG 331.
13. 土屋 2009, 302; Distribution Section Motion Picture Branch American Embassy Tokyo 1953, 92.
14. OIC, MPTB to Chief, CIE, "Special Report on United Nations Films," 23 Oct. 1950, 4, Box 5307, RG 331.

서 전투 신, 유엔의 활동, 유엔군의 원조에 관한 신은 보강하고 한국과 관계없는 신은 줄여달라고 요청했다. 스튜어트도 이 뉴스릴이 한국 관객들에게 굉장히 잘 수용되었다고 판단했다. 다만 한국인들이 미국 뉴스릴의 빠른 속도와 장면 전환에 익숙하지 않다는 점을 고려하여 최소 15분으로 길이를 늘여달라고 IMP에 요청했다. 더불어 이제부터는 필름을 일본이 아니라 부산 미대사관으로 바로 보내줄 것도 요청했다.

9월 17에 IMP가 보낸 〈세계뉴스〉 제418, 419, 420호와 함께 느리게 편집한 〈트루먼 대통령의 연설(President Truman's Speech)〉이 도착했다. 9월 한 달 동안 대구의 극장에서 7만 5천 960명이, 이동영사로 3만 7천 870명이, 도합 11만 3천 830명이 이 영화들을 보았다. 공산주의의의 침략을 규탄하고 유엔의 참전을 촉구하는 〈트루먼 대통령의 연설〉을 본 관객들은 언제나 자발적 박수로 호응했다.[15]

영화관이 다시 문을 연 시점으로부터 한 달 뒤, 전황이 역전되어 아군은 평양까지 탈환했다. 평양 탈환 다음날인 10월 19일, 무초 대사는 IMP에 교전 뉴스를 계속 보내주고 북한 지역에 배포하기 위해 전투 신은 줄이되 외부 세계의 뉴스를 강조한 새로운 시리즈를 제작해달라고 요청했다.[16] UN군의 북진에 따라 북한 주민을 대상으로 상영할 뉴스릴이 곧 필요하리라고 판단했던 것이다. 그러나 같은 날 중공군 본진이 조심스레 압록강을 건너고 있었고 중공군의 참전으로 전쟁은 새로운 국면으로 급변했다.

1951년 1월 4일 서울이 인민군에 다시 점령당하자 정부 각 기관 및

---

15. American Embassy Taegu, Korea to the Secretary of State, Washington, "Transmitting Report on September Operations of USIE in Taegu," 6 Oct. 1950 Box 2540, RG 59; Muccio to IMP, "Incoming Telegram: no.157," 3 Sep. 1950, Box 2540, RG 59; Stewart for IMP, "Incoming Telegram: no.6", 9 Sep. 1950, Box 2541, RG 59.

16. Muccio to IMP, "Incoming Telegram: no.273," 19 Oct. 1950, Box 2541, RG 59.

미대사관도 다시 부산으로 이전했다. 그러나 전세는 곧 역전되었고 3월 15일 이승만 대통령은 트루먼과 맥아더에게 메시지를 보내 서울 재탈환을 공식화했다. 전황이 가변적이라고 판단한 미대사관은 국무부가 1월 19일 전송한 한국에 대한 국가별 계획서(Country Paper) 중 USIE 프로그램에 대해 수정안을 제안했다.[17] 대사관이 4월 18일에 국무부로 보낸 기밀문서에 따르면, USIE 프로그램은 ① 공산군이 점령하지 않은 지역에서 미국과 유엔에 대한 한국 국민의 호의를 유지 및 증진하는 것, ② 유엔의 군사기관에 대한 지원을 최우선시하는 것으로 수정되어야 했다. ①의 세부 지침은 뉴스 배포, 유엔을 지지하는 한국 인사들에 대한 지원, 루머에 대한 제재 및 신뢰 형성, 한국 국민이 유엔의 지시와 한국의 법(둘 중에서는 유엔의 지시를 우선시)을 따르도록 하는 것이었다. ②의 지원에는 적의 군대와 인민, 게릴라에 대한 역심리전, 포로 세뇌 자료 지원, 유엔군에 대한 지도(orientation) 등 심리전 행동이 포함되어 있었다.

5월 13일 미대사관은 「USIE 프로그램에 대한 상반기 평가」를 국무부에 제출했다. ① 도서관, ② 언론 및 출판, ③ 영화, ④ 방송, ⑤ 인적교류, ⑥ 사진 전시, 포스터, 슬라이드, ⑦ 특별 이벤트 및 프로젝트, ⑧ 과학기술 협조, ⑨ 일반 문화 활동, ⑩ 그 외 활동 등 10개 부문에 걸쳐 프로그램의 범위, 한국 정부 및 유엔과의 협조, 효과의 증거, 접근, 방법, 제재에 대한 평가, 제언 등을 망라한 보고서였다. 그중 영화 부문에 대한 평가는 USIS 영화과장 리지웨이가 작성했다.

전쟁으로 영화 제작 시설이 철저히 파괴된 상황에서 USIS 영화과는

---

17. Pusan 139 to Department of State, "Revision of Country Paper for Korea(Confidential)," 18 Apr. 1951, Box 2541, RG 59.

남한 유일의 영화 공급처가 되었다. 영화과는 USIE 프로그램의 일환으로 국무부가 보낸 뉴스릴과 다큐멘터리를 한국어로 각색한 뒤, 극장 상영, 이동영사, 필름 대여를 통해 배포했다. 리지웨이는 영화공작과 관련해 미국 정부, 한국 정부, 유엔은 공조하고 있으나 주한미군의 협조와 이해도가 떨어진다고 평가했다. 그는 선전 효과를 높이기 위해서 한국인이 흥미롭게 여길만한 쉬운 내용의, 기술적으로 질 높은 영화를 확보하는 것이 시급한 문제라고 지적하며 한국에서 영화를 각색하거나 제작할 예산을 배정해달라고 제안했다.[18] 그것이 받아들여져서 USIS는 한국인 직원을 고용해 영화 프로그램을 확장하게 되었고, 1952년 중반부터 리버티 프로덕션이라는 레이블을 만들어 뉴스릴과 다큐멘터리를 정기적으로 생산하기 시작했다.

한편 유엔 장병들에게 교육, 홍보, 위안 목적으로 영화를 상영하는 것도 USIS의 심리전 임무 중 하나였다. USIS의 영화 상영은 휴전 이후에도 전후 처리 문제와 관련해 유엔군 교육을 위해 더욱 확대되었다. USIA는 다양한 국적의 유엔군에 대응하기 위해서해 국가의 USIS와 연락을 취하여 터키어, 그리스어, 불어, 스페인어, 힌디어, 타이어, 네덜란드어, 아라비아어 16밀리 프린트를 한국 USIS에 대여하도록 조치했다.[19]

미 육군부의 뉴스릴

양차 대전에서 미군은 영화 이용을 극대화했다. 1943년부터 1945년까

---

18. Pusan 192 to Department of State, "Semi-Annual Evaluation of USIE-Korea(Confidential)," 31 May 1951, 16-18, Box 2541, RG 59.

19. "Loan of Films to USIS-Pusan(Restricted)" to USIS Ankara, Athens, Bangkok, Cairo, Mexico, New Delhi, Paris the Hague, 25 Aug. 1953, Box 2541, RG 59.

지 미군 영화 목록에 수록된 영화는 9천 편에 달했다. 같은 기간 동안 미군이 자체 제작한 영화는 2천 3백 편, 필름 스트립은 1천 5백 편에 달했으며, 미군이 사용한 필름의 양은 미국 영화계 전체가 사용한 양의 배가 넘었다.[20] 한국전쟁에서도 영화의 이용은 극대화되었는데 미군뿐만 아니라 국무부 소속의 해외 부서도 적극적으로 영화를 이용했다.

국무부의 IMP는 주로 미 육군 통신대와 해군 사진부대가 한국에서 촬영한 영상을 편집해 뉴스릴과 다큐멘터리를 제작했다. 한편 육군은 통신대 전투 촬영기사(combat cameraman)를 한국으로 파견해 전황을 기록했고, SPX라는 암호명으로 영화를 이용한 심리전 프로그램을 비밀리에 진행했다. 미 편집 SPX 영상은 뉴욕주 롱아일랜드의 통신대 영상센터(Signal Corps Photographic Center)로 보내졌고 IMP나 CAD가 영화 제작에 사용했다. 유엔영화위원회도 SPX 영상을 공급받았는데, 유엔이 제작한 영화에 대해서는 뒤에서 상술하고 먼저 미 육군부가 제작한 영화를 살펴보도록 한다.

유엔군이 9월 15일 인천상륙작전에 성공해 서울 수복을 눈앞에 두고 있던 시점에 미 육군부는 2릴 길이의 뉴스릴 〈유엔과 세계동란(United Nations and World Disputes)〉(USIS 483)을 제작했다. CIE는 이 영화를 9월 22일에 뉴스 특보의 형태로 일본 전역에 광범위하게 배포했고 한국에서는 USIS가 16밀리로 배포했다. "세계동란 해결에 있어서의 유엔의 역할과 한국에서의 침략에 대한 '유엔'의 활동을 설명"[21]하는 이 뉴스릴에는 유엔의 결성 과정, 안보리의 참전 결정 장면, 유엔군 총사령관으로 임명된 맥아더가 유엔기를 받드는 모습 등 IMP 영화 〈유엔이 침략에

---

20. 하워드 A. 러스크, 「의학교육에 이용되는 영화」, 『아메리카』 1권 7호 (1949.9), 44.
21. 미국공보원 1958, 49.

답하다〉에 사용된 일부 쇼트가 인서트되어 있다.

〈유엔과 세계동란〉은 한국전쟁 초기에 미국이 이 전쟁에 대해 어떤 관점을 취했는지를 잘 보여준다. 해설자는 북한의 남침으로 시작된 군사적 충돌을 '전쟁(war)'이 아닌 '분쟁(dispute)'으로 부르며 유엔이 그동안 해결해온 여러 국제 분쟁과 마찬가지로 이 역시 유엔군의 개입으로 조속히 해결될 수 있다고 설명한다. 그러나 사실상 이 영화가 제작되던 여름 내내 유엔군은 계속 후퇴 중이었다. 영화의 후반부는 북한의 침략 행위의 배후로 소련을 지목하며 소련의 전쟁 책임을 추궁하는 데 초점이 맞춰져 있다. 소련이 배후라는 점을 시각적으로 보여주기 위해 전재민의 피난 행렬을 담은 쇼트 사이에 안보리에 불참한 소련 대표의 빈자리를 클로즈 쇼트로 삽입했다. 8월 1일자 안보리 회의에서 미국 대표가 한국에서의 침략 행위의 배후로 소련을 규탄하는 신은 전투 쇼트, 부상을 입은 유엔군 쇼트, 유엔군의 무덤 쇼트에다 소련 대표 야코프 A. 말리크(Яков Александрович Малик)의 바스트 쇼트를 교차 편집했다. 말리크의 얼굴은 따로 떼어놓고 보면 무표정에 가깝지만 쿨레쇼프적[22] 편집으로 변명의 여지가 없는 소련의 침묵이자 젊은이들(영화에서는 주로 미군)을 죽음으로 내몬 공산주의의 무책임을 표상하는 것처럼 보인다. 세계 평화를 지키기 위해 군대를 파견한 유엔 가입국의 국기가 차례로 보여주는 라스트신에서 해설자는 유엔 참전국 53개국 중 소련은 포함되지 않았다며 소련 배후설에 대한 의혹을 증폭시킨다.

한국전쟁 초기에 미 육군부는 〈유엔과 세계동란〉처럼 왜 '유엔-미국'이 참전할 수밖에 없었는가를 합리화하고 '실재하는 적-북한'의 배후에

---

22. 소련의 영화감독이자 영화이론가 레프 쿨레쇼프(Lev Kuleshov)는 배우 이반 모주힌(Ivan Mosjoukine)의 무표정한 얼굴을 각기 다른 문맥의 쇼트 사이에 병치해 하나의 쇼트(무표정한 얼굴)가 문맥에 따라 기쁨, 슬픔, 배고픔 등 상이한 정서적 효과를 유발할 수 있다는 점을 증명했다.

'잠재적 적-소련'의 승인이 있다는 의혹을 제기하는 영화를 다수 제작했다. 1950년 9월에 제작된 〈평화를 위한 의지(Will for Peace)〉(USIS 561)는 이차세계대전으로 거슬러 올라가 미국은 세계 평화를 지키기 위해 지금껏 노력해왔지만 소련은 물질적 풍요도 자유도 없는 현실을 철의 장막으로 가리고 군사적 야욕을 드러냈다고 비판한다. 같은 시기에 제작된 〈평화를 위한 협력(Partnership for Peace)〉(USIS 660)은 미국과 유엔의 주장을 지지하는 한국인의 모습을 보여준다. 농촌과 도시를 막론하고 유엔군을 열렬히 환영하는 한국인들의 모습을 담은 이 영화는 1951년 4월 20일 CIE 영화로 일본에서도 공개되었다.[23] 이 영화들은 전쟁 초기 미 육군부가 북한의 침략을 소련이 배후에 있는 내전으로 인식했고 중공군이 참전해 국제전으로 번질 것이라고는 전혀 예상치 못했다는 점을 방증한다.

반면 중공군 참전 직후에 제작되어 12월에 공개된 〈한국에서의 범죄(The Crime of Korea)〉(USIS 559)는 소련에 대해서는 언급하지 않고 북한의 침략을 중국 공산주의자들의 선동에 의한 것이라고 설명한다. 이 극화된 다큐멘터리에서 얼굴이 등장하지 않는 해설자는 1945년 미군 종군기자로 한국을 처음 방문했다가 5년 뒤 UN 종군기자로 다시 한국을 방문한 인물로 설정되어 있다. 그는 단호한 목소리로 미군정을 통해 민주적 제도가 정착되어 선거로 합법적 정부를 수립한 한국을 침략한 공산주의자들을 문명 파괴자이자 학살자로서 고발한다. 시체가 널려 있는 들판과 불타는 가옥 및 상점, 피난민의 행렬을 보여주고 한국의 민간인 사상자 수를 보도한 미국 신문을 인서트한 뒤 해설자는 2만 5천

---

23. 주한미군이 GHQ에 속해 있었기 때문에 미 육군부가 만든 한국전쟁 뉴스릴과 다큐멘터리 중 일부는 한국 USIS뿐만 아니라 일본 USIS의 영화 목록에도 포함되었다.

명 이상이 "공산주의의 괴물들" "범죄자들"에 의해 살해당했을 것이라고 전한다. 이어서 손이 묶인 채 노상에 방치된 시체들을 포착한 카메라는 유엔한국위원단이 시체를 수습하고 성실히 지문을 기록하는 모습을 클로즈 쇼트로 잡는다. 내레이션은 잔혹한 학살과 인권유린의 증거로 충격적 이미지를 보여준 뒤 공산주의는 범죄이며 유엔은 인도주의를 위해 이 전쟁을 계속하고 있다고 주장한다.

미국이 해외에 제공하는 정보를 국내에 유포해서는 안 된다는 스미스-문트 법에도 불구하고 〈한국에서의 범죄〉[24]는 미국 내에서도 상영되었다. 미 재무부 채권국은 1950년 여름부터 국방채권(defense bond) 홍보에 쓰려고 국무부 또는 육군부가 제작한 한국전쟁 영화를 검토했다. 육군부의 〈한국에서 첫 40일(The First Forty Days in Korea)〉을 채권 홍보 집회에 시험적으로 상영, 만족스러운 결과를 얻은 채권국은 1951년 1월에 〈한국에서의 범죄〉도 같은 목적으로 사용할 수 있을지 검토했다. 그 과정에서 영화를 본 워싱턴주 채권국 국장 윌리엄 C. H. 루이스(William C. H. Lewis)는 이 영화가 "잔학 행위와 살인, 그리고 미국인들을 각성시키기 위해 필요한 모든 것을 갖추었다"고 판단했고 홍보 집회에 사용하기 위해 국방채권 구입을 권유하는 짧은 영상(trailer)을 덧붙일 것을 제안했다.[25] 루이스는 2월에 시애틀의 민간 영화사에 의뢰해 다음과 같은 광고 내레이션이 들어간 영상을 덧붙여 큰 성과를 거두었다. "이 점을 잘 기억하십시오. 우리가 낯선 나라에서 공산주의의 침략을 저지하기 위해 지불하고 있는 비용은 여기 후방에서 우리가 누리는

24. 일본에서는 〈공산주의의 발자국(共産主義の足跡)〉이라는 제목으로 1951년 3월 9일에 공개되었다.
25. William C. H. Lewis, State Director for Washington to Leon J. Markham, U. S. Saving Bonds Division, "Letter," 26 Jan. 1951, *Crime of Korea(film)*, Historical and Promotional Records, 1941-1960, Box 38, RG 56 General Records of the Department of the Treasury.

자유와 독립을 위해 지불하는 작은 대가일 뿐이라는 것을." 이에 채권국 저축채권과는 다른 모든 주에서도 통용될 수 있는 공식 버전을 만들기로 결정했다.[26]

채권국은 〈한국에서의 범죄〉 16밀리 프린트를 육군부로부터 52부 구입했다. 채권국 내 영화·특별이벤트과는 1951년 3월에 어떤 인물을 국방채권 홍보 영상의 해설자로 등장시켜야 효과적일 것인지 검토했다. 조지 C. 마셜 장군, 오마르 브래들리(Omar Bradley) 장군, 폴 더글러스(Paul Douglas) 상원의원 등이 물망에 올랐다. 그러나 최종적으로 미상공회의소 의장을 역임했고 당시 미국영화협회(Motion Picture Association of America, MPAA) 회장이자 트루먼 정부의 경제안정화기구(Economy Stabilization Agency) 국장이었던 에릭 존스턴(Eric Johnston)으로 낙착되었다. 그는 할리우드가 민주주의의 이미지를 해외에 전파해야 한다고 주장하던 인물이었다. 평소의 생각을 말로 그치지 않고 행동에 옮기기로 한 존스턴은 1953년 검열기관인 제작자코드협회(Production Code Administration)를 움직여 해외 공보선전의 목표에 부합하는 함축적 대사를 쓰도록 영화산업계에 권장했다.[27]

존스턴이 등장하는 2분 30초 분량의 영상은 펜타곤에서 촬영되었다.[28] 프레임 왼쪽에 '성조기'가 배치되어 있고 바스트 쇼트로 잡힌 존스턴이 화면 중앙에서 정면을 바라보며 확신에 찬 어조로 말문을 연다. "솔직히 나는 내가 들은 것을 좋아하지 않았습니다. 마찬가지로 여

26. 루이스가 채권국 영화·특별이벤트과 담당자에게 보낸 William C. H. Lewis to Seu Oulahan, Chief, Film and Special Events, U.S. Saving Bonds Division, "Letter," 7 Feb. 1951; 루이스가 오르빗영화사(Orbit Film)에 의뢰하여 제작한 트레일러의 큐시트; Sue Oulahan to Mr. Sheffer, "Suggestion for promotion from the State of Washington," 28 Feb. 1951; "Sales Ammunition," 6 Mar. 1951, RG 56.
27. Cull 2008, 84.
28. NARA가 소장하고 있는 USIA 버전에는 존스턴이 출연한 영상은 포함되어 있지 않지만 미국에서 상영된 버전은 비영리 도서관인 '인터넷 아카이브'(https://archive.org)에서 볼 수 있다.

〈한국에서의 범죄〉의 에릭 존스턴. © Prelinger Archives

러분이 듣고 보고 생각한 것을 여러분이 좋아했다고 상상하기는 어렵습니다." 현재 한국의 상황이 영화에서 본 그대로임을 강조한 뒤 그는 〈한국에서의 범죄〉를 보고 옳지 못하다고 느낀 미국인이라면 어떻게 행동해야 할 것인가를 역설한다. "무언가를 해야만 하고, 그것도 당장 해야 한다"면 "국방채권을 구입함으로써 당신은 바로 오늘, 미래를 위해 싸울 수 있습니다." 존스턴의 연설 신은 화면을 가득 채운 성조기로 마무리된다. 채권국은 인도주의에 대한 호소만으로는 부족하고 애국 마케팅이 채권 판매를 증진시킬 것이라고 보았던 것이다.

1951년 들어 미 육군부는 워너-파테 뉴스영화사에 의뢰, 〈동란의 1년(One Year in Korea)〉(USIS 318)을 제작했다. 이 영화는 한국전쟁 발발 1년 만인 6월 말 한국에서 공개되었다. 전쟁 발발 직후에 CMPE가 철수해 버린 상태라 USIS가 배급을 맡았다.[29] 영화는 유엔군의 파병 결정 이후 첫 군대가 도착한 시점부터 낙동강 전선→ 맥아더의 인천상륙작전→ 압록강 전선→ 중공군 참전→ 흥남 철수→ 1·4후퇴→ 서울 재수복까지 1년 동안의 전황을 차례로 설명하면서 전투 장면뿐만 아니라 유엔의 전재민 구호 활동, 포로에 대한 인도적 의료 활동 등을 보여준다. 유엔군이 태국에서 보내온 쌀을 피난민에게 배급하는 장면, 덴마크, 네

---

29. Muccio to Secretary of State, "Incoming Telegram no.1095," 28 Jun. 1951, Box 2540, RG 59.

덜란드의 병원 부대, 인도의 앰뷸런스 부대를 비롯해 에티오피아, 콜롬비아, 영국, 캐나다, 프랑스, 터키 등이 파견한 유엔군 부대를 스케치했다. 라스트신은 하얀 십자가가 즐비한 유엔군 묘지를 비추며 그들의 희생을 기린다. 해설자는 "동란의 일 년" 동안 유엔은 헛된 희생을 한 것이 아니며 "침략자가 어디에서 공격하더라도 자유인들이 함께 봉기하여 싸울 수 있다"고 다짐한다.

이상과 같이 〈유엔과 세계동란〉처럼 전쟁 초기에 제작된 미 육군부 영화는 미군이 참전한 이유를 설명하기 위해 소련 배후설을 강조하며 유엔의 이름으로 참전을 합리화하는 데 중점을 두었다. 그러나 중공군의 참전으로 전쟁이 장기화될 조짐이 보이자 선전의 강조점은 〈동란의 1년〉처럼 미군의 리더십 아래 유엔의 국제 공조가 잘 이루어지고 있으며 유엔의 인도주의 행동을 홍보하는 것으로 변화했다.

일본 언론과 한국전쟁 뉴스릴

한국전쟁 발발 직후부터 석 달 동안 남한에는 19개국으로부터 300여 명의 외신기자가 파견되었다.[30] 조기 승전할 것 같았던 전쟁이 중공군의 개입으로 장기화되면서 취재열은 더욱 고조되었다. 한국과 마찬가지로 미군 점령지였으나 미국의 동아시아 방위선 바로 안과 밖에서 국가의 운명이 달라진 것을 목격했고, 이웃나라의 전쟁에 병참기지 역할을 하게 되어 전쟁 특수를 맞이한 일본의 취재열은 특기할 만하다. 1952년 10월 일본에 귀화한 직후 유엔군 종군기자 자격으로 방한한 장혁주는

---

30. Cho 2008, 96.

르포르타주 형식의 소설 「눈(眼)」에서 그것을 묘사했다.[31]

일본에 귀화한 후 부인잡지 『F구락부』 특파원으로 서울에 파견된 장혁주는 일본 이름으로 유엔이 배정한 종군기자 숙소(billet)에 머문다. 그는 친일 행적 때문에 한국 경찰의 감시를 받게 되고 신문에는 그를 체포해야 한다는 기사가 실린다. 숙소 4층은 동양인 기자에게 배정되었지만 일본 5대 신문사를 비롯해 K 통신사(共同通信社로 추정), 뉴스영화사, 라디오방송사 등이 파견한 일본 기자들이 대부분이다. 종군기자 숙소는 한국인의 출입이 금지되어 있으나 MGM에 고용되어 외신기자 대우를 받는 카메라맨 김 군만은 예외다. 장혁주는 김 군의 소개로 군인으로 추정되는 한국 청년 두 명과 만나게 된다. 며칠 뒤 장혁주는 반일 분위기에 신변의 위협을 느끼면서 피난민 수용소를 취재하러 간다. 그런데 일본인의 취재가 금지된 그곳에서 그는 검문에 걸리고 만다. 다행히 김 군의 소개로 만났던 청년 중 하나 덕에 무사히 빠져나온 장혁주는 단골 식당으로 간다. 그곳에서 나머지 한 청년이 전쟁으로 헤어졌던 누이(식당 종업원)와 재회하는 모습을 우연히 목격한다. 그는 이 두 가지 사건으로 두려움을 떨치고 명랑한 기분으로 숙소에 돌아온다는 것이 「눈」의 결말이다.

해방 이후 장혁주 작품의 공통된 주제인 친일 행적에 대한 자기 변명과 조국에 대한 양가적 감정은 「눈」에도 반복되어 있다. 이 소설의 핵심은 일본인이 한국전쟁을 바라보는 '눈'과 비록 귀화해하여 일본인이 되었지만 장혁주가 그것을 바라보는 '눈'이 다르다는 데 있다. 따라서 그

---

31. 張赫宙 2012. 장혁주는 1951년 7월에 마이니치신문사의 후원으로 한국전쟁을 취재한 경험이 있고 「눈」에 묘사했듯 1952년 10월에 여성잡지 『婦人俱樂部』 특파원으로 다시 한 번 한국전쟁을 취재했다. 이때의 취재 내용은 「현지 르포: 조선의 통곡」로 정리되어 노구치 가쿠츄라는 일본 이름으로 실렸다. 野口赫宙 1953.

는 일본 언론의 트리비얼리즘(trivialism)과 대조시켜 자신의 취재 활동을 묘사한다. 일본 기자가 한국 노래를 녹음하고 한국 요리사의 무 써는 방식이 남다르다며 칼, 도마 소리를 녹음할 때, 장혁주는 "타인의 싸움" "타인의 피"라고 말하면서도 서울의 붕괴된 빌딩과 불탄 민가가 살아서 말을 걸어오는 것처럼, 아프다며 울부짖는 것처럼 느낀다. 그러나 조국의 참상을 마주한 장혁주의 심적 고통에 거짓이 없다 할지라도 일본 언론이 그에게 기대한 것은 일본인이 모르는 전쟁의 이면에 대한 호기심을 충족시키는 일이었다.

전쟁 뉴스는 국민의 알 권리뿐만 아니라 군사적(심리전) 목적, 상업적 목적 때문에도 만들어진다. 특히 일본 언론에게 이웃나라의 전쟁은 마르지 않는 특종의 샘이었던 듯하다. 일본의 3대 뉴스회사인 닛폰뉴스(日本ニュース), 리켄뉴스(理研ニュース), 고쿠사이뉴스(国際ニュース)는 전황을 서로 먼저 보도하기 위해 CMPE와 각축전을 벌였다. 일본 뉴스회사들은 한국전쟁이 발발하자 미 육군 통신부대가 촬영한 전투 영상을 확보하기 위해 CIE를 거치지 않고 바로 OIC 영화부에 문의했다. OIC는 미 육군부 영화과에 연락을 취해 네거티브 필름 복사본 2부와 포지티브 필름 1부를 확보한 뒤에 7월 3일에 CIE에 이 사실을 알렸다.[32] 그런데 이미 닛폰뉴스의 오미네 요시오 부장은 발 빠르게 7월 1일에 CIE 영화연극과(MPTB) 과장 조지 J. 게르키(George Gercke)에게 서한으로 미리 허락을 구해놓은 상태였다.[33]

닛폰뉴스의 새치기(?)를 알게 된 CMPE 사장 찰스 메이어는 7월 7일

---

[32]. OIC, MPU, MPTB to Chief of Information Division, "Signal Corps Footage on Korea," 3 Jul. 1950, Box 5307, RG 331.

[33]. Yoshio Omine to George Gercke, "Letter," 1 Jul. 1950, Box 5307, RG 331.

연합군 총사령관이자 유엔군 총사령관인 맥아더 장군에게 편지를 썼다. 그는 CMPE가 점령 첫 날부터 지금까지 CAD에 거의 무상으로 협력해왔고 CMPE가 배급하는 〈유나이티드뉴스〉가 점령 정책과 밀접한 관련 속에 배포되고 있다는 점을 호소하며 통신부대가 촬영한 영상을 독점적으로 사용하게 하거나, 적어도 일본 뉴스회사보다 먼저 사용하게 해달라고 요청했다. 덧붙여 메이어는 리켄의 〈분카뉴스(文化ニュース)〉가 몇 주 전 도호쟁의[34]를 다루며 "미국 영화 보지 마라 일본 영화 망친다"는 구호를 외치는 장면을 삽입했다는 사실을 언급하고, 일본 회사를 미국 회사와 동등하게 취급하는 것에 대해 우려를 표했다.[35]

CIE는 7월 8일에 GHQ 공보과와 이 문제를 검토했다. 상부로부터 메이어의 서신에 대해 보고받은 CIE는 점령 당국이 원칙적으로 일본 미디어와 미국 미디어를 차별하지 않는 정책을 펼치고 있고 CIE도 거기에 따라야 한다는 이유로 메이어의 요청을 거절했다.[36] CIE는 GHQ 공보과 과장 돈 브라운(Don Brown)에게 CMPE가 미 육군 통신부대의 영상을 편집한 뉴스릴을 일본 회사들보다 14시간 먼저, 평소보다 2배 이상인 300벌이 넘는 프린트로 전국 극장에 배포했다는 사실을 지적하며 메이어가 느끼는 위협은 존재하지 않는다고 답변했다. 사실상 일본 내 2천 210관의 극장 중 〈닛폰뉴스〉가 865관에, 〈고쿠사이뉴스〉가 680관에, 리켄의 〈분카뉴스〉가 900관에 뉴스를 배급했던 것에 비해 〈유나이티드뉴스〉는 2천 101관에 배급되었으므로 메이어의 주장은 억지에 가까웠다. CIE는 〈분카뉴스〉에 대한 문제 제기에 대해서도 GHQ

---

34. 노동조합이 강력했던 도호에서는 점령기에 파업이 세 번 발생했다. 1948년 시작된 마지막 파업에서 노동조합은 장기간 촬영소를 점거했고 이 파업은 점령군의 군대 출동으로 종결되었다.
35. Charles Mayer to Commander in Chief, GHQ, SCAP, "Letter," 7 Jul. 1950, Box 5307, RG 331.
36. "Request for Signal Corps Film on the Korean Campaign," 10 Jul. 1950, Box 5307, RG 331.

가 검열을 폐지한 데 따른 불가결한 비용이며 점령에 대한 지속적 반대가 없는 한 보도자료는 공평하게 제공되어야 한다고 못 박았다.

CMPE가 배급한 〈유나이티드뉴스〉가 일본 시장을 완전히 장악하지 못한 것은 소위 '대동아전쟁'을 거치면서 구축된 일본 뉴스회사의 배급망이 점령 이후에도 공고했기 때문이기도 했지만 GHQ의 유화 정책에 따른 것이기도 했다.[37] GHQ는 점령 초기에 강력한 검열정책을 펼쳤지만 차차 점령정책을 일본화하고 일본인에게 어느 정도 주도권을 주어 점령 당국이 민주적으로 다양성을 허용한다는 점을 보여주려 했다. 이에 따라 CIE도 일본 현지에서 일본인이 제작한 교육영화를 늘이고 일본 영화에 대한 간섭은 줄여나갔다. 메이어의 서한에 대한 CIE의 답변에서 알 수 있듯 1950년 7월초까지만 해도 이런 원칙은 고수되었다.

그러나 한국전쟁의 전황이 악화일로로 치닫자 GHQ는 급격히 반공주의로 선회했다. 레드 퍼지(Red Purge)가 시작되었고 관공서뿐만 아니라 신문사, 잡지사, 영화사 등에도 공산주의자나 그 동조자로 지목되는 자에 대한 추방 명령이 내려졌다. 그리고 CIE의 영화 검열도 되살아났다. 같은 해 10월, 게르키가 OIC의 MPTB에 보낸 「유엔 필름에 관한 특별 보고서」를 보면 CIE가 한국전쟁 뉴스릴을 검열했음을 확인할 수 있다.[38] CIE는 〈유나이티드뉴스〉뿐만 아니라 영국 세계뉴스(British World News), 마이니치-NBC 텔레비전뉴스, 요미우리-고쿠사이(読売-国

---

37. 제1장 제2절에서 살펴보았듯 CMPE는 한국에서 자사의 뉴스릴을 상업영화와 묶어서 배급했고 상영 여부와 관계없이 극장 측에 비용을 부과했다. 당시 한국의 극장은 대부분 미군정이 고용한 극장관리인들에 의해 운영되어 CMPE의 불공정 계약을 거절할 수 없었기 때문에 한국전쟁 이전까지 CMPE의 뉴스릴은 사실상 한국 영화시장을 독점할 수 있었다. 그러나 CMPE가 전쟁으로 철수하고 1952년부터 USIS가 제작하는 〈리버티뉴스〉가 무료로 배포되면서 〈유나이티드뉴스〉의 영향력은 감퇴되었다.

38. Gorge J. Gercke to OIC, MPTB, "Special Report on United Nations Films," 23 Oct. 1950, 10, Box 5307, RG 331.

際), 닛폰뉴스, 리켄뉴스에도 GHQ나 주한미군이 촬영한 영상을 제공했다. 그런데 CIE는 일본인에게 미칠 영향을 검토한 뒤 적합하다고 생각되는 것만 제공했고, 민간 영화사가 제작한 뉴스릴은 검열한 뒤에야 일본 내 상영을 허락했다. CIE는 민간이 제작한 뉴스릴을 일본인에게 한국전쟁을 알리기 위한 보도 미디어로 이용하되, 어떻게 알릴 것인가는 CIE가 결정하기를 원했던 것이다.

CIE는 한국전쟁 뉴스릴을 일본인 재교육·재정향(Re-education and Reorientation) 프로그램에 사용하는 데 신중한 태도를 취했다. 미군 점령기 동안 '일본제 CIE 영화'[39]가 54편이나 만들어졌지만 한국전쟁에 대한 영화는 단 한 편도 제작되지 않았다. 전체 CIE 영화 408편 중 한국전쟁을 다룬 것은 10편에 불과했다. 휴전 이후 CIE의 업무가 USIS Japan으로 이관되면서 그 10편 중 〈자유를 위한 싸움(Fight for Freedom)〉과 〈전쟁포로 이야기(POW捕虜の物語)〉는 USIS Japan의 영화 목록에서 빠졌다. CIE 영화 중 점령 종식 후 일본에서 상영하기에 부적절하다고 판단된 영화들이 삭제되었는데, 그때 두 영화도 삭제된 것이다.

1951년 초까지도 미 국무부의 IMP와 미 육군부의 CIE 사이에는 일본에서 상영할 영화를 두고 정보 교환만 했을 뿐 이렇다 할 공조는 없었으며 같은 사안을 두고 대립하기도 했다. 그중 하나가 재일조선인에게 한국어 뉴스릴을 제공하느냐 마느냐의 문제였다. IMP 부장 에드워즈는 1951년 1월 31일에 IMP가 매주 부산에 보내는 한국어 뉴스릴이 재일조선인을 위해 필요한지 알려달라는 전보를 국무부 장관 애치슨의 명의로 보냈다.[40] 2월 5일 CIE는 공보과 과장 돈 브라운의 명의로 제안

---

39. 일본제 CIE 영화 및 전체 CIE 영화 목록은 土屋　　　2009, 295-309.

은 감사하나 일본에서 한국어 뉴스릴은 유용하지 않다는 답신을 보냈다. CIE의 견해는 재일조선인은 거의 이중 언어 사용자라 모국어 자료가 필요치 않고, 전후(이차대전 이후를 의미-인용자) 그들은 문화적 배타주의 때문에 함께 살아야 하는 일본인들과 마찰을 빚어왔기 때문에 뉴스릴은 물론 한국어로 된 다른 자료도 재일조선인의 욕구를 자극한다는 점에서 두 집단 모두에 해가 될 수 있다는 것이었다.[41]

그런데 같은 달 23일에 주일본한국대표부(수교 이전 일본에 설치한 대한민국의 재외공관)가 GHQ 외교부에 재일조선인을 위해 한국어 뉴스릴을 상영하게 해줄 것을 요청했다.[42] 그 요청이 일본 측 공보관의 비공식적 제안 때문이었다는 점이 확인됨으로써 정보참모부(G-2)가 이 문제를 검토하게 되었다. 주일한국대표부는 CIE의 설비를 빌려 미 국무부가 제작한 한국어 뉴스릴을 재일조선인 노동자에게 무료로 상영할 계획이었다. 한국어 뉴스릴은 CIE가 이미 불용으로 판단한 사항이었지만 국무부는 한국어 뉴스릴이 한국대표부뿐만 아니라 일본 점령에도 유용하고 공산주의 선동 세력의 영향과 싸우기 위해 필요하므로 그 요청에 동의한다는 의견을 제시했다. 3월 6일 G-2는 공산주의 선전에 대한 역선전을 위해 재일조선인에게 사실을 전달하는 프로그램은 바람직하므로 국무부의 의견에 동의한다고 CIE에 답했다.[43] G-2의 답변에 맞춰 돈 브라운은 4월 5일 CIE는 국무부에 한국대표부의 무료 상영 계획에 반대하지 않으며 필름 대여를 위한 절차를 정리할 필요가 있다고 답

---

40. Acheson to SCAP, "Incoming Massage," 31 Jan. 1951, Box 5307, RG 331.
41. Don Brown CIE to DS, "Korean Newsreel," 5 Feb. 1951, Box 5307, RG 331.
42. Korean Diplomatic Mission in Japan to the Diplomatic Section, GHQ, "Letter," 23 Feb. 1951, Box 5307, RG 331.
43. DS to CIE thru G-2, "Request for Use of State Department Films by the Korean Mission," 6 Mar. 1951, Box 5307, RG 331.

했다.[44] 이에 OIC의 MPTB는 5월 10일 뉴스릴을 국무부가 검토한 뒤 16밀리 프린트를 2부씩 CIE에 보내겠다고 답했다. CIE는 한국대표부에 한 달 간 필름을 대여하기로 했고 필름의 손상이나 손실에 대해서 CIE가 책임질 의무는 없지만 보고할 의무는 있다는 각서를 보냈다.[45]

재일조선인 관객은 한국전쟁 뉴스릴에 어떤 반응을 보였을까? CIE가 제공한 뉴스릴은 반공적인 민단(民團) 그룹에 상영되었을 가능성이 높지만 반드시 그랬던 것만은 아니었다. 재일본조선인연맹(在日本朝鮮人聯盟) 소속의 재일작가 김달수(金達壽)는 〈유나이티드뉴스〉를 보며 재일조선인이 느낀 충격과 절망을 소설 「손 영감」에서 묘사한 바 있다.[46] 미군기지가 있는 Y시(요코스카로 추정) 내 조선인 부락 사람들은 1951년 2월 어느 밤에 열린 영화회에서 〈유나이티드뉴스〉를 보게 된다. 비행기에서 새똥처럼 떨어진 포탄이 고국에, 사람이 사는 번화가에 작열하는 장면을 보면서 어떤 노인 관객이 신음한다. 그는 지난 전쟁 때 폭격으로 아내와 손자가 타버리는 모습을 목격한 뒤로 신경쇠약 기미를 보이는 손 영감이다. 눈앞의 뉴스영화라는 것이 극영화와 달리 사실을 촬영한 것이라는 젊은이의 설명을 듣고 손 영감은 경악한다. 그의 머릿속에서 가족을 죽인 폭격, 뉴스영화의 폭격, 고국 사람들을 죽일 포탄을 싣고 집 뒤편의 간선도로(재일조선인 노동자들이 닦은)를 달리는 트럭의 소음이 하나로 일치된다. 그 불길한 소리에 시달리며 쇠약해져가던 손 영감은 어느 날 아침 몸으로 트럭을 막으려 했던지 머리가 터져 죽은 시체로 발견된다. 나흘째(1951년 6월 23일) UN 소련 대표 말리크(Yakov

---

44. CIE to DS, "Request for Use of State Department Films by the Korean Mission," 5 Apr. 1951, Box 5307, RG 331.
45. "Intra-Branch Memorandum: SOP on State Department(USIS) Korean Newsreels," 10 May 1951, Box 5307, RG 331.
46. 金達壽 2012. 이 소설이 발표된 『신일본문학』은 전전(戰前) 프롤레타리아문학운동 작가들이 패전 후 결성한 '신일본문학회(新日本文學会)'의 기관지이고 김달수도 동회의 소속 문인이었다.

Aleksandrovich Malik)가 뉴욕에서 휴전 제안을 한 날로부터 나흘째 되던 날이었다.

한국전쟁은 한반도뿐만 아니라 재일조선인 사회에 뿌리내릴 비극의 씨앗이기도 했다. 일본 정부는 GHQ의 승인 아래 1949년 9월 대표적 민족단체였던 재일본조선인연맹을 강제 해산했다. 민족운동의 구심점이 사라진 상황에서 한반도의 전쟁과 일본 사회의 레드 퍼지는 국적 문제가 해결되지 않은 재일조선인을 나락으로 몰아갔다. 한국 정부는 재일조선인을 일괄적으로 한국 국민으로 인정할 것을 일본 정부에 요구하고 있었다. 그러나 1952년 4월 샌프란시스코 강화조약이 발효를 앞두고 있던 시점에도 재일조선인 등록자 56만여 명 중 한국 국적 보유자는 17퍼센트에 불과했을 정도로[47] 상당수의 재일조선인들은 어느 쪽의 조국을 택하느냐의 문제를 가급적이면 유보하고 있었다.

「손 영감」이 묘사했듯 전쟁 발발 직후부터 재일조선인 사회는 조국의 전쟁을 멈추기 위해 반전 활동을 개시했다. 집회는 이미 허용되지 않았기에 스톡홀름 어필(Stockholm Appeal)[48]을 위한 서명을 받거나 군수품 생산 및 수송을 방해하는 정도의 규모가 작은 비공식적 활동이었다. 그럼에도 평화를 위한 그들의 노력은 치안을 방해하는 비합법적 폭력 행위로 간주되거나 손 영감의 경우처럼 안타까운 헛수고로 돌아갔다. 조국의 전쟁에 고통스러워하던 재일조선인에게 한국전쟁 뉴스릴은 과연 주최 측이 의도한 반공 효과를 불러일으켰을까. 오히려 그들은 폭격으로 조국의 산하가, 시내의 번화가가 작열하는 모습을 보고 미쳐 버린 손 영감처럼 애끓는 절망과 비애를 느끼지 않았을까.

47. 미즈노 나오키·문경수 2016, 144-145.
48. 미소의 핵무기 군비 경쟁에 맞서 1950년 3월 스톡홀름에서 열린 평화옹호세계대회에서 발의된 핵무기의 무조건적 금지를 위한 서명 운동. 일본으로부터 650만 명, 전 세계에서 5억 명 이상의 서명이 모였다.

리지웨이와 진해영화제작소

1950년 10월부터 USIS 영화과장직을 맡게 된 윌리엄 G. 리지웨이는 1958년까지 USIS 진해영화제작소 및 상남영화제작소에서 근무하며 리버티 프로덕션의 초석을 닦은 인물이다.[49] 한국전쟁 발발 전까지 USIS에서 통역 겸 제작 보조로 근무했던 이형표 감독은 그를 "우리나라 영화계의 은인"[50]이라고 회고했다. 그런데 리지웨이는 영화인이 아니었다. 1946년 1월 미군으로 한국에 부임해 미군정의 건강·복지과에서 근무했던 그는 우연히 미군 라디오국의 송신기를 수리한 일을 계기로 라디오 엔지니어로 일해 달라는 요청을 받았다. 기계 다루는 능력이 OCI에 알려져 1947년부터 이동영사에 필요한 기자재 관리를 맡은 것이 그의 영화 관련 경력의 전부였다.

영화담당관으로 1953년 1월 한국에 온 로이 T. 하버캠프(Roy T. Haverkamp)는 리지웨이를 기계를 다루는 데 있어 천재이자 USIS 영화제작소의 모든 것을 창조한 인물로 회고했다.[51] 하버캠프 역시 영화와는 무연했던 인물이다. 외무시험을 통과하고 USIA에 채용되어 독일의 아메리카 하우스에서 일하기를 기대했던 그는 한국으로 발령이 나 유엔군에 관한 16밀리 영화를 만들게 되었다. 트루먼 정권의 진실 캠페인과 한국전쟁으로 인해 해외 공보선전 분야가 단기간에 급격히 확대되면서 국무부는 인력 부족에 직면했다. 리지웨이나 하버캠프의 경우처럼 비전문가에 의한 직무 수행도 드문 일은 아니었다. 그럼에도 USIS의 영화공작이 비전문가에 의해 성공적으로 수행될 수 있었던 것은 영화 기술의 발달로 많은 부분이 자동화되어 아마추어의 영화 생산이

---

49. USIS 영화과에서 리지웨이의 임무와 활동에 관해서는 Ridgeway 1989, 1-29.
50. 강범구·이형표 2009, 255.
51. Haverkamp 1994, 7.

가능해졌기 때문이었다.

USIS는 9·28 수복 직후부터 영화과를 복구하고 자체 뉴스릴을 생산했다. CMPE가 한국 시장에서 잠정적으로 철수한 상태에서 USIS는 미국 정부의 영화 프로그램을 수행할 수 있는 유일한 기관이었다. 인민군은 후퇴하면서 USIS가 비축해두었던 35밀리 생필름 전부와 함께 영화인들도 일부 데려갔지만 16밀리 생필름과 프린트만은 남겨두었다. 극장이 폐쇄된 상황에서 USIS 영화는 이동영사에 매진할 수밖에 없었는데, 이동영사용 필름의 규격이 16밀리였기 때문에 이는 다행스러운 일이었다. 리지웨이는 남은 직원을 모아 전황을 전하는 3릴 분량의 영화 제작에 착수했으나 한국의 상황 때문에 현상이 불가능했다. 기밀로 분류된 전보에 따르면, 무초 대사는 12월 9일에 리지웨이가 제작한 영화의 네거티브를 일본을 거쳐 국무부로 보내겠다고 했는데,[52] 미국에서 현상해오기 위해서였던 것 같다.

그 사이 다시 전세가 역전되어 12월 중순 흥남 철수가 시작되었다. 미 육군 중사에게 위스키 7병을 뇌물로 주고 유개화차 몇 대를 얻은 리지웨이는 기자재는 물론 영화과 직원들과 그 가족까지 도합 350명을 USIS 지부가 있던 진해로 실어날랐다. 리지웨이는 일제강점기에 해군장교 클럽으로 사용되었던 그 건물을 약 7, 8천 달러의 비용을 들여 스튜디오로 개조했다. 그때까지 USIS는 이명우프로덕션 등의 민간 영화사에 제작을 맡겼지만 전쟁으로 이명우, 박기채, 최승린, 양세웅, 김정혁, 홍일명 등의 영화인이 납북되거나 월북했기 때문에[53] 민간의 영화 생산은 불가능해졌다. 이에 USIS는 자체 제작으로 방침을 변경했다.

---

52. Muccio Seoul to Secretary of State, "Secret: Incoming Telegram no.549," 9 Dec. 1950, Box 2541, RG 59.
53. 한국예술연구소 2003, 305-306.

리지웨이는 함께 피난 온 한국인 직원 85명을 지휘하면서 거적으로 방음 부스를 만든 뒤 1951년 2월부터 제작을 개시했다. 당시 USIS 영화과가 갖추고 있던 장비는 대부분 수동이었고 그마저도 상태가 좋지 않았다. 리지웨이는 한국 근무를 그만두고 워싱턴으로 복귀한 찰스 태너를 통해 1950년 11월에 이미 미첼 사운드 카메라를 비롯해 필요한 장비를 국무부에 요청했다.[54] 그러나 장비가 도착할 때까지 반년이 넘게 걸렸고 그동안 그는 진해의 미군 공군기지로부터 필요한 물품을 대여하거나 얻어 썼다. 그중에 요긴했던 것이 16밀리 자동현상기였다. 리지웨이는 그것을 빌리는 대신 전폭기 조종사들이 건 카메라(gun camera)로 촬영한 필름을 현상해주었다. 건 카메라로 촬영한 영상은 폭격 작전의 효율성과 정밀성을 판단하기 위해 빠른 시일 내에 현상하는 것이 중요했다. 그러나 공군에는 자동현상기를 쓸 줄 아는 사람이 없어 그동안 일본으로 보내 현상을 해오던 터였다. 1950년 11월 5일 맥아더가 초토화 작전을 공식화하면서 극동 공군의 폭격은 급증했고 지상군의 후퇴에 따라 폭격은 남한 지역으로까지 확대되었다.[55] 더불어 진해 제작소도 바빠져 8시간 3교대 주 7일제로 운영되었다. 일손이 부족해진 리지웨이는 말 그대로 논밭에서 일하는 농촌 처녀들을 데려와 현상기 조작법을 가르쳤다.

    USIS 영화과가 자체 제작을 시작함으로써 생산 장비도 대폭 개선되었다. 1951년 2월 28일 USIS 부국장 제임스 D. 밴 퓨튼(James D. van Putten)은 IMP 부장 에드워즈에게 작년 11월에 국무부에 요청한 기자재와 장비의 배송을 재촉하고 발전기를 추가로 주문해달라는 서신을

---

54. Acheson to Amembassy, "Outgoing Airgram: A-26," 7 Aug. 1951, Box 2540, RG 59.

55. 김태우 2013, 326-327.

보냈다. 또한 영화과는 4월 11일에 상태가 나빠진 아이모(eyemo)를 대신할 새 아이모를 요청했다. 아이모는 16밀리 필름을 장착하는 경량 카메라로 핸드 헬드가 가능해 주로 뉴스릴에 사용되었다. 리지웨이는 아이모 4대와 아이모용 렌즈 일식 및 모터, 현상용 탱크, 투광조명기, 케이블 등이 필요하다는 전보를 보냈다.[56] 미 국무부는 1951년 5월에 우선적으로 아이모 2대와 관련 부품을 보냈고 7월에 베른트모러(Berndt-Maurer) 녹음기 전용 부품, 16밀리 마그네틱 녹음기용 테이프, 16밀리 코다크롬 필름 1만 2천 피트를 한국으로 보냈다. 전류계와 35밀리 간헐기(intermittent), 디럭스(DeLuxe) 현상기도 추가로 보낼 예정이었다. 1952년 1월에는 광학프린터 부속 등을 보냈고 16밀리 벨 앤 하웰(Bell and Howell) 카메라 2대 등도 추가로 보낼 예정이었다.[57]

진해제작소는 이상과 같은 생산 장비를 갖춤으로써 촬영에서부터 현상, 프린트까지 영화 제작의 전 과정을 해결할 할 수 있는 국내 유일의 영화제작소가 되었다. 1951년 7월에 미대사관이 국무부에 보고한 바에 따르면 진해제작소는 매달 ① IMP 다큐멘터리의 한국어 버전, ② 1릴 분량의 뉴스릴 2편, ③ 1릴 분량의 다큐멘터리 2편을 제작했고, 1952년부터는 매달 ① IMP 다큐멘터리의 한국어 버전 4편, ② 1릴 분량의 뉴스릴(국무부가 허락한다면 〈세계뉴스〉의 한국어판) 3편, ③ 1릴 분량의 다큐멘터리 2편, ④ 6, 7릴 분량의 극영화 최대 2편을 생산할 계획이었다.[58]

56. James D. van Putten to Hubert Edwards, "Letter," 28 Feb. 1951, Box 2540, RG 59; Ridgeway for Edwards, "Incoming Telegram no. 853," 11 Apr. 1951, Box 2540, RG 59.
57. Acheson to Amembassy, Pusan, "Outgoing Airgram A-165," 14 Jun. 1951, Box 2540, RG 59; Acheson to Amembassy, Pusan, "Outgoing Airgram A-168," 15 Jun. 1951, Box 2540, RG 59; Acheson to Amembassy, Pusan, "Outgoing Airgram A-20," 2 Aug. 1951, Box 2540, RG 59; Webb to Amembassy, Pusan, "Outgoing Airgram A-163, Re Your OM of January 14, 1952," 15 Feb. 1952, Box 2541, RG 59.
58. Pusan to Secretary of State, "Incoming Telegram no. 68," 21 Jul. 1951, Box 2540, RG 59.

USIS는 영화 생산만 늘린 것이 아니라 상영 횟수도 늘렸다. 1951년 9월 27일자 IMP 문서에 의하면, 이미 USIS는 131대의 영사기와 10대의 이동영사 차량을 갖추고 있었으나 영사기 93대와 이동영사 차량 25대를 국무부에 더 주문한 상태였다.[59] 1951년 8월 미대사관이 국무부에 보고한 1953년 회계연도 국제공보·교육 프로그램(USIE) 중 영화 프로그램은 2주에 한 번 상영하기 위해 길이 90분의 영화 26편을 확보할 계획이었다. 미국 다큐멘터리, 반공주의 만화영화, 한국 뉴스릴, 한국 이외의 뉴스릴, 뉴스 매거진, 한국어 다큐멘터리, 한국어 장편 극영화 등의 16밀리 프린트 26벌, 35밀리 프린트 6벌이 필요하다고 추산되었고, 모두 USIS가 한국어로 녹음할 예정이었다.[60]

　　1951년 10월 말 OIE는 동아시아에서 USIE 프로그램을 검토하기 위해 W. 브래들리 코너스(W. Bradley Connors)가 이끄는 조사단을 파견했다. 코너스 조사단은 일본, 한국, 버마, 싱가포르, 홍콩, 자카르타, 대만의 USIS를 방문해 VOA, 영화, 출판, 교육교환 분야 공보 프로그램의 실태를 조사했다.[61] 조사단은 11월 8일에 한국을 방문했다. 코너스는 모든 공작이 잘 조정되어 각종 매체의 USIE 프로그램이 같은 주제를 전달하고 있으며 한국인에게 강력한 영향력을 미치고 있다고 보고했다.

　　코너스 보고서에는 USIS 영화과의 활동과 진해제작소의 현황도 간단히 언급되었다. 위에 열거한 6개 국가 모두 현지 언어로 더빙한 IMP 영화를 상영했지만 자체 제작은 일본 CIE와 한국 USIS에 한정되어 있

---

59. Acheson to Amembassy, "Outgoing Airgram A-93," 9 Oct. 1951, Box 2540, RG 59.
60. "USIE-Korea Media Estimate Data, Fiscal Year 1953," 16 Aug. 1951, Box 2541, RG 59.
61. W. Bradley Connors to Mr. Barrett etc., "Report on USIE Burma," 28 Nov. 1951; "Report on USIE Singapore," 30 Nov. 1951; "Report on USIE Hongkong," 3 Dec. 1951; "Report on USIE Djakarta," 4 Dec. 1951, "Report on USIE Formosa," 5 Dec. 1951; "Report on USIE Korea," 7 Dec. 1951, Box 2540, RG 59.

었다. 코너스는 CIE의 영화 프로그램은 지속하되 일본제 CIE 영화 제작은 축소할 필요가 있다는 견해를 밝혔다.[62] 이에 비해 한국에서는 영화가 가장 잠재력 있는 미디어의 하나이므로 USIS의 영화공보는 최대한 확대되어야 한다고 평가했다.

당시 USIS 영화과는 국무부로부터의 필름 조달이 원활하지 않아 인민군이 버리고 간 러시아제 필름을 암시장에서 사다 쓰는 열악한 형편이었다. 코너스를 만난 리지웨이는 물질적 지원 외에도 미국인 인력(특히 전업 작가와 카메라맨)과 현지 상황을 고려한 적시의 도움이 필요하다고 호소했다. 예를 들어 미국 영화를 한국어로 더빙하기 위해서는 프리프린트(preprint)를 보내주어야 하는데 IMP는 완성본을 보냈다. 1951년 10월 1일부터 프리프린트를 보내주기로 했지만 그 약속은 지켜지지 않았다. 이동영사 차량을 두고도 IMP와 의사소통이 원활하지 않았다. 이동영사대(mobile unit) 21부대를 운영하고 있던 영화과는 게릴라전이 빈번한 한국의 상황에 맞춰 알루미늄으로 외장을 자체 개조한 무기 운반차 5대를 이동영사 차량으로 사용하고 있었다. 이동영사의 확대로 차량을 구입해야 했지만 IMP가 도입하려는 차량은 무겁고 느려 영화과는 주한미군으로부터 무기 운반차를 구매하기를 희망했다.

코너스는 이러한 어려움에도 불구하고 진해영화제작소가 최고 품질의 영화를 생산하고 있다고 평가하면서 그 공을 리지웨이에게 돌렸다. 그는 리지웨이에게 2계급 특진을 줄 것, 단신 부임이라는 미 외무부의 규정으로 인해 미국에 거주하고 있는 리지웨이의 한국인 아내에게 예외를 허락해 한국어 더빙 담당으로 고용할 것 등을 제안했다.[63]

---

62. 土屋 2009, 238.
63. 코너스의 제안이 받아들여져 1953년 초 리지웨이의 부인 동숙은 한국으로 돌아올 수 있었는데, 이는 주미대사 부부를 제외하고는 가족 부임을 한 유일한 예였다. Ridgeway 1989, 13.

주한미대사관은 리지웨이의 호소를 받아들여 USIE의 영화 프로그램을 위해 트리트먼트와 스크립트를 쓸 수 있고 뉴스릴을 편집할 수 있는 미국인 전문가를 파견해달라고 여러 번 국무부에 요청했다.[64] 그러나 국무부의 인력난으로 인해 결과적으로 그 일은 리지웨이와 한국인 직원들에게 맡겨졌다. 리지웨이는 27세에 불과했지만 USIS 영화과의 유일한 미국인이자 책임자였다. 이 시기 한국인 직원으로는 원로 영화인 이필우를 비롯해 촬영에 유장산, 임병호, 임진환, 배성학, 현상에 김봉수, 김형근, 서은석, 이태환, 이태선, 우갑순, 김홍희, 녹음에 이경순, 최칠복, 양후보, 편집에 김홍만, 김영희, 음악에 정윤주, 엔지니어로 전원춘, 김형중 등이 있었다.[65]

영어로 의사소통이 가능한 직원이 두 명밖에 없는 가운데서도 리지웨이는 한국인들이 나이와 서열을 중시한다는 사실을 금방 간파했다. 한국인들은 도제 시스템 속에서 일을 배웠기 때문에 허드렛일을 도맡아 하는 말단 직원들의 경우 이전에 예술이나 영화 관련 직종에서 일을 해본 적이 없는 경우가 태반이었다. 그럼에도 그는 도제 시스템의 장점을 발견했는데 한국인 직원들이 다양한 이력처럼 다양한 재능을 지녔고 낮은 직위를 거쳐 승진하는 데 익숙하다는 것이었다. 도제 시스템의 단점은 스승이 지위와 존경뿐만 아니라 부당이익도 취한다는 것이었다. 리지웨이는 직원 중 3분의 2를 미국 외무부의 현지 직원으로 채용함으로써 그 문제를 해결했다. 그러나 그 결정으로 스승들과 갈등을 빚게 되었다. 얼마 뒤 미국에서 새 기계가 도착하자 또 다른 갈등이 발

64. JRH to the Ambassador, Pusan to Secretary of States, "Incoming Telegram no.145," 9 Aug. 1951, Box 2540, RG 59; "Confidential: USIS Film Program," 10 Apr. 1953, 1, Box 2541, RG 59.

65. 정종화 2002, 121-122; 강범구·이형표 2009, 254-255.

생했다. 각 부서 책임자들은 새 기계를 어떻게 다룰지 몰라 체면을 잃었다고 생각했고 결국 일을 그만둬버렸다.[66] 다행히 영화 기술은 자동화 시대로 접어들었고 리지웨이는 남은 직원들에게 새 기계를 훈련시켜 영화를 만들어낼 수 있었다. 진해제작소는 〈마을 문제 해결(A Town Solves Problem)〉(USIS 463), 〈왜 한국인가(Why Korea)〉 등 IMP가 보낸 다큐멘터리를 한국어로 더빙했고,[67] 1952년 5월 19일부터 〈리버티뉴스(Liberty News)〉를 격주로 제작했다. 이 뉴스릴은 총 11분 분량으로 16밀리, 35밀리 모두 제작되었으며 국내 뉴스와 한국어로 더빙한 국제 뉴스가 각각 5분가량 담겨 있었다.

〈리버티뉴스〉는 1967년까지 721호가 제작되었다. NARA에는 그중 624편이 보존되어 있고 이제 현존하는 필름 전량이 수집되어 실증적 연구가 가능해졌다.[68] 한국전쟁기에 발행된 〈리버티뉴스〉는 제1, 3, 5, 6, 7, 8, 10, 12, 13, 15, 21, 23호만이 남아 있다. 이것들은 모두 사운드가 유실되어 있어 영상만으로는 대략적 내용만 파악할 수 있을 뿐이다. 대부분의 내용이 한국의 국내 뉴스에 할애되어 있는 것으로 확인된다. 휴전회담이 진행되고 있는 상황에서 제작된 이 뉴스릴들은 전황 보도보다는 한미관계, 한국군과 미8군의 각종 훈련 및 행사, 후방의 정치, 경제, 사회, 문화에 관한 뉴스를 다루었다. 그 시기 USIS의 공보 목표가 미국 정부와 UN의 전후 복구 및 원조를 홍보하는 것이었기 때문으로 보인다.

66. 그러나 당시 진해영화제작소에서 일했던 이경순의 회고에 따르면, 그는 리지웨이가 국방부 영화 〈정의의 진격〉(1952)의 녹음을 거절한 데 반발하여 편집 담당 김흥만, 음악 담당 조백봉, 현상 담당 김형근과 김봉수, 정주용과 의논한 뒤 퇴사를 결의했고 한꺼번에 사표를 쓸 수 없어 각자 시간차를 두고 USIS를 퇴사했다. 한국예술연구소 2003, 43-44.
67. Acheson to Amembassy, Pusan, "Outgoing Airgram: A-86," 27 Sep. 1951, Box 2540, RG 59.
68. 624편 중 선별된 138편의 해제에 대해서는 다음 자료 참고. 허은 2017a.

USIS의 영화공보는 뉴스릴의 정기적 발행으로 궤도에 올랐으나 제작을 지속하기 위해 가장 선결되어야 할 문제점은 진해영화제작소가 인화성 물질인 필름을 다루기에는 화재에 취약한 목조 건물이라는 데 있었다. 미군 기술자들은 진해제작소를 위험 건물로 진단했고 화재가 발생할 경우 오랫동안 영화공작을 중단해야 할 것이라고 경고했다. 리지웨이는 내화(耐火) 건물을 찾다가 진해에서 북쪽으로 16킬로미터 떨어진 상남[69]에서 빈 건물을 발견했다. 일제강점기에 라디오방송국으로 사용되다가 해방 후 한국 해군의 소유가 된 약 210평(150피트×50피트)의 2층짜리 강화 콘크리트 건물이었다. 그 건물은 내화가 가능했을 뿐만 아니라 전기와 수도 등 기본 설비가 갖추어져 있었으며 450미터 거리에 도로도 있었다.

마침 1952년 초 국무부로부터 22명이 진해영화제작소를 내방했고 그중에는 전쟁포로를 이용한 반공영화를 계획하고 있던 IMS(1952년에 IMP는 International Motion Picture Service로 명칭 변경) 부장 허버트 T. 에드워즈도 있었다.[70] 그는 리지웨이의 보고로 상남의 새 스튜디오 후보지를 시찰한 뒤 미대사관에 추천했다. 한국 해군은 5년마다 계약을 갱신한다는 조건으로 미대사관에 그 건물을 대여해주기로 약속했다. 건물은 내부나 외부에 스튜디오를 확장할 수도 있는 구조였고 필름을 보관할 수 있는 지하실도 있었다. 게다가 상남 주변은 영화에 필요한 갖가지 풍경을 갖추었으며 1년에 10개월은 야외 촬영이 가능한 장소였다. 때문에 USIS는 서울 환도 이후에도 이곳을 계속 촬영소로 이용할 계획을 세웠다. 이에 대사관은 1952년 6월 5일 국무부에 건물 수리와 스

---

69. 상남영화제작소가 있었던 창원군 상남면 용지리 일대는 현재 창원시의 대표적 상업지구로 변모했지만 1957년 해병대 교육단의 야외훈련대가 창설되어 1977년 해체될 때까지 해병대원을 양성한 군사지구였다.

70. Ridgeway 1989, 12.

튜디오로 개조하는 데 필요한 비용 3만 달러를 요청했다.[71] 그것이 받아들여져 USIS 영화과는 1952년 11월과 12월에 걸쳐 진해에서 상남으로 스튜디오를 이전했다. 상남영화제작소(USIS Motion Picture Production Center)는 우수한 시설과 첨단 기자재를 바탕으로 양질의 영화를 생산할 수 있었다. 이 스튜디오에서 훈련받은 한국인 인력이 영화계로 배출되면서 상남은 "국산 영화 '메커니즘'의 요람지" "한국의 영화학교"로 1950년대를 풍미했고[72] USIS가 영화 제작을 완전히 중단하는 1970년대까지 운영되었다.

전쟁 포로 영화공작

IMP는 중공군의 참전 이후 미국 응용인류학회(Society for Applied Anthropology)에 의뢰해 민주주의, 미국, 영화에 대해 무지하며 문맹률도 높은 동양 국가들을 대상으로 어떤 영화 프로그램을 제공해야 할지 검토했다.[73] 공산 진영의 선전에 대항하기 위한 것이었다. 이를 검토하던 도중 IMP가 IMS로 개편되었는데, IMS는 극동, 근동, 유럽, 라틴아메리카로 나누어 한국전쟁 발발 이후부터 현재까지(1950년 7월~1951년 12월) IMP 영화의 상영 현황, 선전 목표, 대상, 현지 사정 등을 조사했다.[74] IMS는 이 조사 결과를 반영해 권역별로 영화 프로그램을 조정하고자 했다.

71. Pusan to Secretary of State, "Motion Picture Production Unit: Change of Location," 5 Jun. 1952, Box 2541, RG 59.
72. 「자유의 종을 울려 10년: 상남 '라보' 현지 르포」, 『동아일보』, 1962.3.26(4).
73. "Over-all Program Reports," 31 Aug. 1951, Office of Research, Reports and Related Studies, 1948-53, Box 34, RG 306.
74. "Non-Theatrical Film Distribution Jul. 1950-Dec. 1951," Jul. 1952, Office of Research, Reports and Related Studies, 1948-53, Box 35, RG 306.

한국 대상 영화 프로그램의 경우 적시에 필요한 주제를 다루기 위해 한국 USIS가 현지에서 생산한 영화가 포함되었다는 것이 특징이다. 한국 USIS는 미국의 승리를 위해, 그리고 한국 정부의 방침에 따라 공산주의자를 천하의 악당으로 묘사, 증오를 조장하는 "명백한 프로파간다"[75] 영화를 만들었다. USIS의 반공영화 제작은 일본의 경우 기밀이었지만 한국의 경우 〈주검의 상자(Boxes of Death)〉(1955, USIS 688)[76]의 예와 같이 오히려 USIS가 제작 주체라는 사실이 홍보되었다. 전시 상황에서 대민 공보에 대한 미국의 개입은 당연한 것으로 여겨졌고 내정간섭이라기보다는 한국에 대한 지지로 인식되었기 때문이다.

정작 USIS가 관여를 숨기고자 했던 영화는 전쟁 포로(POW)를 동원하여 만든 POW 영화였다. 미 육군부와 USIS가 제작을 담당한 POW 영화는 중요한 심리전 프로그램으로 간주되어 여러 편이 비밀리에 기획되었다. 1952년 3월경 IMS는 POW 영화의 각본을 담당할 인물로 해외제작부의 찰스 T. 메르츠(Charles T. Mertz)[77]를 한국에 파견했다. 메르츠는 인민군 12명이 "공산 치하의 삶"에 대해 인터뷰하는 장면이 들어간 필름과 "내가 돌아가지 않는 이유"라는 주제로 제주도 수용소에 수감된 중공군 반공 포로가 등장하는 필름을 담당했다.[78] 이 필름들

75. Ridgeway 1989, 9.
76. *Boxes of Death*의 오프닝 타이틀에는 "죽엄의 상자"로 쓰여 있지만 개봉 당시 포스터와 신문기사는 영화명을 "주검의 상자"로 쓰고 있다. 영화에 등장하는 상자는 유골함으로서 '주검의 상자'이자 유골함으로 위장한 시한폭탄, 즉 '죽음의 상자'이기도 하다. 이 책에서는 개봉 당시 알려진 제목대로 〈주검의 상자〉로 쓰기로 한다. 이 영화에 대한 구체적인 분석은 제2부 제7장 참조.
77. 한국에서 POW 영화 제작 임무를 끝낸 메르츠는 베트남에서의 영화공작을 위해 사이공 USIS의 영화와 책임자로 파견되었고 필리핀에서 데려온 영화 인력을 이용해 현지인들을 훈련시켜 베트남어로 반공영화를 제작했다. USIA 설립 후에는 영화부서의 동양 지부장이 되었다.
78. Acheson to Amembassy, Pusan, "Restricted: Outgoing Telegram no.4427," 13 Mar. 1952; Mertz for Edwards, "Incoming Telegram no.1332: Confidential Security Information," 11 Jun. 1952, Box 2541, RG 59.

은 편집을 위해 IMS로 보내졌고 국무부와 IIA는 POW를 동원한 영화가 국제사회에 미칠 영향을 다각도로 검토했다. 포로 교환이 시작되면 공산 진영이 영화에 출연한 반공 포로들을 증거로 삼아 미국이 위협과 강요로 출연하게 했다거나 포로를 세뇌해 제네바협약(Geneva Conventions)을 어겼다고 역선전할 가능성이 있었기 때문에 POW 영화 공작은 매우 신중하게 진행되었다. IIA는 POW 영화의 목표 대상을 ① 해외 중국인, ② 공산 진영의 인민들, 특히 중국과 북한, ③ 아시아와 중동의 정치 지도자 및 국민들, ④ 유럽과 라틴아메리카의 기존 대상으로 설정했다.[79] POW 영화는 반공 포로의 인터뷰가 삽입된 만큼 공산 진영의 프로파간다에 이미 노출되었거나 그럴 가능성이 높은 지역을 우선 목표 대상으로 했다.

전쟁 포로를 전향시켜 영화 제작에 협조하도록 하기 위해서는 사전 준비로서 '포로 교육'이 필요했다. 맥아더는 1950년 10월 12일 서울 수복 직후 주한미군 사령관 워커에게 포로 교육 실시를 지시했다. 이때 심리전에 포로를 이용하기 위해 훈련시키는 것도 교육 목적 중 하나로 추가되었다. 1951년 4월 재수복 이후 6월까지 전투가 이어져 포로가 대거 발생했고 6월 1일부터 포로 교육이 개시되었다. 포로들은 삐라에 얼굴 사진이 등장하거나 라디오 방송을 통해 육성이 전파되었고 POW 영화에 출연하기도 했다. 포로 교육은 적에게 협조했다는 이유로 가족이 공산주의자들에게 처벌받을 것을 두려워했던 포로들을 설득하기 위해 필수적이었다.[80]

NARA에는 미 육군부의 POW 영화가 일부 보존되어 있다. 그중의

---

79. "Use of Interviews, Tapes and Moving Picture Footage of Chinese and Korean POWs Obtained in POW Camps by IIA(Confidential Security Information)," 5 Aug. 1952, Box 2541, RG 59.
80. 고바야시 소메이 2012, 230-235.

자유의 여신상을 제작하는 거제도 포로수용소의 반공포로들. ⓒ NARA

한 편인 〈붉은 한국으로부터의 목소리들(Voices from Red Korea)〉을 통해 포로 교육의 목적과 내용을 분석해보자. 영화는 제목대로 중공군 사병 및 간부, 인민군 사병 및 간부로 이어지는 공산 포로 네 명의 '고백'으로 구성되어 있다. 제작 주체는 이 영화를 볼 관객, 즉 포로나 공산 진영의 인민을 염두에 두고 소속과 계급을 대표해 '배우가 될 포로들'을 주의 깊게 선택했을 것이다. 사병 포로들은 주걱으로 솥을 젓거나 고봉밥을 담은 밥그릇을 손에 들고 주로 자기네 군대의 식량 사정이나 환경보다 유엔군의 포로 대접이 훨씬 낫다는 점에 대해 이야기한다. 그런 다음 간부들이 유엔군의 적절한 처우로 품위를 잃지 않은 옷차림과 태도로 왜 자신이 전향했는가라는 이데올로기적 주제를 꺼낸다. 이 영화에는 내레이션 대신 자막과 간자막이 쓰였는데 굳이 그렇게 한 이유는 포로의 육성을 들려주기 위해서다. 그런데 이들 포로는 모국어가 아니라 영어로 말한다. "유엔 장교들이 포로들로부터 들은 이야기"라는 자막에 이어 유엔이 제네바협약에 따라 포로를 대우하고 있으며 공산주의의 선전은 거짓이라고 포로의 입을 빌려 고백/폭로되는 것이다. 그런데 공산주의자들에게 속아 전쟁터에 끌려왔다는 포로에 의해 '미국의 진실'이 전달되는 사이, 카메라를 통해 또 하나의 진실이 드러난다. 포로의 불안한 시선과 경직된 몸짓은 제작자의 의도를 배반하며 이 인터뷰가 포로 교육의 산물이라는 점을 고백해버리고 마는 것이다.

미군은 심리전만이 아니라 포로 교환 협상에서 유리한 고지를 점하기 위해서도 POW 영화를 제작했다. 미군이 포로 교육에서 중점을 둔 것은 '긍정적 접근'이었고 POW 영화 역시 신뢰감을 높이기 위해 포로가 스스로 반공 진영의 우월성을 증언하는 인터뷰가 중요시되었다. 그러나 포로 교환 협상이 진행될수록 전향의 시각적 증거가 될 수 있는 영화 촬영에 대한 포로들의 반감은 높아갔다. 1953년 4월 15일, 중공군 포로 700명이 영화 촬영을 거부하며 농성을 벌인 예에서처럼 POW 영화는 오히려 심리전 목표에 역행하는 사태를 유발하기도 했다.[81]

물론 공산 진영도 같은 발상으로 POW 영화를 제작했다. 그들은 미군 포로들이 등장해 미국의 세균전 계획을 폭로하는 인터뷰 영화를 제

---

81. Tokyo passed Pusan to Secretary of State, "Incoming Telegram no.3318(Confidential Security Information)," 17 Apr. 1953, Box 2541, RG 59.

작했다. 휴전 후 포로 교환으로 귀환하게 된 그 포로들은 이번에는 자신들이 공산 진영의 강요에 의해 POW 영화에 강제로 출연했다는 사실을 폭로하는 영화에 출연해야 했다.[82]

휴전 협상에서 포로 문제가 최대의 쟁점이 되자 USIS도 유리한 여론을 형성하기 위해 POW 영화를 이용했다. 1953년 4월 13일, USIS는 엘리스 O. 브릭스(Ellis Ormsbee Briggs) 주한미대사의 명의로 국무부에 1952년 1월 19일 완성된 〈전쟁 포로에 대한 유엔 보고서(United Nations Report on Pows)〉의 공개를 촉구했다. USIS는 그 기밀문서에서 영화에 대한 수정을 요청했다.[83] 잔인한 느낌을 상쇄하기 위해 가벼운 배경음악을 넣을 것, 질병에 시달리던 포로들이 포획된 후 치료를 받아 오히려 더 건강해지고 체중도 늘었음을 보여주는 이미지를 삽입할 것, 민간인 피억류자와 관련된 협상을 고려해 수감자 수를 더 모호하게 조정할 것 등 아홉 군데에 걸쳐 재촬영, 삭제, 변경 요청이 있었다.

USIS는 포로 교환 협상이 진행되는 동안 중국 포로 심문관이었던 필립 맨하드(Philip Manhard)의 지휘 아래 POW 캠프를 촬영했다. 포로수용소 안의 잔학 행위에 대한 1건을 포함해 중공군의 인터뷰 40건을 추가한 POW 영화를 촬영했으며 송환을 거부하는 인민군 POW 캠프를 다룬 영화도 기획했다.[84] 그렇게 해서 완성된 영화 중 하나가 〈기로에 선 사람들(Men at the Crossroads)〉(1953, USIS 629)로, 제목대로 고국으

---

82. UCLA의 영화 및 텔레비전 아카이브(UCLA Film&Television Archive)에서 수집된 뉴스영화 〈빨갱이들에 의해 강요된 '고백'〉("Confessions" Extorted by Reds!)〉 참조. 한국근현대영상아카이브, http://kfilm.khistory.org/?mod=26&MOVIE_SEQ=4789&KIND_CLSS=17.
83. Briggs to Secretary of State, "Incoming Telegram no.1216(Confidential Security Information)," 13 Apr. 1953, Box 2541, RG 59.
84. Tokyo passed Pusan to Secretary of State, "Incoming Telegram no.3215(Confidential Security Information)," 6 Apr. 1953, Box 2541, RG 59; Pusan to Secretary of State, "Incoming Telegram no.1305 (Confidential)," 7 May 1953, Box 2541, RG 59.

로의 송환을 거부하고 전향해 망명을 택한 반공 포로의 문제를 다루었다. 이 영화는 육군부의 POW 영화보다 더 세련된 방식으로 유엔군이 제네바협약을 지키고 있다는 점을 선전했다.

영화에는 한국전쟁 발발부터 포로 송환 때까지 유엔군 포로수용소의 풍족한 생활과 인간적 대우에 대해 해설자의 설명을 뒷받침하는 구체적 이미지가 제시된다. 영화 속 포로들은 부상과 질병을 치료받고 자유롭게 서신 왕래를 하며 수용소에서 평생 먹어왔던 것보다 훨씬 나은 식사와 유엔군과 같은 종류의 천으로 만든 의복을 지급받는다. 포로라 해도 그들은 스포츠, 게임 등의 여가 활동을 누리고 도자기 제작 등의 직업훈련도 받는다. 강제 노역은 없으며 노동을 한 경우에는 임금을 받는다. 국제적십자사에서 파견된 인물이 포로들에게 1949년 8월 12일 갱신된 포로 대우에 관한 제네바협약(제4협약) 안내서를 나눠주면서 그들의 권리에 대해 설명한다. 즉 유엔군의 포로수용소는 협약에 따라 더할 나위 없이 투명하게 관리되고 있다는 것이다. 해설자는 말미에서 포로 교환 당시 중립국 감독위원회의 결정에 따라 인도군에 인도된 송환 거부 반공 포로가 최종적으로 2만 2천 명[85]에 달했다고 밝히며 그들이 "왜 공산주의 정권하에 사느니 망명을 택한 것일까?"라고 묻는다.

당시 공산 진영은 미국과 유엔이 반공 포로의 망명을 허락한 것을 두고 포로 억류를 막기 위한 규정이었던 "포로는 적극적 적대 행위가 종료한 후 지체 없이 석방하고 송환하여야 한다"는 제네바협약 118조에 대한 위반으로 비판했다. 미국은 거기에 맞서 제네바협약을 방기하거나 위반했던 것은 오히려 공산 진영이며 민주 진영은 그것을 철저히

---

85. 이 영화가 제시한 전향자의 수치는 유엔군 중 356명, 중공군 및 인민군 중 2만 2천 명 이상이지만, 와다 하루키의 자료에서는 347명 대 2만 1천 820명으로 약간 차이가 있다. 와다 하루키 1999, 333.

준수했다는 점을 주장하기 위해 〈기로에 선 사람들〉을 만든 것이다. 이 영화는 소련의 주장을 반박하기 위해 포로 스스로가 원하는 곳으로 보내는 자원 송환이 제네바협정에 명시된 전원 송환보다 인도주의적이라는 점, 전향 포로의 수가 증명하듯 민주주의가 공산주의보다 더 우월한 체제라는 점을 공들여서 묘사했다.

물론 현실은 영화와 달랐다. 제네바협약을 철저히 준수하고 있다고 영화로 선전했지만 유엔군의 포로수용소에서도 포로에 대한 구타와 폭행은 일상적으로 일어났다.[86] 미국이 감추고자 했던 더 큰 문제는 포로수용소가 냉전의 또 다른 대체 전장이 되었다는 사실이다. 13만이라는 포로의 수에 비해 관리 병력이 크게 부족한 상태에서 미군은 포로의 노동력으로 수용소를 건설했고 포로 대표를 선출해 간접적으로 수용소를 관리하는 상황이었다. 이 같은 시스템은 포로들이 저마다 자치 조직을 형성, 반목하게 된 원인을 제공했다.[87] 포로 송환 문제에 대한 이견으로 휴전회담이 장기화되면서 친공 포로와 반공 포로의 대립은 수용소 안의 내전으로 번졌고 포로끼리 서로를 죽이는 사태로 치달았다.[88] 제네바협약은 이차세계대전 이후에 무르익었던 인도주의의 산물로서 전쟁 포로의 기본적 권리를 명시했다는 점에서 진일보한 조약이었다. 그러나 한국전쟁이 낳은 포로의 비극은 포로와 관리 병력 간의 대립보다는 주로 포로들 간의 이념 대립으로 인해 발생했다. 이차대전의 경험을 통해 만들어진 1949년도 협약의 틀로써는 수용소 안의 내전이라는 사태를 해결하고 포로의 인권을 보호하기에는 역부족이었던 것이다.

86. 유숙현 2008, 42.
87. 유숙현 2008, 52-53.
88. 1951년 7월부터 시작된 휴전회담은 거제도 포로수용소에서 발생한 '9·17 폭동'의 기폭제가 되었다. 이 폭동 이후로 포로들은 분리 심사를 거쳐 이념에 따라 분산 수용되었다. 성강현 2016, 202.

김기영의 주한미공보원 영화 〈사랑의 병실〉

2011년, NARA에서 김기영 감독이 연출한 USIS 영화 〈사랑의 병실(Ward of Affection)〉(USIS L499, 1952), 〈나는 트럭이다(I Am Truck)〉(USIS L592, 1954), 〈수병의 일기(Diary of Three Sailors)〉(USIS L456, 1955), 〈주검의 상자〉가 발견되었다. "'한국 영화다운' 감독이었지만, '가장 빨리 그리고 가장 많이' 한국 영화를 벗어던진 감독"[89]의 미공개 필름에 학계와 언론이 주목했으나 이 영화들에서 "검은 마성의 미학"[90]을 엿보기란 쉽지 않았다.

어떤 이는 이 영화들을 한국의 내셔널 시네마에 포괄하면서도 미국 영화의 영향력과 동시에 완전히 미국적이지는 않은 혼종적 성격을 읽어내고 〈하녀〉 및 〈고려장〉과의 유사성을 발견한다.[91] 다른 이는 같은 영화를 두고 1920년대 소비에트 몽타주의 영향을 언급하면서 〈하녀〉의 원형을 찾아낸다.[92] 흥미롭게도 그들의 주장은 미국 영화와 소비에트 영화라는 각기 다른 원천을 주장하면서도 '김기영표 영화'의 시금석인 〈하녀〉와의 유사성을 찾는다는 점에서 닮아 있다. 다시 말하면 이 영화들의 현재적 의미는 USIS 영화라기보다는 '거장 김기영의 데뷔작'이라는 맥락에서 재구성되었다는 것이다.

김기영 감독이 미국과 소비에트 어느 쪽으로부터 영향을 받았는지, USIS 영화가 과연 한국의 내셔널 시네마에 포괄될 수 있는지에 대해서는 더 많은 논의가 필요하다. 다만 김기영의 경우 한 가지 확실한 사실은 그가 USIS의 영화제작소에서 습작기를 보냈고, USIS 영화가 한국 영화계에 데뷔하는 통로의 하나였다는 것이다. 부산 피난 시절 그는 폐

---

89. 이효인 2002, 35.
90. 김기영 영화의 그로테스크한 특성을 잘 드러낸 영화평론가 고(故) 이영일의 표현. 이효인 2010, 43.
91. 김한상 2011.
92. 안시환 2011.

병을 앓던 평양보고 선배 오영진[93]을 대신해 〈대한뉴스〉를 1회에서 5회까지 만들었다. 마침 진해에서 뉴스영화 제작을 재개했던 USIS는 김기영이 만든 뉴스영화가 유엔군의 서울 재수복을 감동적으로 편집, 관객으로부터 좋은 반응을 이끌어냈기 때문에 스카우트를 제의했다.[94] 그는 아내가 진해에서 의사로 일하고 있었고 USIS가 의사 월급의 12배가 넘는 파격적 보수를 제시했기 때문에 그 제의를 받아들였다. 김기영은 진해와 상남에서 〈리버티뉴스〉와 다큐멘터리 몇 편을 연출한 뒤 USIS의 장편 극영화 〈주검의 상자〉(1955)로 영화계에 데뷔했다.

1952년 4월 중순에 공개된 〈사랑의 병실〉은 리버티 프로덕션의 첫 영화다. 2릴 분량의 한국어 다큐멘터리로 유엔민사처(UNCACK)의 구호활동을 홍보하기 위해 제작되었다.[95] 한국에서 전재민 구호사업을 담당하던 유엔군사령부의 보건후생과는 1950년 12월 UNCACK로 개편되어 교전 지역을 제외한 전 지역에서 민간인 구호를 담당하게 되었다. 전재민과 후방의 사기 진작을 위해 영화가 효과적이라 본 USIS는 한국에서 어떤 영화가 우선적으로 제작되어야 하는지 검토했는데 UNCACK 홍보영화도 그중 하나였다.

서울 세브란스병원에서 촬영된 〈사랑의 병실〉은 정복녀라는 이름의 한국인 간호사가 1인칭 해설자로 등장한다. 영화는 복녀의 시점을 통해 불구가 된 전쟁고아 홍순길의 이야기가 전달된다. 관객의 흥미를 끌

[93] 대한민국 정부 공보처 소속 대한영화사 이사였던 오영진은 전쟁이 발발하자 국방부 정훈국 영화반 촉탁으로 뉴스영화 제작에 관계했다. 또한 남하한 예술인을 규합하여 1952년 부산에서 반공영화제를 개최했다. 이근삼·서연호 1989, 413-414. 오영진과 USIS의 관계에 대해서는 이 책의 제2부 제7장 '〈주검의 상자〉의 용공 논란' 참조.

[94] 이효인 2010, 30; 유지형 2006, 22-24. 〈대한뉴스〉는 현재 1호에서 21호까지가 유실된 상태이고 1953년 6월 23일에 발행된 22호부터 보존되어 있기 때문에 김기영이 연출했다는 호수는 확인할 수 없다.

[95] "Confidential: USIS Film Program," 1.

수 있도록 취재 내용을 극화하고 이야기의 신뢰감을 높이기 위해 1인칭 해설자를 등장시키는 것은 USIS 영화나 미국의 교육영화에서 자주 볼 수 있는 서사 전략이다. 그러나 〈사랑의 병실〉처럼 여성이 주인공-해설자로 등장하는 경우는 드문 편이다. 전후 재건에 여성의 참여를 촉구하기 위해 이런 설정이 마련된 것일까?

포탄을 맞은 병원의 잔해를 보여주는 도입부에서 복녀는 자기네 간호사들이 파괴된 병원에서 의사도 약도 없이 죽어가는 환자들을 돌보지만 나날이 늘어가는 시신을 매장하느라 지쳐 있다고 전한다. 공산주의자들의 만행으로 부상을 입은 환자들 사이에 어머니를 잃고 한 쪽 다리마저 절단당한 고아 소년 홍순길이 있다. 자신 역시 선교사가 키운 고아였던 복녀는 소년의 비참한 모습에 동병상련의 안타까움을 느낀다. 피난 갔던 직원들이 유엔군과 함께 돌아오면서 병원에는 희망의 서광이 비친다. 환자들은 미국인들이 모은 냉동 혈액으로 목숨을 건지게 되었으며 순길도 수술을 받을 수 있게 되었다. 소년은 복녀의 보살핌으로 지팡이에 의지해 걸을 수 있을 정도로 건강을 회복했지만 그에게 퇴원은 곧 길 위에서의 생활을 의미했다. 복녀에게 폐를 끼치기 싫었던 순길은 작별 인사도 없이 도망치듯 병원을 나가버린다. 다행히 유엔군에게 발견되어 병원으로 돌아온 그는 전상(戰傷) 아동을 위해 유엔군이 모은 기부금으로 의족을 얻게 된다. 순길은 복녀의 도움으로 곧 의족에 적응해 천진난만하게 걷고 뛴다. 그리고 마치 크리스마스 선물인 양 복녀의 축복 속에서 크리스마스 날 대구전재아동교육원으로 보내진다.

〈사랑과 병실〉은 위와 같이 간호사와 전쟁고아의 미담 사이사이에 유엔의 구호 활동을 언급하는 방식으로 전개된다. 이 영화의 '사랑'은 선교사가 기른 고아가 간호사가 되어 전쟁고아를 돌본다는 극화된 내러티브를 통해 선교사→정복녀→홍순길로 이어진 '기독교적 사랑'이자 유엔이 한국에 베푼 '박애'라는 이중적 의미를 획득하게 된다. 또한 "어린이로서는 북한이 자기 다리를 떼어갔다는 것처럼 의족이 자기 다리가 된다는 것도 알기 어렵겠지요"라는 내레이션처럼 유엔 원조에 대한 홍보뿐만 아니라 공산주의에 대한 비판도 은근히 표현되어 있다.

전쟁고아 구호사업과 주한미공보원 영화

필름이 소실되어 내용을 확인할 수는 없지만 USIS는 1953년도에 세계 보건의 날을 기념하기 위해 대구에서 UNCACK의 의료 활동을 다룬 영화, 한국 정부 농림부가 UNCACK의 도움으로 설립한 동래농과대학을 소개한 영화, 미국과 유엔이 예방접종 사업으로 악성 전염병을 퇴치한다는 내용의 영화, 산림 보호를 위해 이탄(泥炭)을 연료로 개발한다는 내용의 교육영화 등을 제작했거나 제작할 계획이었다.[96] USIS는 UNCACK의 자체 공보 역량이 부족한 상황에서 유엔의 민간인 구호와 원조사업을 홍보하고 한국인의 협력을 유도하는 홍보영화를 제작해주었다.

〈한국의 고아들(Orphans in Korea)〉(USIS 322)도 〈사랑의 병실〉과 마찬가지로 UNCACK의 전쟁고아 구호사업을 홍보하기 위해 USIS가 제작한 영화다. 이 영화는 전쟁고아가 어떻게 발생했는지 설명하기 위해 "끝도 없이 비극적으로 늘어선" 피난민의 대열을 담은 기록 영상을 전반부에 배치했다. 유엔군이 고아들의 부상을 치료하고 먹이고 군대 막사에서 같이 생활하는 장면, 그들을 비행기로 안전한 후방으로 수송하는

---

96. "Confidential: USIS Film Program," 3.

귀국 전 서울대학교에서 명예박사학위를 받은 밴 플리트(1953). © NARA

장면이 이어진다. 후반부에는 안전한 남쪽의 고아원으로 후송된 고아들이 미국에서 보내온 옷, 식량 등으로 건강을 회복하고 보살핌을 받으며 생활하는 모습을 담았다. 라스트신에서 주한미군 사령관 제임스 밴 플리트(James Alward Van Fleet) 장군이 전쟁고아를 수용한 국립행복산보육원(Happy Mountain Orphanage and Children's Hospital)을 방문한다. 그는 자유 진영의 일원인 "한국의 새로운 심장이 될" 고아들과 스스럼없이 어울린다.

영화에 등장한 행복산보육원은 미군 대위 클리포드 G. 맥킨(Clifford G. Mckeon)이 1950년 부산시 아미동에 세운 고아원 겸 아동병원이다. 1951년 5월 미국 군인 주간지 『스타스 앤 스트라이프스 위클리 리뷰(Stars & Stripes Weekly Review)』가 맥킨과 행복산보육원을 조명한 뒤 미국 각지에서 단체 혹은 개인의 원조가 쏟아졌다. 1951년 11월에 한국 정부 사회부가 인수하면서 국립으로 운영되었고 이후에는 주한민사처

(KCAC)[97]의 원조를 받았다. USIS도 행복산보육원 원아들의 오락과 교육을 위해 영어와 한국어 필름을 제공했다.[98] 전쟁고아 구호사업의 아이콘이 된 행복산보육원은 이후로도 USIA 영화 〈한국의 구제부흥(Korean Relief and Rehabilitation)〉, UNCACK 영화 〈한국 재건(Republic of Korea Restoring)〉 등 1950년대 미국의 원조 홍보영화에 종종 등장했다.

1952년 영화 제작을 시작한 운크라도 전쟁고아 구호를 선결 문제로 간주해 이를 〈한국뉴스〉(1953년 추정)에서 조명했다. 이 뉴스릴은 ① 순회의료반, ② 건설되는 전재민 주택, ③ 소양 보육원, ④ 신망애 양로원 등 4가지 에피소드로 나누어 유엔군과 UNCACK 직원들이 춘천, 대전, 가덕도, 부산 등지를 누비며 전재민을 위한 구호 활동을 펼치는 모습을 보도했다. 유엔군이나 UNCACK 직원이 전재민과 접촉해 의료, 주택 및 교실 건설, 식량 구호 등에 실질적 도움을 주는 모습과 더불어 전재민, 전쟁고아, 무의탁 노인들이 그들의 방문을 환영하는 모습이 담겨 있다.

미 공군과 육군도 전쟁고아 구호영화를 만들었다. 1952년 1월과 2월에 걸쳐 미 공군이 촬영한 〈한국 고아 이야기(Korean Orphan Story)〉, 1952년 9월 19일과 20일에 미 육군 통신대가 촬영한 〈한국의 전쟁고아(War Orphans Korea)〉, 1952년에 촬영된 것으로 추정되는 미 항공안보 통신군의 〈미 공군의 날개 아래 보호받는 전쟁고아(War Orphans Taken Under Air Force Wings)〉 등이 그 예다. 미군이 군사 행동 못지않게 전재민과 피난민 구호 활동에도 적극적이라는 점을 홍보하기 위한

---

97. 1953년 6월 유엔민사처(UNCACK)는 도쿄 유엔군 사령부가 직접 감독하는 주한민사처(KCAC)로 개편되었다.
98. 「행복산의 천사들: 전재고아보육원 탐방기①」, 『동아일보』, 1952.3.4(2); "Worldwide Generosity Aids Korean Orphans", *Pacific Stars and Stripes*, 20 Aug. 1951, http://www.koreanchildren.org/docs/PSS-013-Q.htm.

영화인 셈인데, 미군은 그중에서도 '친절한 미군 아저씨들'이 전쟁고아를 보살피는 영화가 미국의 인도주의와 박애정신을 알리는 데 특히 효과적이라고 보았다.

<한국 고아 이야기>는 영화 슬레이트와 손으로 쓴 신(scene) 카드가 그대로 노출된 34분가량의 미편집 영상이다. 1952년 1월 17일, 1월 30일, 2월 20일, 2월 25일에 촬영된 시퀀스들을 단순히 모아 놓았다. 미

행복산보육원 입구의 전쟁고아들. © NARA

군이 구호물자(의류)를 운반하고 분류하는 장면, 미군 의무병이 원아들을 진찰하고 상처를 치료해주는 장면, 미군이 길에서 만난 전쟁고아를 고아원으로 데려오는 장면, 서울시장이 미군 지휘관에게 보낸 감사장이 전달되는 장면, 고아원 교사와 원아들이 합창하는 장면, 교사들이 갓 데려온 전쟁고아를 씻기는 장면 등이 포함되어 있다.

<한국의 전쟁고아>는 미군 헌병대가 전쟁고아 두 명을 길거리에서 구조해 응급구호소에 데려가 예방접종, 소독 등의 조치를 취한 뒤 고아원으로 인도하기까지의 모습을 담았다. 고아원에서 미군이 원아들과 놀아주는 장면, 원아들이 기도를 올리고 식사하거나 고아원 마당에서 천진난만하게 율동하는 장면 등으로 구성되어 있다.

<미 공군의 날개 아래 보호받는 전쟁고아>는 미 항공안보 통신군이 서울의 한 고아원을 후원하고 있음을 알리는 자막으로 시작한다. 구호물자를 짊어진 미군들이 '미 항공안보 통신군 한국보육원'에 도착하자 원아들이 뛰어나가 반기며 그들의 품에 안긴다. 한 군인이 어린이에게

자기 군모를 씌워주는 모습, 구호물자로 보내온 옷가지를 나누어주는 모습, 고아들이 식전 기도를 올리고 식사하는 모습, 고아원 마당에서 군인들이 원아들과 어울려 노는 장면이 나열되어 있다.

이상의 영화들은 모두 1952년에 촬영되었다. 촬영 시기만이 아니라 내용과 형식도 대동소이하다. 미군에게 구조된 전쟁고아가 안전한 후방의 고아원으로 인도되고 미국인들이 보낸 구호물자와 미국 정부의 원조로 건강과 행복을 되찾는다. 그리고 반드시라도 해도 좋을 만큼 엔딩에는 미군과 아이들이 즐겁게 노는 모습이 들어가 있다. 이 시기의 전쟁고아 구호는 한국 정부가 대책을 마련하지 못하는 상황에서 절대적으로 외부의 원조에 의지하는 상태였다. 1952년의 통계에 따르면 전국 291개소의 고아원에 31,173명의 고아가 수용되어 있었고 미처 수용되지 못해 가두에서 떠도는 전쟁고아가 사회문제로 부상했다.[99] 휴전 이후에야 주한합동아동구제위원회가 결성되어 전쟁고아의 보호, 물질적 원조, 취학, 고아원의 설치 등의 계획이 추진되었다.

원조 당국은 친절한 미군 아저씨들이 구호물자를 나누어주고 고아들과 놀아주는 모습을 담은 이런 영화들이 한국에 대한 원조를 촉구하기에 효과적일 것이라고 생각한 것 같다. 오늘날 우리가 유니세프 광고를 보고 후원 신청을 하게 되는 것과 같이. 존 버거(John Burger)가 분석했듯이, 우리는 충격적 이미지 앞에서 도덕적 무능함을 느끼고 일종의 속죄로서 기부한다. 그러나 기부에 동원된 충격적 이미지는 그것을 생산한 전쟁이나 범죄 등 우리가 대결해야 할 진짜 문제를 망각하게 만든다는 점에서 이중적이다.[100] 현실을 편집한 이미지는 얼마나 다양한 방식으로 망각에 기여하는가. 앞서 살펴본 영화들은 과도한 충격이 전쟁

---

99. 「전쟁 이면의 사회상」, 『경향신문』, 1952.5.27(2). 100. 존 버거 1980, 62.

의 정당성에 대한 회의로 연결되는 것을 막기 위해 라스트신에 충격적 이미지를 상쇄하는 밝은 이미지와 음악을 반드시 넣었다. 고아들이 건강과 웃음을 회복하고 마음껏 뛰노는 모습을 보고 있노라면 전쟁의 폭력성은 희미해진다. 그리고 관객이 처음에 느꼈던, 전쟁을 지속하는 것이 과연 올바른가라는 도덕적 갈등과 그럼에도 전쟁을 멈출 수 없다는 도덕적 무능함은 기부라는 능동적 행위를 통해 해소될 수 있는 문제로 취급된다. 즉 행복한 전쟁고아의 이미지는 전쟁의 참상과 그 원인을 은폐한다는 점에서 문제적이다. 유니세프의 광고가 아프리카를 굶주림과 질병으로 고통 받는 나라로 각인시키면서 과거 유럽의 제국주의를 망각시켰듯, 한국전쟁기의 광범위한 전쟁고아 구호 캠페인은 한국전쟁의 원인을 은폐한 채 한국을 오랫동안 전쟁고아의 이미지로 기억되게끔 했다.

운크라 영화 〈고집〉

한국 국가기록원은 2007년부터 2010년까지 유엔기록보존소에서 한국 관련 시청각 기록물을 조사했고 1946년에서 2001년 사이에 생산된 영상 중 1080분 분량을 수집했다. 수집된 영상 중에는 한국전쟁기 유엔군과 운크라의 구호 및 재건사업을 기록한 것들도 있다. 유엔에는 일찍부터 영화 부서가 설치되어 있었고 한국전쟁 때는 인력을 한국에 파견해 자체적으로 영화를 제작했다.

    1946년부터 1952년까지 유엔본부는 미국 롱아일랜드 레이크 석세스에 있었다. 본부 내에 설치된 유엔영화위원회(UN Film Board)는 유엔의 결성 과정과 유엔 및 유네스코의 활동을 전 세계에 홍보하기 위해 〈국제연합헌장(United Charter)〉(1948), 〈인민헌장(People's Charter)〉(1948,

USIS 334) 등의 다큐멘터리를 제작했다. 동 위원회는 유엔이 한국전쟁에 참전하게 되면서 1950년 11월 한국에 전투 촬영기사를 파견했다.[101] 위원회는 한국에서 제작한 영화나 미편집 영상을 IMP나 CAD로 보냈다. IMP와 CAD는 각자의 목적에 따라 유엔의 영상을 편집해 USIS나 CIE로 보내 언론 보도, 사병 교육, 전쟁 포로 교육, 대민 선전 등에 사용했다. USIS 영화 목록 중 '국제 협조'라는 항목에 유엔이 제작한 영화가 일부 포함되어 있는 것도 그 때문이다. 한국전쟁 초기에 유엔영화위원회, IMP, CAD가 모두 맥아더 장군이 유엔군 총사령관에 임명되어 유엔기를 받드는 동일한 쇼트[102]를 삽입한 영화를 각자 만들었던 것에서 알 수 있듯 이들 기관 사이에는 영상의 교환 및 편집에 대한 양해가 확립되어 있었다.

1950년 12월 유엔 총회 결의에 따라 한국인 구호와 한국 경제 재건을 목표로 운크라가 설립되었다. 운크라는 공식적으로 1951년 2월부터 활동을 개시했지만 혼미한 전황 때문에 처음에는 민간인 구호에 초점을 맞추었다. 1952년에야 보건, 농업, 임업, 경제, 교육, 지리, 통신 등 각 분야에 기술 인력을 파견하는 것으로 본격적 재건 활동을 시작했다. 이때 영화 분야에도 기술자가 한 명 파견되었다. 그가 바로 시어도어 R. 코넌트(Theodore Richards Conant, 1926~2015)로, 1950, 60년대 한국 영화인들의 구술에 빈번히 등장하는 운크라의 녹음기사 테드 코넌트다. 코넌트는 이차세계대전 끝 무렵 약관 17세의 나이로 미국 해운상사의 무선통신사가 되어 태평양을 누볐다. 귀환한 이후에는 다큐멘터리 감

---

101. SCAP to DA, "Preparation and Dispatch of Radio," 16 Nov. 1950, Box 5307, RG 331.
102. 유엔영화위원회의 〈유엔기를 받드는 맥아더 장군(Gen. MacArthur receives UN Flag)〉, IMP의 〈유엔이 침략에 답하다〉, CAD의 〈유엔과 세계동란〉은 해당 신에서 같은 쇼트를 사용했다.

독 로버트 플래허티(Robert J. Flaherty)가 〈루이지애나 이야기(Louisiana Story)〉(1948)를 작업할 때 조수로 일했다. 1951년 펜실베이니아주 스워스모어대학(Swarthmore College)에서 경제학 학위를 받은 그는 뉴욕으로 가서 제약회사의 광고영화를 만들다가 유엔의 한국 파견 업무에 자원했다. 전쟁에서 사망한 유엔 촬영기사 2명의 대체 인력으로 1952년에 한국으로 파견된 그의 임무는 유엔이 요청한 보도사진을 찍거나 홍보영화를 만드는 것이었다.

휴전 이후 운크라가 영화 제작을 중단하자 코넌트는 잠시 유네스코로 옮겼다가 운크라가 1956년에 설립한 신생활교육원으로 이직했다. 농촌 계몽 교육과 농촌 지도자 양성을 목적으로 수원에 설립된 그 기관은 농업 경영, 생활 개선, 보건 위생, 부녀자 교육 등을 실시했고 한국인 교원 외에도 운크라 및 유네스코에서 파견된 외국인 교원을 고용했다. 코넌트는 시청각교육 교원으로 고용되어 교육영화 제작, 영화 기술교육, USIS가 대여한 농촌 교육영화의 이동영사 등을 담당했다. 그러다가 시라큐스 계약(Syracuse Contract)으로 파견된 미국 영화인 6명과 함께 1958년 7월부터 1960년 6월까지 대통령 직속 공보실 선전국 영화과에서 기술교육을 담당했다. 시라큐스 계약이란 ICA가 시라큐스대학에 의뢰해 실시한 기술 원조 프로그램이다. 민주적 영화인을 양성한다는 목적으로 영화 분야에도 이 계획이 실시되었으나, 코넌트에 따르면 그때 파견된 미국 영화인들은 할리우드에서 일한 경력이 있긴 했지만 장편영화 경험은 없는 이들로 아주 숙련된 프로는 아니었다. 그들은 주로 공보실 영화과의 인력 양성 및 기술 지원, 스튜디오 구축을 담당했고 민간의 영화 사업에는 관여하지 않았다.

한편 코넌트는 한국에 있는 동안 틈틈이 개인적인 영화 작업을 이어나갔다. 이형표 감독과 통·번역가 박익순은 그를 기술 고문만이 아니라 원조기구와 한국 영화인들을 중개했던 조정자이자 한국을 영화로 기록하는 데 심취했던 독립 다큐멘터리 감독으로 회고했다. 이형표와 코넌트는 〈한국의 예술가(Korean Artist)〉(1955), 〈한국 환상(Korean Fantasy)〉(1955), 베를린영화제에서 최고 다큐멘터리 상을 받은 〈위기의 아이들(Children in Crisis)〉(1955) 등을 공동 연출했다. 그중 가장 많은 수익을 남긴 〈한국 환상〉은 CIA와 FBI 등에도 팔렸는데, 두 기관은 한국으로 파견된 직원과 그 가족을 오리엔테이션하기 위해 이 영화를 구입했다.[103]

코넌트가 운크라 시절 녹음기사로 참여한 〈고집(Ko-Chip)〉(1952)의 일부가 현재 한국영상자료원에 보존되어 있다.[104] 운크라 단장 존 도널드 킹즐리(John Donald Kingsley)와 유엔 산하 국제난민기구(International Refugee Organization)의 공보관 돈 프라이어(Don Pryor)는 운크라가 구호 활동을 개시했다는 사실을 전 세계에 알리기 위해 홍보영화를 기획했다. 이에 따라 유엔영화위원회는 영화과장 알프레드 웨그(Alfred Wagg), 촬영감독 리처드 배글리(Richard Bagley), 소설가 팻 프랭크(Pat Frank)를 한국에 파견했다.

이차대전 때 전쟁 특파원이었던 웨그는 트루먼 대통령의 일기 및 서한집 『미스터 프레지던트(Mr. President)』(1952)의 사진작가였다. 그러나

---

103. 한국영상자료원 한국영화사연구소 2015, 63.
104. 코넌트는 생전에 콜롬비아대학 동아시아연구소에 자신이 소장한 자료를 기증했다. 미국 콜롬비아대학 동아시아도서관의 코넌트 연보 노트 참조. Colombia University Libraries, "Conant Biographical Note," http://library.columbia.edu/locations/eastasian/korean/rarespecial/conant_collection/biographical_note.html. 한국영상자료원은 코넌트의 협조를 얻어 2011년부터 동 대학 코넌트 컬렉션의 사진, 문서, 영상물을 순차적으로 수집해 2015년에 자료집을 출간했다. 그가 남긴 컬렉션과 구술 자료는 그동안 공백기로 여겨졌던 1950년대 한국 영화사를 재구성하는 데 긴요한 텍스트다. 한국영상자료원 한국영화사연구소 2015 참조. 코넌트는 이 자료집이 출간된 그해 10월 14일에 향년 89세로 영면했다.

정작 장편영화를 연출한 경험은 없었다. 태평양전쟁에서 전투 촬영기사로 활약했던 배글리는 아카데미상을 수상한 다큐멘터리 〈조용한 아이(The Quiet One)〉(1948)의 촬영감독이었다. 팻 프랭크는 언론인이자 소설가로, OWI의 해외 주재원으로 이탈리아와 오스트리아 등지에서 일했다.[105] 그는 한국에 오기도 전에 자료와 상상만으로 미 해군 수천 명이 숨진 장진호 전투와 흥남철수 작전의 사투를 그린 『밤을 사수하라(Hold Back the Night)』(1952)를 썼다. 이 소설은 1956년 앨런 드완(Allan Dwan)의 연출로 영화화되어 한국에서도 〈적중돌파〉라는 제목으로 개봉되었다.

이상과 같이 운크라는 첫 홍보영화 제작을 위해 이차대전 때 실무 경험을 쌓은 인력을 파견했다. 그러나 그들 중 누구도 이전에 한국에 와본 적이 없었으며 한국에 대해서 잘 안다고 할 수 없는 상태였다. 전쟁으로 초토화된 한국 풍경에서 이탈리아의 네오리얼리즘을 떠올렸던 것일까? 웨그 감독은 장편영화의 주인공으로 비전문 배우를 쓰기로 결정했다. 그리고 밝은 성격의 전형적인 한국 소년, 서울의 중산층 출신으로 전형적인 전쟁 체험을 했으며 영어가 가능한 소년을 찾아 서울 시내 거의 모든 학교를 뒤졌다. 5만 명의 후보자 중에서 발탁된 배우는 피난 시절 하우스 보이를 했던 열다섯 살 소년 신동철(Shin Dong Choul)이었다.[106]

결론적으로 운크라의 첫 장편영화는 좌초될 뻔하다가 겨우 완성되었

---

105. 본명은 해리 하트 프랭크 주니어(Harry Hart Frank Jr.). 대표작은 1959년에 발표된 최초의 핵 재난소설 『아, 바빌론(Alas, Babylon)』이다. 이 작품은 의도치 않게 궤도를 벗어난 미사일 때문에 미국과 소련 사이에 핵전쟁이 벌어진다는 내용으로, 전쟁으로 표상되는 '냉전의 예측 불가능성'에 대한 미국인의 일상적 불안과 공포를 반영했다.

106. Frank 1953, 159-160.

지만 결국 공개되지는 못했다. 코넌트가 보기에 실패의 원인은 기술적 부분뿐만 아니라 공감할 수 없는 스토리에다 아마추어에게 영어로 연기를 시킨 무모함 때문이었다.[107] 유엔영화위원회는 웨그의 작업 방식을 좋아하지 않아서 유엔의 의뢰로 영화를 연출한 경험이 있는 호주인 감독에게 재촬영과 후반 작업을 맡겼다. 그러나 완성된 영화를 보고는 상영하지 않는 편이 낫다고 판단해 최종적으로 그 필름을 유엔 라이브러리에 보관했다.

시나리오를 끝낸 프랭크는 다른 이들보다 한발 먼저 미국으로 돌아가 1953년에 『먼 길을 돌아서(The Long Way Round)』라는 한국 여행기를 발표했다.[108] 거기에는 시나리오 집필 및 영화 제작 당시의 정황뿐만 아니라 한국전쟁의 전황, 전쟁으로 인한 피폐상, 한국의 전통문화와 풍습, 저자가 만난 일본과 한국에 파견된 미국인들과 그들의 활동에 대한 정보가 담겨 있다. 뉴욕 본부에서 프랭크를 만난 킹즐리는 한국에서 무슨 일이 일어났는가를 미국을 포함한 자유세계 전반에 보여주고 한국인들에게 어떤 도움이 필요하고 왜 그것이 반드시 실행되어야 하는지를 알려줄 시나리오를 주문했다. 시나리오는 TV 상영을 감안해 26분 길이의 이중 언어(영어, 한국어)로 촬영할 수 있는 것이어야 했다.[109]

도쿄에 도착한 프랭크는 프라이어와 합류해 부산으로 갔다. 그곳에서 운크라 부단장 아서 러커(Sir Arthur Rucker) 경을 만나 현안에 대해 들은 뒤 서울로 이동했다. 그들은 처음에는 피란민으로 붐비는 수원을 취재했다. 그러나 촬영팀과 기자재가 있는 서울과의 이동 거리와 전력 확보가 걸림돌이 되어 배경을 서울로 바꾸게 되었다. 한국전쟁 이전

---

107. 한국영상자료원 한국영화사연구소 2015, 57-59.
108. 교과서류를 주로 발간해온 립핀콧 출판사에서 간행되었다. 필자가 열람한 책에는 미 공군의 스탬프가 찍혀 있었는데 한국에 대한 기초 자료로 활용되었던 것 같다.
109. Frank 1953, 23.

에 USIS 영화과에서 제작 보조로 영화 번역을 했던 아서 리(Arthur Lee, 이형표 감독의 영어 이름)가 통역과 안내를 맡았다. 청계천, 회현동, 남대문, 종로의 극장, 시장, 골동품상 등 서울 곳곳을 함께 누빈 이형표 감독에 대해 프랭크는 매우 말랐고 허약했지만 T형 포드의 제트엔진처럼 엄청난 활력을 지닌 카메라맨이자 연출가라고 평했다.[110]

서울 취재 도중 프랭크는 한국 대통령과 이름이 같은 이승만이라는 하우스 보이를 만나 아이디어를 얻었다.[111] 코넌트 컬렉션 중 연도 미상의 짧은 필름 〈한국에서의 조우(Encounter in Korea)〉(2분 21초)와 〈한국 풍경 장면(Korea Landscape Footage)〉(4분 32초) 오프닝 타이틀에는 스토리 및 감독에 배글리, 조감독에 아서 리, 사운드에 코넌트, 카메라 담당에 임병호(USIS의 촬영감독)와 함께 이승만(Lee Sing Man)이라는 이름이 보인다. 그가 바로 프랭크가 만난 하우스 보이 이승만이다. 코넌트는 나중에 이 소년을 조수로 삼아 음향기사로 훈련시켰다.[112]

팻 프랭크가 창작한 이야기 「Hav'a No」('아무것도 없다'는 뜻의 콩글리시)는 열세 살 전쟁고아를 주인공으로 한다. 도입부는 영어로 이야기를 끌어가기 위한, 관찰자적 인물 메리 헤이스팅스(Mary Hastings) 대위가 회현동의 골동품 가게를 찾는 장면으로 시작된다. 그녀가 귀국 선물로 고려 시대 자개함을 사려고 하자 골동품상 한 씨는 '고집'의 집으로 데려간다. 그런 별명이 붙을 정도로 단호한 성격의 주인공 장태(Chang Tai)는 가보인 자개함을 팔라는 한 씨의 회유를 거절한다. 장태가 누이들과 함께 베를 짜서 어렵사리 생계를 이어가던 어느 날 베틀 바퀴가 부서진다. 그가 막막해 하는 사이 교통사고로 열한 살 작은 누이 영순

---

110. Frank 1953, 112.
111. Frank 1953, 108-120.
112. 한국영상자료원 한국영화사연구소 2015, 73.

의 팔이 부러진다. 덴마크 의무대의 의무병, 헌병대의 미군 중사 머레이(Murray), 인도 구급차 부대의 운전병 등 국적뿐만 아니라 인종적으로도 다양하게 구성된 UN군이 협심해 영순과 장태를 적십자병원으로 데려다준다. 머레이는 한국인 의사의 통역으로 영순이 골절뿐만 아니라 폐결핵에 걸렸다는 것, 장태가 베틀 바퀴를 구하고 있다는 것, 그들이 전쟁고아라는 사실을 알게 된다. 의사는 고민하다가 무엇이 조국을 위하는 길인가 자문해보고 치료비를 낼 수 없는 영순을 기꺼이 거두기로 한다. 장태는 생활고 때문에 결국 자개함을 팔게 된다. 고물상과 대장간을 돌아다녀 보았지만 베틀 바퀴를 구할 수는 없었다. 시청 상공부를 찾아가 보았으나 관리들은 고집이 고아라는 것을 알게 되자 고아원에 수용하려 할 뿐이다. 이때 머레이 중사가 도움의 손길을 내민다. 그는 자기가 준 초콜릿에 환호하는 대신 새 베틀 바퀴를 구해줄 수 있냐고 물었던 특이한 소년을 군수품 창고에서 일하는 콜스 중사에게로 데려간다. 그러나 거기서도 결국 대체품을 찾지 못한다. 돈도 양식도 떨어져 가는데 열다섯 큰 누이 기순은 양공주 같은 행색으로 다니기 시작한다. 그때 암달러상이자 스파이 비욘티(유라시안)는 일거리를 주겠다며 고집에게 접근한다. "기억해, 네 형은 북에 있잖니"라고 삐라를 손에 쥐어주고 유혹한다. 형이 마을 청년들과 함께 인민군에 끌려가는 고집의 회상(영화에서는 플래시백으로 표현될)이 이어진다. 인민군은 마을 청년들을 극장으로 호출해 사상 강연을 하고 프로파간다 영화를 보여준 다음에 총으로 위협해 강제로 징집해갔다.[113] 회상에서 깨어난 고집은 삐라를 구겨 던져버린 뒤 비욘티를 경찰에 고발한다. 집으로 돌아오는 길에 지

---

113. 현재 코넌트 컬렉션에 고집 관련 영상으로 아카이빙되어 있는 〈고집, 훌륭한 북한 군대(Ko-Chip, Excellent North Korean Troops)〉는 이 장면을 위한 영상으로 추측된다.

나쳐간 PX에서는 또래의 하우스 보이들의 목소리가 들린다. 하우스 보이가 되면 굶지는 않겠지, 라고 생각하면서도 고집은 부서진 베틀 바퀴를 꼭 쥐고 묵묵히 돌아선다.[114]

프라이어는 〈고집〉을 진행하면서 한국의 전형적 가정을 극화하는 문제에 관해 USIS의 협조를 요청했다. 이에 주한미대사관은 USIS가 〈고집〉에 협조한다면 영화의 주제를 미국의 목표에 부합하게끔 만들고 대본의 신빙성을 높일 수 있을 것이라고 답했다. 그리고 미국 전문가와 USIS 한국 직원들의 협조는 기술 훈련의 기회가 될 것이며 운크라의 활동을 미국과 해외에 홍보하는 데도 유용할 것이라고 전망했다.[115] 미 국무부는 이 영화가 한국뿐만 아니라 미국, 유럽, 라틴아메리카 등에서 상영된다는 가정 아래 ① 공산주의자의 침략으로 한국이 극심하게 황폐화되었다는 점, ② 1950년 12월 1일 운크라를 결성하기로 한 유엔회의를 담은 영상, ③ 활발한 재건 프로젝트와 전형적인 한국인 가정에 미치는 효과에 초점을 맞춘 원조 프로그램, ④ 앞으로 실시될 중요한 재건 업무, ⑤ 유엔이 재건하는 것이 아니라 한국인들이 유엔의 도움으로 스스로 재건한다는 내용을 포함할 것을 제안했다.[116]

그러나 국무부의 제안이 제대로 실행된 것 같지는 않다. 고집의 부모가 포탄에 맞아 숨지고 형이 인민군에 끌려가는 회상 장면, 공산주의자 스파이를 고발하는 장면으로 표현된 ① 외에, 다른 항목은 스토리에 명확하게 표현되지 못한 것 같다. ②는 현재 부분적으로 남아 있는 필름만으로는 단정할 수 없지만 촬영용 시나리오에는 확실히 포함

---

114. Frank 1953, 121-142.
115. Pusan to Secretary of State, "Incoming Telegram no. 190: Restricted Security Information," 9 Aug. 1952, Box 2541, RG 59.
116. To Amembassy Pusan, "Outgoing Telegram: Restricted Security Information," 18 Aug. 1952, Box 2541, RG 59.

되어 있지 않다.[117] 다만 다양한 국적과 인종의 유엔군이 협력해서 영순을 병원으로 이송하는 장면으로 그 취지는 반영되었다고 볼 수 있다. 그러나 이 시기 운크라는 민간인 구호에 역량을 집중하고 있었고 자금 원조와 재건사업은 휴전 이후에야 본격화되었기 때문에 ③, ④는 표현하기 쉽지 않았다. 그렇지만 주인공을 베틀 장인으로 설정함으로써 재건 프로젝트의 방향은 암시되었다. 프랭크는 대부분의 한국인이 농부라는 점에 착안해 논에 관한 시나리오를 쓰려고 했지만 "어떤 실제적 고려로 인해 그것은 불가능했다."[118] 운크라가 생필품 생산 중 직조업을 제일 먼저 원조했다는 점을 상기하면 농부 대신 베틀 장인이 주인공이 된 것은 운크라의 방침 때문이었을 가능성이 높다. 운크라는 방직공업 부흥계획에 따라 휴전 직전인 1953년 6월에 안양 금성방직을 재건하기 시작했고 1954년 현재 281만 달러를 들여 금성방직, 전남방직, 삼호방직, 대전방직 등을 지원했다.[119] 1953년에 중소기업 융자계획을 계상하고 1954년 8월부터 원조 자금을 운용하기 시작한 운크라가 1955년 10월 현재 가장 많은 자금을 융자한 업종도 직조업이었고 그 다음이 화학, 기계, 공예였다.[120]

프랭크는 한국학 전문가 이블린 맥큔(Evelyn Becker McCune)에게도 「Hav'a No」를 보여주었다.[121] 선교사 아서 베커(Arthur Becker)의 딸로 평양에서 태어난 맥큔은 한국어와 한국의 문화, 역사에 정통한 인물이

117. 현재 코넌트 컬렉션에 〈고집의 도입부(Opening Segment of Ko-Chip-Seoul)〉가 4분 36초, 교통사고를 당한 고집의 여동생 영순이 유엔군의 도움으로 대한적십자병원에서 치료를 받는 장면((Untitled UNKRA Film Unit))이 7분 29초 남아 있다. 촬영 현장을 기록한 사진도 38장 남아 있다. 이 영화의 분량은 수정을 거치면서 90여 분의 장편이 되었고 몇 가지 사항이 변경되었다고 하는데 웨그가 조지 존스(George Jones)와 함께 수정한 촬영용 시나리오도 남아 있다. 한국영상자료원 한국영화사연구소 2015, 139-152.
118. Frank 1953, 109.
119. 운크라 영화 〈한국의 방적 산업 후원하는 운크라〉(1954) 참조.
120. 배성룡 1956, 26.
121. Frank 1953, 142.

금성방직에 운크라가 원조한 기계와 여공들(1954). © NARA

었다. 그녀가 1953년 초부터 운크라 연락관으로 일했다는 사실을 상기해본다면[122] 그들의 만남은 시나리오의 신빙성을 높이기 위한 작업의 일환이었을 것이다. 「Hav'a No」를 읽은 맥큔은 한국의 전통 서사가 대부분 열린 결말이라며 한국에 대해 잘 알지 못하는 프랭크가 그런 결말을 선택했다는 사실에 놀라워했다고 한다.

122. 이블린 맥큔은 이차세계대전 때 미 육군 지도 제작 부서에서 기술보조로 일했다. 남편 조지 맥큔(George McAfee Mac McCune)은 최초의 한국학자다. OSS의 연구원이었 그는 해방 후 미국으로 돌아가 박사학위 논문을 쓰면서 한글 로마자 표기법인 맥큔-라이샤워 시스템을 만들게 되었다. 워싱턴 D.C. 의회도서관의 한국 담당 부서 책임자로 일하고 있던 이블린 맥큔은 1952년에 한국으로 파견되었다. 그녀는 한국전쟁으로 인해 각지에 산포되어버린 문화재와 서적의 재배치를 도왔고 1953년에서 1956년까지 운크라 연락관으로 일했다. 한편 동양학자로서 여러 저서를 남기기도 한 그녀는 『한국 예술(The Arts of Korea: An Illustrated History)』(1962), 『한국의 병풍(The Inner Art: Korean Screens)』(1983) 등을 출간했다. "In the Memory of Evelyn Becker McCune: Evelyn McCune Obituary," Stratford Evans Merced Funeral Home, http://obits.dignitymemorial.com/dignity-memorial/obituary.aspx?n=Evelyn-McCune&lc=7025&pid=158395180&mid=5161674.

그런데 한국인의 자조(미 국무부 요청 중 5항)를 강조하기 위한 〈고집〉의 열린 결말은 재건의 전망을 뚜렷이 시각화하지 못했다는 점에서 홍보 영화로서는 요령부득이었지 싶다. 미국 및 해외 상영에 대비해 국적, 인종, 언어가 다르지만 휴머니즘이라는 기치 아래 모인 유엔군이 영순을 구한다는 에피소드가 들어갔고,[123] 촬영 시나리오에서 박애정신은 더 강화되어 헤이스팅스가 병원으로 이송된 영순을 돌보는 것으로 변경되었다. 그럼에도 그들 중 누구도 고집이 처한 당장의 곤경(식량과 생산수단)을 해결해주지 못한다. 그런 결말이 과연 한국인 관객에게 호소력을 발휘할 수 있었을까.

또한 촬영 시나리오에서 스파이 비온티는 남파 간첩이 되어 돌아온 삼촌으로 변경되었다. 간첩에 대한 경각심을 고취하기 위한 설정이었을 테지만 반공주의자 고집이 얻은 것은 아무것도 없다. 결과적으로 이 이야기에서 이득을 본 사람은 자립을 위해 도움이 절실했던 고집이 아니라 자개함을 구입한 헤이스팅스와 이문을 남긴 골동품상이다. 소중히 지켜온 가보가 미군의 수중에 들어간다는 이야기는 오히려 한국인 관객에게 반감을 샀을 가능성이 있다. 그러나 원작자도 감독도 그 점을 인지하지 못했던 것 같다.

코넌트는 1950년대 한국으로 파견된 미국의 방송·영화 인력은 대부분 한국에 한 번도 가보지 못했고 한국에 대해 제대로 알지도 못한 채 관료체제의 사다리를 타고 올라간 이들이었다고 지적했다. 그는 관료제의 틈바구니 속에서 한국을 알고 싶어 했고, 한국의 진실을 알리고자 했던 미국인이 '미국의 대의'에 의해 어떻게 좌절했는지를 들려주었

---

123. 영화는 미국 내 상영을 고려한 듯 헤이스팅스 대위는 백인 여성, 머레이 중사는 백인 남성, 콜스 중사는 흑인 남성으로 설정되었다.

다. 운크라가 안양 금성방직의 재건을 영화화하려고 했을 때[124] 코넌트는 어린 아이들이 일제강점기만큼이나 열악한 노동 여건 속에서 착취당하고 있다는 사실을 담은 사진들을 찍었다. 그러나 유엔은 그의 사진들을 채택하지 않았으며 같은 소재로 그가 만든 NBC 뉴스영화는 미국에서 많은 문제를 불러일으켰다.[125] 코넌트는 운크라 영화 담당자로서 그저 유엔이 하고 있는 긍정적인 일들을 이야기해야 했다. 그래서 그는 "유엔이 감당할 수 있는 만큼의 진실만 최대한 많이 보여주려고 노력"[126] 할 수밖에 없었다.

---

124. 1954년에 제작된 운크라 영화 〈한국의 방적 산업 후원하는 운크라〉와 〈한국의 면직 산업 복구〉로 추정된다.
125. 한국영상자료원 한국영화사연구소 2015, 40-41.
126. 한국영상자료원 한국영화사연구소 2015, 60.

제5장
미국해외공보처의 탄생과
상남 시대의 개막

굿바이 트루먼, 웰컴 아이젠하워

한국전쟁 참전으로 미국의 냉전 비용은 급증했다. 1952년까지 500억 달러의 군사비를 계상한 미국 정부는 350만의 통상 병력을 유지했고 1천 발에 가까운 핵무기를 보유했으며 41개국과 안전보장조약을 맺었다.[1] 군비 확충과 전쟁 특수는 군산복합체의 성장을 견인했으나 인플레이션을 초래했다. 이런 상황에 불만을 품은 유권자들이 늘어나면서 트루먼 정권의 지지율은 하락하기 시작했다. 표심은 민주당-트루먼의 군비 확충에 반기를 들고 한국전쟁 종결을 공약으로 내건 이차세계대전의 전쟁 영웅 공화당-아이젠하워에게로 기울었다. 아이젠하워는 제34대 대통령으로 당선되었고 공약 실천을 위해 1952년 말 한국 방문을 계획했다. 그의 방한에 맞춰 시인 모윤숙은 다음과 같은 송가 「웰컴

---

1. 佐々木 2008, 2.

아이젠하워」를 발표했다.

어이 오시나이까?/깨지고 헐린 이 나라/
나무 숨죽고 꽃 피지 못하는 이 땅에/
주검이 떼를 지어 흘러가는 여기/오시다니 오시다니 그 정말이십니까?

이 한숨의 길거리에 여객이 유할 곳 없고/
살육당한 백성이 그대로 넘어져 있는 위에/
원수의 군사 까마귀 떼처럼 웅얼거리는데/
유랑하는 무리 찾아오시는 이 그 뉘시오니까?

이 나라에 큰 손님 마주할 때는/꽃 치마 입고 열두 염낭 둘러차고/
너나없이 두 손 모아 대접도 하였건만/
아아 오늘은 다 없어진 빈 거리에/
상처입고 유리하는 한숨이 남았을 뿐입니다.

장군이여! 그래도 마다않고 임하시오니/
땅 속에 계신 선열인들 이 기쁨 모르오리까/
크신 뜻을 맞이하는 삼천만 한 마음이/
구원의 화신이신 그 발자국에 희망을 모읍니다.

그를 기다리는 아버지시여 어머니시여!/
저 검은 산이여! 근심스런 물줄기여/
절망의 골짜기에 숨겼던 몸 일으켜/
저 오시는 광명의 사신(使臣)을 향해 머리를 들자!

무슨 말 무슨 벅참이 이를 표하리까?/짓밟힌 이 땅 흔들리는 터 위에/
크신 맘 내시어 친히 오심은 친히 오심은/
민족의 기억 속에 불멸의 등(燈)이 되었사오리다.

장군이시어! 오시었거든 하마 그대로야 돌아서리까?/
압록강의 물소리 예대로 모아주시고/
백두산의 흰 눈 봉이 겨레 팔에 안기도록/
설움 없는 남과 북을 이어놓고 가시옵소서.

어이 이대로 두시렵니까? 이대로는 못 두오리다/
삶이거나 죽음이거나 하나에 매어두시라/
신음하는 코리아가 마지막 붙드는 마지막 소맷자락/
떨치지 마시고 뜻을 결하소서 결하소서/
삶이거나 죽음이거나 그 어느 하나를[2]

이화여전 영문학과 출신의 모윤숙은 해방 전에는 친일 작가였고 해방 후에는 우익 문단에서 활동했다. 친미·반공주의를 명확히 드러내면서 애국심과 민족주의에 호소하는 감상적 시를 많이 남겼다. 그녀는 미군정기에 모교 출신 중 영어가 가능한 여성들을 모아 낙랑클럽[3]을 만들고 점령군의 유력 인사들을 초청해 호화로운 댄스파티를 열었는데

---

2. 모윤숙, 「웰컴 아이젠하워」, 『동아일보』, 1952.11.26(2).
3. 낙랑클럽의 결성 시기는 ① 회원이었던 전숙희의 회고에 따르면 해방 이듬해, ② 미군 방첩대(CIC) 조사에 따르면 1948년이나 1949년, ③ 모윤숙의 인터뷰에 따르면 1951년 부산 피난 시절이다. 이 클럽의 정체성에 대해서도 사교 단체, 정보 수집 단체, 민간 외교 단체 등 의견이 갈린다. 회원 김수임이 간첩 혐의를 입게 된 사건으로 CIC가 1951년부터 3년간 실시한 조사에 따르면 이 클럽은 비밀 로비스트 단체로 한국 정부를 위한 정보 수집 활동을 겸했다. 전숙희 2005, 111; 최종고 2012, 281-291.

이승만과 아이젠하워(가운데, 1952). ⓒ 국가기록원

사교의 장은 곧 로비의 장으로 탈바꿈했다. 이승만으로부터 은밀히 지원을 받은 모윤숙은 낙랑클럽의 인맥을 기반으로 정보 수집과 로비 활동을 병행했다. 로비스트로서 그녀가 달성한 최고의 실적은 이승만의 명에 따라 유엔한국위원회의 인도 대표 크리슈나 메논(K. P. S. Menon)을 설득해 남한 단독정부 수립을 지지하게 만든 일이었다. 일설에는 미인계를 썼다고 하는데, 어쨌든 모윤숙은 그 공로를 인정받아 1949년도 유엔 총회에 한국 대표단의 보좌역으로 참석하는 등, 한미 문화 외교의 핵심 인물로 부상했다.

모윤숙 경우의 로비 수단은 문학이었다. 1947년 미군정 장관 러취가 사망했을 때 「가신 러취 장군께」라는 애도시를 발표한 그녀는 5·10 총선거를 앞두고는 선거축하국민대회에서 문인 대표로 하지 장군에게 보내는 감사의 메시지를 낭독했다. 한국전쟁 때는 문화인들을 총동원하여 일선 방위에 나섰다. 그런데 경거망동하지 말고 안심하라는 대통령의 담화를 믿고 수도 사수를 호소하는 자작 애국시를 생방송으로 낭독하느라 피난 기회를 놓쳤다.[4] 9월 서울 수복 후 부역 여하를 막론하고 잔류파들이 대거 재판에 회부되어 처형당했을 때, 잔류파였던 모윤숙의 자기 증명 방법 역시 문학이었다. 그녀는 11월에 헌법기초위원이자 고려대 교수였던 유진오, 이건호 고려대 교수, 국제뉴스(The International News) 사장 구철회와 함께 적치 삼 개월의 체험을 수기 『고난의 90일』로 출판했다. 이 책이 1951년 럿거스대학출판부(Rutgers University Press)에서 『빨갱이가 점령한 도시(The Reds Take a City)』라는 영문판으로 번역·출판되는 데 USIS가 주도적 역할을 했다. 1952년 1월 13일에 영문판 출판기념회가 임시 수도 부산에서 열려 미국 대사를 비롯하여 USIE 프로그램 관계자들이 참석한 가운데 모윤숙은 필진을 대표해 초청 연설을 했다.[5]

문필 활동을 처세와 로비 수단으로 삼아왔던 모윤숙인 만큼 「웰컴 아이젠하워」에는 "구원의 화신" "광명의 사신" "불멸의 등" 등 온갖 미사여구가 동원되어 있다. 그러나 이 열렬한 환영 이면에는 아이젠하워가 초래할 변화에 대한 시인의 우려도 깃들어 있었다. 이승만이 북진해 "백두산 영봉에 태극기를 날리고 남북통일을 완수하"[6]려는 의지를 굽히지 않는 가운데 "아시아인으로 하여금 아시아인을 대항케 하라"[7]는 슬로건으로 당선된 아이젠하워는 공약대로 한국전쟁을 끝내기 위해 방한했다. 주전파였던 시인은 "신음하는 코리아가 마지막 붙드는 마지

---

4. 유진오 1950, 53.
5. Amembassy, Pusan to the Department of State, Washington, "Book Translation The Reds Take a City," 22 Jan. 1952, Box 2541, RG 59.
6. 1949년 7월 문교부가 제정해 교과서 및 모든 서적에 실린 「우리의 맹세」의 한 구절. 전문을 소개하면 다음과 같다. "첫째, 우리는 대한민국의 아들 딸, 죽음으로써 나라를 지키자. 둘째, 우리는 강철같이 단결하여 공산침략자를 쳐부수자. 셋째, 우리는 백두산 영봉에 태극기 휘날리고 남북통일을 완수하자."
7. 브루스 커밍스·존 할리데이 1989, 188.

막 소맷자락/떨치지 마시고 뜻을 결하소서"라고 미국이 계속 싸워주기를 간절히 호소했다. 물론 아이젠하워는 "구원의 화신"이 되기를 사양했고 전임자와는 다른 형태의 냉전 구상을 실행에 옮겼다. 그리하여 한국의 지식인들은 뒤늦게 친미반공주의와 반공민족주의가 어떤 경우 상충할 수도 있다는 사실을 깨닫게 되었다. 모윤숙은 이승만을 도와 열렬히 휴전반대운동을 전개했다. 전국문화단체총연합회에서 아이젠하워에게 보내는 휴전반대결의서를 낭독했고 북진통일전국여성투쟁위원회에서 여성들의 총궐기를 호소했지만 바야흐로 냉전은 새로운 계절로 접어들었다.

한국전쟁에 대한 여론은 날로 악화되어 갔다. 미국에서는 반전 무드가 고조되었고 유럽에서는 미국 규탄 시위가 빈발했다. 스탈린(Иосиф Сталин)의 선전에 역선전으로 맞선 트루먼의 '진실 캠페인'이 폐기 처분될 시기가 도래했다. 아이젠하워는 이차대전 때 유럽 및 북아메리카 전선에서의 경험으로 심리전의 효과를 신뢰했다. 그는 후보 시절부터 자신이 대통령이 된다면 "마음과 의지의 싸움"[8]을 국가 방위 전략의 중심으로 확장하겠다는 공약을 내걸었다. 새로운 형태의 싸움을 시작하기도 전에 1953년 3월 5일 스탈린이 갑작스럽게 숨을 거두는 변수가 있었지만 적의 죽음이 심리전의 필요성을 반감시킨 것은 아니었다. 스탈린 사후 러시아인들이 철의 장막 뒤에서 권력 쟁취를 위해 사투를 벌이는 사이, 미국은 소련의 변화를 예의주시하며 새로운 리더십을 구축하기 위해 재빨리 움직였다.

아이젠하워는 부임하자마자 미국 정부의 해외 공보선전을 재검토하기 위해 각종 위원회를 발족시켰다. 위원들은 적개심과 분노에 찬

---

8. Osgood 2006, 46.

어조의 진실 캠페인이 무효하다는 데에 전반적으로 동의했다.[9] 더구나 스탈린 사후 서기장의 자리에 오른 말렌코프(Гео́ргий Максимилиа́нович Мале́нков), 그 뒤를 이은 흐루쇼프(Ники́та Серге́евич Хрущёв)가 탈스탈린화 정책을 표방하며 서방과의 공존, 이른바 평화 공세(peace blitz)를 펼치는 마당에 노골적인 반공주의를 밀고 나갔다가는 국제사회로부터 역풍을 맞을 수도 있었다. 따라서 새로운 심리전은 덜 감정적이고 덜 직설적이면서 정부의 개입이 드러나지 않는 세련된 것이어야 했다.

아이젠하워는 1953년 8월 IIA를 USIA로 개편했다. USIA는 세계 76개국에 설치된 USIS를 통괄했고 각 USIS는 미국의 재외공관 대표가 지휘하게 되었다. 이어서 9월에는 해외 공보선전의 강력한 중앙 통제를 위해 PSB가 작전조정위원회(the Operation Coordinating Board, OCB)로 대체됨으로써 아이젠하워 정부의 해외 공보선전 전략을 추진할 행정적 토대가 마련되었다. USIA 처장은 정책 결정 권한은 없었지만 OCB와 NSC에 출석해 정책 제언을 할 수 있는 권한이 주어졌다.

이와 같은 변화는 한국에서의 공보선전에도 즉각적 영향을 미쳤다. 휴전 직후인 1953년 9월 12일에 GHQ 심리전 책임자, 유엔 주한경제조정관실(Office of Economic Coordinator, OEC),[10] USIS 국장이 회합했다. 이때 앞으로 USIS 국장이 주관할 '공보정책조정위원회' 설치에 대한 합의가 이루어졌다. 당시 USIS 국장이었던 로버트 P. 스피어(Robert P. Speer)는 USIS가 기본적으로 문화공보 기구이므로 심리전 부대를 주한민사처(Korean Civil Assistance Command, KCAC) 소속으로 옮길 것을 제안했다. 이 제안이 받아들여져 심리전 부대의 인력은 KCAC의 대민공

---

9. Osgood 2006, 76-77.
10. 1952년에 체결한 '한미경제조정에 관한 협정'에 따라 한국 경제 원조사업에 관해 FOA(1955년 7월 ICA로 개편)를 대표했던 기관.

보과(Civil Information Branch)로 이동해 비공개적으로 심리전을 수행하게 되었다.[11] 이로써 한국전쟁 동안 임시적으로 심리전 업무를 담당했던 USIS는 휴전과 더불어 한국 국민의 재교육·재정향이라는 원래의 업무로 돌아갔다.

시대의 변화에 발맞추어 통일 없는 휴전을 한사코 반대했던 모윤숙

서울 USIS 도서관에서(1955) 오브리지(좌), 김활란(중), 모윤숙(우). ⓒ NARA

도 휴전 후에는 문화 사절로서 활동 영역을 넓혀 나갔다. 1954년 그녀는 반공주의 문인들과 국제펜클럽 한국본부(The Korean PEN Club)를 설립했고[12] 같은 해 전국문화단체총연합회 최고위원이 되었다. 1955년에는 펜클럽 한국본부 위원장, 한국 YWCA 이사 등을 역임했다. 미대사관은 일찍부터 한국 문단의 유력자 모윤숙을 주목했었고 지속적으로 그녀에 관한 정보를 수집해왔다. 1956년에는 국무부 교육 교환 프로그램 대상자로 선발하여 그녀의 도미 연수를 지원했다.[13] 즉, 모윤숙만 정

11. 허은 2008, 180-181.
12. 아시아재단은 펜클럽 문인들의 해외 여비를 지원하고 국제 펜 대회에서 한국 문학 홍보를 지시하는 등 한국 펜클럽의 설립과 운영에 깊숙이 관여했다. 이 재단의 전신은 민간 원조기구를 표방했지만 실은 CIA가 주도하고 자금을 대어 1951년에 설립된 자유아시아위원회(Committee of Free Asia)로, 1954년에 아시아재단으로 개편되면서 서울에 사무소를 설립했다. 아시아재단의 주력 사업은 문화 원조를 통한 공보선전과 반공의식의 고취였다. 파격적인 상금을 내건 자유문학상을 제정하고 예술가와 학자의 활동을 지원했을 뿐만 아니라 민간의 문화 활동에도 원조했다. 현재는 아시아 지역의 거버넌스 강화, 여권 신장, 경제적 기회 확대, 환경 복원, 국제 협력 등으로 주력 분야가 다소 변모했지만 1996년부터 북한에 영어 서적 보내기 프로그램을 개시했고 한반도 안보 문제에 대해 미국의 입장을 홍보하는 등 문화 원조와 공보선전은 계속하고 있다. 냉전기 아시아재단의 활동을 문화냉전의 관점으로 조명한 논문으로는 박연희 2016; 이순진 2016.
13. Embassy, Seoul to the Department of State, Washington, "Educational Exchange: Leaders FY56," 29 Aug. 1956, Box 2246, RG 59.

보 수집 활동을 한 것이 아니라 USIS 역시 이승만의 로비스트 Marion Moh(모윤숙의 영어 이름)에 대해 정보를 수집했던 것이다.

상남영화제작소: 주무기로서 주한미공보원 영화

1952년 11월 무초의 후임으로 부임한 신임대사 브릭스는 새 정부를 위해 USIS의 당면 공보 목표를 조사해 보고했다. 1953년 1월 말에 전송한 문서에서 그는 ① 자유를 향한 인류의 장기적 싸움, ② 한국 재건에서 자조(self hep), ③ 인민의 권리의 수호자로서 한국 군대, ④ 민주주의 사회에서 언론의 역할, ⑤ 문화적·교육적 리더십 강조를 위해 물질적 지원을 요청했다.[14] USIS는 라디오, 언론, 영화 등을 통해 이상의 다섯 가지 주제를 발전시킬 예정이었고 브릭스는 현장의 목소리를 듣고자 각 분야를 시찰했다. 3월에 상남영화제작소를 방문한 그는 리지웨이로부터 업무 보고를 받고 그간 USIS 영화과의 성과에 대해 만족을 표했다.[15]

1952년 말 진해에서 상남으로 영화제작소를 이전한 뒤 1953년 1월부터 영화 제작에 착수한 리지웨이와 한국인 직원들은 〈리버티뉴스〉에 집중하면서 〈아이젠하워 대통령 취임식(Eisenhower Inaugu-ration)〉(USIS 358), 〈1952년도의 회고(Highlights of 1952)〉(USIS 166) 등을 한국어로 더빙했다. 주한미대사관의 PAO 대리였던 히긴스는 국무부에 보고하기 위해 4월 10일 「USIS의 필름 계획」이라는 각서를 작성했다. 대사관은 4월 15일에 히긴스의 각서를 첨부해 미국의 노력과 유엔과의 협력을

---

14. Pusan to Secretary of State, "Incoming Telegram no. 933(Restricted)," 29 Jan. 1953, Box 2541, RG 59.
15. Ridgeway 1989, 14.

전 세계에 선전하기 위해서는 한국에서 USIS 영화 프로그램이 적극적으로 추진되어야 한다는 기밀문서를 보냈다.[16] 국무부는 4월 29일 영화 프로그램의 확대에 동의하고 리지웨이의 활약을 인정하지만 USIS 영화과의 시설과 리지웨이의 재능을 최대한 이용하기 위해서는 영화과장으로서 대본을 쓰고 연출할 수 있는 전문가가 필요할 것이라고 답변했다.[17] 국무부는 리지웨이가 영화인이 아니라서 영화 프로그램 확대를 위해 영화과를 통솔할 전문가를 미국에서 파견해야 한다고 생각했지만 결국 이

6·25 기념식에서 연설하는 브릭스 주한미대사(1954). ⓒ 국가기록원

문제는 리지웨이가 영화과장으로 승진하는 것으로 일단락되었다.

히긴스의 각서에는 휴전을 앞둔 시기 상남영화제작소의 제작 현황과 USIS 영화과의 향후 계획이 담겨 있다. 그는 USIS의 모든 지부에서 영화가 가장 효과적인 미디어라고 보고받은 사실을 언급한 뒤, 영화 프로그램을 적극적으로 수행하기 위해서는 영화 전문 인력의 채용을 늘려야 한다고 건의했다. 리지웨이는 실무자로서 1953년 4월 현재 29명의 직원과 일하고 있었지만 35명으로 증원을 요청한 상태이며 특히 통역, 녹음, 현상 분야의 인력이 부족하다고 보고했다. 히긴스는 스크립터도 부족했지만 시간 절약을 위해 미국에서 채용해오기보다는 하버캠프를 보조할 인력을 한국 현지에서 채용하는 편이 더 낫다고 보았다.

히긴스는 한국인에 대한 공보선전 외에 USIS의 영화 프로그램이 우

16. J. R. Higgins to the Department of States, Washington, "Confidential: Attached Memorandum on Motion Picture Plans in Korea," 15 Apr. 1953, Box 2541, RG 59.

17. Department of States to Amembassy, Pusan, "Outgoing Airgram A-168(Confidential)," 29 Apr. 1953, Box 2541, RG 59.

선시되어야 하는 또 다른 이유로 국제 여론 형성을 들었다. 그는 아시아와 세계의 눈이 한국에서 미국의 활동을 주시하고 있는 상황에서 미국의 입장을 가장 생생하고 이해 가능하도록 전달할 수 있는 수단 역시 영화라고 보았다. 그는 인도, 인도네시아, 일본, 그 외 극동 지역, 중동, 유럽에서 공산주의의 프로파간다에 맞서 싸우기 위해서 미국, 유엔, 한국이 협조하고 있다는 것을 생생하게 보여줄 영화를 만들어야 한다고 역설했다. "전 세계에 선전하기 위해" 앞으로 만들 영화는 다음과 같았다. ① 6·25 3주년을 맞이해 전쟁으로 인한 피해와 재건을 묘사한 영화, ② USIS의 지원과 격려로 재기한 궁중음악 오케스트라와 무용가들의 이야기, ③ 월남한 어부들을 다룬 극화된 다큐멘터리, ④ 한국 경찰과 군대가 미국의 원조로 농민을 괴롭히는 공산 게릴라를 체포하는 영화, ⑤ 한국인이 경영하는 대전의 철도학교를 배경으로 자력 재건의 메시지를 담은 영화, ⑥ 어떤 농업실험소를 배경으로 유엔과 다양한 미국 기관의 협조로 한국 농민이 자조에 성공할 수 있다는 메시지를 담은 영화, ⑦ 8월에 배급될 한국 정부 수립 기념영화로 미군을 환영하는 한국인의 모습으로 시작하여 군정, 전쟁, 재건을 다루고 미국이 한국을 평화롭고 민주적 국가로 만들기 위해 노력하고 있다는 것을 보여줄 영화, ⑧ 북한의 실상을 깨닫고 다시 월남한 민간인 피억류자를 다룬 영화, ⑨ 그 외, 예컨대 UNCACK와의 합작영화.

한국전쟁 중 USIS 영화 프로그램은 ④와 같이 반공주의 색채가 짙었다. 그러나 히긴스의 각서에서 보다시피 휴전협정이 임박한 시점에 USIS는 반공선전보다는 재건으로 초점을 옮기기 시작했다. 따라서 미국이 물질적 재건뿐만 아니라 한국의 문화적인 재건을 돕는다는 메시지를 담은 ②와 같은 영화도 제작되었다. 아래와 같이 히긴스가 각서에서 특별히 언급한 일화에 의하면 ②는 아이젠하워 행정부의 새로운 해외 공보선전 노선을 반영한 영화였다.

전쟁 전에 처음으로 국내 연주회를 열었던 국립국악원은 남북한 연주가들로 구성되어 있다. 그들은 USIS의 격려로 다시 모여 부산의 비참한 피난처에서 연습을 했고 마침내 이화여대에서 첫 연주회를 열었다. 그중 한 스태프가 "만약 러시아인들이 이런 사람들을 확보했다면 그들은 전 세계에 선전했을 것이다"라고 했다.

②는 〈가야금(Kayakum)〉(USIS 677)으로 한국 장교가 유엔군 소속 친구들을 창덕궁에서 열린 고전무용 및 국악연주회에 초대하여 한국의 전통문화를 소개한다는 내용의 4릴 분량의 16밀리 다큐멘터리였다.[18] 잭슨위원회는 미국에서 인력을 채용해 보낼 때 드는 비용을 절감하고 부적절한 소재로 해외 관객을 불쾌하게 하지 않도록 현지 제작을 권장했다. 이에 따라 USIA는 설립 이후 현지 제작 비율을 높여갔다. 1954년까지 USIA의 반공영화 중 3분의 2가 현지에서 제작되었고,[19] USIS의 현지 제작은 1955년 24개국에서 1956년 41개국으로 증가했다.[20] 그 가운데 한국 USIS는 제작 편수에서 다른 모든 지역을 압도했다. 일본의 경우 현지 제작 축소 방침에 따라 점령 종결 후부터 1950년대 일본 USIS가 제작한 영화는 20여 편에 불과했지만[21] 1952년부터 10년간 한국 USIS는 〈리버티뉴스〉 450여 편과 다큐멘터리 100여 편을 제작했다.[22]

18. 미국공보원 1958, 1.
19. Cull 2008, 95, 109.
20. 土屋 2009, 251.
21. 다음의 자료를 참조한 수치임. Distribution Section Motion Picture Branch American Embassy Tokyo 1953; 杉山 1959.
22. 「'자유의 종' 울려 10년: 상남 '라보' 현지 르포」, 『동아일보』, 1962.3.26(4).

한국 USIS가 많은 영화를 생산한 까닭은 그만큼 한반도가 심리전이 첨예했던 지역이었던 데다 이 지역에서 영화의 유용성은 다른 미디어가 따라갈 수 없었기 때문이기도 했다. 1953년 5월 USIA의 발족을 앞두고 IIA의 예산이 전면 감축되는 과정에서도 한국 USIS의 영화 프로그램은 오히려 확장되었다. USIS는 영화를 한국 국민뿐만 아니라 좌우 사이에서 망설이거나 중립적 국가들에게 공산주의의 무력행사에 대항하는 미국-유엔과 한국의 협력, 집단 안보의 효과를 증명할 수 있는 "주무기(the primary weapon)"[23]로 간주했다. 따라서 상남영화제작소의 설비를 최신화해 생산 효율을 높이고자 했다.

USIS는 IMS로부터 조달받는 영화의 더빙 외에도 〈리버티뉴스〉를 정기적으로 발행하고 심리전을 위해 매월 다큐멘터리 두 편을 제작할 예정이었다. 휴전 이후에도 외국 뉴스는 여전히 IMS로부터 공급받았지만 상남제작소의 영화 생산이 궤도에 오르면서 〈리버티뉴스〉는 매주 목요일 정기적으로 발행되었다. 매호 35밀리 프린트 32부와 16밀리 프린트 32부가 제작되어 전국 극장에 무료로 배부되었다. 미국 정부가 소련의 평화 공세에 맞서 문화 외교 노선을 강화하게 되자 USIS 다큐멘터리도 한국의 전후 부흥, 유엔 및 미국의 원조라는 기존 주제에서 한국 풍습, 문화, 제도, 역사 등으로 주제를 확장해나갔다. 1959년 현재 상남영화제작소에는 휴전 직전에 비해 70퍼센트 증가한 약 42명의 직원이 배속되어 현상, 인화, 녹음, 편집 등 영화 후반 작업의 모든 과정을 처리했다.[24]

흔히 VOA와 USIS 영화는 미국 해외 공보선전의 양대 산맥으로 취급되는데 한국에서 특히 후자가 유달리 영향력을 발휘한 까닭은 다음

23. J. R. Higgins to the Department State, Washington, "1954-1955 IIA Prospectus Call for Korea," 27 May 1953, 1, Box 2541, RG 59.

24. 「탄생 열한 돌 맞는 리버티뉴스」, 『동아일보』, 1959.8.16(1).

세 가지 정도로 파악된다.

첫째, 텔레비전의 영향력이 상대적으로 미약했다. 한국 최초의 TV 방송인 HLKZ는 1956년 12월에야 개국했고 이때 미국 RCA사에서 들여온 흑백 TV 수상기는 200여 대에 불과했다. 한국에서 TV 수상기의 보급은 1958년 10월까지 7천 대에 불과할 정도로, 같은 해 150만 대에 이르렀던 일본에 비하면[25] 시청각 미디어 중에서도 영화의 영향력이 단연 압도적일 수밖에 없었다.

둘째, 상대적으로 미비했던 국내 영화산업과 USIS가 목표로 삼은 관객층도 USIS 영화의 파급력을 높이는 데 기여했다. 일본의 경우 USIS 영화는 주로 USIS의 시청각도서관에서 상영되었고 관객의 3분의 1 이상이 학생이었다. USIS 영화가 대표적인 영화잡지 『키네마순보(キネマ旬報)』의 비평란에 소개되는 경우도 간혹 있었지만 조악한 만듦새나 미국을 선전한다는 의도성 때문에 대부분 평가가 좋지 못했다. 일본 USIS는 자신들의 관여를 숨긴 채 1950년대에 신도호(新東宝)나 도에이(東映) 등 민간 영화사에 제작비를 지원해 반공영화 5편을 제작했지만 13만 6천 389달러의 거액을 투자한 데 비해 흥행에 참패하여 현지 제작을 중단했다.[26] 이에 비해 같은 시기 한국은 막 영화산업이 복구되기 시작했던 터라 USIS 영화는 경쟁력을 확보할 수 있었다. 전국에 150관 정도로[27] 극장 자체가 미비했기 때문에 한국 USIS는 이동영사에 주력했다. 1950년대 한국 USIS의 이동영사가 최우선적 관객으로 삼았던 것은 인구의 대다수를 차지하는 농민층이었다. 영화관 수도 적고 경쟁 상대가 될 상업영화도 발달하지 못한 상황에서 USIS는 한국인을 채용하

---

25. 방송문화진흥회 1991, 338-339.
26. 藤田 2015, 79-86.
27. 1958년 통계에 따르면 연극전용관과 영화관 모두를 포함해 극장은 전국에 약 150관, 서울에 47관이 있었다. 「서울을 중심한 전국의 극장 개관」, 『한국일보』, 1958.12.14(8).

여 현지의 사정을 담은 16밀리 영화를 산간벽지 구석구석으로 전파했다. 이동영사로 USIS 영화를 접한 농민들은 대개 영화 자체를 처음 보는 형편이었고 USIS 영화를 선전물이라기보다는 오락적 볼거리로 인식했기 때문에 저항감이 적었다.

셋째, USIS의 고용 시스템과 한국 영화인의 잠재력을 들 수 있다. 한국전쟁으로 인해 기존의 영화 제작 시설은 대부분 파괴되었지만 USIS의 영화 프로그램이 확장됨으로써 USIS의 신규 인력 고용이 늘어났다. USIS는 경력보다는 능력을 중시했고 신인을 채용하는 것을 주저하지 않았기 때문에 김기영, 이형표, 배석인, 양승룡처럼 일제강점기에 성립된 도제 시스템을 거치지 않은 신세대 영화인들이 활약할 수 있었다. 그들은 USIS나 운크라에서의 경력을 발판으로 상업영화계로 뛰어들거나 공보처 영화과로 이직하기도 했고 1960년대에는 국립영화제작소로도 갔다. 김기영 감독이 "돈 한 푼 안들이고 간 미국 유학"이라고 표현했듯[28] 상남영화제작소가 확보한 최첨단의 설비와 기술력, 미국 영화 라이브러리는 신진 영화인들의 잠재력을 자극했다. 그곳에서 습작을 거친 영화인들의 활약은 이후 한국 영화계의 세대교체와 1960년대 황금기의 밑바탕이 되었다.

미 국무부 국제공보처 프로그램의 긴축과 주한미공보원의 구조조정

1953년 2월 2일, 아이젠하워 대통령은 취임 직후의 연두교서에서 IIA 산하 USIS 프로그램이 예산의 경제성을 강조하고 더 효율적인 해외 공보 활동을 수행해야 한다는 견해를 표명했다. 그리하여 즉시 회계연도

---

28. 유지형 2006, 24.

1954-1955년도 IIA 예산안에 대한 전면적 재검토가 시작되었다. 86개국 USIS에는 3월 2일까지 1953년도 예산안에 대한 재검토 결과를 기획예산처로 제출한 뒤, 5월 1일까지 '수정한' 1954-1955년도 사업계획서를 국무부로 제출하라는 통첩이 내려왔다. 2월 12일에 「1954-1955년도 사업계획서 제출 요청」을 수령한 주한미대사관은 5월 12일에 국무부로 「국가별 계획(country plan)」의 초안을 보냈고, 5월 27일에 수정한 「국가별 계획」과 프로그램 내역을 보냈다. 이들 문서와 최종적으로 IIA에 제출된 사업계획서에는 1953년도까지 USIS의 예산 배정을 비롯하여 USIS의 향후 사업계획이 분야별로 정리되어 있어 휴전 이후 USIS 프로그램의 변모를 파악하는 데 긴요하다.[29]

IIA는 전면적 예산 감축을 계획했다. 각국 USIS에 내려 보낸 사업계획서 작성 지침을 보면 의회 제출이 임박한 1954년도 예산안에 대해서는 예외적 경우를 제외하고는 1953년도 예산을 상회하지 않도록 재작성하라는 지침이 있었다. 특히 예산의 가장 많은 부분을 차지하는 인건비를 줄이기 위해 인원 감축이 의무화되었다. 1955년도 사업계획 역시 「국가별 계획」과의 정합성에 주의를 기울여 최소한의 프로그램으로 운영하라는 지침이 있었다.[30]

이러한 변화는 일견 한국전쟁 종결과 전쟁 비용 감축이라는 아이젠하워의 대선 공약을 실현하기 위한 행보로 보인다. 그런데 그 내역을 살펴보면 IIA 프로그램의 긴축이 곧 해외 공보선전의 축소를 의미하는 것은 아니었다. 1954년도 사업계획서에서 IIA의 예산은 인건

29. Higgins to the Department State, Washington, "IIA: Country Plan," 12 May 1953, Box 2541, RG 59; "1954-1955 IIA Prospectus Call for Korea"; "1954-1955 USIS Mission Prospectus, Pusan, Korea," *Master Budget Files*, 1953-1964, Box 6, Entry A1 55, RG 306.

30. "1954-1955 USIS Mission Prospectus, Pusan, Korea," Gen-4, 5.

비의 대대적 감축에도 불구하고 교육·교환 프로그램의 확대로 인해 21,610,977달러였던 1953년도 예산에 비해 1,296,023달러가 증가한 22,907,000달러가 될 것으로 추정되었다.[31] 즉, IIA의 긴축은 해외 공보 선전의 축소가 아니라 패러다임의 변화를 의미했다. 반스탈린 개혁을 시작한 흐루쇼프는 평화 공존(peaceful coexistence)이라는 슬로건을 내걸고 미국에 도전해왔다. 아이젠하워는 공산주의의 적대적 선전에 맞불을 놓았던 전임자의 진실 캠페인이 무용하다는 공보 전문가들의 의견에 동의했다. 그는 "마음과 의지의 전쟁"에서 이기기 위해서는 미국 정부가 전면에 나서지 않는 것이, '미국의 진실'보다는 차라리 '미국의 매력'을 내세우는 것이 더 효과적이라고 생각했다.

아이젠하워는 이미 1953년 1월에 OSS 출신 심리전 전문가 C. D. 잭슨(Charles Douglas Jackson)이 이끄는 해외공보활동위원회(Committee on International Information Activities, 일명 잭슨위원회)를 인가했다. 2월에는 잭슨을 공보담당 대통령 고문으로 임명했다. 8월에는 IIA를 USIA로 재편하고 9월에는 잭슨을 중심으로 해외 공보선전 및 심리전을 통괄할 중앙 기관으로서 OCB를 설립해 대통령을 구심점으로 하는 해외 공보선전 체제를 구축했다. 그리고 1954년 여름에는 '대통령특별긴급기금 (President's Special Emergency Fund)'이라는 이름의 특별 예산을 의회에 요청했다. 이 예산은 민간 기업의 무역박람회와 예술인들의 해외 투어 비용을 보조하는 데 사용되었다. 아이젠하워로서는 미국 기업의 성과와 미국 문화의 우수성을 해외에 선전할 비용이 국가 예산에 포함되지 않았다는 사실이 '긴급' 상황이었던 것이다. 대통령의 뜻대로 1955년 '국제문화교류 및 박람회 법(International Cultural Exchange and Trade

---

31. "1954-1955 USIS Mission Prospectus, Pusan, Korea," 618-619.

〈표 4〉 1953년도 USIS 직원 수 및 운영 비용

순위	지부 (개소)		현지 직원 (명)		미국 직원 (명)		운영비 총액 (달러)	
1	일본	17	인도	600	일본	100	인도	1,962,967
2	이탈리아, 브라질	10	일본	400	인도	74	일본	1,674,746
3			필리핀	290	이탈리아	72	이탈리아	1,605,395
4	인도	8	이탈리아	279	프랑스	70	프랑스	1,212,396
5	한국, 필리핀	7	한국	270	필리핀	36	필리핀	1,027,156
6			프랑스	229	한국	31	한국	876,204
7	프랑스	6	파키스탄	157	이란, 터키, 인도차이나	30	인도차이나	736,275

Fair Act)'이 의회를 통과함으로써 문화 외교에 대한 미국 정부의 보조는 상시화되었다. 아이젠하워 정권은 해외 공보선전에 민간과 기업이 자발적으로 협력하도록 환경을 조성하고 자금을 보조함으로써 미국 국민 개개인이 심리전의 메신저가 되기를 바랐다.

한국 USIS도 아이젠하워 행정부가 시작한 새로운 해외 공보선전 자장 안에서 여러 가지 변화를 겪었다. 먼저 한국 USIS의 규모를 다른 국가와 비교해보기 위해 1953년도 IIA의 조사 결과를 인용하여 USIS가 설치된 86개국 중 상위 7개국의 지부 수, 현지 직원 수, 미국인 직원수, 운영비 총액을 〈표 4〉와 같이 정리해보았다.[32]

이상과 같이 1950년대 초반 IIA는 일본, 인도, 필리핀, 한국, 인도차이나 등 동아시아 공보선전에 역점을 두었으나 이 지역 예산은 향후 축소될 예정이었다. 일본의 경우 1952년 샌프란시스코 강화조약 이후 USIS의 축소가 예견되어 있었고 한국 USIS도 휴전과 1953년도의 일괄 인원 감축에 연동하여 조직 개편과 지부 해체를 계획하고 있었다. 한국 USIS가 제출한 1954년도 사업계획서를 보면 한국인 직원 수는 270명

---

32. "1954-1955 USIS Mission Prospectus, Pusan, Korea," 623-626.

에서 230명으로, 미국인 직원 수는 31명에서 21명으로 감축될 예정이었고 교육·교환 프로그램을 제외하고 대부분의 프로그램이 축소될 예정이었다. 그럼에도 1954년도 USIS의 운영비 총액은 교육·교환 프로그램의 확대로 인해 1,009,412달러로 증가될 것이라고 추산되었다.[33]

전체적 기조가 교육·교환 프로그램을 제외한 예산의 삭감이었기 때문에 한국 USIS도 그동안 문화 사업으로 인식되었던 프로그램들을 전반적으로 축소했다. 이를테면 한국 잡지에 대한 출판 보조금 8천 달러와 도서 번역 사업에 배당된 7만 5천 6백 달러는 1954년부터 전액 삭감될 예정이었다. 도서·출판뿐만 아니라 한국전쟁기에 중요시되었던 라디오나 영화 프로그램도 대부분 축소되었다. 설비나 기자재에 관해서는 예산이 축소되거나 아예 배당되지 않았다. 예외적으로 영화 프로그램의 경우 소모품인 필름과 부속 등 현상 유지를 위한 비용에는 예산 증액이 인정되었다. 1953년도에 USIS에 배당된 필름, 1954년도와 1955년도 배당 예상치는 〈표 5〉와 같다.[34]

전체적인 감축 기조에도 위와 같이 필름 배당은 1953년 120릴에서 1954년도에 190릴로 확대되었고 1955년도에도 같은 수준을 유지할 계획이었다. 이는 앞서 살펴본 것과 같이 USIS가 영화를 중요한 미디어로 인식하고 영화 프로그램을 확대하고자 했기 때문이다. 1953년도나 1954년도에 비해 1955년도에는 공보상의 중요도에 따라 필름 배당 순서가 정해졌다. 공보영화(Message Film) 중에서도 현지 프로그램에서 특수한 목표를 강조하기 위해 제작된 특수 목적용 영화(Special Impact Material), 흥미를 유발하여 청중을 모으기 위한 일반 청중용 영

---

33. "1954-1955 USIS Mission Prospectus, Pusan, Korea," IV-5.

34. "1954-1955 USIS Mission Prospectus, Pusan, Korea," II-B.

〈표 5〉 휴전 이후 한국 USIS에 배당된 필름의 추이

		1953년도	1954년도	1955년도
전체 릴(reel) 수		120	190	190
공보영화	특수목적용	–	–	80
	일반청중용	–	–	60
	미국에 대한 정보제공용	–	–	50
더빙영화		120	–	–

화(General Audience Material), 미국에 대한 정보 제공용 영화 순으로 배당되었다. 이 시기 USIS가 중점을 둔 특수 목적용 영화는 ① 민주주의 정부의 근본 기능과 우수성에 대한 영화와 ② 건강과 방역에 관한 영화였다. 이 그룹의 영화는 USIS 직원이 들려주는 해설 및 보충 정보와 함께 상영되었다. 그러나 〈표 5〉에서처럼 1953년도까지 IIA가 제공해온 더빙영화(Language Reel)는 1954년도부터는 프로그램에서 제외되었다. 이는 상남영화제작소의 설립으로 리버티 프로덕션이 안정적으로 한국어 영화를 생산했기 때문으로 보인다.

1954년도에 배당될 필름 190릴은 주제별로 다음과 같이 사용될 예정이었다. ①새로운 국가와 정직한 정부에 대한 영화에 40릴, ②건강과 위생에 관한 영화에 40릴, ③미국과 다른 국가들도 한국과 마찬가지 문제를 안고 있으며 해결을 위해 노력을 한다는 것을 보여주는 영화에 25릴, ④한국인에게 인기가 있었던 탱글우드 음악축제나 미국화가 그랜트 우드에 관한 USIS 영화[35]처럼 다른 나라의 문화와 역사를 소개

---

35. 〈탱글우드 음악학교(Tanglewood Music Festival)〉 (USIS 441) 및 〈예술가 그랜트 우드 씨(Grant Wood)〉(USIS 149)를 가리킴. 탱글우드 음악학교는 C. D. 잭슨의 지지에 힘입어 아이젠하워 시대에 국제적 명성을 누렸던 보스턴 교향악단의 여름 음악학교다. 그랜트 우드는 유럽의 영향에서 벗어나 미국의 개척 정신을 표현한 〈아메리칸 고딕〉(1930)으로 널리 알려진 미국의 국민화가다.

<표 6> USIS 영화 관객 집단의 이해도 및 태도

관객 집단	분포(%)	태도
정부 관리	10	잘 이해하나 불만족스러운 태도
정치 및 노동 단체	10	충분히 이해하나 불만족스러운 태도
군인 및 경찰	10	잘 이해하지 못하나 만족스러운 태도
학교, 대학, 청년 단체	25	매우 잘 이해하고 만족스러운 태도
의사, 기자, 법조인 등의 특수 단체	25	매우 잘 이해하고 만족스러운 태도
게릴라 출몰하는 지역 주민 및 일반 대중	20	거의 이해하지 못하나 만족스러운 태도

하는 영화에 20릴, ⑤한국을 재건하기 위해 미국을 비롯하여 다른 국가들이 기울이고 있는 노력과 희생을 그린 영화에 25릴, ⑥국무부가 한국을 위해 적합하다고 여길만한 여행기(travelogue), 의학, 농업, 임업 또는 다른 전문 분야에 관한 영화에 15릴, ⑦나머지 25릴. 그중 8릴은 IIA의 뉴스릴 〈뉴스 매거진〉(News Magazine)에 배당. 필름 배당 순서와 양을 고려할 때 휴전 직후 USIS의 공보는 전후 재건보다는 정치적 안정과 공중보건에 중점을 둔 것으로 보인다. 한편, 한국 USIS의 자체 조사에 따르면 휴전 직후 USIS 영화에 대한 한국 관객의 이해도와 태도는 집단의 구성에 따라 〈표 6〉과 같았다.

위의 표에 따르면 USIS 영화에 대해 관객의 70%가 충분히 또는 그 이상으로 이해했고 80%가 만족스러운 태도를 보였다. 정부 관리와 정치·노동 단체는 이해도는 높았지만 USIS 영화에 대해 부정적이었다. 이에 비해 학생과 전문가 집단은 전체 관객의 절반을 차지할 정도로 비중이 높았던 데다 USIS 영화의 메시지에도 가장 긍정적인 반응을 보였다. 그러나 군인, 경찰, 일반 대중의 이해도가 떨어지는 것으로 보아 USIS 영화의 메시지가 식자층에 더 쉽게 받아들여졌으리라 추측된다. 이 시기 USIS 영화의 목적은 ① 시민의 의욕과 한국에서 유엔의 전쟁

협력에 대한 흥미를 유지하는 것, ② 더 나은 삶의 방식, 바깥 세계에 대한 지식, 한국 문화의 보존과 발전에 대한 흥미를 격려하는 것이었다. 상대적으로 전쟁 협력이나 반공 주제보다는 ②의 관점에서 제작된 영화가 지식의 확장 및 문화 재건이라는 측면에서 학생 및 전문가 집단의 지지를 얻었으리라고 본다.

IIA의 전면적 예산 삭감으로 사업 규모는 축소되었으나 공보 효과는 유지하려 했던 USIS는 몇몇 지부를 폐쇄하는 대신 한국인이 운영하는 문화관을 지원하기 시작했다. 이는 행정적, 경제적 부담은 줄이되 미국의 문화적 영향력은 유지할 수 있는 대안이었다. 일본의 경우 강화 후에 CIE 도서관(American Information Center)이 지역 단체에 흡수되어 일미문화센터(The U.S.-Japan Culture Center)로 유지되었는데 한국도 비슷한 과정을 거쳤다. 1953년 4월 USIS는 7개 지부 중 서울, 부산, 대구, 광주만을 남기고 대전, 마산, 제주 지부를 해체했으나 지역 문화원 설립과 운영을 지원함으로써 영향력을 유지하고자 했다. 이를테면 대전 지부는 해체했지만 USIS 직원 두 명을 남겨두어 이 지역에서 USIS 영화 상영을 감독하고 프로젝터의 대여, 유지, 보수를 담당할 뿐만 아니라 USIS가 제공하는 음반과 전축, 출판물을 관리하도록 했다.[36]

1950년대에 설립된 지역 문화원은 총 45개소였는데 그중 13개소가 USIS로부터 시설이나 장비를 대여, 인수했다.[37] 나머지도 영화를 비롯해 잡지, 서적, 전시물, 슬라이드, 녹음기, 발전기 등을 USIS에 의존했기 때문에 지역 문화원은 USIS의 하위기구라는 인식이 만연하게 되었다. USIS 측도 그 점을 잘 알고 있었고 지역 문화원을 USIS의 공보 채널로

---

36. AmEmbassy, Pusan to the Department of State, Washington, "Closing of American Cultural Centers at Taejon and Masan," 14 May 1953, Box 2541, RG 59.
37. 허은 2008, 192.

관리하기 위해 직접적 영향력을 행사하는 데 주저하지 않았다. 1962년에야 한국 정부 주도로 전국문화원연합회가 결성되고 지역 문화원이 서울 중앙공보관의 하위 조직으로 재편됨으로써 정부의 재정 보조를 받게 되었다. 그러나 지역 문화원들은 정부 보조금이 충분하지 않아 운영난에 시달렸고[38] USIS 지부는 중앙공보관이 따라갈 수 없는 물질적 토대와 광범위하고 수준 높은 프로그램을 제공함으로써 지역 사회의 문화적 거점으로서 영향력을 계속 유지할 수 있었다.

---

38. 오상교, 「문화원의 나아갈 길」, 『경향신문』, 1964.2.12.(5).

제6장

냉전의 과학과
주한미공보원의 과학영화

미국의 핵전략과 '원자력의 평화 이용' 캠페인

1945년 8월 6일 히로시마 상공에 버섯구름을 띄운 이래 미국은 핵군비 경쟁의 스타트를 끊었다. 그러나 1949년 8월에 소련이, 1952년 10월에 영국이 원자폭탄 실험에 성공함으로써 미국의 핵무기 독점은 예상보다 빨리 끝나게 되었다. 미국은 1952년 11월 원자폭탄보다 위력이 강한 수소폭탄 개발에 성공함으로써 잠시 우위에 섰지만 1953년 9월 소련 역시 수소폭탄 개발에 성공함으로써 핵 군비 경쟁은 더욱 치열해졌다. 그 가운데 대통령이 된 아이젠하워는 같은 해 12월 8일 유엔 총회에서 돌연 '원자력의 평화 이용(Atoms for Peace)'을 제안했다. 그 골자는 원자력을 군사적 목적으로 이용하는 것을 멈추고 인류의 풍요로운 미래를 위해 비군사적 목적으로 이용하자는 것이었다.

그럼에도, 아니 당연하게도 원자력의 평화 이용은 핵 군비 경쟁의 고삐를 조이지 못했다. 평화 공존을 내세우며 수소폭탄 개발에 박차를

유엔 총회에서 원자력의 평화 이용을 연설하는 아이젠하워. ©
Eisenhower Presidential Library

가한 소련과 마찬가지로 미국도 원자력의 평화 이용 캠페인의 이면에서 핵개발을 계속했기 때문이다. 군사 이용을 관할해온 미국원자력위원회(AEC)가 평화 이용 또한 관할했으니, 원자력의 평화 이용이란 일종의 유화정책에 지나지 않았는지도 모른다. 이를테면 아이젠하워의 유엔 연설 석 달 뒤인 1954년 3월 1일, 미국은 비키니 환초에서 수소폭탄을 실험함으로써[1] 평화 이용의 논리를 스스로 저버렸다. 미소 양국 모두 원자력의 평화 이용에 합의했지만 실제로 핵무기 감축을 이행한 적은 없었다. 핵확산금지조약은 미국, 소련, 영국, 중국, 프랑스, 즉 유엔 안보리 상임이사국 모두가 수소폭탄을 보유한 직후인 1968년에야 조인되었다.

인류가 핵 군비 경쟁의 시대를 아슬아슬하게 빠져나올 수 있었던 것은 아이러니하게도 오로지 핵 그 자체의 힘 때문이었다. 비키니에서 터트린 수소폭탄의 위력이 히로시마 원자폭탄의 750배라는 사실을 사전에 알았더라면 미국은 감히 그 끔찍한 실험에 '신난다(Bravo)'라는 작전명을 붙이지는 못했을 것이다. 이 실험으로 인해 인류 절멸의 가능성을 깨닫게 된 아이젠하워는 핵무기를 대포처럼 뺑뺑 터뜨리겠다는 뉴룩(New Look) 전략[2]을 수정하지 않을 수 없었다. 그리하여 1950년대 말

1. 미국은 1946년 7월 남태평양 비키니 환초에 살던 주민을 강제 이주시키고 핵폭탄 실험을 한 이래 1958년까지 모두 23차례 실험을 했다. 1954년의 실험은 예상치를 3배나 뛰어넘어 전 세계의 방사능 검출기를 작동시켰을 정도로 강력한 폭발을 일으켰고 이때 비키니 환초의 섬 3개가 지구상에서 사라졌다.
2. 적의 전면적 공격을 받을 경우 대규모의 핵무기로 곧장 반격한다는 아이젠하워 집권 초기의 핵 전략.

미국은 적이 핵으로 선제공격을 가해 올 경우 그것이 도달하기 전이나 후에 핵으로 보복, 상대도 절멸시킨다는 상호 확증 파괴(Mutual Assured Destruction)를 새 전략으로 채택하게 된다. 줄이면 MAD가 되는 이 '미친' 전략은 핵전쟁에는 승자도 패자도 없다는 전제 때문에 역설적으로 핵을 억제하는 효과를 불러왔다. 그런데 이 전략에는 의도치 않은 변수가 위험 요소로 잠재해 있었다. 게다가 그 변수가 미치광이 공산주의자들(미국이 보기에)만이 아닐 수도 있다는 점이 바로 MAD의 근본적 문제였다.

1959년에 출판된 팻 프랭크의 『아, 바빌론』은 MAD의 변수가 자칫 아군이 될 수도 있다는 상상력을 바탕으로 씌었다. 이 소설에서 미 공군의 전투기 조종사는 지중해에 출몰한 적기를 요격하려다 실수로 시리아의 화약고를 폭발시켜버린다. 소련은 즉시 미국과 그 동맹국을 향해 핵무기를 쏘아 올렸고 MAD 전략이 자동 실행된다. 그 결과 양 진영의 수뇌부는 모두 죽어버린다. 미국은 가까스로 소련에 승리하지만 철저히 파괴되어 제3세계로부터 원조를 받는 처지가 된다. 즉, MAD가 가져올 최선의 결과란 이름뿐인 승리에 지나지 않는다는 것이다.

스탠리 큐브릭(Stanley Kubrick)의 〈닥터 스트레인지러브(Dr. Strangelove Or: How I Learned To Stop Worrying And Love The Bomb)〉(1964)는 변수가 될 미치광이는 어디에든 존재한다고 신랄하게 풍자했다. 미 공군의 리퍼(Jack D. Ripper, 19세기 말 영국의 연쇄살인범 Jack the Ripper에서 따온 이름) 장군은 공산주의자들이 수돗물에 불소를 타 미국인의 '신성한 혈통'을 오염시킬 음모를 꾸미고 있다는 망상에 사로잡혀 핵 폭격기 편대를 소련에 출격시킨다. MAD가 자동 실행되는 것을 막기 위해 공군은 소련에 요격 정보를 알려준다. 그러나 우여곡절 끝에 수소폭탄은 결국 소련 영토에서 터져버리고 소련판 MAD인 '지구 최후의 날 기계'가 작동된다. 미국과의 핵 군비 경쟁에 지친 나머지 소련 역시 핵 공격을 받으면 자동으로 방사능 낙진을 대량 방출해 인류를 절멸시킬 그 기계를 만들었던 것이다.

이처럼 미국 정부가 원자력의 평화 이용을 제언하며 원자력 시대(Atomic Age)가 가져다줄 장밋빛 미래를 선전하는 사이, 미국의 대중소설과 영화는 핵에 대한 공포가 적에 대한 공포를 초월해버린 암울한 미래를 묘사했다. 다시 말하면, 냉전과 핵전략의 모순은 원자력 시대의 대중으로 하여금 이런 질문을 떠올리게 한 것이다. 어차피 우리 모두가 죽는다면 맞서 싸워야 할 적이 누구인지가 대체 무슨 의미가 있는가?

그러므로 원자력의 평화 이용 캠페인의 성패는 오로지 핵에 대한 공포를 발전(發電이자 發展)에 대한 희망으로 전환하는 데 달려 있었다. 즉, 전 세계인이 핵전쟁의 허무주의에 빠지지 않고 핵을 욕망하도록 교육하는 것이 이 캠페인의 진정한 목적이었던 것이다. 원자력을 둘러싼 미국의 '욕망 교육(education of desire)'은 특히 스스로 원자력 발전 기술을 갖출 가능성이 낮은 제3세계 개도국에서 효과를 발휘했다.³ 미국 정부는 미국의 뛰어난 과학기술이 핵을 완벽히 제어해 농업, 의료, 산업, 발전(發電)에 이용함으로써 이제까지 인류가 경험하지 못한 풍요로운 세상을 맞이하게 될 것이라고 선전했다. 그리고 연구용 원자로 건설을 원조하고 미국산 원자로의 수입·설치 비용의 절반을 미국 정부가 부담하며 미국의 첨단 핵 발전 기술을 이전하여 자유세계의 경제부흥을 돕겠다고 제안했다. 즉, 이 캠페인의 본질은 '에너지를 이용한 마셜 플랜'⁴이었던 것이다.

---

3. 쓰치야 2017, 306.
4. 1950년대 중반 미국 정부는 전력 부족으로 고민하는 개발도상국에 마셜 플랜의 일종으로 원전과 원전 기술을 패키지화해 제공하고자 했다. 吉見 2012, 40-41.

그런데 과거 마셜 플랜의 원조가 미국의 이익으로 환수되었듯 원자로와 원전 기술 원조는 결코 손해 보는 장사가 아니었다. 이 캠페인으로 인해 미국은 평화 추진국으로서의 이미지 제고에만 그친 것이 아니라 실질적 이득도 취할 수 있었다. 수출국과 원자로 핵연료에 관한 양자 협정(bipartite agreement)을 맺어 미국에 대한 에너지 의존도를 높이면서 미국 기업의 수출 시장을 확보했고 국제원자력기구(International Atomic Energy Agency, IAEA)의 사찰을 통해 다른 국가들의 독자적 핵 개발을 억제하고 관리했던 것이다.

에너지의 마셜 플랜을 실행에 옮기기 위해 선결되어야 할 문제는 핵의 야누스적인 두 얼굴을 분리하는 일이었다. 미소 양국의 핵 군비 경쟁이 지구촌의 일상을 위협하는 시대에 '원자력=평화'를 설득하기 위해서는 핵이 태생적으로 가지고 있는 위험을 비가시화하고 핵에 대한 공포를 망각시켜 핵을 욕망하도록 교육해야만 했다. 전 세계인에게 원자력 발전이 가져올 미래상을 전파하고 원자력 발전에 대한 욕망 교육을 수행했던 기관이 바로 USIA였다. 1953년 8월에 막 조직된 USIA는 아이젠하워의 극적인 유엔 총회 연설 직후 신문, 라디오, 영화, TV, 책자, 사진, 전시회 등 동원 가능한 모든 수단을 최대한으로 동원하여 선전전에 돌입했다. 원자력과 평화라는 단어를 결합한 역발상은 대규모의 선전 공세를 통해 '원자력=핵전쟁'이라는 기존의 인식을 지우고 미국이 주도하는 '원자력 평화 시대(Pax Atomic)'의 프레임을 전 세계에 각인시켰다.

주한미공보원의 원자력 영화

원자력의 평화 이용을 냉전 캠페인으로 추진한 것은 아이젠하워 정권이었으나 그 개념 자체는 트루먼 정권 때 이미 성립되어 있었다. 1946년 1월 당시 미국무부 차관이었던 애치슨은 법조인 출신으로 테네시협곡개발청(Tennessee Valley Authority) 청장을 역임한 데이비드 E. 릴리엔탈(David Eli Lilienthal)에게 트루먼과 국무부 장관 제임스 F. 번스(James Francis Byrnes)를 위해 원자력의 현황을 알려줄 보고서를 의뢰했다. 그리하여 같은 해 3월 「원자력 국제 관리에 관한 보고서」, 이른바 '애치슨-릴리엔탈 보고서'가 공개되었다. 이 보고서에서 릴리엔탈은 무기용 핵분열 물질의 사찰·통제를 위해서는 미국이 핵무기 독점을 숙고하여 국제기구에 그 권한을 넘겨야 한다고 제안했다. 그러나 트루먼은 그의 제안을 따르는 대신 그해 8월 1일 원자력법에 서명하고 AEC를 민간 기구로 설립한 뒤, 릴리엔탈을 위원장으로 임명했다.

AEC는 핵무기의 개발과 생산을 규제하는 동시에 원자력의 평화 이용을 위한 연구 개발도 관할했다. AEC는 설립 초기에 대부분의 예산을 핵무기 개발에 사용했지만 민간 기구로서 원자력에 대한 교육도 실시했다. 이 시기 AEC의 대중 교육은 원자력 발전보다는 주로 방사선을 이용한 의료와 식량 증산에 집중되어 있었다.[5] 당시 미국의 전기회사들은 원자력 발전의 기술적 가능성에 대해서는 긍정적이었지만 경제적 이유로 실용화하기는 어려울 것이라고 전망했다. 1951년에 아이다호 주의 국립원자력시험장에서 실험용 원자로 EBR-1이 전기 생산에 성공했지만 말 그대로 실험 수준이었을 뿐 전력망에 연결되어 발전을 시작한 것은 아니었다. 원자로 건설 비용과 핵연료 가격이 터무니없이 높았기 때문에 전기회사들은 원자력 발전이 어디까지나 석탄이나 석유 등

---

5. 데이비드 릴리엔탈, 「인류에 봉사하는 원자력」, 『아메리카』 2권 1호(미국공보원, 1950.1); 「평화를 위한 원자력: 전 원자력위원회 의장 데이비드 E. 릴리엔탈 씨와의 문답기」, 『아메리카』 2권 5호(미구공보원, 1950.5).

기존 동력원을 이용한 발전을 보충하는 역할에 그칠 것으로 보았던 것이다.[6]

따라서 아이젠하워 정권의 원자력의 평화 이용 캠페인은 원자력의 여러 혜택 중에서도 원자력 발전의 경제적 잠재성을 설득하는 데 주력했다. 미국 내 전력 생산은 이미 충분했지만 소련과의 과학 경쟁에서 우위를 확보하기 위해, 또한 장기적으로 보았을 때 원자력 기술이 미국의 새로운 성장 동력이 될 가능성이 높다고 판단한 미국 정부는 원자력 발전에 대한 대중의 환상을 발전, 유지시키고자 했다. 대통령의 유엔 선언에 맞춰 1954년 민간 기업도 원자로를 개발할 수 있도록 원자력법을 개정한 미국 정부는 미국산 원자로를 해외에 이식하기 위해 대대적 프로모션을 펼쳤다. 협정을 맺은 국가에 샘플(연구용 원자로)을 나누어주었을 뿐만 아니라 반액 할인(미국산 원자로의 수입·건설 비용의 절반을 미국 정부가 보조)까지 했다.

아시아에서는 일본이 최초로 미국 정부와 원자력연구협정을 맺었다. 미국에 핵연료 회사 제너럴 아토믹스(General Atomics, GA)가 설립된 1955년의 11월이었다. 일본 정부는 1956년에 일본원자력연구소를 설립하고 1957년 8월부터 연구용 원자로를 가동했으며 1958년에는 일미동력협정에 조인하여 핵연료를 공급받기 시작했다. 그런데 이 일련의 과정이 순풍에 돛 단 듯 이루어진 것은 아니었다. 이차대전 중 히로시마·나가사키의 피폭과 더불어 1954년 '제5후쿠류마루(第5福竜丸)'[7]의 피폭

---

6. 해리 A 윈, 「원자력의 본질과 그 장래성」, 『아메리카』 1권 7호(미국공보원, 1949.9). 원(Harry A. Winne)은 제너럴일렉트릭의 부사장이자 기술정책 책임자였다.
7. 1954년 3월 1일 비키니 환초에서 소소폭탄을 실험했던 미군이 폭탄의 위력을 오판했기 때문에 애초 설정된 위험 수역 바깥에서 조업 중이던 일본 원양어선 제5후쿠류마루의 선원 23명 전원이 방사성 낙진으로 피폭당했다. 반년 뒤 무선장(無線長)이었던 구보야마 아이키치(久保山愛吉)가 "원자폭탄의 희생자는 내가 마지막이기를 바란다"는 말을 남기고 사망했다.

으로 핵에 대한 공포감이 국민적으로 만연해 있던 일본에서 원자력 발전의 희망을 설득한다는 전략에는 무리가 있었다. 그럼에도 미국은 세 번의 피폭으로 여론이 악화된 일본에서 원자력의 평화 이용이 받아들여진다면 이 캠페인을 무리 없이 전 세계로 확장할 수 있을 것으로 전망했다.

일본에서 원자력의 평화 이용 캠페인이 성공을 거둔 배경에는 미국의 선전뿐만 아니라 일본 정부의 적극적 개입이 있었다. 미국과 경제적 이해관계를 일치시킴으로써 패전 이후 경제성장을 견인해온 일본의 친미 정권은 피폭의 공포를 배경화하고 원자력 발전의 혜택을 전경화하여 원자력의 평화 이용 슬로건을 무색투명한 이미지로 추상화하는 데 협력했다. 일본 정부는 협정을 맺기까지 미국 원자력 산업체의 사절단을 초빙, 강연회를 열고 박람회를 개최하는 등 원자력 도입을 위해 자체적 캠페인을 병행했다.[8]

1950년대 일본 USIS는 원자력의 평화 이용을 주제로 한 영화 22편을 공개했는데 그중 15편을 1954-1957년 사이에 공개했다. 일본 USIS와 주일미대사관이 지원한 원자력의 평화 이용 박람회도 1955-1957년 사이에 일본 전국을 순회하며 개최되었다.[9] 즉, 원자력 협정과 원자로 도입을 앞두고 국민의 불안을 잠재우고 여론을 유리한 방향으로 유도하기 위해 일본에서 원자력의 평화 이용 캠페인은 1950년대 중반에 집중되었던 것이다.

원자력의 평화 이용 캠페인은 전 세계에서 일괄적으로 시작된 것이 아니라 각국의 원자력 도입 과정과 연동하여 진행되었다. 한국에서의 캠페인은 한미원자력협정이 체결된 1956년과 연구용 원자로가 도입된

---

8. 吉見 2012, 37-39. 9. 土屋 2012, 55-54; 吉見 2012, 138.

1960년 전후에 단속(斷續)적으로 이루어졌다. 한국은 원자력에 대한 국민감정에서부터 일본과 큰 차이가 있었다. 히로시마와 나가사키에 투하된 원자폭탄은 분명 죽음의 폭탄이었지만 미군정은 그것이 해방과 등식으로 인식되게끔 한국의 여론을 유도했다. GHQ는 점령 초기에 일본에서 원폭에 대한 언급을 금기시했으나 한국에서 미군정은 오히려 그것을 해방을 앞당긴 무기이자 미국 과학기술의 결정체로 선전했다. 이를테면 영화 검열에서도 GHQ는 원폭 관련 영화를 상영 금지했지만 미군정은 진주 직후 원폭 기록영화를 일본 항복 조인식 기록영화와 함께 상영했다.

한미원자력협정은 일미원자력연구협정이 체결된 지 불과 석 달 뒤인 1956년 2월에 체결되었다. 일본, 대만, 태국에 이어 아시아에서는 4번째로 원자력 협정을 체결한 한국 정부는 같은 해 문교부 내에 원자력과를 신설하고 원자력의 평화 이용 캠페인을 적극적으로 추진했다. 그해 9월 '평화를 위한 원자력 전시회'가 문교부와 USIS 주최로 서울, 부산, 대구, 광주에서 개최되었다. 극히 초보적인 해설 전시회였다고 하나 서울에서만 75만 명이 관람했을 정도로 성황이었다.[10] 그러나 정부의 적극성과 국민적 관심에도 불구하고 한국에서 연구용 원자로가 가동된 것은 일본보다 5년 늦은 1962년이었다. 이렇게 늦어진 것은 인력 양성에 시간이 걸렸기 때문으로 보인다. 한국과 같은 개도국에서 원자력 발전 도입을 위한 급선무는 원자로를 실제로 운용할 인력을 양성하는 일이었다.

10. 「제2산업혁명에 뒤떨어지지 않게」, 『경향신문』, 1956.9.22(1); 「총 관람자 75만 원자력전시회 폐막」, 『동아일보』, 1956.10.12(3). 이 전시회의 해설자였던 전 한국원자력안전기술원 원장 임용규의 회고에 의하면 약 100만 명 정도가 관람했다. 정진익 고려대학교 과학기술대 겸임교수의 인터뷰, 「우리나라 원자력 안전의 대부 '임용규'」, 『과학기술학회총연합회 블로그』, http://blog.naver.com/PostView.nhn?blogId=kofstnews&logNo=130130717895.

1958년에 제정된 원자력법에 따라 1959년 2월에 한국원자력원이, 그 산하에 한국원자력연구원이 설립되었다. 같은 해 7월 연구원 부지에 연구용 원자로가 기공되었지만 가동까지는 몇 년이 더 걸렸다. 원자력 협정에 따라 1956년과 57년에 걸쳐 아르곤국립연구소(Argonne National Laboratory) 내에 설치된 국제원자과학공학연구소(ISNSE)에 한국인 유학생 22명이 파견되었다. 그들이 귀국한 뒤에야 한국에도 원자력 발전의 초석이 마련되기 시작했다. 대학에서는 1958년부터 원자력학과, 보건물리학과, 원자공학과 같은 유관 학과가 신설되어 인력 양성이 시작되었다. 문교부는 과학 교육의 세부 목표를 '원자력 시대에 호응하는 원자력 교육'으로 조정하고 1959년 하반기부터 초등 및 중등 과학교과에 원자력에 관한 기초 교육을 포함시켰다. 그해부터 문교부가 매년 주최하는 과학 전시회에 원자력 원장상이 추가되었다. 한편, 연구기관인 한국원자력원은 대중 교육을 위해 1960년 9월에 USIS의 후원으로 '제1회 원자력 전람회'를 개최했다. 원자력의 평화 이용을 주제로 한 이 전람회에서는 원자로 모형, 관련 사진 및 도표 등이 전시되었다. "각설탕보다 작은 우라늄이 한 가정에 천 년 동안 전기 공급"[11]을 할 수 있다는 선전 문구는 원자력 전람회가 원자력 발전에 대한 욕망을 교육하는 장소였다는 점을 잘 보여준다.

    USIA는 전람회 외에도 도서, 전단, 라디오, 영화 등의 미디어를 망라하여 원자력의 평화 이용 캠페인을 전개했다. 그중에서도 영화는 원자력의 평화 이용의 예를 보여주기에 최적화된 미디어로서 중요했다. 이 캠페인을 위해 USIA는 1959년까지 50편 이상의 '원자력 영화'를 제작

---

11. 「첫 원자력 전람회 개막」, 『동아일보』, 1960.9.10.(1); 「자라가는 "과학한국"의 모습: 제1회 원자력 전람회」, 『동아일보』, 1960.9.11.(1).

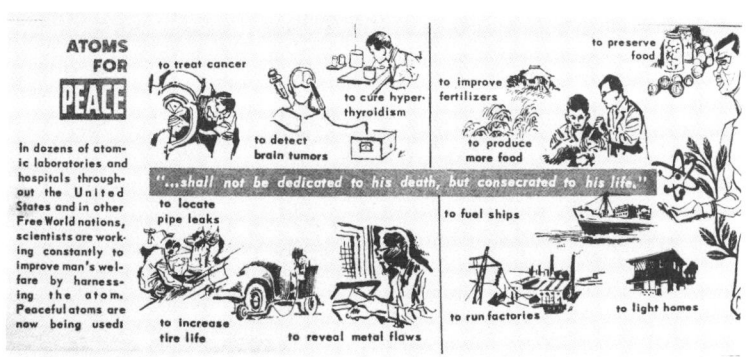

USIA의 원자력의 평화 이용 홍보 책자. © NARA

해 33개국 언어로 번역하여 80개국에서 상영했다.[12] 그중 NARA에 필름이 보존되어 있거나 시나리오가 보존되어 있는 영화는 현재 36편이다. 모두 USIA가 제작한 것은 아니고 전력회사 제너럴일렉트릭(General Electric, GE), 화학기업 유니온 카바이드(Union Carbide and Carbon Corporation), 군수기업 마틴마리에타(The Martin Co.) 등 원자력 관련 민간 기업과 캘리포니아대학 방사능 연구소, 아르곤국립연구소, 미 공군 룩아웃마운틴연구소(Lookout Mountain Laboratory) 등의 연구 기관, AEC가 제작하거나 제작에 협력한 영화도 USIA 영화로 배급되었다.[13] 할리우드도 원자력 영화의 배급을 적극적으로 도왔다. 예를 들어 유니버설은 아이젠하워의 유엔 연설 장면이 포함된 영화 〈원자력을 평화에(Atomic Power for Peace)〉(1954)를 38개 국어로 더빙하여 전 세계에 배급했다.[14]

USIA의 원자력의 평화 이용 캠페인은 대상 지역의 사정과 문화에

12. USIA, "The Overseas Film Program," Jun. 1959, Box 153, Entry A1 1066, RG 306.
13. 土屋 2012, 51-55.
14. Cull 2008, 110.

따라 미세 조정되었다. 예를 들어 1949년 일본 최초의 노벨상(물리학상) 수상자 유카와 히데키(湯川秀樹) 박사의 연구 생활을 그의 아들 다카아키 유카와의 관점에서 묘사한 〈유카와 이야기(The Yukawa Story)〉(1955)는 과거 일본의 침략 전쟁으로 인해 반발이 예상되는 지역에서는 상영되지 않았다.[15] 한국도 그중 한 곳이다. 1958년, 1964년, 1967년 USIS의 영화 목록과 NARA에 소장된 시나리오 및 영화 자료를 참조하여 한국 USIS가 원자력의 평화 이용과 관련하여 어떤 영화를 상영했는가를 정리하면 〈표 7〉과 같다.

이상과 같이 한국 USIS의 원자력 영화 프로그램은 1958년 목록에 12편, 1964년 목록에 25편, 1967년 목록에 18편으로 구성되었다. 1950년대보다는 1960년대에, 특히 연구용 원자로 '트리가 마크 2호'가 설치되고 가동을 시작한 1960년대 초반에 많은 영화가 상영되었다는 것을 알 수 있다. 내용적으로는 원자력 발전에서 원자력선, 원자력 우주 탐사선 등으로 원자력 기술의 발전에 따라 차차 갱신되었다. 그런데 1950년대부터 1960년대에 걸쳐 장기간 상영되었던 일종의 고정 레퍼토리가 있었다. GE가 제작한 〈A는 원자〉나 USIA가 제작한 '원자력의 평화 이용 시리즈' 4-6편 등(〈표 7〉에서 가장 어둡게 표시된 영화들)이 그에 해당한다. 그 영화들의 제작 연도, 제작사, 내용을 정리하면 다음과 같다.

(1) A는 원자(1952)

GE가 제작한 영화. 의인화된 아톰 박사가 방사성 원소와 핵분열에 대한 지식을 쉽게 설명한 애니메이션으로 전 세계의 원자력의 평화 이용

---

15. 쓰치야 유카 2015, 235.

〈표 7〉 USIS의 원자력 영화(총 35편)

1958년 USIS 영화 목록	1964년 USIS 영화 목록	1967년 USIS 영화 목록
〈원자와 의사 (Atom and the Doctor)〉(268)	〈원자와 의사〉	
〈A는 원자(A is for Atom)〉(553)	〈A는 원자〉	A는 원자(B-45)
〈원자의 위력〉(569)		
〈원자력을 평화에 (Atomic Power for Peace)〉(582)	〈원자력을 평화에〉	
〈원자와 공업 (Atom and Industry)〉(606)	〈원자와 공업〉	
〈원자와 농업 (Atom and Agriculture)〉(622)	〈원자와 농업〉	
〈원자 소개 (Introducing the Atom: Atoms for Peace Series Part 1)〉(682)	〈원자 소개〉	
〈원자 발전 실험소 (Borax: Construction and Operation of a Boiling Water Reactor)〉(800)	〈원자 발전 실험소〉	〈원자 발전 실험소〉(B-66)
〈평화를 위한 원자력 (Scientific Advancement: Atoms for Peace Series Part 4)〉(836)	〈과학의 발달 제4호 (=평화를 위한 원자력)〉	〈과학의 발달 제4호〉(B-73)
〈우라늄 이야기 (Petrified River: The Story of Uranium)〉(869)	〈우라늄 이야기〉	〈우라늄 이야기〉(C-38)
〈공동 협력 (Working Together: Atoms for Peace Series Part 5)〉(875)	〈공동 협력〉	〈공동 협력〉(B-78)
〈원자 시대를 위한 과학자 양성 (Training Men for Atomic Age: Atoms for Peace Series Part 6)〉(896)	〈원자 시대를 위한 과학자 양성〉	〈원자 시대를 위한 과학자 양성〉(B-81)
	〈평화 계획(Plan for Peace)〉(343)	
	〈원자와 산업 (Agriculture, Industry, and Power)〉(613)	〈원자와 산업〉(B-52)
	〈의약 (Medicine: Atoms for Peace Series Part 2)〉(704)	
	〈노티라스호 북극탐험 (Nautilus Crosses the Top of the World)〉(949)	

	〈평화를 위한 원자력 (Atomic Power and the U.S.)〉(956)	
	〈평화에 이용되는 원자(Atoms for Peace: Seminar in Beirut)〉(957)	
	〈자력병(The Magnetic Bottle)〉(969)	
	〈새로운 내일 (Tomorrow is Another Day)〉(1027)	
	〈원자와 생활 (Living with the Atom)〉(1036)	
	〈원자의 도전 (Challenge of the Atom)〉(1000)	
	〈원료 원소 이야기 (Fuel Element Story)〉(1010)	
	〈원자 상선(商船) 사반나호 (Nuclear Ship Savannah)〉(1051)	〈원자 상선 사반나호〉(C-125)
		〈원자 상선 사반나호〉 (B-144, 짧은 버전)
	〈원자력 이용(Atomic Venture)〉(1156)	〈원자력 이용〉(B-142)
	〈병원에서 이용되는 원자 (Atom in the Hospital)〉(1182)	
		〈원자력 생산 (Atomic Power Production)〉(B-181)
		〈원자 통보관 (Atomic Weatherman)〉(B-157)
		〈우주에서 이용되는 원자력 (Atoms for Space)〉(C-93)
		〈원자 시대의 수확 (Harvest of an Atomic Age)〉(B-156)
		〈인간과 방사선 (Man and Radiation)〉(C-111)
		〈원자력 평화시대 (Pax Atomic)〉(C-121)
		〈제7대륙의 전력 (Power for Continent Seven)〉(C-102)
		〈내일의 전력을 오늘에 (Tomorrow's Power Today)〉(A-136)
총 12편	총 25편	총 18편

* ( ) 안은 원제와 USIS 영화 목록의 일련번호.
* 어두운 부분(▨)은 두 번, 더 어두운 부분(▮)은 세 번 수록된 영화.
* 1967년 영화 목록에서 A는 1롤, B는 2롤, C는 3롤.

박람회에서 기본적으로 상영되었다. 핵의 다양한 면모를 파괴자, 농부, 치료사, 엔지니어, 연구자라는 다섯 명의 거인으로 의인화해 표현했다. 그들을 인간의 지혜에 복종시킴으로서 원자 시대가 열린다.

〈A는 원자〉의 인화된 아톰 박사. ⓒ NARA

(2) 원자 발전 실험소(1956)

미 공군의 룩아웃마운틴연구소가 제작하고 아르곤국립연구소 및 AEC가 기술 보조한 영화. 1951년 EBR-1 원자로로 세계 최초로 전기 생산에 성공한 아르곤국립연구소는 1955년 비등수형 원자로 실험(Boiling Reactor Experiment, Borax)을 실시한다. 보랙스 프로젝트는 원자로 설계, 발전소 건설, 각종 테스트를 거쳐 마침내 성공한다. 원자력 발전을 실용화하기 위해 아이다호주의 소도시 아르코(Arco)에 원자력 발전소가 건립되고 마침내 도시를 밝힐 전기가 공급된다.

(3) 과학의 발달(1956)

USIA가 제작한 영화로 원자 시대의 혁신을 분야별로 보여준다. 첫째, 아르코, 펜실베이니아주의 쉬핑포트(Shippingport), 프랑스에 건설 중인 원자력 발전소의 예에서처럼 원자력 발전은 곧 상업화를 앞두고 있다. 둘째, 농작물 증산 및 식료품 저장에 방사선을 이용하여 식량 문제 해결이 가능하다. 셋째, 방사선 동위원소가 산업 및 의료를 획기적으로 개선할 것이다. 현재로는 토양의 밀도 측정, 유리나 종이 두께의 균질화, 암과 심장병 치료, 탄수화물 합성 등에 방사성 동위원소가 사용된다.

(4) 공공협력(1957)

원자력의 평화 이용을 위한 자유세계의 상호협력과 정보 공유 노력을 주제로 USIA 제작한 영화. 1942년 세계 최초의 핵실험이 다국적 과학자들에 의해 수행된 이래 과학은 국경을 넘어 협력해왔다. 1953년 아이젠하워 대통령이 유엔 연설에서 원자력의 평화 이용을 위한 국제 협력을 호소한 뒤 세계 각국이 동참하고 있다. 프랑스, 캐나다, 노르웨이 등의 선진국은 유학생에게 기술 연수를 제공해왔고 인도, 브라질, 인도네시아, 레바논, 베네수엘라, 필리핀 등의 개도국은 선진국의 도움으로 원자력 연구계획을 세웠다. 1954년 미시간대학에서 열린 제1회 국제원자력학술대회, 1955년 3월 제1회 ISNSE의 외국인 과학자 연수, 1955년 8월 73개국 1400여 명의 과학자가 참석한 제네바 국제원자력회의 등의 협력이 이어지고 있다. 이를 바탕으로 1956년에는 31개국이 원자력 협정에 조인했고, 같은 해 9월에는 80개 유엔회원국이 IAEA 설립 헌장에 조인하게 되었다.

(5) 원자시 대를 위한 과학자 양성(1957)

1955년 3월 AEC의 지원으로 실시된 ISNSE의 1956년도 외국인 과학자 연수를 기록한 영화. 20여 개국의 유학생들과 미국 학생들은 노스캐롤라이나주립대학과 펜실베이니아주립대학으로 나뉘어 4개월간 기초 연수를 받은 뒤 테네시 주 오크리지(Oak Ridge) 원자력연구소와 일리노이주 라그란지(LaGrange)의 국제원자기술학교에서 훈련을 받는다. 이후 펜실베이니아주 쉬핑포트에 건설 중인 원자로를 견학하고 아르곤에서 집중 연수를 받는다.

(6) 우라늄 이야기(1957)

미국 내무부 광산국(Department of the Interior: Bureau of Mines)이 제작하고 유니온 카바이드 및 AEC가 협력한 영화. 광대한 콜로라도 고원을 항공 촬영으로 보여주며 해설자가 우라늄 광맥의 형성 과정을 설명한다. 현대적 장비와 기술로 채굴된 우라늄 원석은 처리 공정을 거쳐 옐로우 케이크라 불리는 농축 우라늄으로 가공된다. AEC가 콜로라도 고원을 일반에 개방함으로써 우라늄 광산 개발이 성황을 이룬다. 중반에 애니메이션을 삽입하여 우라늄의 원자 구조, 핵분열 과정, 원자력 발전의 원리를 알기 쉽게 설명한다. 후반부에는 오크리지국립연구소가 생산한 방사성 동위원소가 의료 현장, 식품 보존, 동물 실험, 농업 연구에 적용되는 모습을 보여준다.

이상과 같이 1950년대 중반부터 1960년대까지 상영된 원자력 영화들은 과학 다큐멘터리의 객관적 톤을 유지하면서 미국이 이끌어갈 원자력 시대에 대한 장밋빛 전망을 시각화했다. 영화 속에서 핵의 위험성은 실사(實寫)가 아니라 애니메이션으로 재현되고, 핵폭발의 공포 역시 애니메이션의 가상성으로 인해 상쇄된다. 그런 후에 영화는 다시 실사로 원자력을 이용한 첨단 산업의 사례를 보여주고 가까운 미래에 인간이 과학기술로 핵의 이중성을 완벽히 제어할 수 있다고 장담한다.

오늘날의 인류는 몇 번의 대참사를 겪으면서 핵의 완벽한 제어란 이상에 불과하다는 사실을 깨닫게 되었다. 그러나 지난 세기 미국은 과학적 낙관주의를 동력으로 삼아 전 세계를 설득했고 수용하는 측에서도 원자력은 곧 국가 경쟁력이라는 도식에 동의했기 때문에 핵 발전은 전 세계로 확산되었다. 실상 제2차 산업혁명 이후 전력은 대량 생산을 가능케 하는 전제 조건으로서 경제 개발과 불가분의 관계에 있었다. 안정성 문제가 완전히 해결되지 않았고 원자력 협정은 미국형 원자로와 핵연료에 대한 의존을 초래했지만 그럼에도 대부분의 국가들은 '제3의 불'이 가져올 수 있는 번영과 발전에 미래를 걸었던 것이다.

상시적 전력난을 겪고 있던 한국 역시 미국의 제안에 순응하여 정부 차원의 원자력 발전 캠페인을 벌였다. 한국에서는 아이젠하워의 유엔 연설 이전에 이미 원자력이 남한의 전후 재건을 위해 필수 불가결해질 것이라는 인식이 있었다.[16] 북한에 비해 수력 발전 자원이 현저히 빈약한 남한은 화력 발전에만 의지해야 해서 전력난에 시달렸고 원자력은 이를 해결할 유일한 수단으로 일찍부터 주목받았다. 1950년대 중반 전쟁에서 막 벗어난 한국은 원조를 통해 비료 공장, 시멘트 공장, 화학섬유 공장 등을 건설할 예정이었지만 그러기 위해서는 수력 발전이나 화력 발전으로는 충당 불가능한 다량의 전력이 필요했다. 이에 이승만 정부는 '원자력 발전 5개년 계획'을 수립하고 원자로의 조속한 도입을 국가적 과제로 추진했다.

한국 최초의 상업용 원자로(고리 1호기)는 그로부터 20년이 지난 1978년에야 가동되었는데 이미 원자력 평화 시대가 저물어가는 시기였다. 1979년 펜실베이니아 주 스리마일 섬의 원자력 발전소에서 핵연료가 용융되는 심각한 사고(Three Mile Island Accident)가 발생했다. 이로써 원자력의 평화 이용이 장담했던 과학기술에 의한 완벽 제어란 희망 사항에 불과했다는 사실이 드러났고 미국은 충격에 휩싸였다. 뒤이어 소련의 체르노빌(1986)과 일본의 후쿠시마(2011)에서의 원전 사고, 사용 후 원전 및 핵연료의 처리 문제로 인해 원자력이 안전하고 깨끗하며 저비용 고효율의 에너지라는 신화는 완전히 깨졌다.

---

16. 「남한재건과 원자력발전」, 『동아일보』, 1953.11.6 (1).

아폴로 외교와 삼선 개헌

1957년 10월 4일 소련은 세계 최초의 인공위성 스푸트니크 1호 발사에 성공, 우주 경쟁의 포문을 열었다. 이 성공의 진정한 의미는 인공위성 그 자체보다는 그것을 쏘아 올릴 수 있는 대륙간탄도미사일(ICBM) 기술을 미국보다 소련이 먼저 보유했다는 사실에 있었다. 게다가 스푸트니크는 들키지 않고 미국 대륙을 지나쳐가기까지 했으니[17] 적이 부지불식간에 핵탄두를 실은 미사일로 선제공격을 할 수도 있다는 가능성에 미국인들은 공황 상태에 빠졌다. 절치부심의 두 달이 지나고 전 세계가 주목하는 가운데 '선봉대(Vanguard TV3)'라고 이름 붙인 미국의 인공위성이 발사되었다고 생각한 순간 2초 만에 폭발해버렸다. 미국의 위신과 함께.

세계 최고의 과학기술을 자신해온 미국이니만큼 스푸트니크가 준 충격(Sputnik Shock)은 엄청났다. 민심은 대책을 요구했고 아이젠하워는 1958년 7월 29일 국가항공우주법에 서명했다. 이로써 미국의 우주 프로그램은 군사기술을 담당할 펜타곤의 고등연구계획국(Advanced Research Projects Agency, ARPA)과 기초과학을 담당할 민간 기구인 미항공우주국(NASA)으로 이원화되었다. NASA의 원대한 첫 계획, 즉 머큐리 계획(Mercury Plan, 1958~1963)의 목표는 소련보다 더 빨리 인간을 우주 공간에 실어 보내는 것이었다. 아이젠하워가 우주과학보다는 군사과학에 더 집중했기에 NASA의 첫 예산은 ARPA보다 적었지만 우주 탐험이 냉전의 새로운 전장을 개척했다는 것을 간파한 새 대통령을 맞이하여 곧 대규모의 증액이 이루어졌다. 그리하여 NASA가 표면에서 떠들썩하게 유인 우주 프로그램을 수행하는 동안 ARPA는 뒤에서 은

---

17. Cull 2008, 134.

우주비행 시뮬레이션 중인 셰퍼드
© The Project Apollo Archive

밀하게 소련 영공 위에 감시 위성들을 쏘아 올렸다. 케네디(John Fitzgerald Kennedy) 대통령은 머큐리 계획을 지속했으나 그 계획이 원숭이와 침팬지를 궤도 비행에 파견하며 지지부진한 성과를 보여주는 동안 소련은 또 한 번 미국을 앞질렀다. 1961년 4월 12일 유리 가가린(Юрий Алексéевич Гагáрин)이 보스토크 1호를 타고 인류 최초로 궤도 비행에 성공한 것이다. 3주 뒤인 5월 5일에 미국 우주비행사 앨런 셰퍼드(Alan Bartlett Shepard, Jr.)가 프리덤 7호를 타고 16분간 우주를 날다 왔지만 그것은 탄도 비행(궤도에 오르지 않은 비행)이어서 기술 혁신과는 거리가 멀었다. 그럼에도 미국은 프리덤 7호의 발사부터 회수까지 전 과정을 TV 생방송으로 보도해 공보 효과만은 톡톡히 누릴 수 있었다. 미소의 우주 경쟁을 관전하는 제3국의 입장에서는 비밀에 휩싸인 보스토크 1호보다는 프리덤 7호가, 우주선의 승객처럼 보인 가가린보다는 시뮬레이션 훈련까지 공개하며 비행 과정에 적극적으로 참여한 우주인 셰퍼드가 뇌리에 남았던 것이다.

　83개국에 산재한 90개소의 USIS와 VOA, TV, 언론·출판 등을 총동원해 셰퍼드의 우주 비행을 전방위적으로 홍보했던 USIA는 외신들이 미국 우주 프로그램의 개방성에 감명을 받았다고 국무부에 보고했다.[18] 그리고 3주 후, 불과 취임 넉 달째였던 케네디는 의회에서 1960년대가 가기 전에 달에 인류를 보내고 지구로 귀환시키는 목표를 달성하기 위해 온갖 어려움과 막대한 비용을 감수할 것이라며 아폴로 계획(Project

---

18. 오드라 J. 울프 2017, 180-181.

Apollo, 1961-1972)을 선언했다. 의회는 1962년도 NASA 예산을 2배로 증액했고 그 뒤로도 증액에 증액을 거듭하여 결과적으로 아폴로 계획은 미국의 과학 자원과 관리 자원을 총동원하며 미국의 평화 시 국내 공공시설 투자 프로젝트 중 최대 규모를 차지하게 되었다.[19]

「워싱턴 포스터」지 1면에서 아폴로 11호의 달 착륙 기사를 보는 어린이. ⓒ Washington Post

케네디는 데드라인을 지켰다. 비록 그 자신은 달 표면에 꽂힌 성조기를 지켜볼 수 없었지만. 1969년 7월 16일 케네디우주센터에서 발사된 아폴로 11호는 7월 20일 드디어 인류 최초로 달 착륙에 성공했다. 이번에도 NASA는 TV 생방송으로 이 우주적 이벤트를 공개하기로 결정했고 USIA 역시 홍보에 총력전을 펼쳤다. USIA는 전 세계 125개소 USIS에 대형 텔레비전을 설치하고 '인류의 위대한 도약'을 생중계했다. 당시 35억의 세계 인구 중 6억이 TV로 암스트롱이 달 표면에 한 쪽 발을 내리며 "이것은 인간에게는 작은 한 걸음이지만 인류에게는 위대한 도약이다"라고 한 광경을 지켜보았다고 전해진다. USIA가 백악관에 보고했듯 드디어 미국은 "스푸트니크가 초래했던 의혹의 시기"[20]에 종지부를 찍고 우주 경쟁에서 이긴 것이다.

아폴로의 장거에 미국뿐만 아니라 온 세계가 열광의 도가니에 빠졌다. 한국도 예외는 아니었다. 주한미대사관과 한국 USIS도 아폴로 11호의 달 착륙을 대대적으로 홍보했다. USIS는 남산 야외음악당에 가로

---

19. Cull 2008, 198; 오드라 J. 울프, 182.   20. Cull 2008, 305.

제2부 문화냉전과 주한미공보원 영화   **219**

아폴로 11호의 달 착륙 중계를 위해 USIS가 남산에 설치한 초대형 TV와 군중. ⓒ NARA

6미터, 세로 6미터의 초대형 TV를 설치하고 한국 시간으로 아폴로가 발사된 16일부터 우주인들이 귀환한 25일에 걸쳐 오후 9시 30분부터 10시 30분까지 우주 개발 관련 기록영화와 아폴로 11호의 비행 실황 등을 상영했다.[21] 당시 한국의 TV 보급률은 22만 3천여 대에 불과했지만 3백만이 아폴로 11호의 달 착륙을 TV로 지켜보았다. 남산에 설치된 TV를 보기 위해 일부 시민은 통금 시간을 어기고 현장에서 밤을 새웠고 한국 시간으로 달 착륙에 성공한 21일 밤에는 10만의 인파가 몰렸다. 국내 방송사 중에는 KBS와 TBC가 일본의 NHK가 대마도에서 보내주는 중계 실황을 부산에서 전달받아 방송했는데, 달 착륙 당일은 술집이 텅 비고 초저녁부터 거리가 한산했다고 전해진다.[22]

21. 「남산에 대형 수상기 아폴로 달 착륙 공개」, 『매일경제신문』, 1969.6.20(3).

그런데 한국인의 아폴로 응원은 좀 유난스러운 데가 없지 않았다. 이를테면 1969년도에 유행한 출혈성 결막염은 '아폴로 눈병'이라는 속칭으로 불렸다. 지금도 그 명칭이 더 일반적이니 그 영향력이 자못 심대했다고나 할까. 아폴로가 발사되기 전부터 한국의 신문 지상은 관련 뉴스로 넘쳐났고 TV와 라디오방송국은 아폴로 특집 방송을 편성했다. 각 언론사는 밀착 보도를 위해 NASA의 지상관제센터가 있는 휴스턴 우주센터로 특파원을 보냈다. 언젠가 달에 태극기 꽂고 돌아올 날을 기대했던 꿈나무들은 학교에서 아폴로를 소재로 그림을 그리거나 글

USIS의 〈인간의 달 탐험 전시회〉 개막식에서 테이프를 끊는 박 대통령과 포터 미 대사. © 국가기록원

아폴로 모형을 관람하는 박 대통령과 포터 미 대사. © 국가기록원

짓기를 했다. 어떤 기념시가 노래했듯 어른들은 "토끼나 방아, 초가삼간/계수나무나 상상했던 우리네들에겐/상상조차 엄두도 나지 않았던 일"[23]을 TV로 보고 각종 기록을 남겼다. 후진을 탈피하려고 몸부림치는 입장에서 우주 개발에 막대한 투자를 아낌없이 하는 미국의 처지가 부럽다는 교수가 있는가 하면, 선진국에서는 인간이 달에 갔다 오는 마당에 한국의 경영자나 과학자도 각성하고 국가 계획에 발맞추어 조국

22. 강준만 2004b, 310-311; 「온 세계는 열광」, 『경향신문』, 1969.7.17(7); 「숨죽인 순간… 인간은 이겼다」, 『경향신문』, 1969.7.21(7).
23. 조병화 1972, 124-126.

근대화에 앞장서라고 일갈한 기업인이 있었다. 우주선도 아닌 기차를 타기 위해 뙤약볕에 온종일 서서 표를 사야 하는 소시민의 서글픈 생활을 자조한 주부도 있었다.[24]

아폴로 붐은 쉽게 사그라지지 않았다. 8월 18일에는 포터(William James Porter) 주한미 대사와 박 대통령이 덕수궁 내 국립공보관에서 USIS의 《인간의 달 탐험 전시회》의 개막식 테이프를 끊었다. 19일부터 31일까지 열린 이 전시회에서는 아폴로 11호의 모형을 비롯해 착륙선 '이글(eagle)호'의 3분의 1 크기의 미니어처, 우주 식품, 달에서 촬영한 사진, 달 표면 모형 등이 전시되었고 우주인이 달에서 촬영한 9분짜리 총천연색 영상이 상영되었다. 서울에 이어 부산, 대구, 광주의 미국문화센터에서도 같은 내용의 전시회가 열렸다.

10월 29일 리처드 닉슨(Richard Milhous Nixon) 대통령은 귀환한 우주 영웅들을 친선 특사로 파견했다. 닐 암스트롱(Neil Alden Armstrong), 버즈 올드린(Edwin Buzz Eugene Aldrin, Jr.), 마이클 콜린스(Michael Collins)는 부부 동반으로 대통령 전용기 에어포스 원을 타고 38일간 24개국을 누볐다. 11월 3일에 한국에 도착한 그들은 국빈급 환영을 받았다. 불과 20시간을 체류했지만 김포공항에서 시청까지 오픈카 퍼레이드, 서울시장의 행운의 열쇠 수여, 청와대 예방, 대통령 내외와의 선물 교환 및 국민훈장 무궁화장 수여, 기념 연설, 방송사 인터뷰, 환영 만찬 등의 행사가 빡빡하게 이루어졌다. 전투기 조종사로 한국전쟁에 참전했던 암스트롱은 한국에 다시 온 것을 기쁘게 생각한다는 소감을 밝혔고 시민들은 태극기와 성조기를 함께 흔들었다.

---

24. 부산대 약대교수 김차덕 1969, 200; 사단법인 한국타이어 공업협회 이사장 현석진 1969, 4; 가정주부 윤선희, 「나의 아폴로」, 『매일경제신문』, 1969.7.22(5).

그런데 아폴로 붐에는 한국 정부의 전폭적 협력이 있었다. 아폴로 11호의 발사 준비가 한창이던 시기 박 정권은 삼선 개헌을 추진하고 있는 상황이었다. 삼선 개헌 저지를 위한 호헌 투쟁이 야당인 신민당을 중심으로 시작되었고 6월 12일부터 서울대학교, 고려대학교, 연세대학교, 경기대학교, 경북대학교 등 전국 20여 개 대학에서 연일 개헌 반대 시위가 일어났다. 장기 집권을 목표로 한 개헌에 반대 여론이 들끓는 가운데 신민당은 7월 17일 삼선개헌 반대 범국민투쟁위원회를 열고 19일 효창운동장에서 시국 강연회를 열었다. 그날 연사 중 한 명이었던 함

아폴로 우주인 방한 퍼레이드. ⓒ 국가기록원

암스트롱(좌)과 박 대통령 부처의 선물교환. ⓒ 국가기록원

석헌은 정권과 여당뿐만 아니라 권력에 휘둘려 학생 데모는 제대로 보도도 못하면서 아폴로 발사만 대서특필한 신문도 함께 규탄했다. 그날 문공부 장관은 "우주의 새로운 역사가 창조되는 그날을 경축하고 달 세계 개척에의 전 인류 참여에 호응하고자"[25] 한국 시간으로 달 착륙이 시도되는 21일을 임시 공휴일로 지정했다고 발표했다.

드디어 21일, 아폴로 11호가 무사히 달에 착륙한 날 한국의 신문은 광고를 제외한 거의 전 지면을 아폴로에 할애했다. 이틀 전 신민당의

25. 「내 21일 임시공휴 정부 결정 아폴로 11 달 착륙 기념」, 『매일경제신문』, 1969.7.19(7).

개헌 반대 시국 강연회에서 삼선 개헌 지지 삐라를 뿌린 자를 잡고 보니 서울시 경찰국 정보과 경장이었다는 뉴스는 7면 한 귀퉁이로 밀려났다.[26] 인류의 위대한 도약의 이면에서 한국의 민주주의는 후퇴했고 헌정은 붕괴되었다.

---

26. 「개헌지지 삐라 뿌려 신민당 서울 강연장」, 『동아일보』, 1969.7.21(7)

제7장
주한미공보원이 제작한 반공영화

외부의 위협과 내부의 적

월트디즈니 스튜디오는 미국이 이차세계대전에 참전했던 1941년부터 1945년까지 정부의 요청으로 도널드나 구피처럼 친숙한 캐릭터가 등장하는 반나치주의 만화영화를 여러 편 만들었다. 그중 하나가 영어권의 전래동화를 각색한 〈어리석은 병아리(Chicken Little)〉(1943, USIS 667)다. 어느 날 갑자기 하늘에서 떨어진 돌을 맞은 병아리는 온 마을을 돌아다니며 곧 하늘이 무너질 것이라며 경고하고 다닌다. 그에게 근거 없는 공포를 심은 것은 호시탐탐 닭고기를 노리는 꾀 많은 여우다. 어리석은 병아리의 선동으로 집단 히스테리에 빠진 양계장의 닭들은 모조리 여우에게 잡아먹히고 만다. 이 만화영화의 원안에서 여우는 히틀러의 자서전 『나의 투쟁(Mein Kampf)』을 읽고 어리석은 자를 이용해 민심을 교란한다는 발상을 얻는다. 그러나 프로파간다의 노골성을 덜어내기 위해 영화에서는 심리학 서적으로 변경되었다. 대신 여우가 책을 읽는

〈어리석은 병아리〉에서 심리전의 아이디어를 얻은 여우

장면에서 『나의 투쟁』을 인용해 에둘러 반나치주의 메시지를 담았다.[1]

외부의 위협이 있을 때는 내부의 적도 경계해야 한다는 교훈을 쉽게 전달한 이 만화영화의 유용성은 상당히 오래갔다. 1950, 60년대에 걸쳐 USIS 영화 목록을 살펴보면 '공산주의' 항목에 〈어리석은 병아리〉가 올라 있다. 반나치즘 영화였지만 원본에서 단 한 컷의 변경도 없이 고스란히 반공영화로 전용(轉用)되었던 것이다. 냉전이라는 문맥에 가져다 놓으니 영화의 의미는 공산주의의 심리전에 말려들어 시민을 선동하는 어리석은 자를 경계하자는 것으로 자연스레 갱신되었다.

이런 전용 사례는 미국이 외부의 위협에 직면했을 때 내부의 적을 만들어 국론을 통합하는 전략을 유지했다는 점을 시사한다. 미국은 한 번도 자기 영토에서 외국과 전쟁을 치러본 적이 없지만 늘 외국의 전쟁에 개입해왔다. 따라서 국민을 전쟁에 동원하기 위해 외부의 적에 대한 공포와 경계심을 조장하는 한편, 외국과의 전쟁이 내부의 정쟁으로 이어질 가능성에 대비해야 했다. 한국전쟁기에 미국 사회 전반에 불었던 매카시즘(Mccarthyism)의 광풍은 적에 대한 공포와 결합된 정쟁이 어떻게 내부의 적을 만들어냈는가를 보여준 예다. 따라서 스탈린의 죽음과 휴전이 불러온 해빙기는 내부 정치에 어떤 영향을 미칠 것인가라는 관점에서 아이젠하워 정부의 고민거리가 되었다. 미국은 여우의 평화공세가 교언영색의 심리전에 불과하다는 사실이 담장 안팎으로 두루 알

1. Walter Disney, *Walter Disney Treasures: On the Front Lines*, DVD, 2004.

려져야 한다고 생각했다. 그리고 아이젠하워 정권은 병아리를 역이용하는 발상의 전환을 이루어냈다. 즉 정부의 해외 공보선전에 '민간 협력(Private Cooperation)'을 적극 이용해 여우의 평화공세에 맞서고자 한 것이다.

이 시기에 '대통령특별긴급기금'과 '국제문화교류 및 무역박람회법'이 제정되면서 수많은 민간단체와 NGO가 국무부의 보조금으로 국제교류 프로그램을 활성화했다. 미국 정부는 노골적 선전을 배제하고 미국의 이미지를 개선해 미국의 의견에 귀를 기울이게 만든다는 장기적 관점에서 민간 협력을 추진했다. 국제 문화교류는 미국의 문화예술을 전파하고 자유 진영의 결속감을 높이는 기회로, 무역박람회는 미국의 과학, 기술, 생활 수준을 종합적으로 전시할 수 있는 쇼케이스로 활용되었다. USIA는 라디오, 서적, 영화, 언론 등 각종 미디어 자원을 동원해 문화, 자연, 역사, 산업, 기술, 과학 등 각종 분야에서 미국의 긍정적 이미지를 구축하고자 했고 평화의 수호자로서 미국의 역할을 부각했다. 이제 문화냉전은 서로에게 새로운 형태의 위협으로 간주되었으며, 해빙기라는 말은 빙산의 일각이 녹았을 뿐 수면 아래서 보이지 않는 냉전을 계속한다는 의미 이상이 아니게 되었다. USIA가 수면 위에서 소련의 '평화공세'에 맞서기 위해 '문화 공세'에 총력을 기울이는 동안 이미 1954년부터 미국의 군사고문과 CIA 첩보원들은 남베트남에서 비밀리에 활동하고 있었다.[2]

긴장완화 정책의 이중성은 USIA 영화에도 반영되었다. USIA는 비정치적으로 보이도록 USIS의 영화 목록 중 반공영화를 회수하고 국제협조나 문화교류를 중요한 주제로 다루기 시작했다. 한국전쟁 내내 심리

---

2. 베른트 슈퇴버, 141.

전과 반공 선전에 치중했던 한국 USIS는 미국과 유엔이 한국의 재건을 위해 다방면에서 노력하고 있다는, 원조 선전을 부각하는 영화를 제작하는 것으로 선회했다. 그렇다고 반공주의적인 주제가 USIA 영화에서 완전히 사라진 것은 아니었다. 1956년 헝가리 민주화 혁명에 대한 소련의 무력 진압은 평화공세가 표리부동하다는 점을 드러내준 사건으로서 USIA 영화에 즉각 반영되었다.[3]

또한 USIA 지부 중에는 현지 사정에 맞춰 반공영화 제작을 계속한 곳도 있었다. 이 경우 USIA의 관여는 대개 비밀에 부쳐졌다. 예를 들어 일본 USIS는 한국전쟁 휴전 직후인 1953년 8월 1일에 공개된 〈철의 꽃다발(鉄の花束)〉을 시작으로 1960년까지 반공영화 5편에 제작비를 지원했으나 그것들은 일본 영화인에 의해 제작되어 일본 영화로 공개되었다.[4] 휴전 이후 한국 USIS도 장편 반공영화 프로젝트를 전개했다. 일본과의 차이점은 한국의 반공영화가 반공을 국시로 삼은 정부에 의해 법적으로 장려되었다는 것이다. 따라서 USIS가 제작비를 댄 〈포화 속의 십자가〉(공립영화사, 1955)나 직접 제작한 〈주검의 상자〉의 사례처럼 USIS는 굳이 자신들의 관여를 숨길 필요가 없었다.

〈주검의 상자〉의 용공 논란

김기영의 데뷔작 〈주검의 상자〉의 현존 필름은 사운드가 유실되어 확

---

3. 〈탈출〉(*Dance to Freedom*, USIS 665), 〈고난 속의 헝가리〉(*A Nation in Torment*)(USIS 845), 〈부다페스트의 회고〉(USIS 871), 〈UN특별위원회 헝가리 보고〉(*Report of the UN Special Committee on Hungary*)(USIS 893), 〈자유를 찾은 우리〉(USIS 881), 〈자유를 위한 헝가리인의 투쟁〉(*Hungarian Fight for Freedom*)(USIS 833), 〈헝가리로부터 자유를 찾기까지〉(USIS 858), 〈임레 나지의 죽음〉(*Death of Imre Nagy*)(USIS 954), 〈안식처〉(*Sanctuary*)(USIS 970) 등.
4. 藤田 2015, 82.

인할 길이 없지만 1955년 개봉 당시 이 영화는 미첼 카메라로 촬영된 한국 최초의 동시녹음 영화로 화제를 모았다. 빛과 어둠을 강조한 필름 누아르적 스타일도 그 당시의 한국 영화에서는 유례를 찾아볼 수 없는 것이었다. 그럼에도 김기영의 데뷔작은 참신하다는 평보다 엽기적이라는 평이 우세였을 정도로 관객과 평단 양쪽 모두로부터 이해받지 못했다. 같은 해 개봉된 〈양산도〉(1955)도 황당무계하고 불합리한 스토리에다 연출이 치졸하다거나 저열, 비속, 악취미라는 악평 일색이었다.[5] 즉 데뷔 무렵 김기영을 두고 '그로테스크 미학의 거장'을 예견한 이는 없었다.

〈주검의 상자〉의 오프닝은 "이 이야기는 실제로 일어난 일입니다"라는 자막으로 시작된다. 당시 빨치산을 체포했다는 소식이 일간지에 빈번히 보도되었던 상황에서 이 영화는 빨치산에 대한 경각심을 일깨우기 위해 기획되었다. 당시 신인배우였던 최무룡과 강효실이 주연을 맡았다. 오프닝 타이틀의 제작자 "리지의"는 리지웨이의 한글 이름인데 그의 회고에 따르면 이 영화의 스토리는 그 자신이 한국인 작가와 공동으로 창작했다. 리지웨이는 공산주의자를 피에 굶주린 괴물로 묘사하는 한국 정부의 반공 선전 방식에 의문을 품고 "너와 나와 다를 바 없는 공산주의자"의 침투를 더욱 경계해야 한다는 생각에서 이 영화에 참여했다고 한다.[6]

〈주검의 상자〉의 내러티브는 내부의 적을 경계했다는 점에서 여러모로 〈어리석은 병아리〉를 연상시키는 면이 있다. 전선과 맞닿은 한 마을에 상이용사로 위장한 빨치산(노능걸 분)이 침투한다. 그는 여우처럼 약한 상대를 찾아 교묘히 포섭한다. 어머니와 딸만 남은 전몰병사의 가정

---

5. 허백년, 「한국영화의 방향: 〈양산도〉가 제기하는 문제 (상)」, 『조선일보』, 1955.11.6(4); 허백년, 「한국영화의 방향: 〈양산도〉가 제기하는 문제 (하)」, 『조선일보』, 1955.11.8(4).
6. Ridgeway 1989, 9.

을 아지트로 삼은 그는 면장 선거를 앞두고 유언비어를 흘려 마을 사람들을 서로 반목케 한다. 그러나 그가 가져온 전몰병사의 유골함이 가짜라는 사실을 알게 된 경관(최무룡 분)의 활약으로 빨치산은 일망타진된다. 유골함을 시한폭탄 상자로 바꿔치기해 빨치산의 아지트로 운반한 경관이 자폭함으로써 '주검의 상자'인 유골함은 '죽음의 상자'가 된다.

결말에 반전이 있기 때문이었을까, 리버티 프로덕션 측은 이 영화의 줄거리를 언론에도 비밀에 부치고 발표하지 않았다.[7] 그런데 막상 공개되었을 때 〈주검의 상자〉는 "표현력이 모자란다"거나 "상업적 기도를 주목적으로 해서 제작된 엽기물"이라는 혹평에 시달렸을 뿐만 아니라 용공 시비까지 붙었다.[8] 당시 국방부 정훈국 국장이었던 김종문 시인은 빨치산을 소재로 비슷한 시기에 개봉한 〈피아골〉(1955)과 〈주검의 상자〉가 공산주의에 대한 적극적 비판 없이 등장인물들을 빨치산으로 국한시켜 "적색 빨치산을 영웅화"한 맹점에 빠졌다고 주장했다. 〈피아골〉은 빨치산의 수기를 원작으로 했기 때문에 등장인물이 모두 빨치산이었고 〈주검의 상자〉도 영웅인 경관보다 빨치산의 출연 분량이 더 많았다. 반공주의가 분량의 문제가 아님에도 "오늘날 우리가 영위하는 일체의 문화 활동은 오직 '반공'이라는 세계적 과제를 완수하는 데 기여하는 것이어야 한다"는 그의 맹목적 비판은 반공 이데올로기가 1950년대 문화를 얼마나 경직시켰는가를 단적으로 보여준다.

〈피아골〉은 용공 시비로 인해 검열로 라스트 신이 빨치산의 귀순 장면으로 바뀌었다. 화면 가득 태극기를 오버랩하고 종소리(아마도 '자유의

---

7. 「신영화 주검의 상자」, 『조선일보』, 1955.5.11(4).
8. 허백년, 「영화시평 2제」, 『한국일보』, 1955.7.1(4); 김종문, 「국산 반공영화의 맹점: 〈피아골〉과 〈주검의 상자〉에 대하여」, 『한국일보』, 1955.7.24(3).

종'이라는 비유를 연상시키기 위해)를 삽입한 결말은 디제시스를 파괴했을 뿐만 아니라 편협한 이데올로기의 파괴성 또한 여실하게 보여주었다. 〈주검의 상자〉는 USIS 영화인 때문인지 〈피아골〉과 같은 파괴적 검열은 피해갔지만 김종문은 반공 이념이 결여되어 있고 상업주의에 영합한 방관자적 영화가 "리버티 프로덕션에 의해 제작되었다"는 것은 매우 유감스러운 일"이라고 비판했다. 그의 발언은 USIS 영화의 제작 방침에 대한 한국 정부의 항의를 대리한 것으로도 읽힌다. 휴전 이후 USIA는 노골적인 반공 프로파간다를 지양하는 상황이었고 한국 USIS도 〈주검의 상자〉 이후로 반공영화를 거의 만들지 않았다. 반면 한국 정부는 반공영화를 직접 제작하거나 민간에 제작을 장려했고 1960년대에는 반공영화에 외화 수입 쿼터를 주는 보상제도까지 만들었다.

흥미롭게도 김종문의 비판에 이의를 제기한 것은 USIS가 아니라 오히려 한국전쟁 때 정훈국 촉탁이었던 우천(又川) 오영진이었다. 그는 〈주검의 상자〉가 "적의 침투와 공작에 대비하여 선량하고 순박한 국민의 주의를 환기시키려는 의도에서 제작된 작품"이라 일부러 빨치산을 주인공으로 설정했을 뿐이라고 반박했다.[9] 그는 할리우드의 반공영화 〈니노치카(Ninotchka)〉(1939), 〈철의 장막(State Secret)〉(1950), 〈서커스의 사람들(Man on a Tightrope)〉(1953), 〈도곡리의 다리(The Bridges at Toko-Ri)〉(1954)와 비교하면서 〈피아골〉과 〈주검의 상자〉의 의의는 "일찍이 외국에서 보지 못한 반공영화의 또 하나의 타입을 개척하고자 시도"한 것에 있다고 호평했다.

우천은 평양 출신으로 한국전쟁 때는 월남 문예인을 규합하여 문

9. 오영진, 「반공영화의 몇 가지 형 (상): 〈주검의 상자〉를 평하기 위한 하나의 서론」, 『한국일보』, 1955.8.3(4); 오영진, 「반공영화의 몇 가지 형 (하): 〈주검의 상자〉를 중심으로」, 『한국일보』, 1955.8.4(4).

화단체총연합회 북한지부를 조직하고 위원장을 역임했던 예술계의 대표적 반공이데올로그였다. 1953년 11월에 미 국무부의 리더스 그랜트(Leader's Grant)의 수혜를 입어 삼 개월 간 도미 연수를 떠나 하버드대학 옌칭연구소, 할리우드, 브로드웨이를 비롯해 미국의 문화·예술계를 두루 시찰한 바 있는 만큼, 그는 미국 문화계의 동향을 잘 알고 있는 비평가이기도 했다.[10] 생전에 손수 작성했다는 연보에 따르면 우천은 1954년에 귀국한 뒤 USIS와 공동으로 반공계몽영화 〈주검의 상자〉 제작에 착수했고, 아시아재단으로부터 제작비 7,000달러를 융자해오기도 했다.[11] 그렇다면 리지웨이가 언급한 '한국인 작가'가 우천일 가능성도 있지 않을까.

1938년 경성제국대학 조선어문학과를 졸업하고 도일하여 도쿄발성(東京発声)에서 조감독 생활을 한 경력이 있는 우천은 1942년 8월에 일문잡지 『국민문학(国民文学)』에 시나리오 「베벵이 굿(ベベンの巫際)」을 발표하면서 영화 경력을 시작했다. 해방 후에는 한국 정부 공보처가 1949년에 설립한 대한영화사의 이사를 역임했고 1950년에는 오리온영화사를 설립해 영화 제작에 착수했다. 이런 이력의 우천이었기에 USIS가 반공영화의 시나리오를 의뢰했다고 보는 것은 자연스럽다. 이미 「문화공세론」에서 "싸우는 우리나라의 현실에 비추어 적의 문화공세의 강력한 무기로서의 영화산업의 의미성도 절대로 등한히 할 수 없"[12]다고 주장한 것으로 보아 그가 〈주검의 상자〉의 시나리오에 관여했을 것이라는 심증은 짙다.

한국 영화계가 전화(戰禍)를 딛고 일어서기 시작한 것은 1954년부터

---

10. 이근삼·서연호 1989, 411-417. 오영진의 도미연수에 대해서는 오영진, 「아메리카 기행」, 『사상계』 제2권 제4호 (1956년 6월호) 참조.
11. 이순진 2016, 24.
12. 오영진, 「문화공세론」, 『사상계』 제1권 제3호 (1953년 6월호), 197.

다. 국산 영화의 입장세를 면제한 정부 시책으로 말미암아 1955년도의 제작 편수는 20여 편으로 일시에 늘어났다. 아직 정부가 반공영화 장려 제도를 만들기 전이었으나 그해 반공영화는 〈주검의 상자〉를 포함해 7편에 달했다. 이 시기 반공영화의 유행을 한국 영화인들의 치열한 반공의식의 산물로 보아야 할까? 그러나 멜로영화적 요소가 다분한 〈출격명령〉(1954), 〈운명의 손〉(1954), 〈원한의 성〉(1955), 〈피아골〉이나, 범죄 스릴러물의 관습이 엿보이는 〈주검의 상자〉처럼 이 시기 반공영화는 정치성과 대중성 사이의 애매한 지점에 놓여 있었다. 더구나 검열 당국조차도 어떤 영화가 반공영화인가에 대해 명확한 기준을 제시하지 못해 반공영화의 애매모호성은 가중되었다.

이 시기 영화 검열의 주무부처는 문교부였다. 휴전 직후에는 반공의식이 더 철저하지 않았을까라는 오늘날의 고정관념과 달리 당시 문교부가 도입한 초중고 반공 교재마저도 반공주의에 대한 일관성이 확립되어 있지 못한 상태였다.[13] 가령 〈피아골〉과 〈주검의 상자〉의 검열 결과를 보면 영화 검열에서도 일관성을 기대하기는 힘들었다. 두 영화는 빨치산에 대한 묘사가 문제적이라는 같은 이유로 용공 시비가 불거졌지만 결과는 판이했다. 〈피아골〉의 경우 검열이 빨치산을 귀순시킨 격이었으나 USIS 영화였던 〈주검의 상자〉는 "풍속의 해이"로 전몰장병의 여동생과 경관의 러브신만 "최고위층의 지시로 삭제"[14]되었을 뿐이다.

영화사적으로 볼 때 〈피아골〉과 〈주검의 상자〉의 용공 논란은 한국

13. 1954년 4월 22일 문교부장관으로 취임한 이선근은 반공민주교육을 제1의 당면과제로 삼았고 6월 12일 '문편 544호 반공방일요항에 의한 수업 실시에 관한 건'을 하달하여 초중고 학교에서 매주 한 시간 이상 반공교육을 실시했다. 반공교과가 교육 과정에 배정되어 있지 않은 상태에서 반공교육은 도의교육에 흡수되었는데 학교 현장에서 사용된 반공 교재들은 일관된 서사를 가지지 못하고 분열적 모습을 드러냈다. 후지이 다케시 2013 참조.
14. 오영진 1955.8.4.(4).

에서 오랫동안 유효했던 반공영화 장르가 내포한 고질적 문제의 서막이기도 했다. 〈피아골〉의 경우 토벌당하는 빨치산의 내적 고뇌를 리얼하게 그릴수록 오히려 빨치산에 대한 동정을 불러일으킬 가능성이 있었다. 〈주검의 상자〉의 경우 빨치산이 일반 가정에 침투할 정도로 암약한다는 설정이 안보에 대한 의구심을 불러일으킬 수 있었다. 반공과 용공 사이의 혼선은 이 목적성 장르가 소멸될 때까지 반복, 변주되었다. 국가가 장려한 반공영화 장르는 외화 수입쿼터를 확보하고 검열을 피해가기 위한 방편이 되었지만 역으로 '멸공-불가시화'되어야 할 적을 '가시화'할 수밖에 없는 장르의 특성상 늘 검열의 잣대를 의식하지 않을 수 없었다. 자유를 지킨다는 명목으로 자유를 제한하는 불합리한 상황은 분단이 지속되는 한 계속될 것이었고 한국 영화는 점차 검열과 공존하는 법을 체득하게 되었다. 그러나 반공영화는 검열을 비켜나가기 위해 정형화될수록 관객을 잃어갔고 결국에는 국가의 장려도 이 장르의 소멸을 막지 못했다.

험프리 렌지 컬렉션과 4월혁명

케네디 정권기 USIS의 반공영화 프로그램을 살펴보기에 앞서 이 절에서는 아이젠하워 후기 USIS 영화과의 인선에 대해 설명해두고자 한다. 동남아에서 20여 년 활동했던 촬영감독 출신의 로린 G. 리더(Lorin G. Reeder)가 1957년 상남영화제작소의 책임자로 파견되었다.[15] USIS 영화과장이었던 리지웨이는 라오스, 베트남, 캄보디아 USIS의 영화 생산까지 관장하는 필리핀 USIS의 영화과장으로 전보되어 1958년 3월 한국

---

15. 「'자유의 종' 울려 10년: 상남 '라보' 현지 르포」.

홍종철 공보부 장관(좌)이 퇴임하는 험프리 렌지(우)에게 감사장 수여(1966). ⓒ 국가기록원

을 떠났다. 닐스 보네슨(Niels Bonnesen)이 그의 후임으로 한국에 파견되었다. 보네슨은 서울에서 USIS의 영화 배급과 MOPIX 프로그램을 담당했고 리더는 계속해서 상남영화제작소의 전반을 맡았다.[16] 1960년 1월 보네슨의 후임으로 인도네시아 자카르타 USIS의 영화담당관이었던 험프리 W. 렌지(Humphrey William Leynse, 1921~1977)가 파견되었다. 이차대전 때 CIC 특수요원으로 일했던 렌지는 미 육군부, 내무부, 국무부 등에서 교육자문 및 행정관으로 일한 해외공보 전문가였다. 그가 한국 USIS의 영화과장으로 재직하는 동안 생산된 USIS 영화는 100편을 상회한다.[17]

아마추어 영화작가이기도 했던 렌지는 오세아니아 프로덕션(Oceania

---

16. Ridgeway 1989, 16; Cumming 1990, 9.
17. USIS 영화과 직원이었던 전선명이 연출한 〈험프리 W. 렌지에게〉에 따르면 렌지는 재직 중에 리버티 프로덕션의 영화 54편뿐만 아니라 다큐멘터리 48편을 제작했다. 현재 워싱턴주립대학 도서관에 보관 중인 그의 컬렉션 중에서 USIS 재직 중 만든 영화는 필름번호 26~47번까지로 22편이다. http://ntserver1.wsulibs.wsu.edu/masc/finders/cg438.htm 참조.

Production)을 설립하고 아시아에 관한 장편 다큐멘터리를 제작하기도 했다. USIS를 은퇴하고 1966년 1월 25일 귀국했지만 곧 가족과 함께 다시 한국에 돌아온 렌지는 1969년까지 2년간 울릉도에 살며 다큐멘터리 〈먼 곳에 외로운 섬 하나(Out There, A Lone Island)〉를 제작했다. 이 영화는 뉴욕 휘트니미술관, 뉴욕 현대미술관에서 상영되었고 몇몇 영화제에서 수상했다. 울릉군은 2012년 그의 아들 제임스 렌지(James Leynse)와 접촉해 이 영화의 원본 35밀리 필름을 입수했고 그의 승인을 얻어 2014년 미국에서 필름을 복원했다. 현재 복원된 영상은 울릉군 독도박물관에서 볼 수 있다.[18]

귀국한 렌지는 1970년 워싱턴주립대학(Washington State University) 커뮤니케이션학과의 교수로 부임해 1977년 사망할 때까지 재직했다. 그의 부인 주디스 렌지(Judith Leynse)는 1979년에 동 대학에 남편이 생전에 모은 자료를 기증했다. 한국영상자료원은 2012년에 험프리 렌지 컬렉션에서 한국 관련 영상 25편을 수집했다. USIS 영화는 필름의 품질을 유지하기 위해 3년 뒤에 소각하는 것이 원칙이었다고는 하나[19] 이 컬렉션에는 1960년대 USIS 영화가 다수 포함되어 있다. 또한 개인적인 기념영화이지만 USIS와 관련하여 자료적 가치가 있는 필름들도 있다. 로린 리더의 퇴임 기념영화 〈상남의 리더들(The Reeders of Sangnam)〉과 미 대사관의 PAO이자 USIS 국장이었던 나고르스키(Zygmunt Nagorski)의 퇴임 기념영화 〈비교할 수 없는 지그문트 나고르스키(The Incomparable Zygmunt Nagorski)〉(1964), 렌지에게 헌정된 퇴임 기념영화 〈험프리 W.

18. 「다시 돌아와 영화 만들겠다: 미공보원 영화과장 린지씨 귀국」, 『동아일보』, 1966.1.26.(3); 공영민 2011, 8; 「울릉, 외국인 눈에 비친 60년대 주민 생활영상 확보」, 『경북신문』, 2014.11.6, http:// www.kbsm.net/default/index_view_page.php?part_idx=195&idx=114131#.

19. 「양식보다 피로 주는 문화영화」, 『경향신문』, 1963. 4.2(8).

렌지에게(To Humphrey W. Leynse)〉(1965) 등이 그것이다.

한편 이 컬렉션에는 정보 수집과 관련된 영화들도 포함되어 있는 것으로 보인다. 이를테면 4월혁명을 촬영한 두 편의 기록물이 그렇다. 〈1960년 4월 학생 봉기(April Student Revolt Korea, 1960)〉라는 같은 제목으로 보존된 필름인데, 하나는 '한국 리뷰 15호(Korea in Review no. 15)'라는 부제가 들어간 9분 11초 분량의 뉴스릴이고 나머지 하나는 사운드가 없는 21분 54초 분량의 미편집 영상이다. 두 편 모두 USIS 영화 목록에는 없는 영화다. 렌지는 부임 직후 4·19를 맞닥뜨렸는데 무슨 이유에서인가 4·19를 기록한 영화를 오랫동안 간직해왔다.[20]

먼저 〈한국 리뷰 15호〉는 공식적 논평으로서 "4월 학생 봉기"를 "이상주의자들의 혁명"으로 명명한다. 영화는 부패한 독재정부에 맞선 한국 학생들의 봉기가 전국으로 확산되어 민주주의가 회복되고 임시내각의 개혁 조치를 통해 한국 사회가 질서를 재확립하고 일상으로 돌아갔다는 기승전결식 스토리로 전개된다. 하야한 이승만이 평범한 시민이 되어 경무대를 떠나는 모습, 질서 유지를 위해 학생과 시민이 교통 정리를 하는 장면, 허정 임시내각이 부정선거에 연루된 자유당 인사들을 체포, 처벌하는 모습은 '민주주의 혁명의 성공'이라는 서사를 뒷받침한다. 그런데 영화에서는 월터 매카너기(Walter Patrick McConaughy) 주한 미대사가 6월로 예정된 아이젠하워의 방한을 취소하고 미국의 대한 경제원조도 재검토할 것이라며 이승만에게 하야를 압박한 사실, 담화 발표 약 한 달 후 이승만이 하와이로 망명했던 사실 등 4·19에 대한 미

---

20. 렌지 컬렉션에는 다섯 가지 에피소드를 모아놓은 〈진실의 순간들(Moment of Truth)〉이라 이름 붙인 영상이 존재한다. 그중 4·19를 담은 세 번째 에피소드에 이 두 영상의 일부분이 포함되어 있다. 험프리 렌지는 은퇴 뒤 자신이 목격한 한국의 상황을 영화로 제작하고자 했던 것이 아닐까 추측해본다.

제2부 문화냉전과 주한미공보원 영화 **237**

국의 관여는 전혀 언급되지 않는다. 미국에 대한 유일한 언급은 성난 학생들에 의해 맥아더 동상이 파괴되었다는 외국 보도와 달리 학생이 맥아더 동상에 화환을 걸어주는 장면이다. 4·19 이후 학생계층이 급속히 정치 세력화되어 갔다는 점을 상기하면 이 장면의 의도는 자유당 정권을 무너뜨린 이 세력을 미국이 지지하고 있다는 점을 보여주는 데 있지 않았을까. 그렇다면 미국의 지지를 점령군 사령관이었던 맥아더의 동상을 통해 매개한 것은 미국이 한국의 민주주의 혁명을 자생적인 것이라기보다 미국의 이념적 승리로 추수하려 했다고 볼 수도 있다.

같은 제목의 미편집 영상은 〈리버티뉴스〉를 위한 푸티지(footage)였던 것 같다. 〈리버티뉴스〉 347호(3·15선거 항의), 351호(마산 시위), 353호(4·19 이후의 한국) 등이 이 영상의 일부를 이용했다. USIS는 마산 시위가 시작되자 직접 인력을 파견해 정보 수집을 했는데[21] 그때 현장을 기록한 영상일 가능성이 있다. 〈한국 리뷰 15호〉가 4월혁명 이후 질서 회복에 초점을 둔 것에 비해 이 영상은 먼저 4월혁명의 원인으로 3·15부정선거와 마산시위를 담았다. 카메라는 한 투표소의 외부와 내부를 넘나들며 대통령 선거 당일의 투표 정황을 담은 뒤, 마산시위 직후 폐허가 된 거리 풍경을 스케치한다. 유리창이 깨지고 부서진 건물과 차량, 끊어진 전선, 일제히 문을 닫은 상가 거리, 병원 안팎으로 줄을 선 부상자들, 간밤의 폭력을 증언하는 시체와 핏자국, 오열하는 희생자의 가족을 담은 파편적 이미지는 통제 불가능한 대중의 분노와 시가전을 방불케 하는 파괴 양상을 보여준다.

4·19의 원인과 전개 과정을 파악하고 있었던 미국은 이 사건을 성공한 민주주의 혁명으로 자리매김시키는 한편, 어디로 분출할지 모르는

---

21. 허은 2008, 333.

민중의 폭력적 저항을 제한할 방도에 대해 고민했다. 미국은 한국 사회의 안정을 위해 경제적 불평등, 독재정부, 부정부패 척결에 대한 열망을 수용하면서도 동시에 미국이 주도하는 동아시아 질서에서 벗어남이 없도록 그것을 조정하고자 했다. 팔리 보고서[22]에서 드러났듯 4·19 이후 미국이 가장 경계한 사태는 민중혁명에 의한 정권 교체의 경험을 통해 고조된 한국인의 민족주의가 또 다른 혁명으로 이어지는 것이었다. 1960년의 4·19와 1964년의 6·3(한일협정 반대 투쟁)을 거치면서 대학생 그룹은 반정부운동의 중심으로 부상했고 미국은 6·3 이후 반미 색채가 뚜렷해진 학생 시위가 미국을 배제한 남북통일이나 중립국가 수립 운동으로 확산되는 것을 우려했다. USIS가 한국 대학생의 가치관을 연구하고[23] 한동안 중단했던 반공영화 제작을 재개한 원인도 바로 그 때문이었다.

케네디 정권기 주한미공보원의 유화정책 영화

미국 역사상 가장 진보적 대통령으로 평가받는 케네디는 이차세계대전 때 목숨을 걸고 전황을 보도한 CBS의 유럽 특파원이자 매카시즘과 맞서 싸운 전설의 저널리스트 에드워드 R. 머로(Edward R. Murrow)를 USIA 국장으로 임명했다. 머로는 USIA 영화과의 수장으로 할리우

---

22. ICA의 기술지원계획(Technical Assistance Program) 책임자로 1961년 2월 24일까지 유솜(USOM) 부단장을 역임한 휴 팔리(Hugh D. Farley)가 워싱턴에 복귀해 같은 해 3월 6일 케네디 대통령의 국가안보담당특별부보좌관 로스토(Walt W. Rostow)에게 제출한 "The Situation in Korea, February 1961"라는 제목의 보고서. 「코리안 아메리칸 리포트: 5·16 군사정변을 예측한 팔리 보고서」, 『미주 한국일보』, 2012.12.5, http://www.koreatimes.com.

23. 한국에서 4년간 USIS 지부의 공보관으로 복무한 랠프 루이스의 다음 보고서 참조. Ralph Lewis, "Values and Predispositions among Students in Korea," Mar. 1965, Reports of the Office of Research 1963-74, Box 7, RG 306.

드 출신의 젊은 프로듀서 조지 스티븐스 주니어(Gorge Stevens Jr.)를 영입했다. 스티븐스 주니어는 케네디 정부의 초당파 정신을 발휘하여 정치 성향에 관계없이 젊고 유능한 다큐멘터리 감독들을 대거 고용했고 USIA 영화의 질적 향상을 이끌어내었다.[24]

그렇다고 케네디 정권기의 USIA가 선전영화를 포기한 것은 아니었다. 스티븐스는 "유화정책 영화"(soft policy film)[25]로 불렸지만 그것은 목적을 위장하는 한에서만 유화적이었을 뿐 소련의 선전에 대한 견제는 강화되었다. 일찍이 머로는 USIA 국장 취임 청문회에서 언론인으로서의 정체성을 잃지 않고 "미국의 약점까지도"[26] 공개하겠다는 소신을 밝혔다. 그러나 급변한 국제정세 속에서 그의 이상주의는 관철되기 어려웠다. 케네디가 집권하자마자 피그스만 침공,[27] 이차 베를린 위기,[28] 소련의 핵 실험 재개,[29] 쿠바 미사일 위기,[30] 베트남전 등으로 미소 관계는

---

24. Cull 2008, 207-210.
25. Cull 2008, 209.
26. Cull 2003, 23.
27. 1960년 4월 17일 CIA의 주도로 카스트로 정부를 전복하기 위해 반(反)카스트로 쿠바 망명자 1천 5백 명이 쿠바의 피그스만(the Bay of Pigs, La Batalla de Girón)을 침공한 사건. 소련군으로부터 훈련받은 쿠바군은 사흘 만에 미군을 격퇴했고 이 과정에서 미군 천여 명이 인질로 잡혔다. 처음에 케네디 정부는 미국의 관련을 부인했으나 4월 20일 참패에 대한 책임을 인정하고 막대한 몸값을 지불했다. 이 사건으로 인해 미소 간 긴장이 급격히 고조되어 쿠바 미사일 위기가 초래되었다.
28. 서베를린이 경제적으로 윤택해지자 동독 주민들이 서쪽의 개방된 국경을 통해 서독으로 탈출하는 경우가 빈발했다. 1958년 흐루쇼프는 미국, 영국, 프랑스, 소련의 베를린 점령을 종료하거나 베를린 접근권 관리를 동독으로 이관해야 한다고 최후통첩을 했지만 아이젠하워 정부의 강경한 반대에 부딪혀 무산되었다. 동독 수상 울브리히트는 장벽을 세워 서베를린을 동독에서 격리시키려 했고 흐루쇼프의 승인을 얻어 1961년 8월 12일 그 계획을 실현했다.
29. 1961년 8월 소련은 1958년 이후 중단했던 핵실험을 재개했고 10월 30일에 일명 황제 폭탄, 차르 봄바(Tsar Bomba)의 폭파 실험을 감행했다. 50메가톤의 이 수소폭탄은 현재까지도 인류 역사상 폭파된 폭탄 중 가장 강력한 폭탄이다.
30. 피그만 침공의 실패에도 불구하고 미국이 카스트로를 제거하기 위해 군사 공격을 배제하지 않을 것이라고 보았던 소련은 1962년 7월 쿠바로 중거리 미사일을 수송했고 10월에는 탄도미사일을 배치했다. U-2기의 정찰로 10월 14일에 이 사실을 알게 된 케네디는 10월 22일 쿠바에 대한 해상 격리 조치를 발표했고 전쟁 준비에 돌입했다. 미국은 이미 소련과 국경을 맞댄 터키 및 중동에 다량의 중거리 탄도미사일을 배치하고 있었는데 이를 철수한다는 조건하에 10월 28일 흐루쇼프가 쿠바에 배치된 모든 미사일을 회수하겠다고 케네디에게 통보함으로써 위기 상황은 일단락되었다.

급속히 냉각되었고 USIA는 소련의 도발에 대한 미국의 입장을 전파하는 역할을 어느 때보다 강력히 요구받았다. 케네디도서관에서 기밀 해제된 문서와 전직 USIA 및 VOA 직원들의 인터뷰를 종합해서 말하면 머로 재임기에 오히려 보도의 자유와 중립성은 제한되었다.[31] 머로는 국가적 위기 앞에서 언론인으로서의 소신을 버리고 미국의 국익에 반하는 진실을 감추거나 진실을 만들어내는 일을 마다하지 않았다. 진보적 평화주의자로서 케네디의 이미지를 전 세계에 각인시키는 데 성공한 머로였으나 베트남전에 대한 그의 온건한 의견은 케네디 행정부에서 일반적으로 무시되는 편이었다. 이를테면 그는 고엽제를 사용하지 않도록 대통령을 설득하고자 했지만 실패했다.[32]

한국 USIS의 유화정책 영화로는 험프리 렌지 컬렉션에 포함된 〈탱크(Tank)〉(USIS C-105, 1963)와 〈한라산(The Mountain)〉(USIS D-37, 1963), 〈자랑스러운 유산(A Legacy)〉(USIS C-126, 1965) 등이 있다. 1950년대까지 농민층을 가장 중요한 공보선전 대상으로 삼았던 USIS는 1961년 1월 USIA 조사분석국의 조사 결과를 바탕으로 학생, 지식인, 기업가, 전문가, 소장 장교, 공무원 등 4월혁명 이후 새로운 세력 집단으로 부상한 '근대적 교육을 받은 도시 거주자'를 가장 우선적인 공보 대상으로 조정했다.[33] 이에 따라 USIS 영화도 이전과 달리 덜 노골적인 방식으로 공보선전 메시지를 전달하기 위해 노력을 기울였다.

1960년대 초반 한국의 국내 정치 또한 유화정책 영화를 필요로 했다. 팔리 보고서가 우려했던 혁명은 5·16 군사쿠데타라는 형태로 현실화되었다. 반공주의와 경제성장을 명분으로 내세웠던 쿠데타 세력은

---

31. Cull 2003, 26.
32. Cull 2003, 37.
33. 허은 2008, 340.

처음에는 조속한 민정이양을 약속했다. 그러나 결국 번의에 번의를 거듭하여 박정희가 군복을 벗고 대선에 출마했고 1963년 10월 15일 근소한 표 차로 당선되었다. 11월 26일에는 총선이 예정되어 있었지만 11월 22일 케네디 대통령이 암살당했고 박정희는 당선자 신분으로 장례식 참석차 11월 24일 미국으로 떠났다. 국가 원수가 부재한 상황에서 치러진 총선은 케네디 암살이 촉발한 안보 불안의 영향으로 집권 여당인 공화당의 승리로 끝났다.

 케네디 사후 대통령 직무를 인수한 린든 B. 존슨(Lyndon Baines Johnson) 정권과 박정희 정권이 가장 우선적으로 착수한 정책은 한일관계 개선이었다. 1964년 3월 한일회담이 재개되었으나 한국에서는 국민감정을 고려하지 않은 불평등 외교에 반대해 같은 달 24일에 4월혁명 이래 최대의 학생 시위가 서울에서 발생했다. 한일협정 반대 시위는 전국으로 확산되었고 6월 3일 정부는 서울 일원에 비상계엄을 선포하기에 이르렀다. 10월에는 일본을 방문한 조지 F. 캐넌이 "한국이 미국의 대일정책을 방해한다면 결국 미국의 대한정책은 재고를 면치 못할 것이다. 한국은 중요하다. 그러나 일본은 더 중요하다"[34]라고 발언한 것이 국내 언론에 알려져 파문을 일으켰다. 게다가 한일협정 반대 시위에 대한 미국 언론의 부정적 보도는 한국 국민에게 이 협정에 미국이 개입되어 있다는 확신을 심어주었다. 1965년 2월 19일 한일협정 기본조약이 가조인되자 비준 반대 시위가 이어졌고 5월 19일 박정희와 존슨이 한일협정 가조인을 환영한다는 공동성명을 발표하자 학생·지식인 그룹은 미국의 정책을 신식민주의로 규탄했다. 4월혁명 이후 여론 주도세력으로 성장한 이 그룹은 베트남 파병 결정을 문제 삼거나

---

34. 차기벽, 「미국의 국익과 한국과 일본」, 『사상계』 제13권 제10호 (1965년 9월호), 28.

평등한 한미행정협정 체결을 주장하는 등 미국의 대한정책에 반기를 들었다. 반미의 무풍지대였던 한국에도 변화의 바람이 불기 시작한 것이다.

이러한 상황에서 USIS 영화는 현실정치에 대한 직접적 논평을 삼가며 우회적 방식으로 한미일 공조라는 주제를 구현하고자 했다. 주한미군과 국군의 방첩작전을 다룬 〈탱크〉, 4·3 진상규명에 대한 요구를 순치하기 위한 〈한라산〉, 일본 아리타 도기 문화의 시조인 조선도공 이삼평을 다룬 〈자랑스러운 유산〉[35] 같은 영화들이 바로 그 예다. 아래에서는 〈탱크〉와 〈한라산〉을 통해 1960년대 USIS 반공영화에 나타난 유화적 변화를 살펴보고자 한다.

〈탱크〉의 주인공은 누구인가?

USIS는 1963년 2월 중순에 〈탱크〉를 크랭크인했지만 공개는 통상 USIS 영화에 비해 많이 늦어졌다. 대선 직전인 1963년 11월 11일에 공개 예정 보도가 있었지만 한 해 뒤인 1964년 10월에야 공개되었다.[36] 〈탱크〉가 제작될 무렵 한국은 군사정권의 민정이양을 둘러싸고 몇 달째 혼란스러운 정국이 계속되고 있었다. 쿠데타의 주역인 박정희가 전역하여 대통령 선거 출마를 선언하자 야당은 남로당원 출신으로 여순사건 때 군법회의에서 무기징역을 선고받은 그의 과거를 두고 색깔론을 펼쳤다. 그와 관련하여 반공법 위반과 간첩미수죄로 사형을 선고를

---

35. 이 영화에 대해서는 제3부 제11장에서 더 자세히 다루기로 한다.
36. 「새로운 문화영화: 〈한강〉과 〈탱크〉 두 편 상남 프로덕션에서 제작」, 『동아일보』, 1963.2.18(6); 「기록영화 〈탱크병〉 USIS서 제작」, 『동아일보』, 1963.11.11.(6); 「탱크병」, 『자유세계』 제13권 제5호 (1964. 10), 46.

받은 간첩 황태성[37]에 대한 의혹이 재점화되었다. USIS는 이런 민감한 시기에 미군이 국군을 도와 간첩을 일망타진한다는 내용의 〈탱크〉를 공개하는 것은 부적절하다고 판단하여 공개를 늦추었던 것이 아닐까.

〈탱크〉의 내용을 좀 더 자세히 살펴보자. DMZ 근처의 사격훈련장에서 주한미군 기갑부대원들이 맹훈련 중이다. 윌리엄 존슨 대위는 훈련성적이 가장 뛰어난 중대의 책임자인 노먼 자넬 중사에게 트로피를 수여한다. 미군이 M-47 탱크를 한국군에게 양도하게 되었고 자넬 중대의 탱크도 양도된다. 이제 그는 한국군 전차부대의 장 중사에게 탱크 조종과 관리의 노하우를 전수한 뒤 동료들과 함께 귀국을 준비해야 한다. 갑작스러운 귀국 명령에 자넬이 실망하고 있는 사이, 남파 간첩이 국경을 넘어와 자기 일당과 접선을 꾀한다. 탱크에 애착이 있고 한국도 좋아하게 된 자넬은 중대장을 만나 한국에 남겠다는 의사를 밝히고 중대장은 그를 KMAG(Korea Military Advisory Group, 주한미군사고문단)에 취직시켜준다. 민간인이 된 자넬은 KMAG 고문관으로서 한국군 제32전차대대 서원순(徐元淳) 중령의 부하들에게 탱크 관리를 가르친다. 한편 DMZ 근처의 마을에 잠입한 간첩은 유엔군을 약화시키기 위해 M-47 탱크를 탈취하라는 지령을 받는다. 그러나 육군본부 방첩대는 도청을 통해 간첩의 잠입뿐만 아니라 지령까지도 파악하고 있었기에 적의 음모를 역으로 이용할 작전을 짠다. 그것은 간첩의 근거지로 탱크 한 대를 몰아가다가 고장이 난 척하여 덫을 놓는 것이었다. 서 중령이 지휘하는 한국군과 자넬의 협동작전으로 덫에 걸려든 간첩 일당은 결국 잠

---

37. 일제강점기 사회주의자이자 독립운동가였던 황태성은 박정희의 형 박상희의 친우로, 박정희가 남로당에 입당했을 때 신원보증인이었다. 미군정의 검거를 피해 월북했던 황태성은 북한에서 무역상 서리를 역임했고 박정희의 쿠데타가 성공하자 밀사로 파견되었다. 1961년 8월에 박정희를 만나기 위해 서울에 잠입한 그는 같은 해 12월에 체포되었고 박정희가 대통령에 취임한 직후인 1963년 12월 14일에 총살형에 처해졌다.

복하고 있던 탱크 부대에 의해 체포된다.

기존 연구는 이 영화의 메시지를 ① 미국(미군)의 지도자적 역할, ② 사회혼란 요인의 제거, ③ 한미협조에 의한 국가안보의 달성으로 보았다.[38] 〈탱크〉의 주인공을 자넬로 봤을 때 이런 설명은 타당해 보인다. 자넬이라는 등장인물은 KMAG의 임무, 즉 한국군의 군수 관리 및 운영에 대한 자문이 구체적으로 무엇인가를 보여주고 한국군 탱크부대의 기갑력과 전술을 뒷받침하는 것이 KMAG-한미동맹-미국이라는 점을 가시화하기 위해 만들어졌기 때문이다. 악당은 영웅적 인물을 돋보이게 하기 위해 더 교활하고 악랄하게 그려져야 하는 법이지만 이 영화의 간첩들은 지나치게 허술하다는 인상을 준다. 그들은 쉽게 방첩대에 정체를 들키고 아지트를 노출시키는 데다 제 발로 덫에 걸려들기까지 한다. 게다가 한국군과 KMAG의 영웅은 관객에게 미리 간첩이 누구인지, 어떻게 잡을 것인지 다 알려주고 작전대로 수월하게 간첩을 소탕한다. 오히려 이 영화에는 방첩 외에도 다른 메시지가 숨겨져 있지 않았을까? 결정적으로 카메라는 자넬의 지략과 국군의 용맹함보다는 탱크의 위용을 묘사하는 데 더 관심을 보인다. 〈탱크〉의 주인공이 자넬이 아니라 탱크 그 자체라면 이 영화의 메시지는 어떤 것이 될까? 그와 같은 의문을 해소하기 위해 일단 자넬 역을 맡은 탱크병 에버린 J. 콤로프스키(Everlyn J. Komlofske) 중사에 대해 좀 더 알아보자.

중사가 영화에 출연하다

M-47 탱크 한 대가 잠정적으로 〈탱크〉라는 제목이 붙은 USIS 다큐멘터리에서 주인공을 맡게 되었다. 탱크와 함께 주연을 나누어 맡는 영광

---

38. 許殷 2012, 142-143.

을 얻은 이는 미군 제1기갑사단 제40전차대대 제3탱크중대의 에버린 J. 콤로프스키 하사와 한국 육군 제12사단 전차부대의 김호윤 중사다. 콤로프스키 중사는 콘클링(Conkling)가 509번지에 사는 조(Joe) 콤로프스키 부부의 아들이다. 한국 국방부와 미8군의 협력으로 제작되는 그 영화는 한국 국경을 지키는 탱크와 그것을 조종하는 한국인과 미국인의 이야기를 다룰 것이다. 서울에서 촬영될 일부 장면과 함께 영화는 제1기갑사단과 한국 제12사단 전차부대에서 촬영될 예정이다.[39]

위는 콤로프스키 중사의 고향에서 발행된 지역 신문에 실린 기사다. "탱크와 함께 주연을 나누어 맡은 영광"이라는 표현대로 탱크를 주인공으로 놓고 보면 영화의 메시지는 달라진다. 〈탱크〉는 제목 그대로 중형전차(medium tank) M-47의 강력함과 탱크부대의 전투 능력을 보여주기 위해 기획된 영화다. USIS는 이 영화의 사실감을 높이기 위해 국방부와 주한미군의 협조로 실물 M-47을 수십 대 동원했다. 또한 간첩 역을 맡은 배우 4명을 제외하고 군인 역에는 대한민국 제32전차대대 및 미군 제1기갑부대의 실제 군인들이 출연했다. 뿐만 아니라 군 헬리콥터가 동원되어 부감쇼트로 추격전이 촬영되었고 음악도 사무엘 J. 프리카노(Samuel J. Fricano) 상급 준위(Chief Warrant Officer)의 지휘 아래 미군 제1기갑부대 군악대가 담당했다.

USIS는 이 영화를 "전투 기술에 관한 탱크병들의 훌륭한 교재"[40]로 기획했다. 따라서 첩보영화의 엎치락뒤치락하는 극적 재미를 추구하기보다는 M-47의 성능을 보여주고 해설자가 부연하는 방식으로 구

---

39. "Garden City Telegram: Sergeant Has Role in Film," *Garden City*, Kansas, 6 May 1963, 2.

40. 「탱크병」, 46.

성되어 있다. 미군 기갑부대의 사격훈련을 기록한 오프닝 신에 따르면 M-47은 기존의 탱크와 달리 정확한 사격이 가능하다.[41] 또한 "더 강한 화력과 단단한 철갑, 그리고 810마력 엔진을 탑재한 새로운 모델이다. 233갤런의 연료통이 달린 휘발유(gasoline) 먹는 짐승이다. 시간당 30마일의 속도로 60도 각도의 언덕을 빠르게 넘을 수 있다." 간첩을 쫓아 M-47이 산을 넘거나 개울을 건너는 신은 이 탱크가 한국의 산간 지형에도 유용한 수륙양용 전차라는 점이 드러나도록 공들여 촬영되었다.

그러나 M-47이 미국에서는 이미 1959년에 퇴역한 전차라는 점을 감안하면 〈탱크〉의 설명에는 과장된 면이 없지 않다. 미군은 한국은 산악지대이고 도로와 교량이 원시적이어서 전차부대 운용에 부적합하다는 이유로 탱크를 공급하지 않았다. 반면 인민군은 1950년 4월에 이미 이차세계대전을 통해 세계 최강의 기갑 전투력을 증명한 소련제 탱크 T-34 242대를 확보하고 있었다.[42] 국군은 1951년 10월 15일에야 비로소 미군으로부터 M-36 잭슨(Jackson) 전차 22대를 인수할 수 있었다. M-36은 90mm 포탄을 장착한 구축(驅逐)전차라 T-34에 비해 화력이 더 뛰어나긴 했지만 철갑이 얇았고 포탑 덮개도 없었다.[43] 소련군으로부터 훈련받은 전차여단과 독립전차연대를 보유한 인민군은 아시아에서 가장 강력한 기갑 전력을 자랑했으나[44] 국군의 기갑 전력은 한심한 수준이었다. 한국전쟁 때 국군이 겪은 탱크 없는 설움은 국군홍보관리소가 제작한 홍보영화 〈배달의 기수〉 '지상의 왕자'편(504호, 1970)에도 잘 나타나있다. 이 영화에 따르면 한국전쟁 초기에 육군은 맞서 싸울 탱크를 갖추지 못해 마치 태평양전쟁 때의 가미카제 특공대처럼 수류탄을

---

41. 사격의 정확도를 높이기 위해 M-47에는 입체식 거리측정기가 장착되었다.
42. 한남전우회 1997, 40, 89.
43. 권주혁 2011, 12, 29, 28.
44. 권주혁 2014, 196-197.

들고 T-34에 뛰어들어 자폭 공격을 했다.

인민군이 탱크여단을 앞세우고 서울로 진격해 T-34의 충격적 능력을 과시했다면 유엔군에게는 머스탱(Mustang) 전투기가 그에 견줄만한 공포의 무기였다. 오늘날에도 '원산폭격'이라는 단어가 군대식 기합을 의미하는 일반명사로 쓰일 정도로 머스탱 전투기를 동원한 유엔군의 한반도 초토화 작전은 적뿐만 아니라 아군과 민간인에게도 깊은 트라우마를 남겼다.[45] 〈서부전선〉(2015)은 잊히지 않는 그 공포를 코미디영화의 관습을 통해 덜 고통스러운 방식으로 재현했다. 휴전을 사흘 앞두고 인민군의 소년 탱크병과 농사꾼 출신의 국군 보병이 서부전선에서 맞닥뜨린다. F-51 머스탱기의 폭격으로 동료를 모두 잃은 소년병은 지나가는 전투기 소리에 패닉에 빠지고 산전수전 다 겪은 국군 장병은 T-34의 위용에 압도당하여 넋이 빠진다. 그들에게 전투기와 탱크는 살상하지 않을 때라도 공포심을 조장해 전의를 상실하게 하는 심리적 무기였던 것이다.

폴 비릴리오(Paul Virilio)의 통찰대로 "사용되지 않을 때조차도 군비는 이데올로기적 정복의 능동적 요소"[46]다. 1953년 휴전협정은 신무기 도입을 금지했으나 양측 모두 협정을 어기고 군비증강 레이스를 시작했다. 한국 정부는 탱크 없는 설움을 만회하기 위해 1956년부터 주한미군으로부터 M-47을 인수하기 시작했고 〈탱크〉가 설명했듯 1963년에 이르자 한 대에 140,000달러나 하는 M-47을 600대 이상 확보하게 되었다. 1964년까지도 주한미군으로부터 M-47을 계속 인수했던 국군

---

45. 무차별 폭격의 희생자는 적군뿐만 아니라 민간인들이었고 술을 마시지 않고서는 임무를 수행할 수 없었던 미 공군 조종사들의 심리적 고통을 무마하기 위해 군의관은 임무 위스키(mission whisky)를 권했다. 김태우 2013, 192.
46. 폴 비릴리오 2004, 31.

은 1965년 미국의 '한국군 장비 현대화계획'에 따라 1966년부터 후속 모델인 M-48을 도입했다. 다시 말하면 "새로운 모델"이라는 〈탱크〉의 내레이션과 달리 M-47은 불과 2년 뒤에 교체될 노후 무기였던 것이다.

월남전 파병으로 1965년도 미국의 대한 군사원조는 1억 2천만 달러에서 1억 6천만 달러로 4천만 달러가 증액되었다.[47] 그러나 군사원조의 많은 부분이 한국군 장비 현대화계획에 사용되었다. 1966년에 그 계획으로 도입된 무기 중에는 미국이 이차대전 때 썼던 구축함이나 1950년대 중반 일본에서 생산된 F86F기와 같은 중고 무기가 포함되어 있었다. M-47의 후속 모델로 도입된 M-48 탱크도 그중 하나였다.[48] 즉, 미국은 한국군 장비 현대화계획을 명분으로 중공업이 부재한 한국에 무기를 원조함으로써 군사적 영향력을 행사했을 뿐만 아니라 노후 무기 땡처리도 했다.

미제 탱크는 디젤 엔진 기술이 미비해 1960년에 M-60이 개발될 때까지 가솔린 엔진을 장착하고 있었다. "가솔린이 있는 한 전진하라"는 이차대전의 맹장 패튼(George Smith Patton Jr.)의 명언은 뒤집어보면 저질 연비가 미군 탱크부대의 약점이었음을 의미한다. 미군은 1960년대 중반이 되어서야 디젤 엔진을 장착하는 탱크 개량사업을 완료했다. 탱크 개량사업으로 미군에서 밀려난 M-47이나 M-48 같은 가솔린 탱크들은 사격훈련용으로 사용되거나 한국과 같이 중장비 군수산업이 부재한 신흥 우방국에 원조무기로 도입되었다.

한국군 장비 현대화계획에 따라 1966년 1월부터 한국군에 도입된 M-48 22대 중 일부는 전혀 사용할 수 없는 폐품이었고 나머지도 잦은

---

47. 「군원(軍援) 4천만 불 증액」, 『경향신문』, 1965.6.30(1).

48. 「딴 장비에도 중고품」, 『경향신문』, 1965.5.25(1).

고장으로 문제를 일으켰다. 1966년도 국정감사는 정부가 미국의 신규 군사원조 정책인 듯 선전한 한국군 장비 현대화계획이 실제로는 구형 무기의 보충에 그쳤다는 점을 지적했다. 그런데도 무슨 이유에서인지 한국 정부는 1967년에도 M-48을 100대 더 도입했다.[49] 미국의 노후 무기 떠넘기기도 계속되었다. 한국 정부는 1977년도에도 M-48을 수백 대 더 도입했다.

우리는 미제 탱크 도입 이래 지난 60년 동안 단 한 번도 탱크를 쓸 만한 전투가 일어나지 않았다는 것을 알고 있다. 그렇다면 그 많은 탱크들은 다 어디로 갔을까? 놀랍게도 한국 육군은 현재까지도 M-48 600여 대를 전방에 배치하고 있다. 용산전쟁기념관이나 인천상륙작전기념관에 전시되어 있는 바로 그 탱크를! 너무 노후해 기본적 작전 수행조차 불가능하고 부품도 단종되어 다른 전차의 부품을 떼다가 고쳐 써야 하는 M-48을 탱크병들은 '깡통전차'로 부른다. 육군이 분석한 M-48의 대당 정비 비용은 2011년에 이미 잔존가치를 넘어섰고 이 전차를 배치함으로써 생기는 손실 비용은 2020년에 1천 600억이 될 것으로 추산된다.[50] 박물관으로 가야 할 노후 전차를 아직도 전방에 배치할 수밖에 이유는 1995년부터 개발한 국산전차 K-2가 엔진 계통의 문제로 완전히 국산화되지 못해 양산이 어렵기 때문이라고 한다. 탱크 없는 탱크병의 설움은 언제까지 계속될는지.

49. 「고장 잦은 M 48 '탱크'」, 『동아일보』, 1966.5.23.(3); 「도입 탱크 인수 거부」, 『경향신문』, 1966.5.23.(1); 「M 48 탱크 도입 100대 대체키로」, 『경향신문』, 1967.2.2(3); 「'66년도 국정(國政) 환부(患部): 국회가 넘겨본 근대화의 응달」, 『동아일보』, 1967.3.16(3).

50. 「"잔존가치 0원"… 비탈길 못 오르는 '깡통 전차'」, 『KBS 뉴스』, KBS, 2018.10.19.

이 절을 쓰면서 노후 탱크의 용처를 조사하다가 재직 중인 부산대학교의 '10·16 기념관'에서도 그 자취를 발견할 수 있었다. 10·26사태의 도화선이었던 부마민주화항쟁은 1979년 10월 16일 부산대 학생들의 시위에서 촉발되었다. 질식할 것 같은 시대를 견디다 못한 학생들이 떨쳐 일어나 유신철폐 선언문을 낭독했던 바로 그 잔디밭을 마주하고 지금은 기념관이 세워져 있다. 그곳에 전시된 흑백 사진 속에서 계엄령이 내려진 부산에 진주한 M-47과 M-48을 알아볼 수 있었다.[51] 시위진압용 무기가 된 탱크는 광장을 점거하고 불안한 눈빛의 시민들을 향해 차가운 적의를 드러내고 있었다.

〈한라산〉이 그린 4·3

1964년에 제작되어 1965년에 공개된 〈한라산(The Mountain)〉(USIS D-37)은 제주 4·3사건 당시 중산간에 살던 고 씨 일가의 수난과 원주지 복귀를 그린 다큐픽션이다. 오프닝에서 '오라리 방화사건'의 학살 현장이 재현되고 고 씨 역을 맡은 해설자(Terry Clark)가 고조된 목소리로 공산주의자들의 악행을 고발한다. "총알 없애지 마라. 그냥 묻어버려"[52]라고 생매장을 지시하는 우두머리의 명령에 따라 공산주의자들은 "자연과 신의 뜻에 따라 사는 조용한 섬사람들"을 무차별로 학살한 뒤 불을 질러 마을을 초토화한다.

오라리 사건 당시 미군정은 〈제주도 메이데이(Mayday on Cheju-

---

51. 10월 18일 계엄 당시 부산 시청 앞에는 M-47, M-48 탱크 및 M-113, KM 900 장갑차가 시위진압을 위해 동원되었다. M-113은 1967년 미국으로부터 도입된 장갑차이며 1970년대 후반 도입된 KM 900은 이탈리아의 장갑차 피아트의 면허 생산 품종이다.
52. 이 다큐멘터리의 해설은 전부 영어로 더빙되었지만 간간히 노출되는 등장인물들의 구어 진술은 한국어로 더빙되어 현존감을 생성한다.

Do⟩⟩(1948)라는 다큐멘터리를 제작했다. 5월 1일, 즉 미국의 메이데이에 발생해서 '제주도 메이데이'라고 명명된 이 영화는 현재 제주4·3평화기념관에서 역사 왜곡에 영화 미디어가 어떻게 악용되는지를 보여주는 사례로 전시되고 있다. 이 다큐멘터리는 우익단체의 방화였던 오라리 사건을 좌파 무장대의 소행으로 조작했다. 불타는 오라리를 공중 촬영한 장면과 경찰기동대의 출동 장면은 진상보고서[53]의 지적대로 미군정이 이 사건을 사전에 알고 촬영했을 가능성을 높인다.

오라리 방화사건은 좌파 주민이 대동청년단원의 부인 둘을 납치하고 그중 한 명을 살해한 사건이 발단이었다. 장례식 뒤 대동청년단원들은 복수를 위해 오라리의 좌파 주민들의 집을 방화했다. 이 사건으로 평화협상이 결렬되고 5월 3일 미군이 경비대에게 총공격을 명령함으로써 4·3은 걷잡을 수 없는 유혈사태로 확대되었다. 즉, 〈한라산〉의 설정처럼 고 씨가 오라리 학살의 피해자라면 그는 좌파 주민이어야 한다는 모순이 생긴다.

오라리 사건으로 아내와 이웃을 잃은 고 씨는 아들 사삼(4·3의 동음이의어일까?)과 딸 을순을 데리고 해안으로 피신해온다. 그는 고물장수, 엿장수로 생계를 도모하며 과부 최 씨와 같은 이웃의 도움으로 점차 바닷가의 삶에 적응한다. 키우던 염소 떼가 늘어가고 해녀가 된 을순의 벌이로 형편이 나아질 무렵 정부의 이재민 복귀사업이 공고된다. 고 씨는 즉시 면사무소로 찾아갔지만 나이가 많고 아내가 없다는 이유로 거절당한다. 정부의 도움을 못 받더라도 자력으로 옛 터전으로 돌아가야겠다고 결심한 그는 사삼이 제대하자 염소를 팔아 가족을 이끌고 산으로 향한다. 그러나 소도 없이 밭을 일구어야 하는 고된 노동과 바다

---

53. 제주4·3사건 진상규명 및 희생자 명예회복위원회 2003, 200.

에 대한 그리움 때문에 을순은 해안으로 도망친다. 사삼이 을순을 찾아온 날 고 씨는 숨겨두었던 가족사를 말한다. 영화는 오프닝으로 플래시백 되면서 이웃이었던 사삼의 부모, 을순의 친오빠와 어머니가 '공산주의자들의 손에' 어떻게 살해되었는지 밝혀진다. 남매가 아님을 알게 된 사삼과 을순은 아버지의 주례로 조촐한 초례상을 차리게 된다. 영화에서는 명확히 설명되지 않지만 정부의 복귀사업은 개정된 민법에 따라 호주가 아니라 부부를 세대의 기본단위로 설정했던 것 같다.[54] 고 씨는 처음에 아내가 없어 사업에서 제외되었다가 을순과 사삼이 부부가 되자 면사무소로부터 고 씨네 가족도 도움을 받을 수 있다는 편지가 도착하기 때문이다.

〈한라산〉은 제주의 다채로운 풍광과 고유의 풍습을 이국적 볼거리로 묘사하지만 4·3의 진실에 대해서는 은폐하고 있다. 방화와 민간인 학살은 전후 맥락이 소거된 채 공산주의자의 테러로 요약되고 원주지 복귀사업은 4·3에 대한 치유 작업으로 그려진다. 4·3 진상규명은 4월혁명 이후 처음으로 촉발되었으나 군사쿠데타로 중단되었다. 1961년 7월 3일 국가재건최고회의의 의장이 된 박정희는 그해 9월 8일 내무장관과 농림장관을 대동하고 제주도를 시찰했다. 〈대한뉴스〉(제331호, 1961년 9월 15일)가 그 시찰을 보도했는데 요지는 새 정권이 이제까지 방치되었던 섬을 개발하고 관광산업을 진흥시키겠다는 것이었다. 그 첫걸음이 바로 원주지 복귀사업이었다.

4·3 이후 가장 시급한 문제는 진상규명과 이재민 구호였으나 진상은 덮어둔 채로 이재민 구호를 섬 개발과 연계해 불만을 무마하고자 한 것

---

54. 1962년 12월 31일 개정된 민법에는 "가족은 혼인하면 당연히 분가된다"(민법 789조)는 법정분가, 강제분가 조항이 신설되어 호적법상 호주 중심의 대가족제도가 부부 중심의 근대적 핵가족제도로 개정되었다. 김혜경 2015, 36.

이 박 정권의 민심 획득 전략이었다. 실상 이재민이 발생하게 된 원인은 공산주의자의 테러 때문이 아니라 1948년 11월부터 시작된 소개(疏開) 때문이었다. 실화를 바탕으로 한 오멸 감독의 〈지슬: 끝나지 않은 세월 2〉(2012)가 묘사한 것처럼 소개령을 피해 동굴로 숨어든 주민들은 토벌군에 의해 학살되거나 원래 살던 곳이 아닌 무장대의 습격을 막기 위해 조성된 전략촌에 강제로 이주당했고 석성을 쌓는 노역에 동원되었다.

이재민의 숫자는 국내 신문에 의하면 8, 9만 내외였고 1950년 5월 23일자 미대사관의 문서에 따르면 7만 8천 534명으로, 어느 쪽이든 제주도 인구의 3분의 1에 달하는 엄청난 수치였다.[55] 1954년 9월 21일 한라산 금족령이 해제되면서 '난민정착사업'이 시행되었고 주민들은 중산간 마을을 재건하기 시작했다. 그러나 박정희 정권이 이재민 복귀사업을 시작하면서 공식조사한 바에 따르면 이재민은 7천 704세대, 7만 2천 49명에 달했을 만큼[56] 그들의 복귀는 단시간에 이루어질 수 있는 성질의 사업이 아니었다. 그럼에도 군사정권은 2개년 사업으로 이재민을 모두 복귀시키기로 계획했다. 제1차 사업으로 1962년도에 8백 16동의 양철집을 세웠고 국토건설청의 농촌주택자금과 농림부의 축산자금을 끌어와 가구당 주택자금 2만 5천 원, 개간비 1만 원, 4가구당 소 한 마리씩에 대한 융자금을 보조했으며 보사부의 구호곡을 전용하여 2천 2백 88석을 배당했다. 당시 신문 보도로는 그해 연말까지 4천 1백 89명이 원주지에 복귀했다. 박 의장의 명령에 따라 쿠데타 직후 해군 준장의 신분으로 제주 도지사에 임명된 김영관은 남은 3천 49가구도 민정 이

55. 제주4·3사건 진상규명 및 희생자 명예회복위원회 2003, 364.
56. 제주 개발 50년의 서막을 열다: 19. 4·3 사건의 아픔을 달래다 ①」, 『제주신보』, 2011.5.27, http://www.jejunews.com/news/articleView.html?idxno=905920.

양 이전에 입주하도록 하겠다고 선언했다.⁵⁷ 그러나 근래 『제주신보』에 연재된 김영관의 회고에 따르면 2년간 복귀한 인구는 1천 6백 65명으로⁵⁸ 애초의 계획이나 당시의 신문 보도와는 큰 차이가 있다.

대통령 선거를 4개월 앞둔 1963년 6월 3일 박 의장은 이후락 공보실장을 대동하고 다시 제주도를 시찰했다. 다음날 기자회견에서 박 의장은 "제주도는 관광, 수산, 축산, 특산물재배 등 많은 부문에 개척할 여지가 많다"고 소감을 밝힌 뒤 제주도 횡단 도로공사의 조속한 준공과 더불어 이재민 복귀사업을 적극적으로 추진하라고 당부했다.⁵⁹ 다시 말하면 4·3 이재민 원주지 복귀사업은 진상규명을 외면함으로써 발생한 반발을 무마하는 동시에 경제 효과를 노린 개발 사업이자 선거를 앞둔 선심 행정의 일환이었다.

복귀사업이 추진되면서 이재민들이 중산간 초지 및 유휴지를 농지로 개간하도록 하는 사업도 동시에 진행되었다. 군사정부의 개발노선을 실행한 김영관은 대부분의 도민들이 4·3 이재민 복귀사업을 찬성한 것으로 회고했고 이 사업을 "중산간 개발의 시작"⁶⁰으로 평가했다. 그런데 2001년과 2002년에 걸친 제주4·3사건실무위원회의 조사에 따르면 오랜 기간 정부가 복귀사업을 추진했어도 이재민의 절반 정도가 원주지로의 복귀를 꺼렸고, 그 때문에 복구되지 못한 '잃어버린 마을'이 84곳에 이르렀다.⁶¹

---

57. 「14년 만에 돌아온 옛터」, 『경향신문』, 1962.12.29.(7).
58. 「제주 개발 50년의 서막을 열다: 19. 4·3 사건의 아픔을 달래다 ②」, 『제주신보』, 2011.6.3, http://www.jejunews.com/news/articleView.html?idxno=912106.
59. 「한일국교 연내 타결 추진」, 『경향신문』, 1963.6.8.(3); 「14년 만에 찾는 옛 터전」, 『경향신문』, 1962.11.19.(7).
60. 「제주 개발 50년의 서막을 열다: 19. 4·3 사건의 아픔을 달래다 ②」.
61. 제주4·3사건 진상규명 및 희생자 명예회복위원회 2013, 518.

〈한라산〉은 박정희가 대통령으로 당선되었고 4·3 이재민 원주지 복귀사업 2개년 계획이 종결된 해에 공개되었다. 제주도청과 해군의 협조로 제작된 이 영화는 고 씨 일가의 순조로운 원주지 복귀를 과정을 보여줌으로써 이 사업이 성공했다고 홍보한다. 제주 관광자원 개발이라는 한국 정부의 시책에 맞춘 듯 해설자는 한라산의 오름, 해녀의 물질, 심방굿 등 제주의 이국적 자연과 민속적 가치에 대해 홍보하는 한편, 4·3의 기억을 탈역사화한다. 중산간으로 복귀한 고 씨 일가는 대를 이어 밭을 일구며 "눈물을 과거에 낭비하"지 않고 평화롭게 살아간다. 현기영이 「순이삼촌」(1979)에서 묘사한 것처럼 흰 뼈와 총알이 나오는 옴팡밭의 기억에서 헤어나지 못하고 평생을 트라우마에 시달리던 이들에게 원주지 복귀는 과연 치유였을까? 〈한라산〉의 라스트 신은 구름을 두른 신비로운 영산의 이미지로 그러한 의문을 덮어버리며 추상적 평화를 기원한다.

제8장

우정과 예술이라는 신무기

아이젠하워 정권의 공공외교

1946년 미국 정부는 점령지에서 점령 비용을 회수하고 문화적 패권을 확대하기 위한 수단의 하나로 국제교육교류법(Fulbright Act)이라는 제도적 기반을 마련했다. 풀브라이트 상원의원의 제안으로 제정된 이 법은 미군 점령 종식 후의 잉여물자를 점령지에 수립된 신생 정부에 유상으로 처리해 받은 배상금을 인물 및 교육 교환 프로그램의 재원으로 쓰게 하자는 것이 그 취지였다. 한국에서는 1948년에 제정된 스미스-문트법에 따라 이미 1949년 4월부터 교환 프로그램이 개시되었고 1950년 4월 28일에야 한미교육교환협정(Fulbright Agreement)을 맺었다. 그러나 1951년 5월 미대사관은 국무부에 한국의 경우 교환 프로그램의 효과가 거의 증명되지 못했다고 보고했다. 대사관이 파악한 주된 원인은 한국 측 참가자들에게 있었는데 그들은 대부분 미국에 더 오래 체류하고 싶어 하고 미국의 물질적 부만 거듭해서 말하는 경향이 있으며 돌아와서 한국의 현실에 절망하는 "트라우마를 경험하므로" 오히려 프로그램에 부정적 영향을 끼칠 수 있다는 것이다. 덧붙여 대사관은 어차피 전쟁 중인 한국에서 인적 교환은 불가능하므로 운크라를 거쳐 미국인 전문가들을 한국에 파견하는 것이 더 효과적일 것이라고 건의했다.[1]

아이젠하워 대통령은 스탈린 사후의 해빙기에 공격적인 반소비에트 심리전을 대부분 포기하는 대신 인물 및 교육 교환 프로그램을 확대하고자 했다. 그리하여 선전대상과의 개인적 접촉을 늘려 자유진영 간의 친선을 도모하고 미국에 대한 국제적 신뢰도를 높이고자 피플 투 피플 프로그램(People to People Program)을 시작했다. 이는 전통적 외교영역에 포함되지 않았던 개인 간의 상호작용을 문화냉전에 동원한 획기적 발상이었다. 공공외교(Public Diplomacy)라는 용어는 1960년대 중반에 처음 등장했지만 그 뿌리는 피플 투 피플 프로그램에서 찾을 수 있다. USIA의 해외공보는 이 프로그램을 시작으로 목표 대상을 초점화하고 공보선전 내용을 현지화하는 방향으로 진로를 바꾸었다.

한국의 이승만 정부는 반공 보루로서의 역할은 기꺼이 받아들인 반면 정권의 정당성 유지와 관련해서는 미국 측과 잦은 마찰을 빚었다. 대중을 향한 민주화 메시지가 한국 정부를 자극한다는 것을 깨달은 USIA는 책, 영화, 개인적 접촉을 통해 여론 형성층을 직접 공략하는 것으로 공보정책에 변화를 주었다.[2] 따라서 한국 USIS의 교육·문화 접촉 프로그램도 교육·문화계 인사와 직접 대면하여 미국이 학문과 문화를 장려하고 있다는 인식을 증진하고, 진실한 학문과 문화를 전복하려는 공산주의자들을 경계하게끔 한국의 문화 재건을 격려한다는 메

---

1. "Semi-Annual Evaluation of USIE-Korea," 24-25.
2. Cull 2008, 123.

시지를 강조하는 방향으로 바뀌었다.

1953년 5월에 작성된 「1954-1955년도 IIA 사업계획서」를 보면 구체적 접촉 인원이 분야별로 배정되어 있다. 작가 및 비평가 15명, 화가 30명, 음악가 20명, 고고학자 및 감정가 8명, 극단 두 곳, 출판사 여덟 곳, 무용단 세 곳과 가까운 관계를 유지할 것이 명시되어 있다. USIS는 대상자들을 물질적으로 지원할 뿐만 아니라 그들의 문화 이벤트에 공보원 직원 및 미국과 유엔 관계자들을 참석시키고, 미국의 문화원조에 한국인들이 감사하고 있다는 내용을 보도하고 사진과 영화로 기록하기로 했다.[3]

한편, 전쟁으로 인해 유명무실했던 풀브라이트 프로그램은 1954년에야 궤도에 올랐다. 관련문서를 살펴보면 미대사관과 USIS가 이 프로그램을 위해 정치, 행정, 노동, 출판·언론, 순수예술, 교육, 경영·산업, 전문직(의학, 법조), 체육으로 구분해 대상 인물들에 대해 인적사항과 관련 정보를 지속적으로 수집했다는 것을 알 수 있다. 순수예술 분야의 인사들은 1955년에 처음으로 풀브라이터(Fulbrighter)가 되었는데 젊은 음악가 4명과 연극배우이자 연출가인 이해랑, 소설가 김말봉이 그들이다. 풀브라이트 프로그램 이수자들이 귀국한 뒤에는 미국에 대한 그들의 인식이 어떻게 변화했고 미국 연수가 그들의 활동에 어떤 영향을 미쳤는가에 대한 추적 조사가 이루어졌다. 예를 들어 1955년도의 연간 보고서에는 "한국의 펄 벅" 김말봉이 4개월간 미국 연수에 대한 인상을 『서울신문』에 연재하고 있으며 그가 미국의 정부제도, 이상적 교육제도, 남녀평등에 대해 깊은 인상을 받았다고 기록되어 있다.[4] 1956년에

3. "1954-1955 IIA Prospectus Call for Korea," 1.
4. American Embassy, Seoul to the Department States, Washington, "Educational Exchange: Annual Report on the International Educational Exchange Program," 8 May 1956, 6, 1955-1959 Central Decimal File, Box 2246, RG 59.

는 USIS가 지원했던 지식인 잡지 『사상계』의 주간이었던 소설가 김성한과 시인 모윤숙이 풀브라이트로 선발되었다.

1950년대 초반 주한미대사관은 한국 사회에서 예술가들은 매우 영향력 있는 집단이지만 한국 정부의 군사적, 경제적 현안에 밀려 푸대접을 받고 있으며 미국의 문화적 성취를 의심스러워하는 반면 공산주의자들의 지원에 감명을 받은 상태라고 파악했다.[5] 따라서 미국 정부가 관여치 않는 "창조적인 예술가 교환" 프로젝트가 효과적일 것이라고 국무부에 건의했고 이 프로젝트를 '지적·정치적 지도자 교환' 다음으로 중요한 것으로 평가했다.[6] 이에 따라 록펠러재단(The Rockefeller Foundation), 자유아시아협회(The Committee for Free Asia), 아시아재단(The Asia Foundation), 포드재단(The Ford Foundation) 등 미국의 민간재단이 학자, 문학가, 예술가들에게 경비와 체제비를 지원하여 미국으로 초청하거나 연구 및 작품 활동에 필요한 물자와 비용을 지원하기 시작했다.

민간재단의 문화사업은 미국이 한국 문화를 보호하고 발전시키려는 문화선진국이라는 긍정적인 인상을 심어주는 좋은 수단이 되었다. 1956년 록펠러재단과 아시아재단의 지원으로 6개월간 미국 및 유럽의 연극계를 견학한 유치진은 "연극계 지도자 한 사람을 초청해서 미국을 보여주고 또 미국방식대로 한국연극을 이끌어 가보라는 저의"를 간파했음에도 막상 별천지와 같은 미국대학과 융성한 대학 연극운동을 대하고 보니 "미국이 세계를 지배할 만하다는 생각이 들"었다고 고백했다. 한편으로 그는 인디애나대학에서 열린 전국극예술회의에서 전쟁으

---

5. Seoul to Secretary of States, "Incoming Telegram no. 406," October 7, 1954, Box 2541, RG 59.

6. "Educational Exchange: Expanded Exchange of Persons Program in the Far East."

로만 알려진 한국과 한국의 전통문화를 미국인들에게 소개하면서 보람을 느꼈고 서툰 영어에도 경청하며 한국의 연극인을 환대하는 그들의 모습에서 "감격하지 않을 수 없었고 눈시울마저 뜨거워 옴을 느꼈다"고 토로했다.[7]

이처럼 아이젠하워 정권의 교육·교환 프로그램은 민간재단, 시민단체, 대학 등 민간의 협조를 통해 외연을 확장하는 한편, 상호교류에 초점을 둠으로써 미국 문화에 대해 부정적이었던 지식인, 예술가의 인식을 바꿀 수 있었다. 미국의 공공외교 프로그램은 초빙된 예술가가 자국 문화를 미국에 알리고 미국 예술가들과 쌍방향적으로 교류할 기회를 제공함으로써 문화제국주의의 발로가 아니라 문화를 통한 자유진영의 상호이해와 자발적 연대라는 긍정적 이미지를 더했다.

음악, 공공외교의 새로운 언어

1953년 2월 메트로폴리탄 오페라의 프리마돈나 헬렌 트라우벨(Helen Traubel)이 미 국무부의 요청으로 방한했다. 미국 음악가들은 냉전기에 국무부의 요청으로 문화외교 사절로서 해외 투어를 했지만 극동지역에서 투어는 일본까지로 한정되어 있었다. 아이젠하워 행정부는 전쟁 중인 한국에까지 이를 확대하고자 했고 트라우벨의 투어는 일본 USIS와 한국 USIS의 공조로 성사되었다. USIS뿐만 아니라 유엔사령부, 극동위원회(Far East Commission), 주한미대사관도 트라우벨의 한국 공연과 연관되어 있었다. 한일 양국 미대사관의 PAO가 트라우벨과 동반했고, 그녀는 사전에 정해진 프로그램에 따라 일주일간 서울을 시작으로

---

7. 유치진 1992, 238, 244.

인천, 대구, 부산을 순회했다. 트라우벨은 유엔군과 미8군뿐만 아니라 한국 대중들 앞에서도 노래했다. 교회 예배, 고아원, 난민수용소, 병원과 병원선에서 공연했으며 밴 플리트 장군을 비롯하여 이승만 대통령 부처, 한국 정부 각료들 앞에서 바그너(Wilhelm Richard Wagner)의 아리아를 피로했다. 부산에서는 브릭스 대사의 관저로 초대받아 한국 투어의 가치에 대해 대사 부처 및 한일 양국 USIS의 문화담당관들과 토론했다. USIS는 트라우벨의 한국 투어가 매우 성공적이었다고 국무부에 보고했고 다른 미국 예술가들의 한국 투어도 장려해야 한다고 건의했다.[8]

귀국 뒤 트라우벨은 한 일간지와의 인터뷰에서 한국에서 자신의 활약에 대해 "나는 그저 평범한 미국인일 뿐이다. 누구나 약간의 부담이 주어져야 비로소 자기가 어떤 미국인인지 알게 된다. 내가 도움이 될 수 있다는 것을 알고 나면 피곤도 사라진다"[9]는 감회를 밝혔다. 그녀의 긍정적 반응은 미국 정부가 문화·예술계 인사들에게 민간외교 사절이라는 긍지를 심어줌으로써 정부 시책에 대한 관심과 참여를 촉진할 수 있었다는 점을 잘 보여준다.

미 국무부는 트라우벨 투어의 성공에 힘입어 1953년 2월 매리언 앤더슨(Marian Anderson)의 한국 투어를 기획했다. 앤더슨은 1939년 워싱턴의 링컨기념관 광장에서의 공연을 통해 인종화합의 아이콘으로 부상한 흑인 여가수였다. 일본 투어를 끝내고 한국으로 건너온 그녀는 5월 28일부터 5일간 부산과 서울의 병원, 극장에서 미 육군과 한국 대중을 위해 무료 독창회를 베풀었다. 당시 미국의 한 일간지는 한국 청

---

8. American Embassy, Tokyo to the Department of State, Washington, "USIS Japan and USIS Korea Joint Cultural Project," 20 Apr. 1953, Box 2541, RG 59.

9. "Opera Star Wins Fans in Korea," *The Times-News*, Hendersonville, N.C., 26 Feb. 1953, 3.

중이 매우 열광적이었다고 보도했다. 부산 공연에서는 뚫고 들어갈 수 없을 정도로 청중이 모여 앤더슨 일행은 군경의 호위를 받아 가까스로 무대에 오를 수 있었다.[10]

문화사절로서 앤더슨의 가치를 일찍부터 알아본 IMP는 〈매리언 앤더슨(Marian Anderson)〉(1950, USIS 751)이라는 다큐픽션을 제작했다. 한국 USIS는 이 필름을 16밀리 한국어 프린트로 제작해 배포했다. 영화는 지휘자 토스카니니(Arturo Toscanini)가 백 년에 한 번 나올 수 있는 목소리라고 격찬했다든가, 뉴욕 타운홀 공연에서 부러진 다리에 깁스를 대고 무대에 서는 투혼을 발휘했다든가 하는 유명한 일화를 압축적으로 재현했다. 더불어 가난한 흑인 여성이 당대 최고의 콘트랄토 가수로 성장하는 성공스토리뿐만 아니라 평범한 미국여성으로서 앤더슨의 일상도 비중 있게 다룬다. 공연이 없을 때는 코네티컷의 자택에서 직접 채소를 재배하고, 스스로 요리를 하고, 재봉틀로 옷을 만들어 입고, 취미로 사진을 즐기는 그녀의 모습은 같은 해 제작된 USIS 영화 〈미국의 직업여성(American Working Women)〉(USIS 14)이 묘사한 백인 중산층 여성의 모습과 그다지 다르지 않다. 다시 말하면 〈매리언 앤더슨〉이 묘사한 흑인 여성, 즉 앤더슨과 전직 교사인 그녀의 어머니의 이미지는 당시 대다수의 흑인들이 처해 있던 상황과는 분명히 괴리가 있다.

〈매리언 앤더슨〉은 앤더슨의 성공 스토리를 부각함으로써 미국사회의 고질적 병폐인 인종차별은 후경화한다. 가령 링컨기념관 광장에 7만 5천 명이 운집한 가운데 링컨 좌상 아래서 앤더슨이 〈미국(America)〉을 노래하는 인서트 쇼트는 그 무대에 오르기까지 그녀가 수없이 겪어왔던 인종차별의 맥락을 삭제한 채 인종화합의 이미지로만 이용된다. 그

---

10. "Marian Anderson Ends Korea Tour," *Toledo Blade*, 2 Jun. 1953, 10.

녀에게 엄청난 명성을 안겨준 그 역사적 공연은 인종차별적 무대에는 서지 않는 방식으로 오랫동안 싸워왔던 투쟁의 결과였다. 그러나 USIS 영화는 성공 스토리에 포커스를 맞춤으로써 앤더슨이 일생 씨름해온 문제를 회피했다.

1957년 앤더슨은 미 국무부의 요청에 따라 친선대사(goodwill ambassador)로서 아시아 12개국 투어를 시작했고 그해 9월에 다시 한국을 방문했다. 이때는 공연 외에도 이화여대에서 명예박사 학위를 받고 한국음악가협회가 주최하는 다과회에 참석했으며 경무대에서 이 대통령을 예방하는 등 한국인과의 대면 접촉을 더 늘렸다.[11] 앤더슨이 은퇴하자 아이젠하워는 그녀를 유엔대표단의 일원으로 임명하여 1958년 제13차 유엔총회에 파견했다. 케네디는 1963년에 미국 정부의 문화사절로 활동하며 전 세계를 누빈 그녀의 공로를 인정하여 대통령 자유훈장을 서훈했다.

이처럼 아이젠하워 정권은 일찍부터 공공외교 자원으로서 음악의 가치에 주목했다. 휴전 이후 한미 양국의 공식적인 첫 문화교류도 음악 분야에서 시작되었다. 인디애나폴리스 시장과 서울 시장의 협의로 양쪽 시립교향악단이 교류 음악회를 연 것이다. 1954년 1월 27일 인디애나폴리스 교향악단이 개최한 '한국의 밤' 행사에는 안익태가 초빙되어 〈한국 환상곡〉을 지휘했다. 이에 서울교향악단은 2월 28일 답례 음악회를 개최했고 양쪽의 음악회는 각각 녹음되어 교환되었다.[12]

대통령특별긴급기금이 상시화되자 대규모의 해외 투어도 가능해졌다. 1955년 5월 22일에는 NBC 교향악단, 1956년 5월에는 로스앤젤레

---

11. 「앤더슨 여사 독창회」, 『동아일보』, 1957.9.24(4).   6-7.
12. 「재건하는 한국」, 『자유세계』 제4권 특집호 (1955).

스 교향악단의 내한공연이 성사되었다. USIS는 이들 공연을 기록한 영화 〈심포니 오브 디 에어 내한〉(USIS 695)와 〈로스엔젤스 교향악단의 연주〉(USIS 867, 878, 879)를 제작했다. 1956년에는 하이페츠(Jascha Heifetz), 루빈슈타인(Arthur Rubinstein)과 함께 '백만 불 트리오'로 이름을 떨쳤고 훗날 정명화가 사사한 러시아 출신의 첼로 거장 그레고르 피아티고르스키(Gregor Piatigorsky)의 내한공연이 있었다. 같은 해 여름에는 로저 와그너 합창단, 로버트 쇼 합창단과 더불어 미국 3대 합창단 중 하나인 웨스트민스터 합창단이 내한해 이화여대 대강당에서 공연했다. 이 공연은 USIS 영화 〈웨스트민스터 합창단 서울에서 공연〉(USIS 870)으로 기록되었다. 1957년에는 메트로폴리탄 오페라의 유태계 미국인 테너 리처드 터커(Richard Tucker)가 친선대사로 임명되어 아시아 투어를 했고 한국에서도 공연했다.

이처럼 문화사절로 방한한 음악가들은 인종적으로는 다양했지만 재즈나 팝보다는 주로 클래식 분야에 한정되어 있었다. 이는 미국 문화에 대한 한국인의 인식 조사에 바탕을 둔 것이었다. USIS는 한국인들이 미국의 기술적 진보에 대해서는 호감을 갖고 있으나 일제강점기 반미 프로파간다의 영향으로 여전히 미국의 문화적 성취에 대해서는 의혹을 갖고 있다고 파악했다. 또한 과거 소련군정이 예술가들에게 특권을 부여해 지식인층에 감동을 준 것에 비해 미군정은 그렇지 못했기 때문에 현재까지도 한국 예술가들은 미국인이 일본이나 유럽의 엘리트처럼 교양이 있거나 문화적이지 못하다는 생각을 유지하고 있는 것으로 보았다.[13] 따라서 국무부는 서구적 교양을 표상하는 클래식 분야에서

13. the Department of State, Washington, D. C. to American Embassy, Seoul, "Educational Exchange: Expanded Exchange of Persons Program in the Far East," October 26, 1954, Box 2541, RG 59.

종교, 인종, 민족의 갈등을 뛰어 넘어 세계평화에 이바지한다는 메시지를 전달할 수 있는 인물들을 문화사절로 선별했다. 그들은 한국 어디에서든 환영받았으며 한국인들은 그들의 공연을 "전란에 시달렸던 나라에다 말할 수 없는 즐거움을 심어놓았다"[14]고 오래도록 기억했다.

다른 문화 분야와 마찬가지로 음악을 통한 아이젠하워 정권의 공공외교도 쌍방향적으로 기획되었다. 따라서 한국 음악가의 방미 투어와 자유진영 투어 역시 활발했고 미국인들은 언제든 전란 속에서 어렵사리 피어난 예술의 꽃을 환영할 준비가 되어 있었다. 한국 어린이 20여 명으로 결성된 어린이합창단 '꼬마음악사절단'은 한미재단의 초청으로 1954년 4월부터 삼 개월간 미국 각지를 순회하면서 원조를 호소하며 '천만 불 모금운동'을 펼쳤다. 색동저고리를 입은 한국 어린이들은 백악관에서, 뉴욕시청에서, 나이아가라 폭포 앞에서 노래를 불렀고 가는 곳마다 환영받았다.[15] 투어가 끝날 무렵 그들이 받은 원조금과 물품은 2천만 달러에 이르렀다. 한국 재건사업을 담당한 운크라의 1954년도 기금이 2천 8백만 달러에 불과한 "한심한 실정"[16]이었으니, 꼬마음악사절단의 사례를 통해 미국 국민들이 정부의 공공외교에 얼마나 적극적으로 협력했는지 알 수 있다.

비단 꼬마음악사절단뿐만 아니라 미국 음악학교의 한국 유학생 중 많은 수가 미국인들로부터 학비를 후원받았다. 한국의 가난한 음악가들은 한국에서 구할 수 없는 고가의 악기를 친절한 미국인들로부터 선물 받기도 했다. 미국 국민은 어째서 이렇게 적극적으로 정부의 공공외교에 동참했을까? 애국심보다 더 큰 요인은 아무도 자선과 박애가 냉

---

14. 「여적」, 『경향신문』, 1970.6.19(1).
15. 「한국의 어린이 음악사절단」, 『자유세계』 제3권 9호 (1954), 8-9.
16. 「운크라자금 추가 발주」, 『경향신문』, 1954.7.11(1).

전에 대한 전쟁협력이라고는 간주하지 않았기 때문이었다. 미국 정부는 민간의 공공외교를 뒤에서 지원할 뿐 진두지휘하지 않았다. 미국인들은 공공외교를 장려할 뿐 강요하지 않는 것이 미국과 소련의 차이점이라고 생각했고 '세계평화를 위해' 기꺼이 스스로 주머니를 열었다.

유리공예에 새겨진 민간협력

흐루쇼프 집권기(1955-1964)의 긴장완화 국면에서 소련의 문화냉전은 공산주의 체제 아래서 얼마나 훌륭한 예술이 생산될 수 있는가를 전 세계에 보여주기 위한 노력이었다. 막대한 금액과 국가 지원이 예술·문화 분야에 투입되어 공산주의 예술의 우수성을 국제적으로 알리는 무대가 만들어졌다. 현재까지도 권위를 자랑하는 차이코프스키 콩쿠르가 1958년부터, 모스크바영화제가 1959년부터 개최되었고, 이름조차 위대한 볼쇼이(Bolshoi는 거대하다, 위대하다는 뜻)발레단은 1960년대 들어 세계 발레의 패권을 장악했다. 러시아의 유서 깊은 문예를 앞세운 '문화 공세'는 철의 장막이라는 기존의 부정적 이미지를 완화시키면서 블록을 넘어 자유진영에도 영향을 끼쳤다.

아이젠하워 정권의 문화냉전은 소련의 부드러운 변화에 대응하기 위해 민간협력을 최대한 확대하는 방향으로 전환되었다. 역사가 일천해 유럽과 같은 문화적·교양적 토대는 없었지만 청교도적 윤리에 기반을 둔 박애정신으로 무장한 국민의 협력은 미국 외교의 가장 큰 자산이었다. 물론 미국인의 '자발적' 협력에는 정부의 강력한 뒷받침과 세심한 조율이 있었다.

스미스-문트법으로 국가 정보기관이 민간으로부터 최대한의 협력을 이끌어낼 수 있는 법적 기반을 마련한 미국 정부는 효과적인 민간협력

피플 투 피플 포스터를 든 아이젠하워(1957). © Eisenhower Presidential Library

을 위해 공공외교 담당부서의 재원을 재배정했다. IIA의 민간협력과(IOC)는 한국전쟁으로 냉전적 긴장이 고조되자 민간 기업과 NGO가 미국의 긍정적 이미지를 해외로 전파하는 프로그램을 지원하기 시작했다. 1952년 7월까지 500개가 넘는 단체가 IIA에 협력해 정기적으로 활동했다.[17] 이에 더해 아이젠하워 정권은 IIA를 USIA로 재조직한 후 민간협력 프로그램을 민간 기업이나 NGO뿐만 아니라 시민단체 및 개인의 자원봉사를 포함한 수준으로까지 전면 확대했다. IOC는 사람이야말로 가장 효과적인 프로파간다 미디어라는 대통령의 확신 아래 '피플 투 피플 프로그램'의 주무부서가 되었고 직원은 세 배로 증원되었다.[18] 냉전체제하 자유진영의 상호이해를 슬로건으로 내걸고 가급적이면 많은 국민을 참여시키려고 노력한 이 프로그램은 사실상 군민(軍民) 전체가 수행하는 심리적 총력전(total war)에 다름 아니었다.

차이코프스키만큼 뛰어난 음악가도 '위대한' 발레단도 없었지만 미국에는 다른 어떤 국가보다 유서 깊고 선진적인 영화라는 자산을 확보하고 있었다.[19] 그것을 최대한 활용하고자 한 USIA는 할리우드 배우들을 문화사절로 세계 각지로 파견하는 한편, 사안에 따라 맞춤형 다큐멘터리를 제작해 전 세계에 배포했다. 제1부에서 다루었듯 트루먼 정

17. Osgood 2006, 230-231.
18. Osgood 2006, 232.
19. 영화의 탄생은 흔히 프랑스의 뤼미에르 형제(Auguste et Louis Lumière)가 시네마토그라프(Cinematograph)를 대중 상영한 1895년으로 보는 것이 통설이나, 미국의 에디슨(Thomas Edison)이 1인 관람용 영화인 키네토스코프(Kinetoscope)를 발명한 것은 그보다 앞선 1889년이다.

권기에 CMPE를 통해 냉전에 협력하면서 점령지의 영화시장을 장악할 수 있었던 할리우드는 아이젠하워 정권하에서도 국익이 자기네 이익에 일치하는 한 USIA에 협력했다.

민간협력과 영화를 접목한 해외 공보선전의 한 사례로서 이 절에서 살펴보고자 하는 것은 USIA의 '유리공예에 비친 아시아 예술(Asian Artists in Crystal)' 프로젝트다. 이 프로젝트는 미국기업의 민간협력이 어떻게 USIA에 의해 강력하게 부양되었는가를 잘 보여준다. 먼저 영화의 바탕이 된 프로젝트의 전개 과정에 대해 상세히 살펴보자.

1953년 아이젠하워 행정부는 해외 공보선전 활동을 총괄하기 위해 대외활동본부(FOA)를 설립했다. FOA와 USIA는 민간 기업 스튜벤 글라스(Steuben Glass Inc.)의 협력을 얻어 1954년부터 1956년에 걸쳐 '유리공예에 비친 아시아 예술' 프로젝트를 공동으로 수행했다.[20] 장식용 유리공예품을 생산하는 스튜벤 글라스는 이미 《유리공예에 비친 영국 예술(British Artists in Crystal)》 전시회를 성공리에 개최한 검증된 파트너였다. FOA에 따르면 아시아 버전의 취지는 미국과 아시아의 상호이해라는 목표 아래 아시아 현대예술에 대한 미국인의 관심을 환기할 뿐만 아니라 아시아 예술과 미국 예술의 교류를 아시아인에게 보여줌으로써 미국과 아시아의 문화적 친교를 심화하는 것이었다. 스튜벤 측은 이 프로젝트가 미국의 유리공예를 발전시키고 아시아 예술에 대한 미국인의 관심을 환기할 수 있을 것이라고 기대했다. 스튜벤 측은 정부 프로젝트에 협력한 대가로 회사의 이미지를 제고하고 광고 효과도 거둘 수 있었다.

20. FOA, "FOA-USIA Joint Field Instruction," 14 Aug. 1956, Box 6 Mission to Vietnam, Program & Support Division Subject Files 1950-1956, RG 469 Records of U.S. Foreign Assistance Agencies, 1948-1961.

아시아 프로젝트의 내용은 극동과 중동 약 15개국의 대표적인 현대 화가들의 작품을 수집해 그것들을 모티프로 스튜벤사가 유리공예품 30여 점을 제작한 뒤, 미국 내 곳곳에서 전시하고 복제품을 별도로 제작해 모티프를 제공한 아시아 각국에서도 전시회를 여는 것이었다. FOA는 스튜벤 글라스의 사장 아서 A. 호턴(Arthur A. Houghton)의 요청으로 모티프가 될 아시아 미술품을 수집하기 위해 뉴욕공립도서관 스펜서 컬렉션[21]의 큐레이터 칼 쿱(Karl Kup)을 자문위원으로 채용했다. 동양미술사가로서 25년의 경력을 갖춘 쿱은 스펜서 컬렉션을 위해 1953년에 이미 이 프로젝트의 대상이 되는 국가 대부분을 방문한 경험이 있고 미술사 강연 능력도 갖춘 적임자였다.

    FOA는 쿱이 미술품을 수집해오는 데 드는 막대한 경비를 조달했다. FOA는 쿱에게 각국의 전시회에 참가해 최소한 하나 이상의 작품을 구입하도록 지시했다. 최종적으로 미술품에 대한 비용 지불은 나중에 그것들을 소장할 뉴욕공립도서관이, 쿱의 체재비 및 기타 경비는 해당 국가의 미경제협조처(유솜, USOM)가 부담하기로 결정되었다. USIA는 프로젝트 전반을 홍보하고 대상국의 USIS를 통해 쿱의 체류와 현지 화가들과의 접촉을 지원하는 역할을 맡았다. 각국 USIS는 유솜의 재정 지원으로 가급적이면 많은 화가들과 그들의 작품 활동에 대한 최신 정보를 수집했고 미술 전시회를 개최하여 명망 있는 화가들의 작품을 한자리에 모았다. 쿱은 USIS가 미리 주선해둔 각종 미술 관련 모임, 화실 방문, 미술학교 방문, 강연회 등에 참가해 가급적이면 많은 화가, 박물관장, 미술관장 및 대중과 접촉하기로 계획되어 있었다. 그는 1954년 10월 31일 일본 방문을 시작으로 한국, 대만, 홍콩, 필리핀, 인도네시아,

---

21. 전 세계, 전 시대에 걸쳐 그림으로 장식된 문자와 서책 장정(裝幀)을 연구하기 위한 컬렉션.

인도차이나, 태국, 버마(미얀마의 옛 이름), 실론(스리랑카의 옛 이름), 인도, 파키스탄, 이란, 이라크, 시리아, 터키, 1955년 3월에 이집트까지 17개국을 방문하여 28점의 미술품을 수집할 예정이었다.

쿡은 1954년 11월 14일 서울에 도착해 일주일간 머물렀다. USIS는 국내 언론과 미술단체에 그의 방한과 프로젝트의 취지를 홍보하고 OEC의 지원으로 11월 16일 조선호텔에서 한국미술 전시회를 개최했다. 이때 '스튜벤 글라스의 미술'에 대한 쿱의 강연도 계획되어 있었다.[22] 즉 쿱은 작품 수집만이 아니라 문화사절로서의 역할도 맡은 것이었다. FOA가 사전에 선별해놓은 강연 주제는 ① 지역 공익사업으로서 뉴욕공립도서관, ② 뉴욕공립도서관의 특별 컬렉션, ③ 스펜서 컬렉션의 동양 필사본, ④ 미국의 시각미술, ⑤ 미국인의 삶에서 예술가의 역할, ⑥ 중세 및 르네상스의 채색 필사본, ⑦ 스튜벤 글라스의 미술(컬러 슬라이드 16분)로, 미국 정부나 정보기관의 관여를 전혀 드러내지 않는 학예적인 것이었다.

'유리공예에 비친 아시아 예술'을 기획한 FOA의 의도는 아시아를 대상으로 한 민간(기업)협력의 시범 케이스를 만들어보자는 것이었지만 이 프로젝트를 아시아에 대한 미디어 공작(media operation)으로 확대시킨 것은 USIA였다. USIA는 프로젝트 초기부터 해당 국가의 언론 및 VOA 방송에 내보낼 기사와 스토리를 작성했고, 뉴욕 주재 외신기자들을 위한 설명회도 열었으며, 해당 국가의 미국대사관과 USIS를 동원해 현지 미술가들의 협력을 이끌어냈다.[23] USIA의 전방위적 홍보에 힘입어 쿱은 애초의 목표를 초과 달성하여 20개국에서 130점의 작품을 수집

22. "Incoming Cablegram no. TOFOA 434," 28 Sep. 1954, Subject Files 1953-1967, Box 8, Entry A1 56, RG 306.

23. Charles L. Todd, IOC/NY to Mort Glatzer, IOC/W, "Steuben Glass Project," 12 Oct. 1954, Box 8, Entry A1 56, RG 306.

「유리 수정에 조각된 동방회화」, 한국어 카탈로그. © NARA

할 수 있었다. 스튜벤사는 그중 36점을 유리공예로 제작했다.[24]

전시회에 대한 국가별 언론 홍보와 각 언어별로 전시회 카탈로그를 작성하고 배포하는 것도 USIA의 임무였다. 아시아 카탈로그는 모두 극동지역 제작센터(Regional Production Center, RCP)가 있었던 마닐라에서 제작되었다. 한국어 카탈로그『유리 수정에 조각된 동방회화: '스튜벤' 유리 수정을 통하여 본 아세아 현역 미술인들』은 아시아 최초였던 한국 전시회의 일정에 맞춰 1956년 5월 16일 5천 205부가 제작되었고 그중 5천 부가 서울로 보내졌다.[25]

한국어 카탈로그는 "예술이 국경을 초월한다는 것"을 입증한 "동양 미술과 서방공예술의 양자가 혼연일체가 된" 전시회를 환영해주길 바란다는, 미국 국립미술회관장 데이비드 E. 핀리(David Edward Finley, Jr)와 메트로폴리탄 미술박물관장 제임스 J. 로리머(James Joseph Rorimer)의 서문으로 시작된다. 뒤이어 칼 쿱의「그림에 관하여」는 FOA의 계획과 지원에 대해서는 전혀 언급하지 않고 이 프로젝트가 어디까지나 민간의 힘만으로 이루어졌음을 강조한다. 쿱은 스튜벤 글라스의 사장 호턴으로부터 일을 의뢰받은 내력과 작품 수집을 위해 만난 아시아 화가들과의 교류에 대한 일화를 나열하며 동서양의 우정과 선의에 의해 이 프로젝트가 완수되었다고 주장한다. "예술계의 친구들은 내가 가는 곳

24. USIS,「최초의 수정조각전 개최: 23일부터 덕수궁 미술관에서」,『경향신문』, 1956.6.1(4).
25. "RPC Asian Artists in Crystal Korea 5-16-1956," Master File Copies of Field Publications: 1951-1979, Press and Publications Service/Operation Branch, Box 10, Entry P 46, RG 306.

〈표 8〉 스튜벤 유리공예에 조각된 동방회화(총 36점)

극동편		동남아편		인도 및 실론편		중동편		근동편	
중국	3	베트남	1	인도	5	파키스탄	1	시리아	1
일본	3	인도네시아	3	실론	2	이라크	1	터키	2
한국	1	타이	2			이란	3	이집트	4
필리핀	2	버마	2						
계	9	계	8	계	7	계	5	계	7

마다 화실이며 미술학교며 화랑이며 온갖 원조의 길을 열어 주는 것이었다…. 누구나 이 유리제품을 보고 떠날 때 우정의 정신이 없다면 이루어질 수 없는 것이라고 말하지 않을 수 없을 것이다…. '유리 수정에 조각된 동방회화'는 세계를 통해 맺어진 사상과 노력의 빛나는 결정인 것이다." 다음으로 스튜벤사의 부사장 존 몬티스 게이츠(John Monteith Gates)의 「작품 수집에 관하여」는 그동안 서구미술 작품만 소재로 삼아 왔던 이 회사의 유리도안가들이 이번 기회를 통해 동양미술에 대한 깊은 이해력을 바탕으로 작품을 제작했다며 당사 제품의 예술성과 동서양의 상호이해라는 취지를 다시 한 번 강조한다.

총 83페이지의 카탈로그에는 스튜벤사의 유리공예품에 모티프를 제공한 아시아 미술가 36인의 사진 및 이력과 함께 해당 유리공예품의 사진이 지역별로 실려 있다. 〈표 8〉과 같이 극동편, 동남아편, 인도 및 세이론 편, 중동편, 근동편으로 분류되었는데 '자유아시아' 우방국만이 아니라 냉전기 내내 중립노선이었던 인도도 포함되어 있다. 물론 이 카탈로그에서 중국은 '적색중국'이 아니라 '자유중국' 대만을 지칭한다.

쿱은 「그림에 관하여」에서 자신이 가는 곳마다 환영을 받았다고 썼다. 그러나 처음부터 모든 대상국이 이 프로젝트에 협조적이었던 것은 아니었다. 가령 중립국 인도 USIS는 현지 사정을 고려해야 한다는 이유로 처음에는 참가에 부정적이었다. 사장 호턴이 직접 주관한 국제회의에 인도 측 외신기자가 한 명도 나타나지 않는 사태가 벌어지자[26] FOA는 인도 미국대사관과 USIS에 현지의 판단을 존중하지만 인도가 참가하지 않을 경우 오히려 세계적 반향을 불러일으킬 위험에 대해 우려를 표명했다.[27] 이에 인도 USIS는 쿱의 작품 수집과 미술 전시회 개최에 조건부 협조를 결정했다. 다른 지부와 달리 인도 USIS는 현지 미술 전시회의 모든 비용을 USIS가 부담하는 조건으로 '전인도미술공예학회(All India Fine Arts and Crafts Society)'가 출품하기로 했지만 미술 전시회의 일반 공개는 출품 뒤 현지 사정과 반응을 고려해 추후에 결정할 것이라고 답변했다.[28]

스튜벤 유리공예에 모티프를 제공한 원작을 살펴보면 완전히 전통적인 화풍이라기보다는 아시아 고유의 풍물이나 종교를 서구적 기법으로 표현하거나 해석한 경우가 대다수였다. 즉, 서구에 받아들여지기 쉬운 작품이라는 것이 선정의 중요한 기준이었다. 카탈로그에 실린 미술가들의 이력을 살펴보면 FOA의 선정 기준이 한층 명확해진다. 선정된 이들은 ① 서구에 명성이 알려져 있거나, ② 서구에서 유학을 했거나 ③ 서구 화풍에 대한 이해가 있는 동양화가들이었다. 한국의 경우 운보(雲甫) 김기창(金基昶)의 〈한국의 검무〉가 선택되었다. 한국어 카탈로그는 김기창 화백을 한국적 전통에 충실하면서도 "한국에 서방의 유화 기교를 도입하려고 힘쓰고 있"는 화가로 소개했다. 김기창의 그림이 새겨진

26. IOC 뉴욕사무소의 찰스 L. 토드(Charles. L. Todd)가 워싱턴 IOC의 민간 기업 협력 담당자 몰트 글래처(Mort Glatzer)에게 보낸 기밀(confidential) 메모, 21 Oct. 1954, Box 8, Entry A1 56, RG 306.
27. FOA/W to New Delhi USFOTO A-320, "Steuben Glass Asian Art in Crystal Project," 7 Oct. 1954, Box 8, Entry A1 56, RG 306.
28. TGM/India to FOA, "Airgram no. TOUSFO A 606: Steuben Glass Asian Art in Crystal Project," 10 Nov. 1954, Box 8, Entry A1 56, RG 306.

유리병은 현재 〈검무도〉라는 이름으로 국립중앙박물관에 소장되어 있다.[29]

유리공예에 비친 아시아 예술 전시회는 미국에서 먼저 열렸다. USIA는 미국 전시회를 촬영해 전 세계에 이 프로젝트를 홍보했다. 〈수정공예에 비친 아시아 예술(Asian Artists in Crystal)〉(USIS 821, 1956)은 1955년 워싱턴 국립미술관 및 뉴욕 메트로폴리탄 박물관에서의 전시회를 기록한 다큐멘터리다.[30] 영화 속 전시회에는 관객들이 비교해볼 수 있도록 원작과 유리공예품이 함께 배치되어 있다. 오프닝은 아시아 미술에 대한 미국인의 관심을 표현하기 위해 원작과 유리공예품에 열성적이며 경이로운 눈길을 보내는 관람객들을 다양한 쇼트로 비춘다. 이어 유리공예품의 전체상과 세부를 찬찬히 보여주고 거기에 해설자가 설명을 곁들인다. 해설자는 이국적 문화나 풍습과 연관 지어 작품을 설명하는데 그것이 반드시 정확하지는 않다. 가령 〈한국의 검무〉에는 "아마도 한국에서는 음악과 검무로 새해를 맞이할 것이다"라는 엉터리 해설이 들어가 있다.

영화의 작품 소개 순서는 대체적으로 카탈로그의 순서를 따랐다. 카탈로그와 다른 점은 영화 중간에 스튜벤사의 장인들이 유리공예품을 제작하는 장면이 두 번 삽입되어 있다는 것이다. 뜨거운 유리를 불어서 원하는 모양대로 형태를 만드는 작업, 다양한 구리 휠로 유리 표면에 세공하는 작업, 세공을 위해 복잡한 원화를 창조적으로 해석해 밑그림을 디자인하는 작업 등이 단계별로 소개되었다. 장인들이 원화의 붓 터치까지 생생하게 유리에 새기기 위해 뛰어난 솜씨를 발휘한다는

---

29. 「운보 김기창 1주기 추모전: 불꽃 같았던 예술혼」, 『동아일보』, 2002.2.4, http://news.donga.com/3/all/20020204/7785535/1.

30. 뉴스릴 〈우리 세대 22호〉(@Our Times@ No. 22, USIS, 782)에도 이 다큐멘터리의 축약본이 포함되어 있다.

내레이션이 들어간 곳은 회사 측이 가장 보여주고 싶었던 장면이었을 것이다.

이윽고 카메라가 한 남자가 유리공예품들을 꼼꼼하게 싸는 모습을 보여준다. 박스 위에 새겨진 주소 "American Embassy USIS Seoul Korea(한국 서울 미국대사관 USIS)"가 클로즈 쇼트로 잡히면 해설자가 그 행선지를 알려준다. "극진한 보살핌으로 유리공예 컬렉션은 여행준비가 되었다. 기억할 만한 동서양의 결혼에 마땅히 공헌한 예술가들이 사는 나라들로." 엔딩에서는 중국에서 대만으로 망명한 서도가 쭈어췬용(卓君庸, Cho Chung Yung)의 글씨 "孔子曰擧直錯諸枉 則民服"을 새긴 유리공예품 〈공자의 유훈〉을 360도 롤링으로 보여준다. 올곧은 사람을 바르지 못한 사람 위에 앉히면 백성들은 마음으로 따를 것이라는 의미를 지닌 논어의 한 구절이다. 영화 관객들은 자유중국과 공산중국을 머리에 떠올리며 어느 쪽이 올곧으며 어느 쪽이 바르지 못한가를 생각하지 않았을까.

아시아 최초였던 한국 전시회는 1956년 6월 23일부터 덕수궁박물관에서 '수정으로 본 동방미술전'이라는 이름으로 개최되었다. 한국 전시회에는 원래 계획되었던 작품 외에도 서양 현대미술가들, 미국 조각가 시드니 워, 영국 조각가 제이콥 엡스타인(Jacob Epstein), 프랑스 화가 앙리 마티스(Henri Émile-Benoit Matisse)의 작품을 모티프로 한 유리공예 3점이 특별히 추가되었다. 이 전시회에 대해 청강(晴江) 김영기(金永基) 화백은 "동방 각 민족 간의 친선과 제휴를 도모해준 그 의의에 감명"[31]을 받은 반면 출품작 중에는 국가나 민족을 대표하는 대가의 작품이라고 보기 힘든 것들이 있다고 지적했다. 특히 인도와 실론의 회화

---

31. 김영기, 「현란한 동방미의 제전 하(下)」, 『경향신문』, 1956.7.9(4).

를 동양적으로 유연하게 표현하지 못하고 서양식의 딱딱한 선으로 표현한 것에는 동의하기 힘들다고 토로했다. 그의 절충적 감상평의 이면에는 미국이 '도모해준' 상호이해에 대한 미심쩍음이 깔려있다고 보아도 좋을 것이다.

평화부대와 케네디의 개발원조

아이젠하워 재임 중 가장 화제가 된 친선사절은 바로 대통령 그 자신이었다. 그의 정적 흐루쇼프는 잦은 해외 순방으로 외교적 영향력을 키웠고 1959년 9월에는 미국을 방문하기도 했다. 흐루쇼프를 의식했던 것인지 아이젠하워의 해외 순방은 집권 말기인 1959년 8월부터 1960년 6월 사이에 집중되었다. 일 년이 채 못 되는 사이 아이젠하워의 '자유를 향한 비행(flight to freedom)'은 22개국을 아울렀다. USIA는 각국 USIS를 동원해 대통령의 '친선여행(goodwill tour)'을 지원하고 홍보했다. 그 여행의 마지막 행선지는 한국이었다.

한국전쟁 개전 10주년을 맞이해 6월쯤 아이젠하워의 방한이 예정되어 있었으나 4월혁명으로 한국 정부가 붕괴됨으로써 한때 방한이 재검토되었다. 그러나 아이젠하워는 이승만의 하야 성명이 발표된 다음날 한국에서의 민주주의적 조치에 대해 미국의 압력은 없었다고 언명하고 6월 방한을 재확인했다. 드디어 1960년 6월 19일 그가 서울 시가지에 나타났을 때 한국 국민은 8년 만에 다시 보는 '아이크'(아이젠하워의 애칭)를 연호했다. 아이크의 인기는 할리우드 스타를 방불케 했고 자동차 퍼레이드 행렬은 "지축 흔든 웰컴"[32]에 완전히 포위되고 말았다.

---

32. 「지축 흔든 웰컴」, 『동아일보』, 1960.6.20(1).

아이젠하워 방한 기념 카퍼레이드. ⓒ 국가기록원

태평로 아카데미극장 앞에 걸린 성조기와 아이젠하워를 환영하는 인파. ⓒ NARA

후임인 케네디 역시 정치인에게 카리스마만큼이나 대중적 인기가 중요하다는 점을 잘 아는 대통령이었다. 과거 케네디 가문의 주요 사업 중 하나는 영화제작이던 만큼 이 산뜻한 미남자는 자신의 비주얼과 스타성을 선거에서 최대한 활용할 줄 알았다. 닉슨과의 TV 토론은 지금 다시 보아도 케네디가 카메라라는 물건을 배우 뺨치게 잘 알고 있었다는 것을 입증한다. 그는 어린 나이와 경험 부족을 비판하는 목소리를 잠재우기 위해 미국의 이상주의를 실현해줄 젊은 개척자의 이미지를 창조해냈다. 선거에서 이긴 케네디는 미국의 새로운 개척정신, 즉 '뉴 프론티어(New Frontier)'[33]를 정책 기조로 삼았다.

케네디 정권의 공공외교는 뉴 프론티어 정책의 일환으로 창설된 '평화부대(Peace Corps, 또는 '평화봉사단')'를 중심으로 전개되었다. 대선 후보 시절 미시간대학의 강연회에서 학생들에게 인생의 2년을 개발도상국에서 봉사함으로써 세계평화에 이바지하자고 역설한 케네디는 1961년 3월 1일 평화부대 설립에 관한 행정명령에 서명했다.[34] 2, 30대 청년 자원봉사자(대개 학사 또는 석사 출신)들을 미군 일등병과 같은 월급으로 2년간 저개발국(underdeveloped country)[35]에 파견하여 사회적·경제적 발전을 돕는다는 계획이었다. 이 관제 봉사단체는 케네디 정권하 공공외교의 한 축을 담당했을 뿐만 아니라 그의 사후에는 미국 박애주의의 상징으로 자리 잡았다.

이 젊은 대통령은 취임사에서 국가가 무엇을 해주길 바라기 전에 여

---

34. 케네디는 미국이 자랑하는 서부 개척정신을 계승해 미국의 침체를 타파할 새로운 개척정신이라는 의미로 '뉴 프론티어 정신'을 대선 슬로건으로 삼았다. 그의 취임과 더불어 대선 슬로건은 '뉴 프론티어 정책'으로 변모해 케네디 행정부의 정책 기조가 되었다.

34. 평화부대의 역사에 대해서는 2011년 50주년 기념 때 작성된 연표 "Peace Corps Milestones," http://www.peacecorps.gov 참조.

35. 이 용어는 공보상의 필요에 의해 케네디 집권 초기에 개발도상국(developing country)으로 변경되었다. 이하, 이 책에서 개발도상국은 '개도국'으로 줄인다.

러분이 국가를 위해 무엇을 할 수 있는지 생각해보라, 미국이 무엇을 베풀길 바라지 말고 우리 모두가 손잡고 인류의 자유를 위해 무엇을 할 수 있을지 스스로에게 물어보라고 역설했다. 그의 이상주의에 미국인들은 열정적으로 화답했는데, 당시 갤럽 여론조사에 따르면 71퍼센트가 평화부대 파견에 찬성했고 66퍼센트가 자기 자녀를 참여시키겠다고 했다고 한다. 첫 모집에 약 1만 1천 명이 지원했고 5월 27일 미국 전역 3백 50개소 시험장에서 약 7천여 명이 미국의 제도, 역사, 영어, 외국어, 농업, 보건과학, 기계 등에 관한 시험을 보았다.[36] 8월 25일 평화부대안이 상원에서 통과되자 케네디 대통령은 28일 아프리카의 가나와 탄가니카(현재의 탄자니아)로 파견될 첫 부대원들을 백악관에 초청해 환송회를 베풀었다. 그리고 9월 초에 평균 연령 25세인 제1진 80명이 파견되었다.

케네디는 매형인 슈라이버(Robert Sargent Shriver)를 평화부대 대장으로 임명했다. 이 프로그램은 슈라이버의 재임기(1961년 3월-1966년 2월) 동안에 최대 55개국에 1만 4천 500여 명이 파견될 정도로 확대되었다. 그런데 이 같은 확대는 기본적으로 케네디의 새로운 비전에 미국 젊은 이들이 공명했기 때문이라 하더라도 베트남전쟁의 영향을 완전히 무시할 수는 없다. 대학생에 대한 징병연기 제도는 대학을 졸업한 후 평화부대원으로 선발되면 연장 적용을 받을 수 있었기 때문에 많은 대학생들이 징병 대신 평화부대 지원을 선택했다.[37]

아이젠하워가 USIA를 심리전의 일환으로 창설한 것에 비해 케네디는 USIA를 국무부 외교활동의 일부분으로 간주했다고 평가받는다. 그

---

36. "Peace Corps Milestones"; 「미국의 '평화군단' 설치」, 『경향신문』, 1961.3.6(1); 「약 칠천 명 응모, 미 '평화군단' 전형」, 『동아일보』, 1961.5.29(1).
37. Cushing 2009, 21.

가 OCB를 폐지한 것도 바로 그 때문이었다. 그렇다 해도 USIA가 젊은 대통령의 이상주의를 해외 공보선전에 적극 이용하는 데 주저한 것 같지는 않다. 소련을 비롯한 공산권은 "세계평화와 우정의 증진"[38]을 내세운 평화부대의 진의에 의문을 표시하며 미국을 맹렬히 비난했다. USIA 국장 머로가 케네디에게 보고했듯 개도국 원조를 위해 자국 젊은이들을 자원봉사자로 험지에 파견한다는 아이디어에 모스크바는 말 그대로 허를 찔렸다.[39] USIA의 전방위적 선전에 힘입어 개도국에서 개발이라는 말은 자유와 동의어로 자리 잡았고 그곳에 미국적 가치와 미국식 개발 노하우를 전파하는 것은 이제 미국 청년들의 의무가 되었다.

한국에 평화부대가 파견된 것은 1966년 9월 16일로 아시아의 다른 개도국에 비해 상대적으로 늦은 시기였다. 미국 정부는 평화부대 설립 직후인 1961년 3월 14일 미대사관을 통해 파견 여부를 한국 정부에 조회했고 한국 정부도 이를 받아들이기로 합의했으나[40] 5·16 이후의 정세 때문에 실제 파한은 미뤄졌다. 제아무리 케네디라 하더라도 자국의 엘리트 청년들을 전쟁 재발의 위험을 안고 있는 데다 쿠데타의 소용돌이로 혼란스러운 험지 중의 험지로 밀어 넣을 수는 없었던 것이다. 쿠데타로부터 6개월이 흐른 1961년 11월 케네디는 한국에서 온 동갑내기 독재자를 만났다. 그는 조속한 총선 실시와 민정이양을 조건으로 한국의 군사정권을 승인했지만 경제개발 5개년계획에 대한 자금 지원 요청은 거절했다.[41] 그럼에도 한국이 미국의 냉전 개발주의를 전파할, 자유세계 개도국의 모델이 되리라는 사실은 점차 뚜렷해져갔다.

---

38. "Peace Corps Milestones."
39. 「횡설수설」, 『동아일보』, 1961.9.13.(1); Cull 2008, 194.
40. 「한국에 평화군단」, 『경향신문』, 1961.3.15.(1);
「평화군단 파한문제 논의」, 『경향신문』, 1961.3.18(1).
41. 강준만 2004a, 90-91.

박정희와 케네디의 악수(1961). ⓒ 국가기록원

제1차 경제개발 5개년계획의 최종연도였던 1966년, 한국이 미국 다음 가는 베트남전 파병국이 된 바로 그해에 처음으로 평화부대원 100여 명이 한국에 파견되었다. 평화부대원들은 임무 달성을 위해 대상국 주민에게 위화감을 주지 않으며 그들의 문화를 긍정하고 그들의 삶에 녹아들어야 한다고 교육받았다. 따라서 파견된 국가의 언어를 사용하고 현지 사람들과 비슷한 수준으로 생활하며 정치와 같은 민감한 주제에 대해서는 언급을 피해야 했다. 한국에 파견된 대원들도 사전에 호놀룰루에서 3개월 간 매일 5시간 씩 사전 교육을 받았다. 예비교육의 내용은 가장 긴요한 능력인 한국어 외에도 김치 먹는 법, 모기에 물리고도 참는 법, 재래식 화장실 이용법 등 상당히 생활밀착적인 것이었다.[42]

평화부대 프로그램의 성격과 한국 지부의 특수성에 대해서는 평화부대 출신의 외교관 존 앨런 쿠싱(John Allen Cushing)의 회고를 통해 살펴보자. 그는 1967년 10월 13일 원주중학교에 영어교사로 파견되었고 1년을 연장해 1970년 7월 30일까지 3년간 한국에서 봉사했다. 평화부대는 파견국 주민과의 대면 교류를 봉사활동만큼이나 중요시해서 쿠싱도 동료 교사의 집에서 하숙하며 한국생활 전반을 익혔다. 그런 다음 1968년 2월부터 7월까지 6개월 간 전기도, 수도도 들어오지 않는 벽촌에서 농부들과 함께 초가에서 생활하면서 농촌봉사를 했다. 학교 동료들과 퇴근 후 중국집에서 배갈을 기울이고 제자의 형과 함께

---

42. 「한국을 익히는 평화군단」, 『동아일보』, 1966.9.8(5).

전국의 사찰을 여행했다는 그의 경험담처럼 우정의 증진은 평화부대 프로그램의 가장 중요한 목표였다.

한국에서 평화부대원의 활동은 쿠싱의 경우처럼 영어교육의 비중이 월등히 높았다. 당시 한국은 평화부대가 파견된 개도국 중 경제적으로 가장 발전된 개도국이었고 다

평화봉사단원과 접견 중인 육영수 여사(1969). ⓒ 국가기록원

른 국가에 비해 교육열이 월등히 높아 한국 정부도 영어교육 원조를 최우선적으로 요청했다. 1970년대 초 중등학교 영어교사 중 80퍼센트가 평화부대원이 참가한 세미나에서 훈련을 받았을 정도로[43] 영어교육은 한국 지부의 주력 사업이었다. 또한 영어교육은 대원과 현지인의 의사소통을 위해서도 중요했다. 대원 대부분은 한국생활의 가장 어려운 문제로 언어장벽을 꼽았는데 3개월의 사전교육만으로는 한국어를 습득하기가 쉽지 않았기 때문이다. 따라서 한국 지부는 영어교육 및 실험 위주의 과학교육의 봉사 비중을 높이는 한편, 연세대 한국어학당과 계약을 맺어 평화부대원의 한국어 훈련을 강화했다.[44]

평화부대는 비정치적 인도주의를 표방했다. 따라서 미대사관은 평화부대와 엄격하게 거리를 두었고 평화부대 지도부도 자원봉사자들이 베트남전에 대한 언급을 금지하는 등 최대한 정치적 색채를 배제하고자 했다. 그렇다 해도 활동 자금이 미국 정부로부터 나오고 정부 간 협정

43. 「인터뷰: 이임하는 미평화봉사단장 오다넬씨 사랑과 봉사로 이해의 씨 심어」, 『동아일보』, 1970.7.22(3); 「인터뷰: 임기마치고 이한하는 평화봉사단장 윌럼즈씨」, 『경향신문』,
1974.10.30(5)
44. 「연세대 파미 국어교육단 결단, 평화봉사단훈련원서 한국어 교육」, 『동아일보』, 1967.7.4(5).

에 따라 파견되었던 평화부대는 어디까지나 미국 냉전외교의 자장 안에서 활동했다. 평화부대는 케네디의 '진보를 위한 동맹(The Alliance for Progress)'[45]에 반기를 들었던 이반 일리치(Ivan Illich) 같은 제1세계 지식인들뿐만 아니라 개도국 지식인들로부터도 "미국의 새로운 침투"[46]라는 비판을 받았다. 쿠싱에 따르면 한국에서 그와 같은 비판은 거의 찾아볼 수 없었지만 종종 북한의 역선전에 이용되기는 했다. 새 대원들이 파견될 때마다 대남 라디오방송은 "미국의 사악한 스파이 단체가 또다시 점령지 한국에 도착했다"[47]며 어떻게 알았는지 새 대원들의 이름을 일일이 호명했다.

평화부대는 미국의 외교관과 지역 전문가를 양성하는 데 이바지했다. 쿠싱은 파견 기간 중인 1969년 말 유솜에서 외무시험을 치르고 합격했다. 그는 한국에서의 경험을 살려 1979년부터 1981년까지 미 국무부 한국업무과(Korean Affairs)에서 경제담당 사무관으로 일했고 1981년부터는 미 국무부 한국 전문 고문으로 남북관계, 서해 휴전선, 해양법 등을 분석했으며 한미 자동차 협상 및 쇠고기 협상에서 통역으로 활동했다. 1988년부터 1990년까지 도미니카공화국 미대사관의 영사과 사무관, 1990년에서 1992년까지 네덜란드 미대사관의 정치과 사무관, 1994년부터 1997년까지 과테말라 미대사관의 경제노동과 사무

---

45. 1961년 3월 케네디가 제안한 라틴아메리카 개발원조 프로그램. 가톨릭 신자인 케네디의 정책을 지지한 교황 요한 23세는 북아메리카 교회의 가용 인력 10퍼센트를 라틴아메리카에 선교사로 파견하도록 요청했다. 미국의 개발원조가 미국 중산층의 생활양식을 제3세계에 강요함으로써 "현대화된 가난"을 불러올 것이라 예견했던 이반 일리치는 교황의 요청에 대해 공개적으로 비판했다. 1967년 일리치는 교황청에 소환되어 신문받았고 최종적으로는 1969년 스스로 사제직에서 물러났다. 이반 일리치·데이비드 케일리 2010, 24-26. 일리치의 예견대로 '진보를 위한 동맹'은 수혜국의 GDP가 목표치를 상회했음에도 불구하고 케네디 사후 지속적 개발을 위한 충분한 예산을 확보하지 못했고 각종 부작용을 초래해 실패한 정책으로 평가되었다.
46. 「미국의 정신을 심는 평화군단」, 『경향신문』, 1969.9.19(5)
47. Cushing 2009, 24-26.

관, 1997년 파푸아 뉴기니 미대사관의 영사 및 정치과 사무관을 거쳐 2001년부터 2004년까지 주한미대사관 정치과 사무관으로 일했다. 그의 임무는 미군 장갑차에 압사당한 여중생 사건(일명 '효순이 미선이 사건'), 2002년 대선, 촛불집회, 노사 갈등, 이산가족 상봉 등과 같은 한국의 주요 이슈와 정치 동향을 조사·분석하여 국무부에 보고하는 정보수집 활동이었다.[48] 쿠싱 외에도 리처드 크리스텐슨(Richard Christensen) 주한미부대사(1996-2000), 제럴드 맥클로린(Jerrold Maclaurin) USIS 공보관(1999-2002), 캐서린 스티븐스(Kathleen Stephens) 주한미대사(2008-2011) 등이 과거 한국에서 평화부대원으로 일한 경험을 바탕으로 외무부에서 경력을 쌓은 뒤 다시 한국에 파견된 인물들이다.

평화부대는 1969년 공화당 후보였던 닉슨이 집권에 성공한 이후 쇠락의 길을 걷게 되었다. 1971년 7월 1일 닉슨 대통령은 행정명령을 통해 평화부대를 포함해 몇몇 봉사 프로그램을 새롭게 조직한 연방 봉사기관 액션(ACTION)에 포함시켜버렸다. 평화부대는 독립단체였다가 액션에 포함되면서 예산이 대폭 삭감되었고, 이는 지부의 철수나 축소로 이어졌다. 베트남전쟁에서의 패배로 뉴 프론티어 정책의 이상주의가 송두리째 흔들리게 되면서 정부에 대한 미국 청년들의 신뢰는 희박해졌고 평화부대 지원자도 감소했다. 물론 그 같은 침체에도 불구하고 평화부대는 오늘날도 여전히 미국 정부의 봉사기관으로서 맥을 이어가고 있다. 지원자 개개인의 봉사활동은 대부분 사심 없는 인도주의의 발로였다 하더라도 평화부대의 무상봉사가 미국의 국익으로 돌아왔다는 사실은 부인할 수 없다. 평화부대 봉사자들의 외국어 구사 능력과 현지 경험은 미국 정부의 외교적 자산이자 미국기업의 개도국 진출의 디딤돌이

---

48. Cushing 2009, 61-63.

되어왔기 때문이다. 따라서 이제는 한때 평화부대의 파견지였던 한국과 일본이 평화부대를 벤치마킹하여 코이카(Korea International Cooperation Agency), 자이카(Japan International Cooperation Agency, JICA) 같은 해외 무상봉사 관리조직을 운영하고 있다.[49]

그러나 반세기가 넘는 광범위한 개발원조에도 불구하고 개도국들은 여전히 빈곤과 질병에서 벗어나지 못하고 있다. 그 때문에 개발원조의 효율성에 의문을 제기하는 원조 회의론이 부상하게 되었다. 고비용 저효율만이 문제가 아니라 어떤 경우 원조와 봉사는 도리어 해악이 되기도 한다. 예를 들어 한국 봉사단체들 사이에서 유행이었던 캄보디아 우물 기부사업을 살펴보자. 식수 오염으로 영아사망률이 한국보다 열세 배 이상 높은 캄보디아의 문제를 해결하기 위해 국내 NGO와 구호단체들은 2000년대 초반부터 우물을 파왔다. 그런데 캄보디아의 13개주 중 7개주에 위치한 원조 우물 수천 개가 독성물질인 비소에 오염되어 있다는 충격적인 사실이 밝혀졌다. 원래 캄보디아는 히말라야 지층에 비소가 매장되어 있다. 따라서 우물을 파기에 앞서 수질검사는 필수이다. 그러나 일부 봉사단체가 수질검사도 거치지 않고 지하수를 마시면 안 되는 지역에까지 우물을 파는 바람에 비소중독 환자가 양산된 것이다. 2017년 현재 한국 봉사단체가 만든 우물은 만여 개에 이른다. 그러나 그중 80퍼센트가 관리되지 않아 무용지물이 되었고 심지어 현지의 한인 관광업자들은 관광객에게 우물 후원을 권하며 돈벌이 수단으로 삼기도 했다.[50] 차라리 빗물을 마셨으면 살았을 사람들이 우물 원조 때문에 도리어 비소중독으로 죽어가고 있는 것이다.

49. 1991년 설립된 코이카는 한국 정부 외교통상부 산하의 정부출연기관이다. 자이카는 1974년 일본 정부 외무성 관할의 특수법인으로 설립되었다가 2003년 독립행정법인으로 발족했다.

그러나 1970년대 말에 일리치는 "부유한 나라는 이제 친절하게도 교통체증, 병원 감금, 교실이라는 구속복을 가난한 나라에게 입혀주면서 그것을 국제적 '합의'에 따라 '개발'이라 부르고 있다"[51]며 원조가 개발과 결합했을 때 우리의 선의가 돌이킬 수 없는 해악이 될 가능성을 제기했다. 토착적인 환경에서 자신들의 존엄과 생명을 지킬 수 있었고 어쩌면 더 행복했을 사람들에게 개발원조가 새로운 구속을 더할 뿐이 아닌지 심각하게 고민해야할 문제다.

이제는 감정에 휘둘리는 경솔한 원조를 멈추고 과학적인 데이터와 이성에 입각한 '냉정한 이타주의'[52]를 실천할 때가 아닐까.

풀브라이트 프로그램 홍보영화

케네디가 취임 직후 개도국 원조에 대해 "교육을 통하여 인적 자원을 개발하도록 원조하는 것 이상의 좋은 방법은 없다"[53]는 견해를 피력한 뜻에 따라 1961년 9월 '풀브라이트-헤이즈 법(Fulbright-Hays Act)'이 의회를 통과했다. 1950년대 풀브라이트 프로그램은 소수의 엘리트나 대학생 및 교사를 대상으로 했지만 1960년대에는 신문편집자, 시민운동

---

50. 「캄보디아 우물의 비밀」, 『PD 수첩』, MBC, 2016년 2월 16일 방영. 당시 MBC 시사제작국장이 코이카와 관련된 내용 중 4분 분량을 삭제하라고 명령해 해당 부분이 삭제되었다. 그때 코이카는 대전 MBC와 협력사업을 추진하고 있는 상황이었다. 「PD수첩 피디들 "세월호·노조·국정원·사드는 금기어였다"」, 『한겨레』, 2017.7.25. http://www.hani.co.kr/arti/society/media/804026.html.
51. Ivan Illich, *Toward a History of Needs* (Berkeley: Heyday Books, 1977), 56.

일리치·케일리 2010, 24(재인용).
52. 옥스퍼드대학의 철학 전공 교수인 맥어스킬(William MacAskill)은 철저한 사전조사와 계획 없이 감정에 휘둘린 경솔한 선행이 무익하거나 해악을 끼칠 수 있다는 점을 구체적 사례와 데이터를 통해 증명하면서 이성과 데이터로 판단한 뒤 선행을 행하는 냉정한 이타주의가 더 많은 사람들의 삶을 더 효과적으로 개선시킬 수 있다고 보았다. 윌리엄 맥어스킬, 2017 참조.
53. 「한·미 문화교류계획 25년」, 『자유세계』 제12권 제5호 (1963), 10.

가, 법률가, 음악가, 기업인, 노동계 지도자 등 다양한 분야의 인물을 포괄했고 규모도 훨씬 확대되었다.

한국도 1963년 6월 18일에 새로운 협정에 조인해 교환 대상자가 증가했다. 제1차 연도인 이 해에 한국 교수 36명이 미국 대학으로, 미국 교수 11명과 미국 학생 2명이 한국 대학으로 초청되었다.[54] 새뮤얼 D. 버거(Samuel D. Berger) 주한미대사는 협정 조인식에서 한미 간 교육교환에 대한 지침을 다음과 같이 밝혔다. ① 현대 민주국가의 요구와 기본적 실천 면에서 학생들을 지도하고 있는 한국의 각 대학교를 원조한다. ② 학업, 연구 및 지도 면에서 현대적 기능의 활용을 소개하고 또 향상시킨다. ③ 미국인 학도들로 하여금 한국 문화와 문명에 관한 연구 및 이해를 깊게 한다.[55]

USIS는 이상의 지침을 반영하여 1963년에 풀브라이트 프로그램 홍보영화 두 편을 제작했다. 먼저 〈필름 매거진 no.21: 크리스 폰 살차(Film Magazine #21: Chris von Saltza)〉(USIS A-129)는 미국의 수영 스타 살차의 방한을 기록한 영화다. 그녀는 1960년 16세의 어린 나이에 국가대표로 로마올림픽에 출전해 400미터 자유형에서 세계 신기록을 세웠고 금메달 셋, 은메달 하나를 획득했다. 이후 스탠포드대학에서 아시아학을 전공한 살차는 재학 중에 미 국무부의 전문가 지원 프로그램을 통해 약 1년간 한국, 미얀마, 대만, 말레이시아, 홍콩, 필리핀 등 아시아 각국을 순회하면서 수영을 가르쳤다.

미 국무부와 대한수영연맹의 후원으로 1963년 11월에 방한한 살차는 한 달간 이화여대 영어기숙사(English House)에 머물며 1964년 도쿄

---

54. 「문화교류: 한미문화교류에 관한 영화」, 『자유세계』 제12권 제7호 (1963), 12; 「한미교육교환계획 18일 새 협정서명」, 『경향신문』, 1963.6.18(3).
55. 「한미교육교환계획 확장개정협정 조인」, 『자유세계』 제12권 제5호 (1963), 12.

올림픽 출전을 꿈꾸는 여고생 수영 유망주 네 명을 코치했다. 영화는 먼저 올림픽 출전 당시 살차의 경기 모습을 인서트하여 금메달리스트이자 세계신기록 보유자로서의 위상을 보여준 다음, 한국 여대생들과 우정을 나누는 소탈한 미국 여대생의 모습을 부각했다. 살차는 한국무용, 북춤, 부채춤, 사물놀이 공연을 관람하고 김옥길 이화여대 총장이 참석한 식사 자리에서 젓가락으로 능숙하게 한국음식을 먹는 등, 한국문화를 즐기고 한국인과 우정을 나눈다. 그녀의 방한이 쌍방향의 문화교류로 여겨지도록 영화 곳곳에는 동서양 문화의 상호교류를 의미하는 신이 배치되었다. 이를테면 살차가 한국무용을 관람하는 신 바로 다음에 서양식 댄스파티 신이 이어지는데, 그녀가 한국인과 섞여 춤을 추면서 인적 교류와 문화적 교환을 시각화하는 장면이 그것이다.

살차의 내면을 대변하는 남성 해설자의 내레이션은 '호혜적 왕복도로'라는 풀브라이트 프로그램의 기본 원칙에 충실하다. 교육이나 계몽이 아니라 상호존중과 유대를 우선시한다는 점을 전달하기 위해 살차가 한국선수들에게 영법을 지도하는 장면에서는 "누구에게나 결점은 있기 마련입니다. 저 또한 마찬가지입니다"라는 내레이션이 들어가 있다. 또한 살차가 귀국 전에 남대문시장의 비단가게에서 양단을 살펴보는 장면에서 해설자는 영국에서 건너온 한국 양단(洋緞)의 유래를 환기시킨 다음 "은실 금실이 어우러져 미적이며 예술적인 패턴으로 직조된 양단"에 재현된 동서양 문화의 혼종을 예찬한다. 마지막으로 노스웨스트기에 몸을 싣고 떠나는 살차의 모습에 관객의 기억에 남을 만한 우정의 메시지가 덧붙여진다. "한국을 떠나던 순간을 안타까워하며 그녀는 이런 말을 남겼습니다. 여기 좋은 친구들 사이에 내 일부분을 남기고 갑니다."

다른 한 편의 영화는 풀브라이트 장학 프로그램을 관장한 한미교육위원단(U. S. Educational Commission in Korea 또는 Fulbright Commission in Korea)의 협력으로 제작된 〈사랑방(The Inn)〉(USIS D-34)이다. 이 영화는 콜롬비아대학 교수이자 피아니스트 겸 지휘자로 1961년 8월 31일에 내한해 1963년까지 서울대학교 음악대학에서 풀브라이트 교환교수로 활동했던 데이비드 샤피로(David Shapiro)의 한국생활을 담은 다큐픽션이다. 샤피로는 이미 1959년에 미 국무부의 후원을 받아 '리틀 오케스트라'를 인솔하고 한국을 비롯한 아시아 8개국을 순방한 경력이 있었다. 교환교수로 다시 방한하게 된 그는 서울시립교향악단, KBS 교향악단 등에서 객원지휘자로 활동하면서 서울대학교 음대 안용구 교수의 챔버오케스트라와 함께 USIS가 지원한 연주 투어에 지휘자로 참가했다.[56]

기획 초기의 영화 제목은 〈문화교류〉였는데, 말 그대로 국악과 양악의 교류를 보여주기 위해 국립국악원, 국악예술대학, 부산 심포니오케스트라, 대구 심포니오케스트라, USIS 영화의 음악을 담당했던 '벽안의 국악도' 앨런 C. 헤이먼(Alan Charles Heyman) 등이 영화음악에 협력했다. 연출은 상남영화제작소의 양승룡 감독이 맡았고 경주 로케로 촬영되었다.

휴가차 경주를 여행하게 된 샤피로 가족은 어느 고택의 고즈넉한 '사랑방'에 머무르게 된다. 샤피로가 젓가락으로 한국음식을 먹고 그의 어린 아들이 한국동요 산토끼를 부르는 등 한국 문화에 대한 친화력을 보여주는 전형적 장면이 이어진다. 휴가 중인데도 샤피로는 악보를 들고 사랑방에 앉아 해결되지 않는 문제에 대해 고민한다. 회상 신을 통해 그가 한국 학생들을 지도하고 한국 오케스트라를 지휘하면서 언어 장벽과 음악에 대한 다른 접근 방식 때문에 만족스럽지 못하게 공연

---

56. 「지휘 연주가로 이름 높아 데이비드 샤피로 교수」, 『경향신문』, 1961.9.19.(4).

을 끝냈다는 에피소드가 전달된다. USIS는 풀브라이트 프로그램에 내재된 문제를 미국인이 허심탄회하게 고백하는 것은 홍보에 해가 되기보다는 프로그램의 진정성을 높이는 데 오히려 효과적이라고 보았다. 즉, 이 영화에서 샤피로의 고민은 우정과 상호이해에 도달하기 위한 계기로 설정된 것이다.

그날 저녁 샤피로는 낯설지만 아름다운 악기 소리를 듣는데 그것은 여관 주인 최 노인이 연주하는 거문고였다. 손녀의 통역으로 최 노인과 샤피로는 동서양 음악의 차이에 대한 이야기를 나누게 되고 샤피로는 노인이 들려주는 옛이야기를 통해 해결의 실마리를 찾는다. 액자 구조 속의 이야기는 통일신라시대로 거슬러 올라간다. 최 노인의 선조는 여관 주인으로 신라에는 알려지지 않은 악기 생황을 가지고 온 당나라 악사를 환대한다. 신라의 궁정악사들이 생황의 낯선 소리를 환영하지 않았기에 그에게는 여관 주인의 아이들 외에는 청중이 없다. 한편 왕으로부터 새로운 형식의 연회장을 지으라는 명령을 받고 고민 중이던 여관 주인은 악사의 도움으로 포석정을 완성하게 된다. 왕은 매우 기뻐했고 여관 주인은 아이디어 제공자를 밝힘으로써 악사와의 우정에 보답한다. 악사는 왕 앞에서 생황을 연주할 기회를 얻었지만 그래도 신라 사람들이 그 소리에 익숙해지기는 힘들었다.

샤피로는 신라에 생황을 소개하려다 실패한 당나라 악사의 이야기를 듣고 실의에서 벗어나 동서양의 악기가 합주할 수 있는 곡을 만든다. 불국사 앞마당에서 펼쳐진 공연 신에서 그 곡이 연주되는데, 사실은 샤피로의 오리지널이 아니라 김희조가 작곡한 〈단소와 국악관현악을 위한 수상곡〉이다. 단소 소리가 고고하게 울려 퍼지는 가운데 마을 사람들과 동네 꼬마들이 전각 난간이나 나무 위에 올라가 국악기와 양악기로 편성된 오케스트라를 신기한 듯 내려다보며 조용히 귀를 기울이는 모습이 몽타주된다. 당나라 악사는 신라인들의 호응을 얻는데 실패했지만 샤피로는 한국 청중을 확실하게 만족시킨 모양이다. 지휘를 끝내고 미소 짓는 그의 얼굴과 미소를 머금은 최 노인의 얼굴을 번갈아 클로즈 쇼트로 잡으면서 영화는 두 예술가의 고양된 우정과 동서양 음악의 통합을 보여주면서 끝난다.

제8장 제2절과 제3절에서 살펴보았듯 문화교류를 주제로 한 USIS 영화는 1950년대에도 있었다. 그러나 1950년대 영화가 미국의 문화적 지원과 미국 문화의 전파에 방점을 찍은 것에 비해 1960년대 영화는 문화교류의 쌍방향성을 강조했다는 차이가 있다. 〈사랑방〉에서는 쌍방향성을 넘어 한미 간의 문화전파의 방향이 역전되어 있다. 샤피로 교수에게 격려와 충고를 아끼지 않는 쪽은 최 노인이고 그의 우정과 조언을 통해 비로소 샤피로는 동서양 화합이라는 목표를 달성하기 때문이다.

1950년대 USIA는 미국은 문화의 불모지라는 유럽 지성인들의 오해를 불식하기 위해 모더니즘 예술의 실험정신을 미국식 개인주의 및 자유와 연결 짓고 추상표현주의(abstract expressionism)가 미국적 스타일로 인식되도록 많은 노력을 기울였다.[57] 그런데 미국이 다시 아시아에서 전쟁을 시작하면서 USIA의 문화사업도 그 초점이 변화하게 되었다. 1959년 8월 21일 미국의 태평양 군사기지였던 하와이가 50번째 주로 편입되면서 아시아 관광의 거점으로 부상했고 여타 아시아 지역에 대한 관광 붐이 촉발되었다. 1960년 1월에는 미국 모더니즘 예술의 성지라고 할 수 있는 뉴욕에 "이념과 인사(人士)와 예술의 교류, 미국을 방문해오는 아세아 사람들에게 봉사"[58]를 표방하며 아시아하우스가 준공

---

57. 1950년대 USIA가 기획한 미국미술엑스포 및 전시회에 대한 다음의 분석을 참조. Barnhisel 2015, 75-92.

되기도 했다. 이처럼 1960년대 들어 아시아 공보의 중요성이 높아지자 USIA는 아시아와 미국의 문화교류에 역점을 두기 시작했다.

후보 시절부터 아시아와 아프리카에 대한 광범위한 원조를 주장했던 케네디가 대통령이 되고 미국이 베트남전쟁에 개입하면서 아시아 공보의 중요성은 날로 높아갔다. 영화공작만 보더라도 1962년 USIA는 아시아 공보의 일환으로 7만 3천 달러라는 막대한 비용을 들여 재클린 케네디(Jacqueline Kennedy)의 인도, 파키스탄 방문을 기록한 〈케네디 대통령부인 인도방문〉(USIS 1176), 〈케네디 대통령부인 파키스탄 방문〉(USIS 1177)을 제작해 78개국에 배포했다. 이 영화는 국내 상영이 금지되어 있던 USIA 영화로는 예외적으로 의회의 허가를 얻어 〈재클린 케네디의 아시아 여행(Jacqueline Kennedy's Asian Journey)〉(1962)이라는 제목으로 미국에서도 공개되었다.[59] 아시아와의 국제친선 및 문화교류가 장려된 1960년대 미국에서 아시아 전통예술은 박물관, 미술관, 오페라하우스 등에서 고급문화로서 소비되었다. 그리하여 모더니즘 예술의 새로운 시장이 열렸다. 역설적이게도 미국 모더니스트들에게 아시아 전통예술과의 콜라주는 전위예술로 전유되었던 것이다.

신 풀브라이트 협정 체결 당시 생산된 USIS 영화는 원조라는 관점을 탈피하여 쌍방향적 교류라는 풀브라이트-헤이즈 법의 대전제를 시각화하고자 노력했다. 그러나 한미관계가 평등하지 않은 현실에서 영화에서와 같은 쌍방향적 교류가 실현되기는 어려웠다. 1963년 한미교육위원단은 새 협정이 시행되는 1차연도에 미국 교수와 학생 25명을 한국에 초청할 예정이었지만 결국 파견된 숫자는 교수 11명과 학생 2명뿐이

---

[58] 「아세아 하우스」, 『자유세계』 제9권 제7호, (1960), 20.   [59] Cull 2008, 208.

었다. 1964년도에는 13명, 1965년도에는 9명으로 파견자 수는 1960년대에 걸쳐 평균 10명 내외로, 줄곧 배정된 인원을 채우지 못했다.[60] 다시 말하면 이 프로그램으로 한국에 오고자 하는 미국인 지원자는 적었던 반면, 미국에 가고자 하는 한국인 지원자는 너무 많았던 것이다.[61]

미국에서 선진문물과 기술을 익혀와 국시였던 '조국근대화'에 이바지할 수 있다는 취지로 풀브라이트 프로그램에 적극적이었던 한국 정부에게도 고민은 있었다. 풀브라이트 프로그램에 의무 귀국 규정이 있었음에도 한국인 파견자들은 어떻게든 체류 기간을 연장해 미국에 머무르려 했기 때문이다.[62] 쌍방향적 교환이라는 취지가 무색하게 실상에 있어서 이 프로그램은 "목적의식적이고 의도적인 문화변형의 한 방법으로"[63] 이루어졌고 한국에 학문적 종속질서와 미국적 교육 시스템을 무비판적으로 재생산하는 역효과를 발생시키기도 했다.

그들은 왜 주한미공보원을 습격했는가?

이상에서 살펴보았듯 1950, 60년대 미국 정부의 공공외교는 문화·친선사절 파견, 진보를 위한 동맹, 평화부대, 풀브라이트 프로그램 등을 통해 국제친선과 평화수호에 앞장서는 미국의 이미지를 구축하고자 했고 해외 공보선전에 막대한 예산을 쏟아 부었다. 그러나 케네디 사후 존슨 행정부가 베트남에서 전면전을 개시하고 콩고분쟁에 개입함에 따

---

60. 이화연 2006, 89.
61. 1963년 1차 연도의 경우 교환학생 선발에 200여 명이 지원했는데 12명이 선발되었다. 「한국에선 12명 미 '풀' 장학생 선발」, 『경향신문』, 1963.1.21(5).
62. 「해외유학생 문제」, 『동아일보』, 1962.6.27(1).
63. 문교부의 통계에 따르면 1952년부터 1979년까지 전체 유학생의 82퍼센트가 미국 유학생이었다. 그 중에서도 풀브라이트 장학생은 한국 최고의 엘리트 집단으로서 귀국 후 그들은 대미 종속적 가치관과 지적 풍토를 심화했다. 정일준 1991, 132.

라 미국이 구축해왔던 문화 선진국의 이미지는 심각한 타격을 입게 되었다. 더불어 제3세계의 일부 지역에서는 미국 문화를 전파하는 USIS가 문화제국주의의 전초기지라는 인식이 생겨났고 반미시위의 표적이 되기도 했다.

1957년 5월 24일 대만에서는 대만인을 살해한 미군 상사의 무죄 석방에 항의해 반미시위가 발생했다. 시위대는 타이페이 주재 미국대사관과 USIS를 습격, 건물을 파괴하고 성조기를 찢었다. 대륙에서 건너와 대만을 접수한 친미정권, 국민정부(國府)가 수립된 이래 최악의 반미시위여서 대만정부는 계엄령을 선포했다.

인도네시아에서는 1964년 12월 4일 콩고에 대한 벨기에와 미국의 간섭에 항의한다는 표시로 삼백여 명의 대학생들이 자카르타의 USIS를 습격했다. 그들은 성조기를 찢고 USIS 도서관의 서적을 불태웠으며 USIS 원장을 인질로 잡았다. 미국 정부는 이 사건을 공산당의 사주로 인한 반미 데모로 규정하고 인도네시아 정부에 공식적으로 항의했다. USIA는 세계 여론에 영향을 미치기 위해 공산 폭도들의 잔혹성을 강조했지만 계속된 반발과 시위로 결국 1965년 봄 인도네시아의 모든 지부를 철수시킬 수밖에 없었다. 인도네시아뿐만 아니라 1964년 한 해에만 동아시아에서 3곳, 중동에서 2곳, 라틴아메리카에서 9곳의 USIS가 습격당했다.[64]

USIS가 반미시위의 표적이 된 것은 경찰이 보호하는 미국대사관보다 접근이 용이하다는 이유도 있었지만 USIS가 문화공보를 표면에 내세워 정보수집 활동을 하고 미국의 이익을 위해 진실을 왜곡하고 있다는 의혹이 끊이지 않았기 때문이다. 실제로 미국이 베트남전에 개입한

---

64. 「횡설수설」, 『동아일보』, 1964.12.17.(1); Cull 2008, 238-239.

1965년부터 베트남에서의 모든 선전을 총괄하게 된 USIA는 심리전 활동도 수행했다. USIA는 미국 내에서도, 해외에서도 인기 없는 전쟁을 합리화하기 위해 이 전쟁에도 공공외교를 활용했다. 그러나 표면에서 세계평화를 외치면서 이면에서 전쟁 선전과 미국의 국익을 추구하는 행위가 반복되자 미국의 공공외교에 대한 믿음도 희박해졌다.

세계에서 유일하게 반미데모가 없었던 한국에서 반미 기운이 감지된 것도 베트남전이 본격화되면서부터였다. 1964년 3월 24일 한일협정에 반대하며 시작된 대학생 시위는 해를 넘겨 전국적 시민운동으로 확산되었고 이 협정에 미국이 개입했다는 사실이 알려지자 시위에 반미 구호가 등장하기 시작했다. 시위 군중은 한일협정을 제2의 '가쓰라-태프트 밀약(Taft-Katsura Agreement)'[65]에 비유하며 미국을 규탄했다. 방미한 박 대통령과 존슨 대통령이 1965년 5월 19일 한일협정 가조인을 환영한다는 공동성명을 발표하자 지식인들의 싱크탱크였던 『사상계』의 편집인 일동은 긴급 증간호를 발행해 미국이 대한정책을 재고하지 않는다면 베트남을 방불케 하는 위기가 도래할 것이라고 경고했다.[66] 8월 14일 여당의 날치기로 비준동의안이 통과되자 『사상계』는 한일협정을 '신을사조약'으로 규정하고 '미국의 대한정책 비판'을 특집으로 꾸렸다.[67] 이 특집호는 "전 국민이 합심하여 이 땅에서 제2 이완용이가 새로이 등장하지 못하도록 총궐기하여 줄 것"을 호소하며 국회의사당 앞에서 분

---

65. 1905년 7월 27일 루스벨트 대통령의 직접 지시를 받은 미국 전쟁부 장관 태프트(William Howard Taft)와 일본 총리대신 겸 외무대신 가쓰라(桂太郎)는 미국의 필리핀 지배와 일본의 조선 지배를 상호 교환조건으로 승인한다는 각서를 썼다. 이 각서의 내용은 역사학자 타일러 드넷(Tyler Dennett)이 루스벨트 대통령 관련 문서철에서 각서를 발견한 1924년까지 세상에 알려지지 않았다. 미국과 일본의 학자들은 이 각서가 비공식 메모였고 실제 정책에 반영된 바도 뚜렷하지 않다고 보지만 일부 한국 학자들은 일본이 미국의 지지를 확인함으로써 같은 해 11월 한국에 을사늑약을 강요할 수 있었다고 본다.
66. 사상계 편집동인 일동, 「권두언: 한일협정 조인을 파기하라」, 『사상계』 제13호 제8권 (1965.7.13., 긴급증간호), 9.
67. 『사상계』 제13권 제10호 (1965년 9월호).

신자살한 경성사범 출신 전직 교사 허식(許埴) 씨의 유서를 전면(前面)에 게재했다. 다른 지역처럼 USIS를 습격할 정도로 반미주의가 강하게 나타나지는 않았지만 1960년대 후반 한국의 지식인 사회는 친미 일변도에서 탈피해 미국의 대한정책을 신식민주의라는 시선으로 바라보기 시작했던 것이다.

USIS에 대한 한국인들의 반감은 1982년 3월 18일 부산 미문화원 방화사건(이른바 '부미방')으로 국제적 이슈가 되었다. 고신대 학생들은 "미국 문화의 상징인 부산 미문화원을 불태움으로써 반미 투쟁의 횃불을 들어 부산 시민들에게 민족적 자각을 호소한다"[68]는 유인물을 살포하고 USIS 도서관에 불을 질렀다. 도서관이 전소되면서 그곳에서 공부하고 있던 동아대 학생 장덕술이 희생되었다. 이후 부산 미문화원 건물은 한국 경찰에 의해 24시간 감시되었다.

그런데 부미방이 한국에서 벌어진 최초의 USIS 습격인 것은 아니다. 이미 1980년 12월 9일 광주 미문화원 방화사건이 있었다. 전기 누전에 의한 화재로 진상이 호도된 그 사건은 부미방에 직접적 영향을 미쳤다. 부미방 방화범들에 따르면 USIS를 방화한 목적은 USIS가 견인해온 미국의 문화제국주의에 대한 반발뿐만 아니라 광주민주화운동을 외면하고 신군부를 지지한 미국 정부에 책임을 묻는 데 있었다. 주범이었던 문부식은 사형을 언도받은 고등법원에서의 최후 진술에서 미국 정부나 한국 정부가 이 사건을 바람직한 한미관계 재정립의 계기로 삼지 않는다면 반미의식은 점점 높아지고 방화와 같은 사건은 끊임없이 일어날 수밖에 없을 것이라고 주장했다.[69]

USIS는 부미방이 기폭제가 되어 숱한 습격에 시달렸다. 1982년 12월

---

68. 김은숙 1988, 41. 69. 김은숙 1988, 83.

부산 미문화원(1949). ⓒ NARA

광주 미문화원 이차 방화사건, 1983년 대구 미문화원 폭탄투척 사건, 1985년 서울 미문화원 점거농성 사건, 1985년 광주 미문화원 점거사건, 1986년 부산 미문화원 점거사건, 1990년 서울 미문화원 화염병투척 사건, 1991년 6월 광주 미문화원 습격사건, 11월 서울 미문화원 화염병투척 사건 등 USIS에 대한 방화, 시위, 점거, 습격은 1990년대 초까지도 계속되었다. 부미방 이래 한국 USIS는 40여 차례 피습당했고 그중 광주 USIS를 목표로 한 공격이 31차례였다.[70]

USIS는 해방 이후 근대적 교육·문화기관으로서 이미지를 구축해왔지만 5·18민주화운동을 계기로 한국인들은 냉전을 수행하는 정보기관이라는 USIS의 정체성을 인지하고 USIS의 공보선전 활동을 미국의

---

70. 「광주 미국문화원 영욕 65년, 마침내 시민 품으로」, 『한겨레』, 1990.2.9(15).

패권주의와의 연장선상에서 보기 시작했다. 1980, 90년대 대학생들이 반미운동의 맥락에서 USIS에 대한 시위를 이어가는 동안 시민사회는 미국 정부가 무상으로 사용해온 외교 재산 및 주한미군 부지의 반환을 촉구하는 형태로 미국의 냉전 헤게모니에 저항했다.[71] 문민정부 출범 이후에는 미대사관 청사, 광주 미문화원 관사, 부산 미문화원, 용산 미군부지, 전국의 미군 점유 토지 등에 대한 반환, 이전, 임대료 지불이 정부 차원에서 촉구되었다.

그럼에도 학생, 시민, 정부를 아우르는 저항이 미국 정부의 USIS 철수나 기지 이전의 결정적 계기로 작용한 것 같지는 않았다. 냉전이 공식적으로 종식되자 USIA의 필요성도 반감되었고 미국 정부는 1996년부터 전 세계 142개국에 설치되었던 190곳의 USIS를 폐쇄하기 시작했다. 이 정책에 따라 한국에서는 1996년 부산과 광주 USIS를 시작으로 1997년에 모든 USIS가 폐쇄되었고 무상으로 사용해왔던 건물들은 한국 정부에 반환되었다. 최종적으로 1998년에 제정된 외교정책 개선 및 구조조정법(Foreign Affairs Reform and Restructuring Act)에 따라 USIA는 1999년 10월 폐지되었고 그 기능은 국무부로 흡수, 통합되었다.

부미방 사건의 현장인 부산 미문화원도 USIA가 폐지되면서 반환되었다. 아르데코 디자인의 그 서양식 건물은 한 세기 동안 식민과 예속의 상징이었다. 1929년에 준공되어 조선 수탈의 선봉에 섰던 동양척식주식회사의 부산지점이었다가 1945년 일본이 패망하자 미점령군에 접수되어 미군 숙소로 사용되었다. 1949년 7월부터는 미국문화관 부산지부로, 한국전쟁 중에는 임시수도 부산의 미국대사관으로, 휴전 이후에는 미국

71. 문민정부 출범 이후 부산에서는 1995년 발족한 '부산 땅 하야리아 되찾기 부산시민대책위원회'와 '미군 부두 반환 촉구를 위한 시민운동본부',

1996년 발족한 '부산미문화원 건물 반환 범시민 추진위원회', 1997년 발족한 '미군기지 반환 한일연대' 등이 활동했다.

레이건 방한 시의 포스터(1983.11). © NARA

문화원으로 사용되었다.

부산 미문화원은 부미방 이후 레이건(Ronald Wilson Reagan) 정권 때는 영사관을 겸했다. "강력한 미국"을 슬로건으로 내걸고 취임한 레이건은 1983년 11월 전두환 대통령과의 정상회담을 위해 방한했다. 그는 한미 정상 공동성명 제13항에서 부산에 영사관을 개설하겠다고 '통보'했고 2개월 뒤인 1984년 1월부터 부산 미문화원 2층에 영사관이 개설되었다. 1996년 10월 16일 부산 미문화원이 철수한 뒤에도 영사관 업무는 계속되었으나 1998년 7월 10일 업무가 대사관으로 통폐합되면서 영사관도 폐쇄되었다.

부산 미문화원 건물은 일제의 수탈기관, 미군정의 공관, 미국 해외공보선전의 전초지로 사용되다가 마침내 1999년 4월 30일 한국 정부에 반환되었다. 2001년 5월 16일 부산시 기념물 제49호로 지정되고 보수공사를 거친 건물은 2003년 부산근대역사관으로 개관했다. 그리고 이제 그 건물은 더는 식민과 예속의 상징이 아니라 한국근대사의 시각적 증거로서 같은 자리를 지키고 있다.

제3부
냉전근대 한국을 영사하기

제9장
냉전 개발주의와
주한미공보원 영화

제10장
냉전과 박애

제11장
냉전 오리엔탈리즘

제12장
주한미공보원이 남긴 것들

USIS 영화 중 가장 높은 비중을 차지한 주제는 원조의 범위를 단순히 물질 공여만이 아니라 인력 양성, 기술 지원, 노하우 및 시스템의 제공으로까지 확장해본다면 바로 원조일 것이다. 따라서 미국의 원조정책이 변화함에 따라 USIS 영화의 내용도 조율될 수밖에 없었다. 한국전쟁 시기 인도주의적 차원의 전재민 구호에 초점을 맞추었던 USIS 영화는 휴전 이후 광범위한 영역에서 펼쳐진 미국 및 유엔의 원조를 홍보하고 한국 사회의 재건을 조명했다. 그러나 미국의 무상원조가 감소한 1950년대 후반부터는 과거의 재건 활동을 회고하면서 한국이 자유세계의 일원으로서 성장했다는 점을 부각했다. 원조의 방식이 무상원조에서 유상차관으로 바뀐 1960년대 USIS 영화는 자유아시아 개도국의 성공 사례로서 한국의 경제성장 모델을 홍보했다. 그러나 USIS가 영사했던 냉전근대 한국의 이미지에 한국의 대중이 반드시 동의했던 것은 아니다. 냉전은 '마음과 정신의 전쟁'이었지만 바로 그 때문에 어떤 경우 인간의 마음과 정신은 냉전의 대립 구도를 초월해 예상치 못한 결과를 가져오기도 했다.

제9장

냉전 개발주의와 주한미공보원 영화

'자조-원조'라는 도식과 재건의 드라마

USIS의 영화 목록에 '원조'라는 분류항은 존재하지 않았고 국제협조(international cooperation), 재건(reconstruction)이라는 항목이 그것을 대신했다. 그러나 교육, 언론, 문화, 사회, 교육, 예술, 스포츠 등과 같이 원조에 초점을 두지 않은 영화라 할지라도 부분적으로 원조에 관한 내용을 포함하는 경우가 많았다. 그러나 USIS 영화의 표현 방식은 원조의 시혜성이나 영향력을 부각하기보다는 등장인물 간의 대화에서 자연스럽게 언급하거나 원조 기관의 로고를 슬쩍 클로즈업하고 지나가는 간접적인 것이었다. 요컨대 USIS는 한국 국민으로부터 전쟁과 분단에 대한 동의를 끌어내기 위해서는 원조라는 단어가 주는 불편함을 상기시키지 않는 편이 더 낫다고 판단한 것이다.

 1950년대 한국인들은 전후의 폐허 속에서 당장의 곤경을 해결하기 위해 원조물자에 전적으로 의지할 수밖에 없었다. 미국 정부와 유엔뿐

〈표 9〉 1950년대 USIS의 원조 홍보영화

한국어 제목	영어 제목	USIS 번호	제작 연도	관련 기관	분류
한국의 고아들*	Orphans in Korea	322	1952	UNCACK	한국
우정의 선물*	A Gift of Friendship	337	1952	미국대한구제협회	국제협조, 한국
한국 아동들을 위한 교과서	School Books for Korean Children	338		자유아시아협회 (아시아재단의 전신)	한국
사랑의 병실*	Ward of Affection	499	1952	UNCACK	보건·의약, 한국
재건의 일 년		530	1953	AFAK, KCAC, 운크라	재건, 한국
1953년도의 회고	Highlights of 1953	581	1953		뉴스, 역사, 재건, 한국
나는 트럭이다*	I'm a Truck	592	1954	한국육군차량재생산창	군대, 공업, 재건, 한국
의정부 이야기*	Building Together	679	1955	AFAK	국제협조, 재건, 한국
제2의 적*	The Second Enemy	689	1954	KCAC, 운크라	보건·의약, 한국
거리의 등대*	Light House on the Street	746	1955	KCAC, USIS, 미 해병대	국제협조, 한국
폐허의 속에서		748			재건, 한국
우드 씨의 연설*	A Report on Korea by C. Tyler Wood.	786	1956	OEC	재건, 한국
우리의 세대 제24호*	Our Times #24	799	1956	KCAC, 운크라	우리의 세대, 유엔, 재건, 지리, 한국
바다는 나의 소망	Sea, My Hope	882		운크라	수산업, 한국
1957년도의 회고: 국내편	Highlights of 1957: National	910	1957		우리의 세대, 재건
한국의 교육제도*	Korea's Educational System	920	1959	OEC, 운크라	교육, 한국
한국의 교통	Transportation in Korea	921			운송 및 교통, 재건, 한국
한국의 전력증가*	More Power to Korea	922	1957	ICA	국제협조, 기술, 전력발전, 한국
바다를 밀어낸 사람들*	Hands That Move the Sea	940	1958	KCAC, OEC	국제협조, 피난민, 한국
미아리의 새마을	The New Village at Miari	953		OEC	국제협조, 주택건설 및 건축술, 피난민, 한국
안영리 이야기	Anyung-Ri Story	973			한국
나의 4-H 과제장*	My 4-H Project Diary	978	1958	OEC, USIS	농업, 청소년, 한국
대충자금	Counterpart Fund	1015			재건, 한국

보건 한국	Dynasty of Health	1049		유솜[1]	보건, 한국
약진대한*	Progress in Korea	1047		유솜, 미군	국제협조, 재건, 한국
다시 사는 길*	With Hand and Heart	1075	1960	기독교연합봉사회	국제협조, 농업, 한국

*는 필름이 보존되어 있는 영화

만 아니라 미국의 민간단체들도 한국에 원조의 손길을 보내었고 USIS는 이를 홍보하기 위해 몇몇 영화를 만들었다. NARA에 보존되어 있는 필름과 USIS 영화 목록 및 기타 문헌 사료를 참조하여 1950년대 USIS가 원조 홍보를 위해 제작한 영화의 제목, USIS 목록 번호, 공개 연도, 관련 기관 및 기금, 분류항을 정리하면 〈표 9〉와 같다.

〈표 9〉의 영화 26편 중 필름이 보존되어 있는 영화 15편에 대해 좀 더 자세히 살펴보고자 한다. 이미 제2부 제4장에서 〈한국의 고아들〉과 〈사랑의 병실〉을 분석했으므로 나머지 13편의 개요, 제작 맥락, 공보 목표 등을 정리하고 분석했다.

1. 〈우정의 선물〉

한국전쟁에 참전한 미군 사병이 부모에게 편지를 쓴다. 추위에 떠는 고아들과 한국의 비참한 상황을 담은 그의 편지는 미국 시민사회에 큰 반향을 불러일으킨다. 민간단체인 미국대한구제협회(America's Relief for Korea)가 중심이 되어 한국의 고아들에게 보내기 위한 헌 옷 수집 운동이 전개된다. 이 협회는 1951년 9월에 이미 한 차례 450만 파운드의 의류를 유엔군 한국민간구호처(CRIK)에 보냈고 이 영화가 제작될 무렵에는 부활절을 맞이하여 다시 헌 옷 수집 운동을 전개하고 있었다.[2]

1. OEC는 1959년 7월 1일 유솜으로 개편되었다.
2. 「대한민간원조로 부활제에 의류수집운동 전개」, 『경향신문』, 1952.3.26(2).

2. 〈나는 트럭이다〉

이 영화는 NARA에 보존되어 있는 시나리오에 따르면 1954년 3월 26일에 공개되었다.[3] 한참 전후 재건에 박차를 가하고 있던 시기에 제작된 이 극화된 다큐멘터리는 의인화된 트럭의 내레이션으로 한국 재건을 묘사했다. 주인공이자 해설자인 '나'는 유엔군을 돕기 위해 고국을 떠나 한국에 출정한 미군용 GMC 트럭이다. 나는 오랜 전쟁을 겪은 뒤 고장이 나서 폐차될 운명에 처했으나 한국육군차량재생창을 거쳐 완벽히 재생된 뒤 한국을 재건하는 데 사용된다. 한국전쟁 때 육군은 후방이었던 부산 전포동에 차량재생창과 총포재생창을 설립했다. 차량재생창은 휴전 이후 운행 만료로 민간에 불하된 미군의 군용 차량을 재생했다. 여기서 재생된 차량, 엔진, 부속품 등은 자동차 부품 사업과 정비 사업의 밑바탕이 되었다. 김기영이 연출한 이 영화의 탁월함은 제유법을 적절히 구사한 데 있다. 폐차 위기의 망가진 트럭을 재생시키는 인력은 상이군인들이다. 트럭 재생의 전 과정을 담당하는 그들은 장애를 극복하고 분단국가를 재건할 주체가 된다. 한국에서 만든 부품과 한국 상이군인의 기술력으로 부활한 트럭은 "이제 나는 고국에 돌아가겠다는 생각도 버렸습니다. 왜냐하면 내가 한국을 무척 사랑하기 때문이며, 재생창의 상이군인들을 보면서 나도 여기 남아 한국 재건을 돕기로 결정했습니다. 여러분, 나의 새 임무를 축복해주십시오"라고 말한다. 이와 같은 구성은 한국인 관객에 호소하는 바가 컸으리라고 짐작된다.

3. 〈제2의 적〉

공산주의자들을 물리치고 성공적 재건이 이루어진 바로 그 자리에

---

3. "I am a Truck," Movie Scripts, 1942-1965, Box 16, Entry 1098, RG 306.

서 질병이라는 '제2의 적'과의 싸움이 시작된다. 싸움터는 의사도, 약국도, 전기도, 전화도, 신문도 없이 여전히 전통적 생활방식으로 살아가는 오지, 양산군 내성리다. KCAC가 후원한 교육을 받고 위생관리원에 임명된, 마을 유일의 양복쟁이 김 씨는 KCAC와 운크라가 원조한 공중보건 사업을 시작한다. 그는 주민들의 건강기록부부터 작성한다. 최근 다섯 명이 원인 불명의 병으로 죽었고 혼례를 앞둔 이 씨의 아들도 몸져누웠다. 굿, 한약, 불공 등 전통적 방법이 동원되었지만 차도가 없다. 그의 병이 위생 문제에서 비롯되었다고 짐작한 김 씨는 KCAC에서 배운 대로 우물물을 검사해보아야겠다고 생각한다.

김 씨는 위생에 대한 주민들의 관심을 환기하기 위해 USIS의 협조로 보건영화를 상영하고 KCAC의 협조로 보건 포스터 전시회를 연다. 그는 마을 회의를 소집하고 지방정부에 도움을 요청하자는 결론에 이른다. 보건과를 방문한 김 씨는 보건과장의 주선으로 미국인 공중보건 전문가들의 도움을 받게 된다. "유엔의 선물"인 운크라의 이동보건소 차량이 내성리에 도착한다. 마을 사람들은 난생 처음으로 의사의 진료를 받는다. 살충제(DDT)가 도포되고 예방접종이 실시된다. 한국인 의사와 간호사들 외에도 미국인 의사 스미스와 공중보건 전문가 쿡이 동행해 주민들을 진료하고 마을의 위생 상태도 점검한다. 한국인 의사가 이 씨 아들의 피검사를 위해 혈액을 채취하는 동안 김 씨는 공중보건 전문가와 함께 수질 검사를 위해 우물물을 채취한다. 과학적 조사로 이 씨의 아들은 쥐에게 물려 황달에 걸렸으며 마을 우물은 한 곳을 빼고 전부 오염되었다는 점이 밝혀진다. 이제 주민들은 쥐구멍을 막고 쓰레기를 태우고 음식물을 청결히 보관하기 시작한다. 미국인 공중보건 전문가가 설계한 공중화장실과 우물이 운크라의 원조자금으로 만들어지면서 마을의 위생 환경은 극적으로 개선된다.

마지막으로 영화는 새 우물을 파기 전에 마을 사람들이 고사를 지내는 모습, 건강을 회복한 이 씨 아들의 혼례에서 신부가 혼례주 대신 새 우물물을 마시는 모습을 담았다. 이렇게 영화는 원조로 인한 변화가 더 나은 삶을 보장하되 한국의 전통을 파괴하지는 않는다는 메시지를 효과적으로 전달했다.

4. 〈의정부 이야기〉

휴전 직후인 1953년 11월 주한미군은 군 보급품과 시설을 이용한 전후 원조계획을 수립하고 주한미군 대민원조처(AFAK)를 설치했다. FOA가 제공한 자금으로 유휴기술과 잉여기계를 동원해 원조사업을 시작한 AFAK은 교사(校舍), 교회, 교량, 고아원, 병원, 공공건물, 개간, 수리사업, 도로공사 등 토목·건축 분야 재건에 중점을 두었다. AFAK 원조는 미군 기지가 집중된 군사도시였으며 서울로 가는 관문으로서 중요했던 의정부에서 처음으로 시작되었다.

〈의정부 이야기〉는 뜻있는 장병들의 자발적 기금 모금이 AFAK의 모태라고 설명하면서 원조로 완성된 의정부 제2성당을 언급한다. 경기도 문화재 자료 제99호로 지정된 이 석조 건물은 이계광 신부가 군종 체스터 P. 로제스키 신부(소령)의 도움으로 미1군단의 가톨릭 신자들의 헌금을 받아 1953년 8월 29일에 건립되었다. 이 영화는 극화된 다큐멘터리로, 목수 김 씨와 그의 가족의 시선으로 전쟁 당시 폭격으로 파괴된 시가지가 미군에 의해 재건된 모습을 스케치한 다음 그들이 어떤 교회로 주일 예배 가는 모습을 보여준다. 그곳 역시 1953년에 전몰장병을 기리기 위해 미1군단의 모금으로 건립한 감리교회다. 영화에서 성당과 교회는 미군의 원조가 물질적인 데 그치지 않고 정신적인 데까지 미치고 있다는 것을 보여주는 상징으로 작용한다.

〈의정부 이야기〉는 1955년 4월 18일, 역시 AFAK 원조로 준공된 의정부 문화관 낙성식에서 처음으로 시사되었다. "함께 건설한다(Building Together)"는 원제의 취지에 걸맞게 이승만 대통령, 국방부 장관, 문교부 장관, 경기도 지사, 미8군 사령관 제임스 밴 플리트(James Alward Van Fleet), 미8군 부사령관, 미1군단장, 미4병기 대대장 등 양국의 요인들이 참석했다.[4]

5. 〈거리의 등대〉

한국의 많은 가정이 전쟁으로 인해 삶의 터전을 상실하고 절대 빈곤에 시달렸다. 거리로 내몰린 전쟁고아와 빈곤층 아동도 급증했으나 그들을 수용할 수 있는 기관이 부족해 사회문제로 부상했다. 경찰은 그들을 부랑아로 규정하고 단속을 펼쳤을 뿐 수용 시설의 부족으로 근본적 문제 해결은 요원했다.[5] 〈거리의 등대〉는 부랑아 문제의 해결 방법으로 교육에 의한 선도와 아동 개인의 노동과 자립을 제안한다.

"거리의 등대"란 박덕충 중위가 사비로 설립한 마산 대한소년문화원의 은유다. 공산주의자들의 침략으로 아버지를 잃고 남해에서 마산으로 피난 온 소년 홍식의 가족은 구걸로 연명하며 마산역 대합실 바닥에서 기거한다. 역무원들에게 쫓겨나 잠자리를 잃은 홍식은 도둑질에 손을 댄다. 박 중위가 절도로 잡혀갈 뻔한 그를 구해서 대한소년문화원으로 데려간다. 거기서 홍식은 또래 친구들과 정순을 만나고, 이야기는 다리 밑에서 피난살이를 하면서 담배장사를 하는 정순의 사연으로 전환된다. 시청 직원이 경찰을 대동하고 나타나 퇴거명령서를 건네자 정

---

4. 「문화관 낙성식」, 『경향신문』, 1955.4.18.(2); 허은 2008, 276.

5. 「말뿐인 부랑아 단속」, 『경향신문』, 1954.3.30.(2).

순은 담배장사를 확장해 판잣집을 짓고자 한다.

교실도 없이 공터에서 USIS가 지원한 책으로 공부하는 대한소년문화원의 학생들은 연필도, 종이도 없지만 나뭇가지로 땅바닥에 "내 힘으로 살자"라고 쓰며 자립을 꿈꾼다. 홍식은 친구들의 도움으로 구두닦이 기술을 배우고 박 중위가 선물한 구두약과 솔로 영업을 시작한다. "이제 그는 사회의 낙오자가 아니라 당당한 권리를 가진 한 사람의 직업인입니다"라는 내레이션에 맞춰 카메라는 홍식이 마련한 새 집을 보여준다.

교실 칠판에는 "남에게 의뢰하지 말라"라고 쓰여 있고 USIS가 학생들에게 이동영사로 보여주는 영화도 자립을 강조한다. 영화 속 영화는 서울의 직업소년학교를 취재한 〈리버티뉴스〉 제109호이다. 뉴스 해설자는 KCAC 원조로 이 학교가 천막 교사를 마련했다고 설명하며 대구와 부산에도 직업소년학교가 있으며 그곳에서 어린이들이 "옳은 것과 그릇 것을 가려 배우고 훌륭한 시민이 되는 길을 배우고 있"다고 부연한다. 얼마 뒤 대한소년문화원의 어린이들에게도 뉴스 속 사건이 현실이 된다. KCAC와 미 해병대의 지원으로 천막 교사가 만들어진 것이다.

〈거리의 등대〉의 주 관객층이자 목표 대상이었을 부랑아들은 아마도 이 영화를 보면서 자신에게도 영화와 같은 일이 일어나도록 바랐을 것이다. 그러나 이 다큐멘터리는 부랑아 문제가 절도와 같은 개인적 비행의 소치가 아니라 국가가 책임져야 할 전쟁 피해의 한 양상이라는 사실은 은폐한다. 원조가 필요한 자 모두에게가 아니라 자립 의지를 보인 대상에게만 주어지는 보상으로 그려진 것도 문제적이다. 모두가 전쟁의 피해자임에도 재활과 자립이 불가능한 생명은 원조 대상에서 배제될 수 있다는 점에서 그러하다.

6. 〈우드 씨의 연설〉

이 영화는 마셜 플랜의 핵심 인물이자 OEC 경제조정관이었던 타일러 우드(Clinton Tyler Wood) 박사가 1956년 3월 21일 서울 로터리클럽에서 했던 연설을 기록한 다큐멘터리다. 그의 연설은 미국의 원조정책이 한국경제계에 미칠 영향을 가늠해볼 수 있는 지표임을 보여준다. 1954년 12월 로터리클럽에서의 첫 번째 연설에 이어 두 번째였던 이 연설에서 우드는 "원조 수혜국이 자립할 수 있도록 도와주는 것이 미국이 보내는 원조의 주요 목적"임을 역설했다. 그리고 개인 자본 형성에 필요한 환경 조성과 민영기업에 대한 투자, 인플레이션 억제를 위한 국영기업체의 수수료 및 요금 인상, 외국자본의 투자 유치 노력을 촉구했다.

한국의 재건사업을 위해 미국의 원조가 필수적이라는 것은 부인할 수 없었지만 그럼에도 비판의 목소리가 없었던 것은 아니었다. 현실적 환율 원칙이라며 원화절하를 주장한 우드의 첫 번째 연설에 대해 한국무역협회 부회장을 역임한 주요한[6]은 야당지였던 『동아일보』에 우드에게 보내는 공개서한을 게재해 반박했다. 한국경제가 공정환율의 급격한 상승으로 인플레이션에 시달려왔음을 지적한 그는 "현실적 환율을 결정하는 가장 주요한 인자는 원조사업 자체"[7]이므로 공정환율의 계속적 인상은 원료 가격의 상승을 불러와 결국 한국 기업에 타격으로 작

---

6. 1919년 2월 동인지 『창조』의 창간호에 한국 최초의 자유시라 일컬어지는 「불놀이」를 발표한 주요한은 대한민국임시정부 기관지 『독립』의 편집을 담당하는 등 문필가와 언론인으로서 활동했다. 1940년부터 조선임전보국단, 조선문인보국회, 국민동원총진회 등에서 친일 행위를 했던 그는 해방 후에는 흥사단 재건에 주력하면서 정치인, 경제관료로 경력을 쌓아갔다. 1946년 사단법인 한국무역협회 부회장에 임명되었고 1954년 흥사단 기관지 『새벽』을 창간했다. 1956년 제4대 민의원 선거에서 당선되었고 1960년 장면 내각에서 부흥부·상공부 장관을 지냈다.

7. 「우드 씨에게 보내는 공개서한」, 『동아일보』, 1954.12.16(3).

용할 것이라는 반론을 펼쳤다. 결국 공정환율은 OEC의 뜻대로 조정되었고 그로 인해 한국경제의 인플레이션은 심화되었다. 우드는 영화로 기록된 두 번째 연설에서 재정 적자 억제를 위해 철도, 전력, 전화전신, 석탄 등 국영기업체의 공공요금을 인상해야 한다는 주장을 펼쳤다. 이에 대해서도 공공요금 인상은 물가 앙등과 환율 상승을 가져와 결국 외원에 대한 의존도를 더욱 높이는 악순환에 빠지게 될 것이라는 반박이 이어졌다.[8] 그러나 원조를 받기 위해서라도 한국 정부는 우드 씨가 내준 '숙제'를 반드시 완수해야 했다. 정부는 야당의 반대를 무릅쓰고 1957년 1월 1일부로 공공요금을 일제히 인상했다. 원조를 받는 것은 한국이었지만 그 원조를 운용하는 것은 어디까지나 미국이었던 것이다.

7. 우리세대 제24호

USIS의 뉴스릴 〈우리세대〉 중 한 편이다. 해당 호에서는 "한 국가가 재건되다"라는 제목으로 철도, 항만, 건설, 주택 보급, 전력, 관개, 비료, 수산업, 보건, 교육 등 광범위한 분야에 걸친 운크라 및 KCAC 재건사업의 성과를 망라해서 보여준다. 그런 다음 영화는 한국인들이 이제 평화와 안온을 되찾았으며 그들의 노력으로 이 나라가 전쟁 이전 상태로의 완전 복구를 넘어서서 미래의 발전을 맞이하게 될 것이라고 전망한다.

8. 〈한국의 교육제도〉

서당 훈장이었던 아버지, 일제강점기에 전체주의 교육을 받았던 대

8. 「우드 씨의 연설이 주는 중대한 숙제」, 『경향신문』, 1956.3.23(1).

학교수 아들, 해방 후 미국식 민주주의 교육을 받은 중학교 교사 딸이 각급 학교를 방문한다는 내러티브를 통해 한국 교육의 변천사를 극화한 다큐멘터리다. 갓을 쓰고 도포를 입고 장죽을 문 아버지는 한국적 관습을 고집하는 구세대이고, 양장을 한 자녀들도 각자 자기 세대를 대변하는 인물로 설정되었다.

영화는 서론에서 한 서원을 배경으로 과거 조선의 서당 교육을 재현한다. 그런 다음 배재학당 설립자인 아펜젤러(Henry Gerhart Appenzeller), 이화학당 설립자인 스크랜턴(Mary Scranton)의 사진을 보여주며 미국 선교사들로부터 한국의 근대교육이 시작되었다고 설명한다. 이어서 제1부: 국민학교 편, 제2부: 중고등학교 편, 제3부: 대학교 편으로 나누어 근대교육의 발달상이 소개된다.

국민학교 편에서는 학생들이 자유롭게 의견을 교환하는 현재의 민주주의 교육과 대조하기 위해 훈장의 회초리질, 일본인 선생의 체벌 장면이 인서트된다. 암송 위주인 서당 교육이나 일본식 교육에 비해 현재 한국의 국민학교 교육은 미술, 체육, 발표 등 체험 위주의 다양한 커리큘럼으로 운영되고 있다는 점이 조명된다.

중고등학교 편의 도입부는 운크라 직업훈련학교를 시작으로 원조로 건설된 교사(校舍)를 차례로 보여주며 유엔의 교육 원조를 부각한다. 이윽고 세 사람은 딸이 교사로 재직 중인 여자중학을 비롯해 특수학교 및 각종 직업학교를 견학한다. 도표를 제시하며 OEC가 한국 재건에 필수적인 직업교육을 중요시하여 1956, 57년 2년간 실업교육에 275만 달러를 원조했다는 설명이 이어진다. 카메라는 내레이션을 뒷받침하기 위해 농업학교, 수산고등학교, 상업고등학교, 공업고등학교 등을 스케치하며 학생들이 원조 받은 각종 기자재로 직업훈련을 하는 모습을 보여준다.

대학교 편에서는 고려대학교, 성신대학교, 연세대학교 등 각 대학의 도서관과 전공별 강의 현장을 두루 보여주며 한국 고등교육의 현황을 살핀다. 그런 다음 어느 대학의 학위수여식 장면으로 전환되며 성조기와 태극기가 나란히 걸려 있는 가운데 미국인이 명예박사학위를 받는 모습을 보여둔다.

여타 USIS 영화와 마찬가지로 〈한국의 교육제도〉는 노골적이지 않은 방식으로, 말하기보다는 보여주기를 통해 한국의 근대교육 시스템 설립에 끼친 미국의 영향력을 전달했다. 예를 들어 공업고등학교의 실습용 기계를 클로즈업하면서 운크라 마크를 비추고 지나가나, 연세대학교를 방문한 딸이 옛 제자들과 조우하는 장면에서 설립자인 미국인 선교사 언더우드(Horace Grant Underwood)의 동상을 노출하는 식이다.

9. 〈한국의 전력증가〉

샌프란시스코의 벡텔사(Pacific Bechtel Corporation)가 제작한 컬러영화로, 1957년 6월에 제작되어 1958년에 공개되었다. 벡텔은 이차세계대전 때 미군에 화물선을 공급한 이래, 미국 정부가 주도한 각종 해외 토목·건설 사업을 수주해 크게 성장한 회사다. 1950년대부터는 원자로 건설에도 착수하면서 미국 최대의 토목·건설회사가 되었다. 한국에서 이 회사는 원전설계 엔지니어링 노하우를 전수한다는 계약 조건으로 영광 1, 2호기와 고리 3, 4호기의 2차계통 설계를 수주한 바 있다.

오프닝에서 한국전쟁의 피해를 복구하고 산업을 부흥시키기 위해서 무엇보다 필요한 것이 전력이라는 점이 강조된다. 해설자는 한국 정부의 위촉을 받은 벡텔이 ICA 자금으로 1954년에서 1956년에 걸쳐 서울 당인리, 마산, 삼척에 한국 3대 화력발전소를 건립하게 되었다고 설명한다. 이어서 한국 목수의 구식 톱과 신식 전기톱을 대조한 비유적 신

당인리발전소 부지. © NARA

을 배치하고 미국의 선진 기술이 낙후된 한국의 문제를 해결해주는 모습이 묘사된다. 벡텔 기술자들은 방대한 프로젝트를 정밀하고 신속하게 완수해나간다. 그들은 한국인 종업원들에게 첨단 장비의 사용법을 가르쳤고 한국인 종업원들은 미국에서의 시찰과 훈련을 거쳐 발전소를 운영할 기술자로 성장한다.

리버티뉴스 제87호 〈당인리 화력발전소 기공식〉이 영화 속 영화로 삽입되어 가장 먼저 완공된 당인리발전소를 보여준다. "모든 부문에 걸쳐 한국인 종업원들은 일을 즐겨하며 꾸준하고 부지런하게 그들의 맡은 일을 재빨리 배워갔습니다"라는 내레이션처럼 〈한국의 전력증가〉는 '미국인-교사'가 '한국인-학생'과 더불어 전후 재건이라는 임무를 완수해나가는 전형적인 '재건의 드라마'를 보여준다.

10. 〈바다를 밀어낸 사람들〉

옹진반도, 연평도 출신 피난민들이 서해안에 염전을 일구고 공동체를 형성해 정착하기까지를 그린 다큐멘터리다. 염전은 일제강점기부터 북한 지역에 대규모로 개발되었지만 전후 한국은 전쟁으로 남한 염전이 파괴된 탓에 소금 부족에 시달리고 있었다. 이 영화가 만들어진 1958년까지도 천일염은 전매사업이었다. 한국 정부는 소금을 자급자족하기 위해 서해안 일대에 민간 염전 개발을 장려했다. 휴전회담의 영향으로 1952년에 서해안 도서지역으로 집단 남하한 피난민의 수는 10만에 이르렀고 구호양곡이 대량 투입되었다. 그러나 분단으로 원주지 복귀가 불가능해진 그들의 생계를 위해서는 항구적 대책이 필요했다. 그중 하나가 실향민을 서해안 염전 개발에 투입하는 것이었다. 이 영화에서는 실향민들이 자발적으로 염전을 개발한 것으로 그려졌지만 서해안 염전 개발은 정부의 피난민 정착사업의 일환으로서 민간회사에 개발 융자를 지원해 추진되었다.[9]

영화는 KCAC, OEC, 미국가톨릭구제회(National Catholic Welfare Council)[10] 등이 실향민들에게 전달한 "자유진영 국가들이 주는 선물"을 소상히 보여준다. 원조가 미친 범위는 의류, 곡식, 통조림, 연필 등 생필품만이 아니라 집과 학교를 건설하기 위한 목재와 장비에까지 이른다. 미국 및 서양 전문가들이 파견되어 기술지원을 해줌에 따라 둑과 제방을 쌓는 본격적 개발이 시작된다. 그러나 주민들은 세 번이나 무너진 둑 때문에 좌절한다. 때마침 OEC가 제공한 시멘트가 도착하고 적시에

---

9. 「서해안 피난민들 염전 개발에 종사」, 『동아일보』, 1952.3.16(2).
10. 미국 뉴욕에 본부를 둔 민간구호단체로 1947년 2월에 한국에 설립되었다. 1957년까지 한국에 도입된 구호물자 중 72%를 담당했는데 한국 정부의 피난민 구호를 위한 정착사업, 즉 농지 개발 및 염전 개발에도 곡류를 원조했다. 「가톨릭구제회 NCWC는 무엇하는 곳」, 『경향신문』, 1958.3.31(3).

도착한 원조에 주민들의 노력이 합쳐져 콘크리트로 강력한 해문이 완성되고 드디어 소금 생산에 성공한다. 이와 같은 드라마틱한 결말은 한국인의 자조 노력이 바탕이 될 때 원조는 재건으로 이어질 수 있다는 메시지를 전달한다.

11. 〈나의 4-H 과제장〉

4-H운동[11]은 농촌 청소년을 교육하고 청년지도층을 육성하기 위해 1946년 4월 경기도 지사의 고문역이었던 앤더슨(Charles A. Anderson) 대령에 의해 한국에 도입되었다. 농업은 1950년대까지도 한국의 가장 중요한 산업이었던 만큼, 1952년 농림부는 농업구조 개선을 목적으로 이 운동을 전국에 보급하기로 결정했다. 1953년부터 농업 교도사업을 실시한 농림부는 농업 교도원 4만 명에게 4-H운동을 포함할 것을 시달했고, 1954년 6월부터는 잡지 『4-H 뉴스』를 6만 부 발간했다. 1955년 12월에 한국4-H구락부위원회가 결성되었고 전국 4-H경진대회가 처음으로 개최되었다.[12]

이 영화는 4-H운동이 한국농촌 근대화와 농촌 청소년 교육에 이바지하고 있다는 것을 홍보한다. 중학교 졸업 이후 진학하지 않고 부모의 농사일을 돕고 있는 십대 남매는 4-H구락부에 가입한다. 구락부의 청소년들은 OEC 자금으로 USIS가 제작한 책자로 공부하며 근대적 농법뿐만 아니라 농촌 자치, 민주적 회의 절차 등에 대해서도 배운다. 4-H 경진대회가 다가오자 남동생은 어떤 과제로 출품할 것인가를 두고 고민하다가 부모에게 조언을 구한다. 그러나 여전히 전근대적 방식으로

---

11. 농촌 청소년의 교육을 위해 미국에서 시작된 운동. 상징인 네 잎 클로버는 지(Head), 덕(Heart), 기(Hand), 체(Health)의 균형 잡힌 발달을 의미한다.
12. 김갑영 1955, 212.

농사를 짓고 있는 부모는 적절한 조언을 해주지 못한다. 한국농촌이 당면한 문제를 고민한 끝에 남매는 스스로 개인 과제를 정한다. 그리고 꾸준히 노력해 경진대회에서 양돈과 바느질로 1, 2위로 당선된다. 남매의 과제는 4-H구락부가 제시한 개인 과제 중 가축 과제, 의복 짓기 과제에 해당한다. 청소년 개인이 일방적 지시가 아니라 구락부의 지도와 격려로 농업활동과 가정생활 속에서 과제를 스스로 찾아내고 수행해 농촌 근대화에 성공할 수 있다는 메시지를 전하고자 한 것이다.

12. 〈약진 대한: 제2부 한미협조, 교통, 토목〉

미국 원조계획의 성과로서 전후 한국의 발전상을 선전하는 3부작 다큐멘터리 중 한 편이다. USIS 다큐멘터리는 대부분 내러티브에 지장을 주지 않는 선에서 원조 사실을 간접적으로 전달하는 것을 선호했다. 이에 비해 〈약진 대한〉은 설명적 다큐멘터리로, 유솜 원조가 이루어낸 성과를 명징하게 전달하는 데 중점을 두었다. 남성 해설자의 전문적이면서 권위 있는 톤의 보이스 오버 내레이션에 맞춰 그 내용을 뒷받침하는 이미지가 시각적 증거로서 동원되는 방식이다.

현존 필름은 "제2부 한미협조, 교통 토목"이다. 교통, 해운, 도로, 토목으로 나뉘어 있는 이 부분은 "전쟁 때 함께 싸운 것처럼 평화 시에도 서로 협조해 건설해온 결과"로서 한국의 발전상을 보여준다. 원조계획 중 제일 먼저 착수된 교통 분야에서는 전쟁으로 파괴된 철로가 복구되었고, 철로, 철교, 터널, 전선주, 전화교환대가 신설되었으며, 미국으로부터 여객차와 화물차를 들여왔다. 한국철도를 현대화하기 위해 들여온 미국의 중유기관차는 운송 시간과 비용을 절약할 수 있게 했다. 해운 분야에서는 등대, 방파제, 부두, 해운도로가 수리되거나 신설되었으며 수백만 달러를 들여 원양어선과 해양선박이 진수되었다. 도로망 역시 원조 자금으로 확충되었다.

유솜의 교통 원조는 물질적인 것에 그치지 않고 제도의 개선과 인력 양성도 포함했다. USIS는 자동차가 급증해 교통사고가 빈발하자 〈교통안전〉이라는 영화를 제작해 시민의 안전의식을 높였다. 전문 인력 양성을 위해 미국의 전문가가 파견되어 한국 경찰에게 교통정리법을 가르쳤으며 경찰 간부는 미국으로 유학했다. 역사가 짧은 항공 분야에서는 미국인 기술자들이 교통부 직원의 교육을 맡았고 직원 중 20명은 미국에서 항공관제법을 배워왔다. 김포, 여의도, 부산 수영에 국제산업공항이 건설되었고 광주, 제주도, 강릉 비행장이 보수되었다. 토목 분야에서는 미국의 물자와 기술에 한국의 지식과 노동력이 더해져 전쟁으로 파괴된 교량이 수리되거나 신설되었으며 하수도 및 댐이 만들어졌다.

이상과 같이 영화는 미국의 원조가 한국의 기간산업 발전에 끼친 막대한 영향을 조명하면서 마지막으로 다시 한 번 한국의 발전의 파트너로서 우방 미국의 역할을 강조한다.

13. 〈다시 사는 길〉

국방부는 한국전쟁 중 상이군인 원호 대책의 하나로 선교사를 통한 원호사업을 전국적으로 추진하고자 1952년 9월 9일 각국 선교사 및 국내 교회 대표를 초빙, 간담회를 열었다. 이때 기독교연합봉사회(Union Christian Service Center)[13]의 토리 박사[14]는 상이군인을 위한 의수 및 의

---

13. 미국 북장로회 선교사 안두화, 안두조가 1949년 10월 10일 미 장로교 선교회, 감리교 선교회, 캐나다 선교회, 구세군 선교회 4개 교단이 파송한 대표자들과 초교과적으로 설립한 봉사단체. 농촌지도자 교육사업, 생활개선 계몽사업, 직업 보도사업 등 지역개발 사업을 시작하여 새마을운동의 기초를 마련하였다고 한다. 동 단체는 1950년 4월 복음농민학원을 개설하고 1952년 3월부터 수족 절단자 직업보도 및 치료사업을 시작했으며 1953년 6월 고아원 후생학원을 설립했다. 사회복지법인 기독교연합봉사회 사이트 참조. http://www.ucsc.or.kr.

족 공장을 설치해 의료사업을 실시하고 대전에 교육시설 및 농업시설을 설치할 것을 언명했다.[15] 이 영화는 바로 기독교연합봉사회의 절단자 의료사업 및 직업교도 사업을 조명한 다큐픽션이다.

참전용사 이춘기는 양팔이 절단된 채 고향의 농가로 돌아온다. 어머니가 그의 손이 되어주었지만 스스로는 아무것도 할 수 없는 그는 절망한 나머지 집을 나가 도시를 떠돈다. 어느 날 한국전쟁에 참전했던 딘 장군(William F. Dean) 기념비 앞에 앉아 있던 그에게 한 남자가 자신의 의족을 보여주며 자기가 도움 받은 곳을 알려준다. 대전에 위치한 기독교연합봉사회의 절단자 복위회(Amputee Rehabilitation Project)에 찾아간 이 씨는 양팔에 의수를 단 미국인 존 스틴스마(John Steensma) 박사를 만나 인생의 전환점을 맞이한다. 같은 처지의 절단자들이 만든 의수를 달고 체계적 재활운동에 돌입한 그는 스틴스마 박사와 탁구를 칠 정도로 재활에 성공한다. 이 씨는 스틴스마의 소개로 기독교농민학원 책임자인 배민수 박사를 만난다. 학원에 입학한 그는 선진 농법을 직접 실습해보고 졸업 선물로 종돈 한 마리를 받는다. 그 종돈이 새끼를 치게 되어 자립에 성공한 이 씨는 이제 동네 청년들에게 유축농업이라는 새로운 농법을 알려주고 새끼돼지를 나누어줌으로써 자신이 받은 사랑을 실천한다.

영화에 출연한 스티스마는 14년간 미시간 주정부의 재활사업 책임자로 일한 '어린이 절단자의 생활지도' 분야의 선구자다. 토리 박사의 뒤를 이어 1958년에 내한한 그는 1966년 6월 귀국하기까지 7년 동안 '불

---

14. 토리 박사는 기독교연합봉사회 절단자 복위회에서 수족 절단자 2,404명을 무료로 치료했고 2,615명에게 의수족을 무료로 공급했으며 1,673명에게 의수족 제작 등의 직업훈련을 베푼 공적을 인정받아 보건사회부 장관으로부터 공로장과 금배지를 수여받았다. 「무료로 의수족 주고 치료」, 『동아일보』, 1959.9.2(1).

15. 「의수의족 공장신설」, 『경향신문』, 1952.9.13(2).

구자의 아버지'로서 절단자 치료, 재활, 자립에 힘썼다. 한편, 미8군과 세계기독교봉사회의 원조로 1964년 2월 신촌 세브란스 병원 뒤에 설립된 한국수족절단자재활센터의 센터장을 역임하기도 했다.[16]

이상과 같이 1950년대 USIS 원조 홍보영화의 기본 정보와 제작 맥락, 공보 목표 등을 살펴보았다. 이 시기 USIS는 고아 문제에서부터 상이군인 재활 문제까지 다양한 내용의 원조 영화를 제작했지만 이 영화들의 연출과 편집은 어느 정도 정형화되어 있다. 연출 양식에 따라 세 분하면 크게 ① 푸티지, ② 뉴스릴 내지는 설명적 다큐멘터리, ③ 다큐픽션 내지는 극화된 다큐멘터리로 나뉜다.

푸티지는 현장에서 촬영된 미편집 영상으로, 그 자체로서는 공개되지 않고 영화를 만드는 재료로 쓰인다. 따라서 푸티지를 분석하기 위해서는 메타데이터를 찾아내야 한다. 예를 들면 유엔군 통신부대가 촬영한 푸티지를 활용해 제작된 〈한국의 고아들〉은 간헐적으로 격전이 이어지던 1952년에 시간적, 물질적 여유가 없는 상황에서 만들어졌다. 따라서 촬영 당시의 환경과 조건에 따라 필름의 질감도 다르고, 새로 촬영해 편집한 영상과 푸티지 사이의 이음새도 완벽하게 봉합되어 있지 않다. 그 틈새를 메우는 것이 편집과 내레이션이므로 제작 주체의 의도를 파악하기 위해서는 영상뿐만 아니라 양자의 효과를 분석하는 것이 중요하다. 이 영화의 편집자는 미군들이 한국 고아들을 보살피고 함께 놀아주는, 나중에 촬영된 영상과 통신부대의 푸티지를 이어 붙였다. 그리고 "미군부대는 전쟁고아들을 마스코트로 삼기도 합니다. 어떤 부대

---

16. 「수족절단자들 재활센터 마련」, 『동아일보』, 1964.2.18.(7); 「7년 동안 한국의 불구아를 도운 벽안의 의수」, 『중앙일보』, 1966.6.16.(7).

는 수십 명의 고아들을 돌보기도 합니다. 이 아이들이 비슷한 나이의 남동생, 조카, 심지어 아들을 생각나게 하기 때문입니다"라는 내레이션을 넣었다. 이 같은 편집과 내레이션은 미국과 유엔의 구호활동이 전쟁고아의 의식주를 해결하고 부상을 치료하는 데 그치는 것이 아니라 박애정신의 발로라는 점을 표현하기 위한 것이었다.

뉴스릴은 보도를 위해 촬영된 사건 중심의 객관적 영상으로, 보통 한 편이 10분 내외인 시리즈로 제작된다. USIA는 〈뉴스 매거진(News Magazine)〉, 〈오늘(Today)〉, 〈우리 세대〉 등의 뉴스릴을 제작해 지부인 USIS를 통해 전 세계에 배포했다. 한국의 〈리버티뉴스〉를 비롯해 〈아프간 리뷰(Afghan Review)〉, 〈요르단 리뷰(Jordan Review)〉처럼 일부 지부에서는 필요에 따라 현지에서 뉴스릴을 제작하기도 했다. 설명적 다큐멘터리는 정보 제공을 내레이션으로 전달하는 데 크게 의존하는 양식의 다큐멘터리다. 〈우드 씨의 연설〉〈한국의 전력 증가〉〈약진 대한〉이 여기에 해당한다. 보통 신의 목소리로 비유되는, 전문적 훈련을 받은 남성 해설자의 신뢰감을 주는 목소리가 사건에 대해 정보를 제공하고 객관적 논평을 전달한다.[17] 뉴스릴과 설명적 다큐멘터리가 사료(史料)로 주목받는 이유는 기록성과 객관성 때문이다. 그러나 때로 이들 양식은 사실의 전달만을 목적으로 하지 않고 제작 주체의 시각이나 주장을 대표할 수도 있기 때문에 제작 의도를 염두에 두고 사료화해야 한다. USIS가 제작한 뉴스릴과 설명적 다큐멘터리도 한국의 현실 그 자체가 아니라 가령 기존 뉴스릴에서 취사선택한 이미지와 로터리클럽에서의 연설 실황을 교차 편집한 〈우드 씨의 연설〉처럼 '미국의 시각으로 포착한 한국의 현실'로 보는 것이 타당할 것이다.

---

17. 설명적 다큐멘터리의 양식적 특징에 대해서는 빌 니콜스 2005, 177-179.

다큐픽션(docufiction)이나 극화된 다큐멘터리(fictional documentary)는 허구적 이야기가 가미되어 있다는 점에서 앞의 양식들과 차이가 있다. 다큐픽션은 예술적 표현을 위해 부분적으로 허구를 도입해 실화를 재구성한 다큐멘터리다. 반면에 극화된 다큐멘터리는 다큐멘터리의 기법으로 제작된 극영화다. 양자의 가장 큰 차이는 직업 배우의 출현 여부다. 다큐픽션은 실화의 인물이 그 자신을 재연하지만 극화된 다큐멘터리는 직업 배우가 등장인물을 연기한다. USIS는 객관적 사실만 담은 논픽션 다큐멘터리보다는 이야기라는 '당의를 입힌(sugarcoated)' 다큐멘터리가 공보선전에 더 효과적이라는 점을 잘 알고 있었다. 따라서 직접적 선전보다는 이야기를 통해 메시지를 전달하는 간접적 방식을 창안하는 데 노력을 기울였다.

1950년대 USIS의 원조 홍보영화는 대체로 전쟁으로 인한 충격과 빈곤 속에서 고통에 신음하던 한국인이 자립 의지를 다지고 더 나은 삶을 모색하다가 미국(인)의 원조를 통해 노력에 대한 보답을 받는다는 자조-원조-재건의 플롯으로 구성되어 있다. 즉 플롯 자체가 전후 재건의 알레고리인 것이다. 실향민, 전쟁고아, 부랑아, 상이용사와 같이 전화(戰禍)로 인한 불운한 삶의 조건 속에서 절망했던 인물들이 원조를 통해 희망의 끈을 잡고 결국 재활에 성공한다는 이야기는 같은 처지에 놓인 관객에게 소구하는 바가 컸으리라 짐작된다.

USIS의 원조 홍보영화는 기본적으로 계몽 서사에 바탕을 두었으나 민족지학적 서구 다큐멘터리에서 흔히 볼 수 있는 문명-야만의 위계는 원조국과 피원조국 사이에 성립되기보다는 세대 간의 문제로 전치되어 있다. 예를 들어 〈한국의 교육제도〉〈제2의 적〉〈거리의 등대〉〈나의 4-H 과제장〉 등에서 미국적 가치와 생활방식을 수용한 자식세대는 재건의 주체로, 전통적 가치와 생활양식을 바꾸려 하지 않는 부모세대는 재건을 위해 계몽되어야 할 객체로 묘사된다. 자식세대는 학교, 구락부, 학원 등 원조가 만들어낸 새로운 공적 영역에서 활약하며 부모세대는 가정과 마을이라는 사적이며 전통적인 영역에 머문다.

한편 USIS 영화의 공사 구분은 분명 공적인 영역에서 여성을 배제해왔던 한국의 전통적 젠더 구분에서 벗어나 있다. 〈한국의 교육제도〉에서 아버지와 오빠보다 진보적 교육관을 보여주는 딸, 〈나의 4-H 과제장〉이 묘사한 4H구락부의 자주적 소녀 회원들, 〈거리의 등대〉에서 고학하며 일하는 소녀 정순과 같은 신세대 여성들은 교육을 통해 어머니 세대에게 허락되지 않은 공적 영역에서 활동할 기회를 얻은 인물로 묘사되어 있다. 그럼에도 USIS 영화가 완전히 탈젠더화되어 있다고 보기는 힘들다. 이 영화들에서 여성은 공적 영역에서의 활동에도 불구하고 남성 주인공의 보조자나 파트너로 묘사되고 있을 뿐 재건의 주체로서 대표성을 부여받지는 않기 때문이다. USIS 영화는 오랫동안 여성이 차별받아온 한국에서 민주주의 교육의 세례를 받은 신여성상을 주조했으나 가부장적 사회의 변혁 그 자체에 초점을 맞추지는 않았다. 그녀들의 역할은 미국식 민주주의와 미국의 원조가 여성의 권익을 보호한다는 점을 보여주는 방편으로 축소되어 있을 뿐이다.

또한 〈의정부 이야기〉 〈한국의 교육제도〉 〈다시 사는 길〉 등에서 미국의 원조는 해방 이전 미국인 선교사들의 업적을 잇는 것으로 묘사되었다. 미국 민간단체의 자발적인 자선 행위를 냉전 원조에 포괄시킨 것이다. 그와 같은 방식으로 박애주의를 냉전 프로파간다에 접속시킨 사례에 대해서는 제10장 '냉전과 박애'에서 심도 있게 살펴보기로 한다.

반공주의로서 개발주의

케네디 집권 이후 미국 정부의 대한 원조에 일대 전환이 일어났다. 1961년 11월 3일 ICA를 국제개발청(AID)으로 재편한 케네디 행정부는 국제무역 수지 적자 및 재정 적자 해소를 위해 무상원조를 점차적으로 삭감하고 일본 및 서구에 후진국 원조를 분담시키는 등의 조치를 취했다. 원조의 기본 방향은 무상증여에 의한 군사원조에서 차관에 의한 경제개발원조로 바뀌었다. 전쟁 재발의 위험이 있는 한국의 경우에도 군사원조가 감소되었을 뿐만 아니라 경제 위기가 공산화로 이어질 것을 막기 위해 개도국에 원조되던 방위지원비(defense support)도 1956년 2억 2천만 달러에서 1962년에는 9천만 달러로 감소했다. 반면 개발차관은 1961년에는 약 300백만 달러였으나 1962년에는 약 3천만 달러로 10배 증가했다.[18]

그럼에도 미국의 해외원조는 큰 틀에서 케네디 행정부 시절 25퍼센트나 증가했다. 무상원조의 감축에도 불구하고 개발원조가 크게 확대되었기 때문이다. 케네디 정권은 비공산화의 핵심이 개도국의 경제성장이라고 보았고 경제성장을 위해서는 개도국이 '올바른 선택'을 하도록 미국이 원조자금 운영에 개입해야 한다고 보았다. 아이젠하워 정권의 개발원조는 차관 한도를 정하고 그 한도 내에서 개발계획에 포함되어 있는 개별 프로젝트에 필요한 자금을 지원하는 방식이었다. 케네디 정권에서 그것은 국가별로 개발 목표를 설정하고 미국이 피원조국의 상황을 시찰, 검토하여 종합적으로 판단한 뒤 차관을 제공하는 방식으로 바뀌었다.

한국 정부의 경우 재정수입의 주요 원천이 미국의 원조였기 때문

---

18. USIS Korea 1966, 18, 22.

에 무상공여 형식이었던 ICA 원조가 개발차관기금(Development Loan Fund, DLF)이나 AID차관 등 개발원조로 변경되자 국가계획을 수정할 수밖에 없었다. 장면정부는 4월혁명 이후의 혼란스러운 정세 속에서 '경제개발 5개년계획'을 세우고 외자도입 촉진법을 개정해 경제개발의 밑그림을 그렸다. 그러나 1961년 2월 8일 원조자금 사용 및 한국의 자체 자원 활용에 대한 미국의 감독권을 대폭 강화시킨 '한미경제기술원조협정'이 일방적으로 체결되어 한국 정부가 독자적 경제계획을 실행에 옮기는 길은 원천적으로 차단되었다.

몇 개월 뒤 박정희가 주도한 5·16군사정변이 일어났고 박정희는 국가재건최고회의 의장 자격으로 그해 11월 14일 미국으로 가 케네디와 만났다. 군사정권은 새롭게 수정한 제1차 경제개발 5개년계획에 미국이 원조하기를 희망했으나 케네디는 지원을 거부했을 뿐만 아니라 기존의 경제원조도 일시 유보했다. 케네디가 제시한 경제원조 재개 조건은 한일관계를 정상화해 한국을 일본 경제권 내에 편입시키는 방식으로 경제개발을 하고 자본집약적 방식에서 노동집약적 방식으로 경제계획을 수정하라는 것이었다.[19] 미국은 한국에 대한 영향력과 동아시아의 냉전 질서를 유지하기 위해 반공 군사정권을 승인하기는 했지만 한국의 독자적 경제계획을 승인하거나 원조를 늘일 생각은 없었던 것이다.

1960년대 자유세계 개도국에서 개발주의는 반공주의와 동의어였다. 이 시기 USIS의 일차적인 공보 목표는 한국 국민에게 경제개발의 성공을 자유세계의 공동 방위에 직결되는 문제로 인식시키는 것이었다. 원조의 성격이 개발차관 및 기술원조로 변하자 USIS의 공보 방향도 개발

---

19. 합동통신사 외신부 기자로서 「워싱턴 포스터(The Washington Post)」의 통신원이기도 했던 리영희는 「워싱턴 포스터」 주필의 소개로 미 국무부 관리를 인터뷰하여 박정희-케네디 회담의 내막을 밝혔다. 리영희 2000, 529.

〈표 10〉 1960년대 USIS의 원조 홍보영화

한국어 제목	영어 제목	USIS 번호	제작연도	관련 기관	분류
석탄	Coal	L1116, C-79	1961	대한석탄공사, DLF	공업, 한국
등대	The Lighthouse	L1185, C-91	60년대 초	KMAG	한국, 운송 및 교통
젊은 어부들	Shipmates	L1146	60년대 초	중앙수산시험장, OEC	수산업, 한국
황토길	Litany of Hope	L1175 D-31	1962	국립소록도병원, 애양원	보건, 한국
한강수천리	The Mighty Han	C-98	1963	ICA	한국
탱크	Tank	C-105	1963	KMAG	한국, 공산주의, 방어, 군대
새 일터	Island Doctor	C-119	1965	USAID	한국, 사회봉사, 보건
건설하는 한국*	Korea Builds		1967	공보부	

*는 USIS 영화 목록에 없는 필름

    원조에 대한 홍보로 바뀌었다. 따라서 1960년대 USIS의 원조 홍보영화는 미국의 기술과 한국 노동력의 결합으로 생산된 수출 상품과 개발차관을 바탕으로 한 한국의 경제성장을 주제로 삼게 되었다.

    1950년대 USIS 영화가 원조만큼이나 중요시했던 자조의 메시지는 1960년대 들어 자기개발이라는 방식으로 변형되었다. 이 시기 USIS 영화는 경제발전에 대한 한국 스스로의 공헌을 강조하면서 전쟁의 폐허 속에서 비약적 경제성장을 이루어낸 한국을 자유세계 개도국이 따라야 할 개발 모델로 홍보했다. 1960년대 USIS 원조 홍보영화 중 필름이 현존하는 8편의 개요, 제작 맥락, 공보 목표, 제작 주체, 공개 연도를 문헌 사료와 대조해 정리하면 다음과 같다.

    1. 〈석탄〉

    〈석탄〉은 한국의 경제개발과 산업성장에서 석탄이 중요한 천연자원이라는 점이 설명된 다음 삼척에서 대대로 살아온 광부 가족을 중심으로 탄광 현대화에 대한 이야기가 전개된다. 김 씨는 과거에 나무로 지탱되는 갱도에서 곡괭이로 석탄을 캐는 전근대적 탄광에서 일하다 사고로 동생을 잃었다. 트라우마로 일을 그만둔 그에게 친구 박 씨가 찾아와 대한석탄공사에 미국 기술자들이 와서 새로운 장비와 기술을 도입해 더 많은 석탄층을 발견했다고 전한다. 석탄 생산량이 늘자 장성탄광 책임자 유 씨는 현장주임으로 김 씨를 스카우트하기 위해 박 씨를 보낸 것이었다. 김 씨는 유 씨의 안내로 미국인들이 개선된 기술과 장비로 더 안전하고 더 과학적인 방식으로 석탄을 채굴하는 것을 직접 본다. 그리고 연간 100만 달러에 달하는 장비와 물자도 원조한다는 사실도 알게 된다. 석탄이 국가적으로 중요한 자원이고 탄광 현대화로 생산량을 늘려 수출이 가능하다고 들은 김 씨는 다시 일하기로 마음먹고 불안해하는 어머니를 설득한다. 개선된 안전장비를 갖춘 김 씨는 출근길에 딸을 광부 자녀를 위한 새 학교에 데려다 준다. 가는 길에 그는 자기 가족이 들어갈 광산주택이 지어지고 있는 희망적인 광경을 본다.

USIS 기관지 『자유세계』에 의하면 1960년 현재 한국은 매월 10만 톤 이상의 석탄을 수출했다. 한국산 석탄의 질적 개량과 수출 확대를 위해 한미공동계획이 수립되었고 한국 정부와 민간회사가 13억 원, 미국이 129만 7천 달러를 원조할 예정이었다.[20] 〈석탄〉은 바로 그 계획을 홍보하기 위해 만들어진 영화였다. 영화의 무대인 장성탄광은 국내 최대의 탄전을 확보한 대한석탄공사의 광산으로 1963년도에 950만 달러의 미개발차관기금(Development Loan Fund, DLF)이 승인되어 심부 개발과 생산기계화가 추진되었다.[21]

---

20. 「5백만 톤 돌파한 국내석탄생산」, 『자유세계』 제9권 제12호 (1960. 12), 9.

21. 「장성탄광 개발차관 950만 불 승인」, 『경향신문』, 1963.5.31(1).

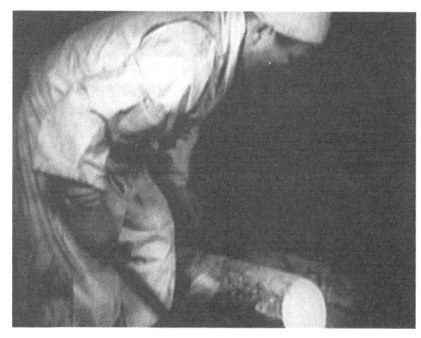 

〈석탄〉에 묘사된 일제강점기의 전근대적 생산. © NARA   미국 원조에 의한 생산기계화를 대조한 〈석탄〉. © NARA

2. 〈등대〉

한국전쟁으로 남한의 80퍼센트가 파괴된 등대가 재건 중이다. 이차대전 때 공습으로 무너졌다가 1957년의 미국 원조금으로 한국 정부가 1958년에 재건한 전남 칠발도 등대가 그것이다. 이어서 부산 절영도 등대, 아직 재건되지 않은 여수의 옛 등대, 포항 장기갑 등대 등 재건을 마쳤거나 기다리고 있는 등대가 차례로 소개된다. 연간 510만 대의 선박이 한국 등대 100여 개의 도움을 받을 정도로, 등대가 없으면 국제무역은 심각한 피해를 입을 수밖에 없다. 비단 등대뿐만 아니라 여수 부표관리소 건물도 한국인의 노력과 미국의 원조금으로 1962년에 완공되었다. 이후 영화는 부산의 오륙도 등대로 무대를 옮겨 등대지기 김 씨와 보조원 서 씨의 이야기를 재현한다. 트랜지스터라디오를 벗 삼아 지루한 근무를 견뎌내는 그들의 일상과 오륙도 등대에 의지하여 조업하는 선장 박 씨의 이야기가 교차된다. 어느 날 바다에서 박 씨의 배는 갑작스러운 폭우에 휩싸인다. 라디오를 듣고 태풍이 온다는 것을 미리 알고 있던 김 씨와 서 씨는 즉시 업무에 돌입한다. 박 씨의 배는 오륙도 등대의 경적 소리와 불빛에 의지해 위기를 넘기고 뭍에 닿는다. 다음날 박 씨는 오륙도 등대 근처로 배를 몰아가 감사의 표시로 깃발을 올린다. 폭풍우를 재현한 장면에서 USIS 영화과의 뛰어난 특수촬영 수준을 볼 수 있다. KMAG와 부산 미군부대가 음악을 담당했다.

3. 〈젊은 어부들〉

한국 청년들이 유솜 자금, 어업 차관, 미국인 전문가의 자문으로 최신 어선을 건조하고 현대적 조업에 성공하기까지를 그린 다큐픽션이다. 충무에서 전통적 방식으로 일하는 영세 어민의 아들 김영호는 부친의 만류에도 대학 진학을 희망한다. 아버지 친구의 주선으로 부산의 조선소에서 일하며 아버지의 쌈짓돈으로 학업에 매진한 결과 국립 부산수산대학에 합격한다. 영호와 단짝 친구 이금우, 안승우의 학창시절이 수산대학교의 교육과정과 함께 묘사된다. 영호는 졸업 후 귀향하고 금우는 취업에 실패하나 승우는 상공부 산하 중앙수산시험장에 취직한다. 승우는 이봉래 원장과 유솜의 어업 고문 모건(Morgan)[22]의 도움으로 어군 탐지기를 장착한 과학적 어선 개발에 착수한다. 두 친구도 의기투합하여 대출을 받아 미국산 최신 장비와 한국의 기술이 집약된 어선 '모란'을 완성한다. 이 원장과 모건이 참석한 시험 운전이 성공리에 끝나고 세 청년은 수산시험장이 개척한 동해의 새우 어장에서 새우잡이에 도전한다. 그리고 다른 어선보다 10배나 많은 수확을 거둔다. 이 과학적이며 도전적인 젊은 어부들은 다른 어부들처럼 새우를 경매에 넘기지 않고 동결장치를 갖춘 한국해양식품에 넘긴다. 한국해양식품은 주한미

---

22. 모건은 참치어선 선장 출신으로 OEC 소속의 수산기술고문관이었다. 「박정희 대통령이 세우고 비문까지 쓴 부산 태종대 '순직선원위령탑'」, 『주간조선』 2465호, http://pub.chosun.com/client/news/viw.asp?cate=C01&mcate=M1003&nNewsNumb=20170725392&nidx=25393 참조.

군에 새우를 제공하고 새우와 게를 뉴욕으로 수출하기도 하는 민간회사다.

영화 속 중앙수산시험장은 농림부 산하에서 어구·어로법 개량, 수산물 제조·증식, 해양 조사를 담당하던 기관으로 1961년 8월 동해에 새우어장을 개척했다. 그 어장에서 포획된 새우가 냉동되어 군납을 포함, 연간 3만 달러의 수출 실적을 올림으로써 국산 수산물 수출이 기업화 단계에 접어들었다. 동 시험장은 어장 개척 외에도 80톤급 수산시험선을 건조할 계획이었다.[23] 이처럼 USIS는 유솜의 어업 차관과 미국의 기술원조로 완성된 수산시험선의 성과와 한국기업의 냉동수산물 수출 실적을 홍보하기 위해 이 영화를 만든 것으로 보인다.

4. 〈황토길〉

한센인 시인 한하운은 일제강점기에 발병하여 가족들에 의해 격리되고 전근대적 치료법으로 인해 고통받았다. 해방 후 그는 소록도로 들어가서 미국인 의사의 도움으로 병을 치료하고 피부이식까지 완료하여 사회 복귀에 성공한다. 미국인의 구라활동을 조명한 이 영화에 대해서는 제10장에서 자세히 분석하기로 한다.

5. 〈한강수천리〉

미국 원조에 의한 한강 개발과 산업발전을 조명한 다큐멘터리다. 수원지인 오대산 샘물에서 비롯된 물줄기가 거대한 한강의 흐름으로 이어지는 모습이 점층법으로 묘사된다. 이어서 한강 유역을 따라 미국의 원조와 기술지원으로 건설된 산업체와 시설이 소개된다. 상동 텅스텐

---

23. 「새우어장을 개척하여 기업화에 성공」, 『경향신문』, 1961.5.4(3).

공장, 영월 화력발전소, ICA 원조로 1955년 단양에 설립된 자유화학 (Liberty Chemical Company)과 1958년에 설립된 충주비료공장, 50만 달러의 원조로 설립된 도자기회사 한양컴퍼니, 화천 수력발전소, 춘천 수력발전소, 한미협력으로 설립된 구의 정수장, 차관으로 최신식 설비를 갖추게 된 자갈 채취 회사, 1955년 설립된 광장동 대한제지공장 등이 그것이다. 그 사이 사이에 강줄기를 따라 단양팔경, 안동 산성, 한벽루, 청풍, 금수산, 신륵사 다층전탑, 여주 세종대왕릉, 효종대왕릉, 동작동 국립국군묘지, 한강변 등 유적지 및 관광지에 대한 설명도 곁들여진다. 강줄기를 따라 서울로 들어온 카메라는 "경제학자들이 근대화라 부르는" "산업에 기반을 둔 새로운 삶"의 모습을 보여준다. 산업 지역으로 향하는 기차는 영등포의 교량을 건너 미국의 원조로 새 기계를 들여온 동아방직, 당인리발전소, 건설 중인 양화대교를 뒤로 하고 김포 벌판을 가로지르며 달린다. 강화도에서 갈라진 한강이 비무장지대와 한국에서 가장 바쁜 항구인 인천으로 나뉘어 흐른다는 내레이션은 '한강의 기적'이 자본주의 체제의 승리이며 미국의 원조가 그것을 뒷받침했다고 암시한다.

'한강의 기적'이란 전후 서독의 경제부흥을 '라인강의 기적'이라고 부른 데서 착안한, 전후 재건 시기에 등장한 메타포다. 1962년 1월 경제개발 5개년계획을 선포한 뒤 박정희도 몇 차례 '한강의 기적'을 일구어 내겠다고 선언한 바 있었다. 그러나 원조가 반드시 기적으로 이어진 것은 아니었다. 이를테면 ICA 원조의 상징으로 장기간에 걸쳐 막대한 비용이 투입되었지만 실패했던 충주비료공장의 사례가 그러했다. 3천 4백만 달러의 원조금으로 미국회사가 준공한 이 공장은 원안보다 1년 9개월 지연된 준공 이후에도 부실공사로 인한 각종 결함과 한국의 현실에 맞지 않는 제약으로 인해 수년간 자금 지출만 했지 제대로 가동되지 못했다. 가동 후에도 민간회사의 비능률적 운영으로 이 공장에서 생산한 비료의 생산 비용이 시판 비료의 가격을 상회하는 결과가 나왔고, 1962년 8월 21일 정부가 전액 출자하는 공기업으로 전환되었다.[24]

한국 정부는 이 영화가 만들어진 1963년을 '수출의 해'로 지정했다. 그럼에도 가시적 성과는 부족했고

충주비료공장(1967). ⓒ NARA

국민은 여전히 내핍에 시달리고 있었다. 정치적으로는 박정희가 민정이양 약속을 저버리고 번의에 번의를 거듭하여 대선에 출마한 혼란스러운 시기이기도 했다. 이에 제1야당이었던 민정당은 "한강변의 기적은 기적(饑蹟)으로 변하고 이제는 기적(棄蹟)으로 변하게 되었다"[25]며 군사정권의 경제개발계획의 저성과와 박정희의 반복된 번의에 냉소를 보냈다.

6. 〈탱크〉

한국군 군수 관리 및 운영에 대한 자문·감독 기관이었던 KMAG 소속 고문관이 한국군 전차부대원들에게 탱크 운전 및 관리 기술을 전수하고 함께 전략을 짜서 간첩을 일망타진한다는 군사원조 홍보영화다. 구체적인 분석은 이 책의 제7장 제5절 참조.

---

24. 「말썽 많은 충주비료」, 『동아일보』, 1959.10.4.(1); 이동홍, 「충주비료건설소사: 충주비료공장건설은 이렇게 낭비되었다」, 『사상계』 통권 88호 (1960년 11월호).

25. 「말의 성찬: 9월 중 정치발언집」, 『동아일보』, 1963.9.30(1).

7. 〈새 일터〉

한국의 슈바이처로 불리던 의료 전도사 이일선(Timothy Rhee) 목사 부부가 병원이 없는 오지 울릉도에 슈바이처 하우스[26]라는 목조건물을 짓고 개원한다. 치료를 받은 중증 폐렴의 여자아이 춘자와 여성 나환자[27]가 회복되면서 '나'(해설자가 영어로 이일선 목사의 목소리를 대신한다)는 섬사람들의 신뢰를 얻는다. 그렇지만 남철과 같은 어부들은 여전히 '나'에 대한 불신을 감추지 않는다. '나'는 미신, 무지, 가난, 게으름의 결합으로 병을 앓는 섬사람들을 구제하기 위해 의사일 뿐만 아니라 마을의 교육자, 상담자, 경제학자의 역할을 한다. 울릉도 전체 소득의 80퍼센트는 아시아에 수출되는 오징어다. 그러나 어부들은 기껏 잡은 오징어를 걸고 도박을 해 가정경제가 파탄이 난다. 남철 역시 오징어를 걸고 도박을 하다 다쳐서 '나'를 찾은 것이다. 마을 우물이 질병의 원인이라고 생각한 '나'는 수질검사를 해본 뒤, 사람들을 설득해 지역 상수도 건설 사업을 시작한다. 도지사는 적극적으로 노력해 삶을 바꾸려는 태도를 보인다면 한국 정부와 미국의 주한 원조기관이 그 계획을 도울 것이라고 격려한다. 여러 사람들의 따뜻한 마음과 관용으로 엑스레이 기계, 미국국제개발처(United States Agency for International Development, USAID)에서 온 쌀, 상수도관이 될 파이프가 항구에 도착한다. 마을 남자들 140명이 동원되어 저수지를 만들었고 곧 공공목욕탕을 만들 계획이다. 상수도 사업에 동원된 노동력은 미국에서 온 쌀로 보상받는다.

26. 이일선은 1960년 4월 슈바이처 박사가 나병원을 설립한 아프리카의 람바레네(가봉 공화국)를 방문해 두 달간 진료봉사를 했다. 이때의 인연으로 슈바이처 박사와 교류를 이어나간 이일선은 슈바이처 박사가 기부한 5백 달러로 울릉도에 목조건물 슈바이처 하우스를 짓고 병원을 개원한다. 「슈바이처의 꿈을 안고 울릉도의 이일선 목사」, 『동아일보』, 1964.9.9(5).

27. 오늘날에는 나병, 나환자라는 용어가 가진 차별적 함의 때문에 한센병, 한센인이라는 완곡한 용어가 사용되고 있다. 이 책에서는 과거의 사건과 인물에 대한 자료를 그대로 원용할 경우에는 불가피하게 원문을 따르기로 한다.

한국의 오지 마을이 미국의 의료원조와 미국인 보건전문가에 의해 개선된다는 〈제2의 적〉에서 보았던 익숙한 이야기 구조가 이번에는 한국 정부의 지원을 받는 한국인 선교사를 통해 재현된다. 〈새 일터〉는 이일선 목사의 노력으로 상수도 공사가 시작된 것처럼 묘사했으나 상수도 공사를 포함한 울릉도 종합개발 5개년계획은 한국 정부가 1963년부터 이미 실시하고 있었다. 컬러로 제작된 이 영화는 1965년 제4회 대종상영화제, 제12회 아시아영화제에 출품되기도 했다.

8. 〈건설하는 한국〉

한국 정부 공보부는 1966년 10월부터 다음해 4월 30일까지 덕수궁에 경제개발 5개년계획 종합전시관을 개관했다. 대통령 부처가 테이프를 끊은 전시는 기간산업부문(전력, 정유, 석탄, 광업, 비료, 시멘트, 철광), 국토건설부문(철도, 도로, 통신, 방송, 농업, 임업, 축산, 도시계획, 조선·항공, 문교·사회), 제조수출부문(기계요업, 섬유화학, 수출, 특수산업, 전매), 미래상(제2차 5개년계획의 총괄, 도시 미래상, 농촌 미래상, 기타)의 4개관으로 나눠 제1차 경제개발 5개년계획의 성과를 모형, 차트, 사진, 회화, 실물 등으로 시각화한 것이었다.[28]

〈건설하는 한국〉은 이 전시를 기록하고 5개년계획의 성과를 홍보하는 영화다. 군사정권이 보급한 건전가요 〈잘 살아 보세〉(한운사 작, 김희조 곡)가 흐르는 가운데 5개년계획 종합전시관에 설치된 노동자 군상 조각을 비추며 영화가 시작된다. 제1차 5개년계획 기간이었던 1961년부터 1966년까지 각 분야의 경제개발과 사회 발전상이 설명된다. 발전소, 탄광, 공업단지, 조선소 등의 발전 상황과 어업 생산량, 임업 생산량, 수출

---

28. 「경제개발 5개년계획 종합전시관 개관」, 『매일경제신문』, 1966.10.3(3)

〈건설하는 한국〉의 모형과 그래프. © NARA   〈건설하는 한국〉에 삽입된 애니메이션. © NARA

증가를 설명하면서 관객의 이해를 돕기 위해 사진, 모형, 애니메이션 등이 삽입되어 있다. 이어서 제2차 5개년계획이 끝나는 1971년까지의 증산 계획과 수출 목표가 제시된다. 증산과 수출을 통해 실업, 저소득, 인구, 도시화 등 한국 사회가 안고 있는 제반 문제가 해결될 것이며 교통과 통신이 고도로 발달해 원조에 의존하지 않고 자립형 경제를 달성할 것이라는 밝은 전망이 이어진다. 다시 〈잘 살아 보세〉가 흐르는 가운데 오프닝에 등장했던 노동자 군상이 재등장한다. "아시아의 선도적인 산업국으로서 더 밝고 자유로운 미래"가 한국인 노동자의 손에 달렸다는 내레이션에 맞춰 노동자 군상 중 한 명이 들고 있는 빛(애니메이션 효과로 표현)나는 햇불이 클로즈업되며 영화는 마무리된다.

1962년과 1963년에 걸쳐 시행된 경제개발계획이 실패한 이후 내자 동원이 불가능하다고 판단한 군사정권은 미국의 뜻을 반영해 외자도입과 수출 위주로 경제개발 노선을 수정하게 된다. 미국은 원조라는 수단을 통해 한국의 산업화 전략과 정책 수립에 직접적 영향을 끼쳐왔다. 예를 들어 유솜은 1962년 군사정권의 화폐개혁에 반대하여 원조물자 대충자금의 방출을 중단한 바 있었다. 1963년에는 한국 정부가 재정

적자 해소를 위해 세제개혁을 단행할 때까지 9개월간 지지원조(support assistance, 개도국의 국제수지에 대한 원조)를 유보하기도 했다.[29] 한국 정부의 경제개발 5개년계획의 성과를 홍보한 이 영화는 미국이 한국의 경제개발계획을 개도국 원조의 모델로 승인했음을 확인해준다. 그와 동시에 USIS와 한국 정부 공보부의 공조를 보여준 사례로서도 중요하다.

이상과 같이 1960년대 들어 USIS 원조 홍보영화는 인도주의적 무상원조와 전후 재건에 초점을 둔 1950년대와 달리 한국 스스로가 세운 경제개발계획을 미국의 원조와 기술이 뒷받침한다는 내용으로 변화했다. 따라서 계몽서사는 약화되고 자기주도적 개발서사가 강화되었다. 1950년대 USIS 영화처럼 미국(인)의 원조가 해법으로 묘사되기보다는 〈젊은 어부들〉〈새 일터〉처럼 한국인 스스로의 주도성과 노력이 강조되었다. 또한 〈석탄〉〈탱크〉〈젊은 어부들〉이 보여준 것처럼 시혜와 수혜 관계가 아니라 냉전을 싸워 이기기 위한 파트너로서 한미 정부, 주한미군과 국군, 미국 전문가와 한국의 기술 엘리트 사이의 협업이 중요하게 다루어졌다.

무엇보다 1960년대 USIS의 원조 홍보영화에 나타난 뚜렷한 변화는 전후 재건이 아니라 개발과 수출에 방점이 찍혀 있다는 점이다. 〈석탄〉〈한강수천리〉〈젊은 어부들〉〈건설하는 한국〉 등에서처럼 자원 개발과 수출 상품의 생산은 영화적 편집을 통해 스펙터클화되어 있다. 이들 영화에서 과학적으로 채굴된 석탄의 정제 과정, 한강의 풍부한 수자원으로 돌아가는 공장의 기계들, 다이내믹하게 편집된 제조 공정, "Product of Korea"와 "Made in Korea"라고 찍힌 컨베이어 벨트 위의 수출 상품은 개발주의의 판타지를 강화하며 아시아 개도국의 모범적 모델로서

---

29. 류상영 2002, 239-240.

냉전근대 한국을 시각화한다.

　1960년대 미국의 개발원조는 동아시아의 민주화보다는 냉전 질서 유지에 그 목적이 있었고 따라서 한국의 반공 독재정권의 유지에도 연루되어 있었다. 이 시기 USIS와 한국 정부의 공통된 공보 목표는 한국 국민이 경제개발을 반공주의와 동일시하도록 만드는 것이었다. 그와 같은 기획 아래 경제개발의 부작용을 비판하는 목소리는 정치적 반동으로 간주되었고 무비판적 개발주의는 경제성장이 민주화의 동력이 되기보다는 군사독재를 유지하는 안전판이 되는 결과를 초래했다.

제10장

냉전과 박애

냉전기 한센병 관리체제와 미국의 구라활동

해방 이후 한국에서 미국의 구라(救癩)활동은 미국을 과거의 일제와 현재의 공산 진영과는 질적으로 다른 문명국으로 자리매김하려는 노력의 일환이기도 했다. 해방과 전쟁의 혼란 속에서 한국 정부의 한센병 관리체제는 제대로 작동되지 못했으며 요양소를 탈출하거나 가정으로부터 방임된 부랑환자와 그로 인한 전염에 대한 공포는 심각한 사회 문제가 되어 있었다.[1] 치료제와 행정력 부재로 한센병이 급성 전염병처

---

1. 1949년 말 남한의 나환자 수는 약 4만 명이었다. 그중 1만 3천 명만 수용소에 격리되었고 나머지는 대부분이 부랑 나환자였으나 한국 보건부는 뚜렷한 시책을 내놓지 못하고 있었다. 한국전쟁으로 수용소가 해체되고 피난으로 환자들이 각지로 흩어지면서 부랑환자 문제는 한층 심각해졌다. 「기축년의 공수표: 나병편」, 『동아일보』, 1949.12.28(2). 서울 시내에 구걸하는 나환자의 수가 3백여 명으로 급증하여 "평균 三十분만에 한 사람의 문둥이가 각 다방 음식점 상점들을 찾아오던 것이 요즘에 와서는 十分에 한 사람의 평균으로 방문을 당하고 있"으나 보건부는 1만 8천 명의 환자가 수용되어 전국의 수용소가 포화 상태이며 4만 5천의 환자는 수용이 불가능한 상태였다. 「나병자 수용에 적신호」, 『경향신문』, 1953.10.13(2).

럼 사회불안 요소가 된 한국에서 '획기적인 치료제'[2]를 도입하고 효과적인 관리 시스템을 구축하는 일은 선진 과학국으로서 미국의 위상을 증명해줄 뿐만 아니라 박애주의의 발로로 공보선전에 수렴될 수 있을 터였다.

한센병은 전후 동아시아에서 미국식 민주주의의 성공적 이식을 가시화하기 위해 취사선택된 중요한 질병이었다.[3] 미국은 이미 필리핀에서 동양 최대의 한센인 수용소 쿨리온(Culion)을 성공적으로 운영한 경험이 있었다. 전후 서구 열강의 식민지에서 벗어나 독립국가를 형성하고 있던 동아시아에서 다시 한 번 이 '동양병'[4]을 합리적으로 관리하고 통제할 수 있다는 것을 보여줌으로써 미국은 스스로의 통치력을 증명하고자 했다. 따라서 미군정은 점령 직후 조선총독부가 관리했던 조선 최대의 나요양소인 소록도 갱생원의 개조에 착수했다.

1945년 9월 21일 미군정청 보건후생부는 김형태를 원장으로 파견했다. 갓 부임한 새 원장이 도로변의 벚나무를 왜색이 짙다 하여 모두 베어버리도록 했다는 일화에서 알 수 있듯 소록도에서 일제의 강권 관리 체제를 일소하고 '민주주의적' 운영 방식을 가시화하는 일이 그의 업무였다. "자유와 생명의 보호" 및 "박애와 봉사정신의 실천"을 새로운 운

2. 전통적으로 한센병 치료에는 대풍자유(chaulmoogra oil)가 사용되었으나 효과가 부분적이었으며 재발률이 높았다. 미국에서는 획기적인 치료제 DDS(Diamino Diphenyl Sulphone)가 개발되어 1941년에 임상 투여에 성공함으로써 1947년 가을부터 대풍자유 치료법은 공식적으로 폐지되었다. 한국에서는 1951년 무렵 미국을 통해 DDS가 보급되었다. 그러나 1950년대에 이미 DDS 내성균이 임상적으로 발견되었고 1960년대에는 내성균의 존재가 실제로 증명되었다. 따라서 1970년대부터 DDS의 내성을 줄일 수 있는 복합요법(MDT)이 시도되었고 1976년 WHO의 제5차 나회합에서 통일된 복합요법이 제시되었다. Kim 2010, 262; 최병택 2010, 258; 김성화 1994, 43-47.

3. Kim 2010, 255.

4. 유럽에서 한센병은 1300년 무렵에 극에 달했으나 100년 뒤에는 대부분 사라졌다. 이는 한센병과 결핵 사이의 교차 면역(cross immunity) 때문으로 결핵이 대유행한 중세 후기 유럽에서 한센병은 거의 사라졌다. 그러나 유럽 이외의 국가 특히 아시아, 아프리카 지역에서 한센병은 일상적 병이라 할 정도로 유행했다. 아노 카렌 2001, 132-134; 수잔 손택 2002, 238.

영방침으로 내건 김형태는 해방 이전부터 일해왔던 직원들을 대거 해임하고 대신에 환자들의 자치와 자급자족을 장려했다. 1947년 5월 소록도 사상 처음으로 선거를 통해 자치위원회가 발족했다. 위원이 된 환자들은 행정업무의 일부를 이양받았을 뿐만 아니라[5] 의료와 교육까지 담당하게 되었다.[6]

한편, 일제강점기에 추방당했던 미국 내 각종 선교단체와 선교사들도 다시 내한하여 구호사업을 재개했고 미군정의 구라정책에 협력했다. 선교단체의 구라활동은 미국 남장로회 소속 의료선교사 로버트 맨튼 윌슨(Robert Manton Wilson, 1880-1963)을 중심으로 이루어졌다. 윌슨은 1909년 여수 애양원(Wilson Leprosy Center)을 설립하여 구라활동에 헌신하다가 1940년 일제가 애양원을 폐쇄하면서 강제 추방된 인물이었다.[7] 1946년과 1947년에 걸쳐 미군정청 위생과의 고문으로 초빙된 그는 한센병 퇴치 사업을 전담하다가 1948년에 귀국했다. 윌슨은 소록도에서도 환자들을 진료했고[8] 애양원과 소록도를 합병하여 세계 최대의 나병 요양소를 설립할 계획을 군정청에 제출하기도 했다. 미군정은 두 요양소를 통합했을 경우 발생할 예산 절감뿐만 아니라 민주주의의 쇼케이스로 남한에 탄생할 세계 최대 나병 요양소의 위상에 큰 의미를 두었다.[9] 성사되지는 않았지만 그 계획은 본질적으로 미군정이 조선총독부와 다름없이 요양소 격리를 중심으로 한센병 관리체계를 수립하려했다는 점을 보여준다.

5. 국립소록도병원 1996, 104-106.
6. 김명희 장로(1924년생)의 회고에 의하면 "당신네들이 배워서 당신네들이 당신네들을 치료해야 한"다는 소신에 따라 김형태 원장은 의학강습소를 세워 환자들에게 의술을 가르치고 그곳에서 배운 환자들이 재원 환자들을 대상으로 절각수술, 개복수술, 단종수술까지 행했다.
7. 윌슨의 구라활동과 해방 이전 애양원의 한센병 환자 수용정책에 대해서는 앞에서 인용한 최병택의 논문이 자세하다. 그러나 미군정기 윌슨의 활동에 대해서는 언급되어 있지 않다. 정근식 2005, 93.
8. 최무경의 구술, 정근식 2005, 79.
9. Kim 2010, 267-268.

부랑환자 문제를 해결하기 위해서는 격리만이 능사가 아니라 의학적 접근이 선행되어야 했지만 미군정기에도 치료제와 의료인 부족으로 근본적 대책은 마련되지 못했다. 미군정이 관리하는 소록도에서조차 신약 DDS는 일부 환자에게만 시험적으로 투약되었고 미국에서 이미 폐지되었던 대풍자유가 여전히 중요한 치료제로 사용되었는데 이마저도 매우 부족한 형편이었다.[10] 따라서 미군정의 한센병 관리는 체포된 환자를 이송하여 격리하는 데 집중되었다. 그 결과 소록도 갱생원의 환자 수는 1945년 8월 15일 4천 416명에서 1947년 말 6천 254명으로 급증했다.[11] 소록도 중심의 격리 방침은 한국 정부에도 계승되어 1949년 5월 6일 대통령령 제90호로 소록도 갱생원은 중앙나요양소 직제로 개편되었다.

1950년 5월 한국 정부 보건부는 대한나병예방협회 등과 협력하여 3년에 걸쳐 단계별로 남한의 모든 한센인을 요양소에 수용한다는 '나병요양연차계획'을 발표했다.[12] 이 계획은 환자 등록을 강화하고 집단부락과 임시 수용소를 폐합하여 전북, 경남, 경북, 경기도에 신설할 요양소에 환자 전원을 수용하되, 부랑환자는 소록도에 수용한다는 것이 골자였다. 구라사업에 필요한 막대한 재정은 보건 복표(福票)를 발행해 충당할 예정이었다. 그러나 발표 직후 발발한 한국전쟁으로 이 계획 역시 실행되지 못했다. 전국에 산재한 요양소와 집단부락에서 피난민이 대량 발생하면서 부랑환자 문제는 악화일로를 치달았다. 이에 보건부는 중앙나요양소 직제를 국립나요양소(소록도 갱생원, 익산 소생원, 칠곡 애생원, 인천 성계원) 직제로 변경하여 부랑환자 일제 단속을 실시했지만 효과는

---

10. 국립소록도병원 1996, 119.
11. 국립소록도병원 1996, 105.
12. 「五萬癩患을 收容」, 『동아일보』, 1950.5.16(2).

미미했다.

전쟁기 보건의료는 미8군사령부 아래 조직된 군-민 조직인 UNCACK가 담당했다. 1951년부터 UNCACK에 등록한 외원(外援) 단체를 통해 들어온 각종 구호물자와 약품이 국립나요양소에 배분되었다. 보건부 장관 오한영이 1951년 4월 UNCACK에 제출한 보고서 「한국의 공중보건」은 격리 치료를 한센병의 확산을 막을 수 있는 유일한 수단으로 평가했다. 그러나 한센병 통제에 보건부 전체 지출의 55.6%가 사용되었음에도 격리 수용된 환자들은 치료는커녕 굶주림에 지쳐 다시 거리로 나왔다.[13] UNCACK는 격리는 돕되, 치료에는 소극적 태도를 보였다. 성병 치료와 비교하면 그 차이는 확연하다. UNCACK의 성병 조사는 성병 환자의 치료로 곧바로 연계되었고 특히 미군을 상대로 하는 여성 환자의 경우 조기 발견과 치료가 일률적으로 이루어졌다. 이에 비해 한센병 조사는 치료로 연계되지 않았을 뿐만 아니라 조사 자체가 철저하지 못했다.[14] UNCACK의 구호활동이 미군의 안위와 미국의 군사적 목적을 우선시했기 때문이었다. UNCACK는 적극적 조사와 치료보다 나요양소 건립을 지원했고 미감아(未感兒)[15] 특별 요양소 건설도 추진했다.[16] 미군정과 마찬가지로 UNCACK의 한센병 관리는 치료보다는 전염 가능성이 있는 한센인을 격리 입원시키는 데 주력했던 것이다.

UNCACK는 휴전과 더불어 KCAC으로 명칭을 바꾸고 운크라와 함

---

13. 오한영, 「한국의 공중보건」, 1951. "Adjutant General Section Team Reports, 1951-1953," United Nations Command Adjutant General's Section, UN Civil Assistance Command Korea(UNCACK), Box 73, RG 554. 이임하 2014, 297, 302(재인용).
14. 이임하 2014, 303, 307.
15. 한센병을 유전병으로 오인했던 시절에 사용된 차별어. 장차 감염될 아이라는 뜻으로 한센인의 자녀를 가리키는 말이었다.
16. 허은 2008, 153.

께 미국의 대한 원조를 담당했다. UNCACK와 마찬가지로 KCAC의 구호활동에도 미국 자선단체의 자발적 협력이 있었다. 한국전쟁 때 가장 많은 구호활동을 펼친 자선단체는 미국가톨릭구제회 산하의 천주교봉사단(Catholic Relief Service)과 미국기독교교회협의회 산하의 기독교세계봉사회(Church World Service)였다.[17] 일찍이 1946년부터 미군정의 초청으로 구호활동을 시작한 가톨릭구제회는 미국으로부터의 잉여 농산물 및 각종 원조물자를 분배하는 데에도 중요한 역할을 담당했다. 한센인 요양소에는 밀가루, 의복 등 다양한 현물 원조를 했을 뿐만 아니라 1957년부터 시행된 한국천주교구라회의 이동진료사업을 지원하기도 했다.[18]

미국인의 박애정신과 자발적 협력으로 한국에 구호물자가 전달되고 한국이 재건되고 있음을 한국 국민이 깨닫게 만드는 것, 그 또한 KCAC의 업무였다. KCAC의 계몽 및 교육 활동을 뒷받침하기 위해 USIS는 강연, 포스터, 영화 상영 등 다양한 미디어를 동원했다. KCAC의 이동보건소 차량이 각 지역을 돌며 구라활동을 할 때는 USIS 지부가 동반해 포스터를 전시하거나 영화를 상영하는 식이었다. USIS는 요양소 인근 주민을 대상으로 한센병 권위자를 강사로 초빙해 계몽 강연과 영화회를 주최하기도 했다.[19] USIS는 미국의 박애주의와 선진 의료가 한국인 구호에 이바지하고 있다고 홍보하기 위해 KCAC는 물론 민간 자선단체와도 상보적 네트워크를 형성하고 있었다.

1963년 2월 9일 전염병 예방법의 개정으로 한센병의 격리 치료가

17. 김흥수 2005, 101.
18. 주윤정 2007, 240-242.
19. 1958년 설립된 대한나학회 초대 회장을 역임한 한센병 권위자 유준 박사는 한국전쟁기에 USIS의 요청으로 익산 소생원에서 했던 한센병 계몽 강연에서 USIS 영화가 상영되었음을 회고했다. 정근식 2005, 291.

공식적으로 폐지됨으로써 한센병 관리체제의 질적 변화가 일어났다.[20] 이는 국내 사회사업가와 한센병 전문가들이 기울인 노력의 결실인 한편, 원조의 효과이기도 했다. 이미 1958년에 유엔 세계보건기구(WHO)는 한센인의 강제 격리를 공식적으로 폐지한 바 있었다. 1961년 11월 WHO는 한센병 전문가

루돌프 트랩맨 박사를 고문관으로서 2년간 한국에 파견했고 한센인을 사회에서 치료하고, 사회 복귀와 자활을 돕는 정착시범사업에 20만 달러의 원조를 제공하기로 합의했다.[21]

국제적 변화에 따라 한국 정부의 한센병 관리정책도 요양소 격리에서 자활·정착으로 변모하게 되었다. 국립나요양소로서 정부 배급 식량에 전적으로 의존해왔던 소록도에서는 환자들의 생산품으로 수익을 창출하는 자활사업이 허가되었다. 소록도 내 장로교회를 중심으로 1962년 4월 8일 축산조합이 창립되었고 생산된 농·축산물은 정부의 허가를 얻어 대도시로 출하되었다.[22] 일찍이 구라사업을 벌여온 국내 독지가들의 자활·정착 사업도 정책 변화에 힘입어 가시적 성과를 거두게 되었다. 대표적 사례로 연세대학교 의과대학 교수 유준의 재가 치료 캠페인을 들 수 있다. 해방 직후 고아원을 운영하던 사회사업가 방수원과 '희망촌(한센인 정착촌)운동'을 시작한 유준은 1955년에 미국에서 귀국한 뒤 정착촌 건설에 매진했다. 그는 1962년부터 재가 치료 캠페인을

---

20. 1954년 2월 2일 제정된 전염병예방법 제29조 제1항은 "제1종전염병환자와 라병환자는 전염병원, 격리병사, 격리소, 요양소 혹은 특별시장 또는 시, 읍, 면장이 지정한 장소에 격리수용되어 치료를 받아야 한다"고 규정하여 한센병의 격리 치료를 명시했다. 그러나 1963년 2월 9일에 일부 개정된 동법 제29조 제1항에서 "라병환자"라는 구절이 삭제되고 "제1항과 제2항(제3종 전염병환자 중 주무부령으로 정하여 격리수용되어 치료를 받는 자―인용자) 이외의 전염병환자는 자가에서 격리치료를 하게 할 수 있다"고 명시한 제3항이 추가됨으로써 한센병의 재가 치료가 합법화되었다. 이상의 법조문은 다음의 사이트를 참조. 국가법령정보센터, http://law.go.kr/main.html.

21. 주윤정 2007, 226; 「공항왕래」, 『경향신문』, 1961.11.15(2).

22. 국립소록도병원 1996, 153.

시작했으며 영부인을 후원자로 맞이하여 구라사업을 확장했다.[23]

주한미공보원의 구라영화 〈황토길〉

1962년 4월 USIS는 '나병 시인' 한하운의 생애를 담은 영화 〈황토길〉[24]을 크랭크업했다. USIS는 이 영화의 제작과 홍보에 총력을 기울였고 한미 양국의 인사들도 뜻을 보탰다. 한하운 역의 배우 김웅을 비롯하여 외과 의사 역을 맡은 미 육군 램슨 소령(Major Thomas Lamson)과 의료선교사 토플(Stanley Topple) 박사, 분장을 담당한 선교사 스피크맨(Daniel E. Speakman), 음악을 담당한 앨런 C. 헤이먼, 내레이션을 맡은 폴 로웬(Paul Rowen) 등 출연진과 스텝 30여 명이 거의 무보수로 이 영화에 참가했다.[25]

6월 29일 밤 USIS는 미국대사관 관저에 한하운을 초청하여 시사회를 열었다.[26] 7월부터는 전국 극장과 USIS 지부에서 이 영화를 무료로 상영했다. 7월 6일에는 VOA가 〈황토길〉에 대한 해설을 특별프로로 방송했다. 서울국제방송(HLCA)은 한국 청취자의 편의를 위해 그 방송을 중계했다.[27] 해를 넘겨 1963년 4월 〈황토길〉은 도쿄에서 열린 제10회 아시아영화제의 비(非)극영화(다큐멘터리) 부문에 한국 영화로 출품되었

---

23. 정근식 2005, 272-277, 297-300.
24. NARA에 보관된 현존 필름은 한국어로 촬영된 필름에 영어 해설(narration)이 삽입된 것이다. 남성 해설자의 목소리는 극중 한하운의 발화와 동일시되는데, 신에 따라서는 배우들의 한국어 육성이 노출되기도 한다. 한편 거적으로 떠돌던 한하운이 소록도로 가는 부분부터 담은 축약본 〈한하운 이야기(Story of Han Ha Un)〉는 한국어로 더빙되었다. 이 책에서는 현존 필름과 축약본, NARA에 보관된 시나리오를 참조했다. "English Narration: Litany of Hope," Movie Script 1945-1965, Box 22, Entry 1098, RG 306.
25. 「〈황토길〉 스크린에 담긴 한하운 씨의 반생 나환자에 용기 일깨워: 미공보선 제작, 거의 무보수 출연」, 『서울신문』, 1962.6.27(4).
26. 이 시사회는 리버티뉴스 〈치하 받은 시인 한하운〉(제465호)으로 기록되었다.
27. 「영화 〈황토길〉 VOA로 해설 방송」, 『한국일보』, 1962.7.5(석간 4).

다.²⁸ USIS는 동남아로의 수출도 계획했다.²⁹

〈황토길〉의 제작 동기는 표면적으로는 한센병이 천형이 아니라 완치 가능한 질병임을 계몽하고 한센인에게 재활 의지를 불어넣는 것이었다. 이 시기 한국 정부의 한센병 관리체제는 질적으로 변화하고 있었으며 미국의 원조도 그것을 견인한 요인 중 하나였다. USIS는 미국인의 구라활동에 대한 홍보영화를 계획했고 자활에 성공해 사회에 복귀한 한센인의 대표 모델로 한하운을 선택했다. 그는 유명 시인이었을 뿐만 아니라 1950년에 국립요양소 중 하나였던 인천 성계원의 자치회장을 역임했고 1954년에는 대한한센총연맹을 결성하여 위원장이 된 인물이었다. 따라서 USIS가 구라사업계의 오피니언 리더로서 한하운을 주목한 것은 자연스러운 일이었다.

냉전 박애주의의 한계

〈황토길〉은 1955년 5월부터 1957년 1월까지 잡지 『희망』에 연재되었다가 1958년 인간사(人間社)가 출판한 시인의 자서전 『고고한 생명: 나의 슬픈 반생기』(이하, 『반생기』)와 1960년 신흥출판사가 간행한 한하운의 『황토길: 자작시 해설총서』에 바탕을 두었다.³⁰ 영화는 학창시절에 발병한 한태영(한하운의 본명)이 해방 후 부랑환자로 떠돌다가 미국인 의사의

28. 1954년 도쿄에서 처음 개최된 동남아시아 영화제를 모태로 한 아시아영화제는 1957년부터 2006년까지 지속된 아시아 최장의 국제영화제다. 자유 진영의 친선을 도모하고 아시아 영화시장을 활성화하기 위해 회원국이 번갈아 개최했던 이 영화제에 한국은 1956년에 정식으로 참가한 이래, 1957년부터 매년 출품했다. 한국의 경우 아시아영화제 출품작은 영화제작가협회와 정부의 공동심사를 거쳐 결정되었으며 출품한 제작사에 우수영화 보상특혜가 주어졌다.
29. 「천형병의 시인 한하운 체험 실기 영화 〈황토길〉 29일에 시사회」, 『경향신문』, 1962.6.29(석간 3).
30. 여기서 인용한 『황토길』과 『반생기』의 출전은 (재)인천문화재단 한하운 전집 편집위원회(2010)의 판본이다. 앞으로 인용할 경우 쪽수만 괄호 속에 명기하도록 한다.

도움으로 완치되어 사회에 복귀하기까지를 다루었다. 한하운과 그를 연기한 배우 김웅의 대화를 프롤로그에 넣어 자못 다큐멘터리 같은 느낌을 주지만 실제로 자서전과 비교해보면 영화는 실화를 상당 부분 변형했다.

선행연구가 지적했듯 〈황토길〉은 전근대/근대, 미신/과학이라는 이항대립을 통해 미국의 의학 시스템을 근대과학에 입각한 것으로, 일제강점기기의 의학 시스템과 한국의 관습을 전근대적인 것으로 묘사한다.[31] 미국의 첨단의료와 보건 시스템에 의해 제1의 적(전염병)과 제2의 적(무당이나 민간요법에 기대는 한국인의 무지)이 모두 박멸된다는 〈제2의 적〉의 설정은 〈황토길〉에서도 되풀이된다. 그러나 두 영화에는 차이도 분명히 존재한다. 〈제2의 적〉이 병원체 및 무지와의 전투에 초점을 둔 것에 비해 〈황토길〉은 미국인 의사들의 헌신과 한하운의 재활 의지에 초점을 두었다. 박애와 인간승리의 직조물에 실화와 공보선전이 어떻게 짜여 들어가 있는가를 분석하기 위해서는 한하운의 자서전과 영화를 더 자세히 비교해볼 필요가 있다.

첫째, 〈황토길〉은 일본의 낮은 의료 수준과 한국의 전근대적 치료법이 한하운의 병을 악화시킨 것으로 묘사한다. 영화 속 일본인 의사는 그의 병을 치료하기는커녕 병명조차 제대로 진단하지 못한다. 어머니는 생사탕을 먹이고 아버지는 무당을 불러 굿을 하는 등 가족들의 무지는 그의 병세를 더욱 악화시킨다. 그러나 사실 한하운은 이리농림학교 5학년 재학 중에 발병하여 경성제국대학 부속병원의 일본인 의사 기타무라 세이이치(北村淸一) 박사에게 한센병이라는 확진을 받았다(225). 또한 그는 수의학을 전공한 덕분에 조선 한의의 실력으로는 병이 낫기 힘

---

31. 許殷 2012, 145-146.

들다고 판단하여 한의와 한약으로 치료한 적이 없었다(288). 그는 대풍자유를 에틸에스테르화하여 만든 히도노가린이나, 도쿄제국대학의 하세가와(長谷川) 박사가 연구했고 일본나요양소에서 효과가 입증된 세파란진과 같은 신약으로 투병했다(275, 294, 305).

DDS 광고 포스터를 바라보는 혜경. © NARA

둘째, 〈황토길〉은 미국이 개발한 신약 DDS를 광고하기 위해 한하운이 DDS로 완치되었다고 설명한다. 『반생기』의 미스 R을 연상시키는 헌신적 연인 혜경은 제약공장에 취직해 우연히 DDS에 대해 알게 된다. 그 공장에 게시된 광고 포스터 상단에는 "나병을 무서워 말라. 새로 발명된 D.D.S로 나병을 집에서도 고칠 수 있다"는 표어가 있다. "악화된 환자라도 D.D.S로 고치자! 규칙적으로 계속해서 치료 받으면"이라는 설명 아래로는 나균으로 얼굴이 일그러진 남성 환자와 완치되어 정상으로 돌아온 얼굴이 대조되어 있다. 포스터 하단에는 "보건사회부에 의해서 우리나라에도 다량 입하"라고 씌어 이 캠페인의 주체가 "대한나협회, 보건사회부, 유솜"임을 알 수 있다. 영화 속에서 포스터를 읽어가는 혜경의 목소리에 하운의 목소리, "나와 같은 20만의 미래와 희망"이 사운드 오버된다. 혜경이 약국에서 DDS를 구입하는 신에는 DDS가 매우 싸서 누구나 살 수 있다는 내레이션이 들어갔다. 그런데 한하운이 완치 판정을 받은 1959년[32]까지도 DDS는 전적으로 수입에 의존했던 약품으로, 영화에서 묘사된 것처럼 처방전 없이 쉽게 구할 수 있는 약품은

---

32. 「시인 연보」, (재)인천문화재단 한하운 전집 편집위원회 2010, 860.

아니었다.³³ 게다가 한하운은 DDS가 아니라 한국인 환자에게 시험적으로 사용되던 신약 다이아손(Diasone)³⁴을 대구 동산병원 의사에게 처방받았다(441). 그럼에도 〈황토길〉은 한하운이 DDS를 복용하는 장면을 넣었고 DDS를 삼키는 클로즈업 쇼트에 "나는 이 약으로 내 미래를 삼켰다"는 내레이션을 넣어 미국제 신약을 광고했다. 또한 영화에서 한하운은 완치된 것으로 묘사되지만 부평 성계원에서 한하운을 진찰한 유준 박사는 이 시인이 두 번째 시집 『보리피리』를 발표한 1955년까지도 양성 환자였다고 회고했다.³⁵

셋째, 〈황토길〉에 묘사된 한하운의 입원 이력은 사실도 다르다. 영화에서 부랑환자로 서울 시내를 떠돌던 한하운은 미국인 의사의 소개로 소록도에 입원한다. 해설자는 소록도를 "한센인을 향한 한미 양국의 연민과 헌신의 집결지", 세종대왕이 울릉도에 세운 요양소와 이십세기 초 미국에서 바다를 건너온 윌슨이 만든 요양소(R. M. Wilson Leprosarium, '애양원'의 영문명)를 거쳐 오랜 세월 전련된 지식과 기술을 갖추게 된 최적의 요양소라고 말한다. 즉, 일제강점기 나환자 수용소였다는 과거를 삭제한 채 미국과 인연이 깊은 장소로 묘사한 것이다. 소록도에서 촬영된 약 2분 20초가량의 신에서 카메라는 선착장, 공원, 주거시설, 치료소, 병상의 일부를 스케치하며 한하운이 아무런 구애 없이 안정적인 환경에서 치료받으며 시작(詩作)에 몰두하는 모습을 보여준다. 그런데 사실 한하운은 소록도에서 치료를 받은 적이 없다. 그가 서울 미군

33. 보사부는 1961년 하반기부터 국산 약품을 장려하기 위해 DDS를 수입 금지 품목에 추가시켰으나 국산 DDS의 함량 미달로 치료 효과가 문제시되었다. 「40種을 追加禁輸」, 『경향신문』, 1961.6.8(3); 「市中서 파는 癩病治療藥 DDS 거의 含量 모자라」, 『동아일보』, 1966.10.18(7).

34. 1965년 공개된 USIS 영화 〈새 일터〉에서도 이일선 목사가 다이아손으로 울릉도의 여성 환자를 치료하는 장면이 삽입된 것으로 보아 DDS보다는 다이아손이 일반적 치료약이었던 것 같다.

35. 정근식 2005, 300.

정청에서 만난 미국인 보건 책임자가 소록도 갱생원의 윌슨 앞으로 입원 의뢰장을 써준 일은 있다(419). 그러나 의뢰장을 들고 급행열차를 탄 한하운은 종착지인 부산에 도착했지만 소록도행을 포기하고 대청동에 있는 대풍자유 제조소와 용호동에 있는 상애원을 견학한 뒤 대구 동산병원에서 다이아손을 받아 다시 서울로 돌아갔다(433-442). 시인의 병력 때문에 독자들은 〈전라도 가는 길〉을 실제 경험인 양 받아들이게 되는데[36] 〈황토길〉도 그런 오해에서 각색된 것이다. "가도 가도 붉은 황톳길/숨 막히는 더위 속으로 절룸거리며/가는 길"은 상상 속의 길이었을 뿐이고, 사실 시인은 보리가 "6월의 폭양에 오렌지 빛깔로 타"(434) 오르는 해운대 길을 걸었다. "봄과 더불어 온 R양"(352-353)이라는 『반생기』의 한 구절을 보면 한하운 대신 R이 소록도를 다녀왔다. 그녀는 애인의 약을 구하러 겨울에 대구 애락원, 여수 애양원, 소록도 갱생원을 방문했고 봄에 하운을 만나 이들 요양소의 실정을 전했다. 하운은 다음 해인 1947년 6월에 약을 구하러 38선을 넘어 부산까지 남하했지만 소록도로는 가지 않고 서울을 거쳐 원산으로 돌아갔다(450). 시인이 『황토길: 자작시 해설 총서』에 남긴 〈전라도 가는 길〉의 창작 배경에서도 같은 내용을 확인할 수 있다. 기차를 타고 남하한 그는 차장의 발길질에 끌려 내린 굴욕과 창피를 다시 겪지 않기 위해 걷기로 한다. 그러나 "삼복더위 길은 걸어도 걸어도 자리가 나지 않는다. 38선 길에서 상한 발바닥을 절룩거리며 전라도 인심 고약한 천리 길을 걸어가는 것이란 도저히 자리가 나지 않고" "내 일생 걸어도 소록도로 갈 수 없을 것

36. 이 글을 쓴 2015년 당시 국립소록도병원 서무과의 강의원 님이 확인해주신 바에 의하면 한하운이 처음으로 소록도를 방문한 것은 1963년 8월로, 환자로서가 아니라 오마도 간척공사를 시찰하기 위해서였다. 또한 소록도에 거주하고 계신 강창석 시인도 필자에게 한하운의 연인 R이 약을 구하기 위해 소록도 갱생원을 방문했다는 사실을 언급하며 R로부터 들은 이야기를 자신의 경험 속에 녹여 시적으로 형상화했을 것이라고 일깨워주셨다.

〈황토길〉에서 수술 후 코를 만져보는 한하운(김웅 분).
© NARA

같은 까마득한 허탈에 빠진다." 그래서 소록도행을 포기했지만 그때의 고통스러운 경험을 그는 "자학의 노래이며 생명의 노래"인 "나인영가(癩人靈歌)" 〈전라도 가는 길〉에 남긴 것이다.

넷째, 〈황토길〉에 묘사된 한하운의 수술 이력도 사실과 다르다. 영화에서 한하운의 병이 완치되자 소록도의 의사는 "새로운 삶으로의 패스포트", 즉 윌슨요양소(R. M. Wilson Leprosarium, 애양원)로의 입원 의뢰서를 써준다. 그곳의 토플 박사는 무너진 코를 세우고 눈썹을 이식하여 그의 얼굴에서 한센병의 흔적을 말끔히 지워준다. 수술 후 붕대를 푼 한하운은 거울에 얼굴을 비춰보고 만져보면서 미국인 의사의 선의와 미국의 첨단의술이 조합해낸 기적에 놀라워한다. "현대 의학은 병과 병의 흔적과 낙인을 지웠고 우리는 세상 속에 우리 자리를 얻었다"는 내레이션 뒤에 한하운의 사회 복귀가 묘사된다. 신문에는 그가 쓴 시가 실리고 토플 박사는 시인의 구부러진 손가락을 펴는 수술도 해준다. 원래 모습을 되찾게 된 시인은 "환우들을 위해 우정의 손길을 내밀고, 마음과 펜으로 승리의 증거를 만들 것"이라고 다짐한다. 한하운이 코 수술을 받은 것은 사실이나 그것은 실패로 끝났다. 평소 병으로 납작하게 된 코에 열등감을 느껴왔던 한하운은 S대학병원의 호의로 수술을 받았다. 그러나 다섯 달 뒤에 심각한 부작용 때문에 보형물을 제거했고 얼굴은 수술 전보다 더 흉해졌다. '큰 코 다친다'는 옛말대로 수술 뒤로 재수가 붙지 않는다며 자조한 시인은 눈썹 심는 수술의 유혹을 받기도 했지만 코 수술의 실패를 상기하고 포기했다고 한다.[37] 다시 말하면 한하운의 성형은 미국인이 아닌 한국인이 집도한 것이었고 수술 실패로 시인의 얼굴은 손상을 입었다. 그런데도 영화는 애양원을 "나병의 희생자를 고칠 뿐만 아니라 그 병으로 인한 손상을 복구하는 곳"으로 소개한다. 더구나 애양원은

〈황토길〉에서 프롤로그의 한하운(좌)과 김웅(우). © NARA

1950년대 말 토플 박사의 부임과 더불어 소아마비 환자 치료로 사업을 전환했기 때문에 이 영화가 만들어졌을 때는 이미 구라활동을 중단한 상태였지만[38] 그런 사실도 언급되지 않는다.

이상과 같이 〈황토길〉은 극화된 다큐멘터리를 표방했음에도 관객이 미국의 박애주의와 공보선전의 결합을 자연스럽게 받아들이도록 사실을 변형, 왜곡했다. USIS는 프롤로그에 실제 한하운과 그의 대역인 배우를 출연시켜 리얼리티를 강화하려 했지만 한하운의 현존 때문에 그것은 오히려 파괴된다. 한하운은 무너진 코와 눈썹이 없는 얼굴로 자신을 연기한 배우의 매끄러운 얼굴을 물끄러미 응시하고 있기 때문이다. 그럼에도 관객은 이를 눈치 채지 못했고 당시 문헌을 살펴보아도 프롤로그와 영화의 괴리에 대한 문제제기는 전무했다. 시인과 그의 대역을 같은 프레임 안에 잡은 쇼트는 제작상의 실수라기보다는 지각(知覺)의 실패일 것이다.

제작자는 물론 관객도 프롤로그와 영화 사이의 뚜렷한 이음매, 한하

37. 한하운, 「큰 코 다친다」, 『신문예』, 1958년 7월호. (재)인천문화재단 한하운 전집 편집위원회 2010, 730(재인용); 강홍규, 「관철동시대 70년대 한국문단 풍속사 (41): 시인 한하운의 비련」, 『경향신문』, 1987.1.24(6).

38. 최병택 2010, 258.

운의 현존과 그 재현 사이의 모순을 보면서도 지각하지 못했다. 이처럼 과거에는 '봉합(suture)'[39]에 성공했던 이 영화가 오늘날에 실패하는 이유는 무엇일까. 랑시에르(Jacques Rancière)의 주장, '감각적인 것의 나눔(le Partage du Sensible)'[40]을 빌려 설명하면 한 사회가 수립, 관리, 배분한 말해지거나, 들리거나, 보이도록 허용한 공통의 지각 양식은 시대에 따라 변하기 때문이다. 1960년대 이후 한센병 관리체제를 격리주의에서 정착촌 건설 사업으로 변화시킴에 따라 한센인의 신체를 보이지 않게 하는 결과를 초래했다. 다시 말하면 〈황토길〉이 한하운을 표상하는 방식은 바로 '상대적 격리체제에 의한 비가시화'[41]에 정확히 조응한다.

상대적 격리체제 이전에 소록도에서 촬영된 〈열애〉(1955)와 비교할 때 그 점은 더욱 선명하다. 홍성기가 감독한 이 상업영화는 한센병을 멜로드라마적 장애로 설정했다. 의사에게 '나병'임을 선고받고 충격에 휩싸여 병원을 나선 화가는 거리에서 떠도는 부랑환자(실제 한센인)와 조우한다. 이때 그의 충격을 대변하는 듯한 음악과 함께 화가의 시점 쇼트로 환자의 얼굴이 줌인, 클로즈업된다. 병마로 손상된 그 얼굴은 화가에게 자신이 사회적으로 사망선고를 받았음을 통절하게 상기시키는 미디어다. 화가는 몇 번의 자살 시도 끝에 소록도에 입원한다. 그런데 그는 그곳에서 먼저 입원해 있던 아버지를 만났고 여동생도 곧 발병해 소록도에 도착한다. 즉 〈열애〉는 한센병을 유전병으로 묘사한 것이다. 이후의 내러티브는 주인공의 신체가 병으로 변형되어가는 과정과 맞물려

---

39. 원래 봉합은 상처를 꿰맨다는 의학용어인데 영화학에서는 관객을 영화의 디제시스 속으로 꿰매어 밀어 넣는다는 의미로 쓰인다. 봉합에 성공하기 위해서는 영화가 사실이 아니라 환영이라는 점이 폭로되는 것을 막기 위한 이음매 없는(seamless) 편집체계와 의문을 제기하지 못하도록 만드는 이데올로기적 효과가 필요하다.

40. partage는 분할뿐만 아니라 공유라는 뜻도 있으므로 이 용어의 중의성을 살리기 위해 '분할' 대신에 '나눔'으로 번역했다. '감각적인 것의 나눔'에 대해서는 자크 랑시에르 2014, 238; 자크 랑시에르 2008, 9.

41. 정근식 2005, 7.

전개되고 '열애'는 애인의 자살로 파국을 맞이한다.

이에 비해 〈황토길〉의 한하운은 병마와 싸워 이길 뿐만 아니라 시집을 내고 혜경과 재회하여 사랑과 성공을 모두 성취한다. 그런데 배우가 한하운을 대역함으로써 이 영화는 한센인을 비가시화할 뿐만 아니라 한하운의 얼굴 성형이 사회 복귀와 연관성이 있는 듯 암시한다. "현대 의학은 병과 병의 흔적과 낙인을 지웠고 우리는 세상 속에 우리 자리를 얻었다"라는 내레이션은 역설적으로 병의 흔적과 낙인을 지우지 않는 이상 세상 속에 어떤 자리도 얻지 못한다는 의미다. 즉 〈황토길〉은 한센병의 완치 가능성과 한센인의 사회 복귀를 홍보하면서도 한센인은 배제됨으로써만 사회에 포함될 수 있다는 역설적인 추방의 정치, 그 시대의 '지배적인 감각중추'[42]를 강화한다.

마지막으로 〈황토길〉에는 의도적으로 말하지 않거나 보여주지 않는 사실도 있다. 근래의 연구가 다시 주목했다시피[43] 한하운은 월남했고 그를 발굴한 월북 시인 이병철과의 관계 때문에 휴전 직후 남한의 레드 퍼지 속에서 '빨갱이'로 매도당하는 고초를 겪었다. 한하운의 첫 시집 『한하운 시초』는 1949년에 출판되었을 때는 아무런 문제가 없다가 1953년에 재판이 나오면서 좌익 선동 서적으로 지목되었다. 휴전 직후의 경직된 반공 분위기 속에서 일부 언론은 한하운은 간첩이거나 실체가 없는 유령 시인이라는 의혹을 제기했고 '한하운 사건'이 국회에서

---

42. 랑시에르는 미학이란 "감성에 대한 생각이 아니라 예술의 사물들을 규정하는 것을 허용하는 모순적인 감각중추에 대한 생각"이라 규정한다. 자크 랑시에르 2008, 39. 따라서 예술은 지배적 감각중추를 의문시하고 기존의 '감각적인 것의 나눔'을 뒤흔들 때 비로소 가능하게 된다.

43. 한하운의 필화 사건에 대해서는 다음과 같은 최근의 논문들이 자세하다. 정진석 2012, 317-347; 정우택 2014; 최원식 2014. 이들 연구는 서발턴(subaltern) 내지는 사회적 타자로서 월남인 한하운과 그의 시를 재검토하고 있으나 초기 시집 『한하운 시초』와 『보리피리』에만 논의가 집중되어 있다. 앞으로는 1960년대 이후 한하운의 한센인 인권운동가로서의 활동을 후기 작품과의 관계 속에서 조명하고 문단 내에서 끝내 시민권을 얻지 못한 이 시인을 재평가하는 작업이 이루어져야 할 때라고 본다.

논의되는 지경에 이르렀다. 결과적으로 치안국장이 그 소문에 근거가 없다는 수사 결과를 밝힘으로써 사건은 일단락되었지만 한하운 사건은 한센인과 좌익을 동일시하고 가시화되어서는 안 되는 존재, 실체 없는 유령으로 배제한 남한 사회의 '지배적인 감각중추'를 여실하게 드러냈다.

〈황토길〉은 문단뿐만 아니라 사회적으로도 큰 파장을 일으킨 한하운 사건에 대한 대중의 기억이 아직 선연했을 때 만들어졌다. USIS는 한센인 인권운동가로서 한하운이 갖는 상징성과 널리 알려진 시인이라는 대중성 때문에 그를 선택했다. 그러나 이데올로기적 고려(?) 때문인지 그의 월남 이력을 말소하고 분단을 불가시화하는 재현 방식을 택했다. 함경남도 함주군에서 태어난 한하운은 함흥에서 해방을 맞이했고 약을 구하기 위해 1947년에 남한에 왔다 간 적이 있으며 1948년에 월남했다. 시인의 병이 그의 얼굴에 남긴 흔적처럼 분단과 월남이라는 사건은 원체험으로서 그의 인생과 작품에 지울 수 없는 흔적을 남겼다. 그러나 〈황토길〉은 그 흔적을 지우는 방향으로 각색되었다.

예를 들어 해방 이전 한하운의 금강산 요양은 영화 속에서는 해방 이후 설악산으로 각색되었다. 북한에 남은 가족과의 이별도 월남 때문이 아니라 혜경을 찾아 시골에서 서울로 간 것으로 변형되었다. 〈황토길〉은 한하운의 시를 여러 편 인용하면서도[44] 실존적 저항의 의미는 소거하고 '천형의 비애'를 담은 것으로만 그 의미를 한정했다. 그 예로 영화에서 아래의 시 「삼방에서」가 어떤 맥락에서 인용되었는지 살펴보자.

---

44. 〈황토길〉에는 「벌」, 「리라꽃을 던지고」, 「삼방에서」, 「나」, 「파랑새」, 「삶」, 「어머니」, 「명동거리 2」, 「목숨」, 「보리피리」 10편의 시가 인용되었다.

사람도 올 수 없이 막았다
구름도 올 수 없이 막았다
바람도 올 수 없이 막았다.

그래서 삼방이라 하였는가.

하늘을 찌르는 칠전팔도(七顚八倒)의 험산이
모조리 올 것을 막아버린 천험비경(天險秘境)에
굽이굽이 곡수(曲水)는 바위에 부딪혀 지옥이 운다.

죽음을 찾아가는 마지막 나의 울음은
고산(高山) 삼방 유명(幽明)을 통곡한다.
— 「삼방에서」 부분(1-4연) 인용

한하운은 이 시에 얽힌 곡절을 「삼방의 위협」이라는 제목으로 자서전에 남겼다. 함경남도와 강원도의 경계인 삼방협곡은 삼방유협(幽峽)으로 불릴 정도로 매우 험준한 골짜기다. 예부터 남북을 잇는 중요한 통로로 통행인을 검사하는 관방(關防)이 세 군데 설치되어 있어서 삼방이라 불렸다. 월남을 결심하고 1948년 함흥형무소를 탈옥한 한하운은 1연에 표현한 것처럼 사람, 구름, 바람의 왕래도 거부하는 듯 급경사를 이룬 높은 협곡을 홀로 건너야 했다. 한때 천하의 명승이라 하여 구경했던 삼방은 이제 장맛비에 휩싸여 지옥으로 변해있었다. 그곳을 건너야만 남쪽으로 갈 수 있었던 시인에게 "삼방은 살길을 찾아가는 나의 길이건만 오히려 죽음을 찾아가는 마지막 길인 것 같"(485)이 보였다. 백척간두에 서서 한 발을 내딛는 그의 절박한 심정은 "마지막 나의 울음은 고산 삼방 유명을 통곡한다"는 4연에 잘 반영되어 있다.

〈황토길〉은 자기 병을 알게 된 한하운이 설악산에서 요양하는 신에서 이 시의 3, 4연을 인용했다. 산사의 한 암자에 스스로를 가두고 외로이 투병하는 병인의 사무치는 심정을 표현하기 위해 내레이터가 낭송하는 시에 일출과 더불어 밝아오는 산사 주변의 고즈넉한 경치와 불경을 읊는 승려의 이미지를 병치했다. 특히 4연을 낭송할 때는 목탁, 불상, 정좌한 승려와 결절이 생긴 한하운의 얼굴을 몽타주해서 마치 이 시가 천형의 병을 감내하며 살아가야 하는 한센인의 숙명을 의미한 것인 양 원작 시의 주제를 변형했다.

〈황토길〉은 "또 다른 자서전"을 표방했음에도 불구하고 한하운의 삶과 문학을 상당히 왜곡했다. 표면적으로 이 영화는 한센병이 완치 가능하며 전염되기 어렵다는 사실을 계몽하고 한센인에게 사회 복귀의 가능성을 제시, 재활 의지를 불어넣기 위해 만들어졌다. 그러나 그 이면에는 오랜 역사가 있는 미국 종교단체의 구라활동을 미국 정부의 해외공보에 수렴하고자 하는 의도가 숨어 있었다. USIS는 한국의 한센병 관리정책이 격리와 원조에서 정착과 자활로 변모한 시기에 미국의 박애주의를 효과적으로 선전할 수 있는 방법으로 한센인 시인 한하운을 택한 것이다. 한하운에게 있어 문학은 한센병과 한센인에 대한 뿌리 깊은 편견과의 투쟁이었고 영화 출연도 그 일환이었지만 〈황토길〉의 한하운은 USIS 공보 목표에 따라 각색되었으며 한센인으로서 그의 정체성도 비가시화되었다.

제11장
냉전 오리엔탈리즘

자유민주주의의 기표로서 댄스

휴전 직후 『경향신문』에 인기리에 연재되었고 영화화되기도 했던 정비석의 『자유부인』(1954)은 "자유가 무제한하게 사회 현상을 수식하는 단어로 쓰였던"[1] 그 당시의 상황을 포착하면서 미국 문화의 유입이 자유민주주의의 수용에 끼친 영향을 반영했다. R여대 출신의 오선영은 대학 시절 은사이자 한학에 능통한 한글학자 장태연 교수와 결혼해 두 아이를 둔 평범한 가정주부다. 그런데 선영은 가정에 머물기보다는 직업을 얻기를 바라며 유행을 따라가기 위해 댄스를 배워야겠다고 느끼는 '새로운' 중년여성이다. 그녀는 영문학도인 옆집 대학생 신춘호에게서 댄스를 배우면서 탈선의 스텝을 밟기 시작한다. 말하자면 이 소설에서 댄스와 매우 밀접한 관계가 있는 '자유'는 철학적이거나 정치적인 자유가 아니라 '정숙하지 못한'과 동의어였던 것이다.

---

1. 권보드래 2009, 65.

그런데 댄스에 빠진 선영은 자못 당당하게 남편에게 "당신은 춤도 출 줄 모르면서 언제부터 그렇게 진정한 민주주의자가 되셨어요. 정말로 진짜 민주주의자가 되려거든 먼저 춤부터 배우세요!"[2]라고 훈계한다. 선영의 주장대로라면 그녀가 춤을 추는 이유는 향락 때문만은 아니다. 게다가 남편 역시 "가정의 민주화를 위하여 싫고 좋고 간에 그 댄스라는 것을 배울 용의가 있"[3]다고 그녀의 주장에 어느 정도 동의한다. 대체 댄스와 민주주의가 무슨 상관관계가 있기에 진정한 민주주주의자는 댄스를 배워야 한다고 이들이 생각한 것일까?

혹여 1950년대의 댄스는 방탕과 퇴폐의 동의어였다는 고정관념과 달리 자유민주주의의 보조관념이었을까? 그래서 쿠데타에 성공한 군인들은 열 일 제쳐놓고 거사 일주일 만에 댄스광들을 '군법회의'에 회부해 3개월 이상 1년 이하의 징역을 언도했던 것일까?[4] 구악의 일소를 내걸었던 쿠데타 세력이 혁명정신을 모독했다며 본보기로 처벌한 댄스광은 대부분 오선영과 같은 가정주부들이었다. 그렇다면 댄스가 곧 민주주의라고 생각했던 1950년대의 자유부인들은 군사정권이 쿠데타와 독재를 합리화하기 위해 내세운 '민족적 민주주의'[5]를 위협할 가능성이 큰 존재였다고 보아도 무방할 것이다. 이 가설을 증명하기 위해서는 그 시절 댄스가 자유민주주의의 기표로 작동했다는 점을 정치하게 검증해야 할 것이다.

『자유부인』에서 댄스는 서사의 중요 모티프이자 당대의 세태를 집약

---

2. 정비석 1954, 208.
3. 정비석 1954, 209.
4. 〈대한뉴스 제315호: 몰지각한 댄스광 처벌〉, 1961년 5월 27일.
5. 군사정권이 쿠데타를 합리화하기 위해 내세운 대의명분의 요체는 '민주주의의 한국화'였다. 쿠데타 세력은 한국에 수입된 서구의 민주주의가 뿌리를 내리지 못하고 실패한 원인을 지도세력의 몰주체성으로 돌리고 한국의 전통 및 사상과 접목하여 조국 근대화를 담당할 새로운 지도세력을 육성해야 한다고 주장했다.

한 키워드다. 이 소설에서 장태연을 제외한 대부분의 등장인물은 댄스를 향락한다. 전후 한국의 새로운 주체이자 미국 유학을 거쳐 친미 지식인이 될 가능성이 농후해 보이는 영문학도 신춘호. 그가 댄스와 재즈를 즐기는 것은 당연해 보이지만 그 반대편에서 전통 윤리와 민족문화의 수호자로 그려진 장태연마저도 댄스를 배우려고 생각하는 이유는 무엇일까? 그는 댄스가 민주주의자가 갖춰야 할 덕목이라는 아내의 주장에 동의할 수밖에 없다. 왜냐하면 식민지 조선에서 태어나 청년기를 보낸 그 자신이야말로 민주주의와 댄스의 결합을 직접 목격한 세대에 속하기 때문이다.

해방 후 한국에서 댄스홀이 개장한 것은 전적으로 미군의 수요 때문이었다. 조선총독부 재무국장이었던 미즈타(水田直昌)는 미군 진주가 임박해오자 점령군으로부터 일본 여성을 보호한다는 명목으로 조선인 접대부를 고용해 댄스홀을 개장했다.[6] 이후 댄스로 미군을 접대한다는 발상은 그들의 힘에 기대 권력 기반을 다지고자 했던 한국인 정치가와 로비스트들에게로 이어졌다. 예를 들어 낙랑클럽(제5장 제1절 참조)은 전쟁과 경제 침체에도 불구하고 갖가지 특혜를 누리며 미군 장성 및 고급장교, 외교관, 유엔 기구의 단체장 등을 접대하기 위해 호화스러운 댄스파티를 열었고 그들과 "실질적으로 가까운 친구"[7]가 되었다.

미군과 함께 도래한 댄스는 새로운 지배자의 정치적, 문화적 헤게모니에 재빨리 적응해야 했던 한국인들 사이에서 마치 종교처럼 퍼져나갔다. '양코배기' '양갈보'와 같은 신조어와 마찬가지로 '양춤'으로 비하되기도 했고 시국을 망각한 행위로 지탄받지 않은 것은 아니었으나 댄스는 곧 근대성의 기표로 자리 잡게 되었고 댄스를 배움으로써 적극적

---

6. 정병욱 2003, 134-135.   7. 전숙희 2005, 111.

으로 근대를 향유하자는 태도도 나타났다. 한국전쟁 직전 한 잡지는 '사교댄스의 유행은 억압할 것인가? 방치해도 좋은가?'라는 주제로 설문조사를 했다. 문화계, 언론계, 여성계 인사들과 더불어 특이하게 공보처장, 공보처 공보국장, 공보처 정보과장 등 정부 관리들도 이 설문에 응했다.[8] 대다수의 응답자들은 명랑하고 건전한 사교생활이 될 수 있도록 댄스를 양성화해야 한다고 답변했고 한국 사회가 발전할 때까지 댄스를 억제해야 한다는 답변은 소수에 불과했다. 게다가 후자 역시 댄스 자체에서 문제를 찾기보다 한국 사회의 미성숙을 문제시했을 뿐 댄스를 근대화의 한 지표로 인식했다는 점은 매한가지였다.

댄스는 『자유부인』뿐만 아니라 1950년대 여러 텍스트에서 자유민주주의의 기표로 작동했다. 그런 현상은 한국에만 국한된 것도 아니었다. 클라인은 20세기폭스사의 뮤지컬영화 〈왕과 나(King and I)〉(1956)를 1950년대 미국의 아시아 근대화 담론과 연결해 분석하면서 이 영화 속의 상반된 댄스 표상을 고찰한 바 있다. 주제곡 「Shall We Dance?」에 맞춰 안나(데보라 커 분)와 태국 왕(율 브리너 분)이 왈츠를 추는 장면은 지금도 영화팬들의 향수를 불러일으키는 명장면이다. 그런데 '왕과 안나'의 왈츠는 단독적으로 의미를 구성하기보다는 안나의 환영식에서 피로(披露)되는 태국 춤과 대조될 때 비로소 그 의미가 "동서양 통합의 스펙터클(a spectacular moment of East-West integration)"[9]로 재구성된다. 왕에게 댄스는 안나를 향한 그의 사랑, 즉 자유롭고 로맨틱한 서양적 사랑을 표상하는 동시에 서구식 근대화 교육의 과정이기도 하다. 클라인에 따르면 왕은 댄스를 통해 서양 남성의 위치(position)를 모방하나, 동서

---

8. 「문화지표: 설문」, 『신천지』 5권 3호 (1950.3), 214-215.

9. Klein 2003, 210.

양의 통합은 안나보다는 왕으로부터 더 많은 변화를 이끌어낸다. 현재까지도 태국 왕실은 사실을 왜곡했다는 이유로 이 영화를 금지하고 있다. 아마도 금지의 이유는 이 영화가 존경받아야 할 그들의 왕을 전근대적 계몽의 대상으로, 그것도 여성의 가르침을 받아야 하는 대상으로 묘사하고 있기 때문일 것이다.

〈왕과 나〉는 1957년에 한국에서 공개되었다. 할리우드는 뮤지컬영화의 황금기였고 한국 영화는 막 재건을 시작한 때였다. 피난 보따리에 필름을 싸들고 다니며 포탄이 작렬하는 최전선을 찍은 조각을 모아 스크린에 내걸었던[10] 한국 영화는 할리우드 영화를 '모방'하면서 스스로를 구축해갔다. 가령 한형모의 〈운명의 손〉(1954)의 댄스 신, 〈자유부인〉(1956)의 댄스홀 신, 〈여사장〉(1959)의 댄스파티 신이 보여준 것처럼 1950년대 한국 영화에 '번역'된 미국 문화 중에서도 댄스는 가장 스펙터클하면서 가장 모던한 것이었다.[11]

댄스는 USIS 영화에서 미국 문화와 미국적 가치의 매개물로 표상되었다. 이를테면 USIS 영화 〈미국의 자산(Wealth of a Nation)〉(USIS B-206, 1966)에서 댄스는 인종화합의 매개물이다. '위대한 사회(Great Society)'를 정책 기조로 삼은 존슨 재임기의 영화답게 USIS는 최초의 흑인 다큐멘터리 감독인 윌리엄 그리브스(William Greaves)에게 연출을 맡겼다. 개인의 자유가 미국의 가장 큰 국가적 자산이라는 메시지를 담은 이 영화에서도 댄스는 자유를 표상하는 기표다. 마틴 루터 킹(Martin Luther King) 목사의 워싱턴 연설을 담은 기록 영상 다음에 몽타주되는 댄스 신은 '춤추는 몸'의 동질성으로 인종적 타자성을 약화시킨다. 킹 목사

---

10. 윤봉춘, 「연예 1년 결산: 해방 이래 최초의 수확」, 『서울신문』, 1954.12.23(4).

11. 김려실 2010.

한국을 방문한 린든 존슨(1966). © NARA

의 연설을 듣는 군중은 여가를 즐기는 해변가의 군중으로 이어지고 다양한 인종(백인, 무슬림, 흑인 등)을 스케치하던 카메라는 한 여성의 뒷모습을 비춘다. 흥에 겨워 들썩이는 그녀의 상반신은 댄스홀에서 스텝을 밟는 여성의 발과 몽타주된다. 재즈 음악이 흐르는 가운데 빈번한 컷과 연속적 클로즈업으로 역동적 몸들의 자유로운 뒤섞임이 표현된다. 의도적 아웃포커스는 인종적 혼효를 표상하며 춤추는 몸의 스펙터클은 인종차별의 현실을 압도한다.

이 영화가 만들어진 시기에 이미 '위대한 사회' 정책은 베트남전 개입과 아프리카계 미국인들의 인종차별 철폐운동에 대한 탄압으로 빛이 바래가고 있는 상황이었다. 더구나 영화에 묘사된 위대한 미국을 정작 미국인들은 볼 수 없었다. 베트남전에 개입하게 된 이후 미국 정부는 USIA와 USIS가 해외에서 전파한 프로파간다가 미국 내로 역수입되어 국내 여론에 영향을 끼치는 것을 우려했고 USIA의 영화에 대해서도 어떤 조치가 필요하다고 생각했다. 결국 미국 의회와 백악관의 세출 위원회(appropriations committee)는 1962년에서 1967년 사이에 USIA 영화의 미국 내 상영을 금하기로 결정했고 그 조치는 70년대까지도 유효했다.[12]

부채춤은 어떻게 민속무용이 되었는가?

USIA 영화 목록의 '댄스' 항목을 살펴보면 USIS가 미국식 댄스뿐만이 아니라 아시아의 민속무용을 주제로도 영화를 제작했다는 것을 알 수 있다. 물론 한국의 민속무용도 포함되어 있다. 이미 OCI가 1948년에 최승희의 제자였던 장추화와 그 문하생들의 공연을 〈장추화 무용〉이라는 기록영화로 제작한 적이 있었고 한국전쟁 이후에 문필가, 화가, 음악가와 마찬가지로 무용가들 역시 USIS의 광범위한 문화원조 대상에 포함되면서 민속무용을 기록한 영화가 제작된 것이다.

미국의 문화외교는 무용 분야에서만큼은 소련에 비해 열위에 있었다. 소련은 일찍이 볼쇼이발레단을 교향악단과 함께 파견, 북한에서 공연했으며 1950년 6월 7일에는 북한 무용동맹위원회 위원장 최승희가 방소(訪蘇)예술단의 일원으로 초청되어 무용단을 이끌고 소련 각지에서 공연했다. 더구나 1930년대부터 세계무대를 누볐던 '조선의 무희' 최승희의 월북은 미국의 입장에서는 뼈아픈 실수였다. 베이징에서 해방을 맞이한 그녀는 서울로 귀환하여 하지 군정 사령관, 이승만 박사와 면담했지만 바라던 지원을 얻지 못했다.[13] 그리고 먼저 월북해 북조선 노동당 문화인부차장이 된 남편 안막의 설득으로 1946년 7월 삼팔선을 넘

---

12. MacCann 1973, 174.   13. 정수웅 2004, 364.

었다.

전후 한국무용계 전반에 대해 파악하고 있었던 USIS는 1.4후퇴 때 월남한 무용가 김백봉에 주목해 1950년대 후반 그녀의 공연을 수차례 영화로 기록했다. 김백봉은 USIS가 지원한 무용가 중에서도 핵심인물(key person)이었다. USIS가 1950년대에 제작한 한국무용[14] 관련 영화를 정리해보면 김백봉의 무대를 기록한 것이 대부분이었으며 그녀의 활동은 기관지 『자유세계(Free World)』[15]를 통해서도 자주 조명되었다.

편운(片雲) 조병화의 시 「창조의 우주」가 "춤의 천사요/창조주의 사신이요/무대의 여왕… 구원으로, 광휘로, 무념무상으로/당신은 열반의 희열 같은 모습으로/우리 인간들 앞에 화신하옵니다"라고 찬미했던 김백봉은 한국무용의 대모로 불리는 무용가다. 평안남도 기양 출신인 그녀는 최승희의 수제자이자 동서로, 1942년 도쿄 제국극장에서 〈궁녀무〉로 데뷔했다. 최승희는 1944년 베이징에 '최승희동방무도연구소'를 열고 김백봉과 함께 무용단을 이끌었다. 그곳에서 해방을 맞이한 두 사람은 1946년 5월 29일 인천으로 귀환했다. 같은 해 7월 스승과 함께 월북한 김백봉은 후계자로서 함께 소련 공연에 참가했으나 도중에 한국전쟁이 발발하자 인민군의 전선위문단으로 서울에 파견되었다. 이때 최승희는 김일성과 주은래의 배려로 베이징으로 피신해 있었다. 전선을 따라 평양으로 후퇴한 김백봉은 1950년 11월 5일 남편이자 무용이론가인 안제승과 함께 귀순했다.

14. 한국무용이라는 용어는 예부터 전해오는 한국의 전통무용을 의미하는 것이 아니라 일본에서 신무용을 배운 최승희, 조택원 등이 조선의 향토무용을 토대로 새롭게 창작한 예술무용을 의미한다. 해방 이후 그들의 제자들이 스승의 무용을 전승하고 기본 양식을 정립했다.

15. 미국 극동군 심리전국(Psychological Warfare Section)이 1952년부터 동아시아 지역을 대상으로 제작, 배포한 선전지. 한국 USIS가 발행한 한국어판은 마닐라 RCP에서 인쇄되어 국내에 배포되었다.

극작가 김향명이 쓴 전기 『백조의 날개』에 의하면 남한정부는 김백봉 부부는 물론 최승희와 안막, 그들의 딸 안성희까지 월남시키기 위해 공작원 권태수를 파견했다. 그의 설득으로 김백봉 부부는 이미 1948년 3월에 한 번 탈북을 시도했으나 실패했다.[16] 성공했던 두 번째 탈북은 평양 수복 때 이루어졌다. 당시 신문을 살펴보면 그들의 월남이 반공 선선상 중대 사건으로 주목받았음을 알 수 있다.[17] 그때 월남한 예술가 중에는 김백봉 외에도 최승희로부터 훈련받은 장홍심, 임정옥, 한순옥, 임수영 등의 무용가와 무용평론가 강이문 등도 있었다.[18] 그들 중에서도 최승희의 후계자인 김백봉에게는 공산당 치하에서 자유를 찾아 월남한 예술가로서의 상징적 역할이 부여되었다.

1.4 후퇴 때 UN군 대위였던 고정훈[19]의 도움으로 대구로 피난한 김백봉은 서울이 재수복되자 상경했고 1953년 3월 15일 낙원동에 김백봉무용연구소를 열고 활동을 개시했다. "철의 장막에서 자유대한의 품

---

16. 김향명 1976, 301-333, 418. 이 전기는 다분히 극화되어 있고 날짜나 인명 등이 틀린 경우가 빈번하므로 당시의 신문 및 잡지 기사, 김백봉 인터뷰 등과 교차해 읽을 필요가 있다.
17. 특파원: 중공이 청천강까지 나왔소. 결의는 튼튼하오? 만일 평양까지 밀린다면 어떡할 생각이오?

    단도직입적인 질문이었다. 김백봉이 귀순한다는 커다란 사건의 의미를 확실히 하기 위해서 이렇게 등을 떠보기로 하였다.
    김백봉: 선생님 서울로 보내주세요. 기어코 서울로 가겠습니다. 공산당 치하에선 예술활동을 할 수 없어요.
    「서울이 그리워 못 견뎌요!: 무희 김백봉 눈물의 호소」, 『동아일보』, 1953.11.17(2).
18. 문애령 2001, 10.
19. 평안남도 남포 출신의 군인, 언론인, 정치가. 1947년 주한 미24군단 북한과에 근무했고 1947년 미소공동위원회 미국 측 통역관으로 활동했다. 1948년 육군사관학교 제7기 특별반을 졸업해 1949년 육군본부 정보국차장, 국제연합한국위원회 연락정보단장의 보좌관, 육군참모총장, 국방부 장관, 주한미군사고문단장의 특별보좌관을 거쳐 1950년 중령으로 예편했다. 1953년 영문일간지 『Korean Republic』의 편집국장이 되었고 조선일보 논설위원으로도 활동했다. 이후 정계에 투신, 구국청년당(救國靑年黨)을 창당해 대표가 되었고 1961년 통일사회당 선전국장을 지냈다. 5·16군사정변 이후 좌익으로 몰려 「특수범죄처벌에 관한 특별법」 위반으로 1961년부터 1965년까지 정치범으로 복역했다. 1981년 민사당(民社黨) 당수로서 출마하여 제11대 국회의원으로 당선되었다.

으로 돌아온"[20] 김백봉의 첫 무용발표회는 1954년 11월 26일부터 사흘간 시공관에서 성대하게 열렸다.[21] 〈부채춤〉〈밤〉〈지효〉〈사슬을 풀고〉〈녹음방초〉〈동심〉〈장구춤〉 등 열세 개의 레퍼토리가 연인원 150명에 의해 상연되었다.[22] 막상 주목을 끈 작품은 이북 동포들의 대공 투지를 표현한 〈사슬을 풀고〉나 최승희로부터 사사받은 〈장구춤〉 등이 아니라 김백봉의 독무 〈부채춤〉이었다. 이 춤은 전통무용이 아니라 창작된 현대무용이었지만 향후 김백봉 무용발표회의 고정 레퍼토리가 되었을 뿐만 아니라 1968년 멕시코올림픽에서 군무로 선보인 이래 한국무용의 대명사로 자리 잡았다.

김백봉은 전후 남한 무용계의 중심인물로 부상했다. 1949년 문교부 예술위원회의 무용위원이 된 현대무용의 선구자 함귀봉뿐만 아니라 한국 발레의 선구자 정지수, 한동인을 비롯해 한국무용가 장추화, 무용 이론가 박용호, 문철민 등 주요 무용인들이 한국전쟁 동안 대거 월북했다. 따라서 전후 남한 무용계는 그들의 제자, 월남한 무용가, 귀국한 해외파에 의해 새롭게 재편될 수밖에 없었다. 그 과정에서 김백봉은 동년배들이 현대적 실험에 치중한 것에 비해[23] 최승희의 기교를 계승, 한국무용을 체계화함으로써 주목받았다.

전후 무용계는 전공에 대한 인식이 생기면서 점차 한국무용, 현대

20. 「김백봉 무용공연회 26일부터 삼일 간 개최」, 『동아일보』, 1954.11.23(2).
21. 김백봉무용연구소는 피난 온 고향민들의 후원으로 낙원동에 세를 얻어 개소했고 서울시와 미 공군이 각각 필지와 콘셋트를 제공해주어 묵정동으로 이전할 수 있었다. 그 시기에 생활이 어려워 삯바느질까지 했다는 회고(안병헌·김백봉 2009, 207)로 미루어 보았을 때 김백봉에게 이 공연을 제작할 경제적 기반은 없었을 것으로 추측된다. 당시 대규모 공연의 통상 제작비가 30만 원이었는데 그것을 훨씬 상회하는 150만 원의 제작비가 들었다는 이 공연에는 밝혀지지 않은 후원자가 있었을 것이다. 1981년도 보관문화훈장을 수상한 그의 생애와 예술세계를 대담과 무용 실연으로 조명한 TV 프로그램에서 그는 이 공연에 대해 "누가 하라고 했다"라는 정도로 언급했다. 한국방송사업단 제작, 〈KBS 특선: 춤으로 50년 김백봉〉, KBS, 1981.
22. 「김백봉 무용발표회」, 『동아일보』, 19544.11.28(4).
23. 문애령 2001, 94.

무용, 발레로 갈래가 나뉘게 되었으나 한국무용은 신무용[24]의 구습에서 벗어나지 못한 상태였다. 무용평론가 조동화에 따르면, 김백봉의 등장은 "예기치 않았던 한국무용사의 여명기"[25]를 연 사건이었다. 김백봉은 고전을 새롭게 해석하고 현대적 기법을 응용했을 뿐만 아니라 한국무용을 현대무용과 동등한 수준으로 무대화했다. USIS 영화로 확인할 수 있듯 김백봉은 발레의 수법과 효과를 도입해 자칫 평면적이고 정적일 수 있는 한국무용을 입체화하고 역동적이며 기하학적 구도로 구성할 줄 아는 연출 감각을 보여준다. 김백봉의 첫 발표회는 남한의 유명 무용가들이 거의 월북한 상태에서 "많은 환율로 교환된 셈인 반공무용인"[26]으로서의 가치를 증명한 공연으로 평가받았다.

무용계와 언론뿐만 아니라 한국 정부도 반공무용인 김백봉의 가치에 주목하고 있었다. 대통령 직속 공보실은 1957년 그녀의 부채춤과 장고춤을 기록한 〈김백봉 여사 무용〉을 제작했다. 김백봉은 1960년대 한국무용의 국제화와 함께 대표적 한국무용가로서 국제적 명성을 쌓아가기 시작했다. 특히 김백봉의 부채춤은 한국 정부가 주최한 친선사절 및 외교사절 환영공연 레퍼토리에서 빠지지 않았다.

USIS도 김백봉의 활동을 주시했다. 손원일 해군제독은 개인적 친분은 없었으나 월남한 뒤 발표회를 열지 못하고 있던 김백봉의 안타까운 사정을 미국 제5공군 사령관 앤더 중장에게 전했다. 김백봉은 앤더의 도움으로 비록 양철 콘셋트(군대용 막사)였지만 무용연구소를 열 수 있

---

24. 전통춤이 아닌 새로운 형식의 예술 춤을 지시하는 일본 무용계의 용어로, 식민지 조선에서는 일본을 경유해서 유입된 서구 양식을 활용한 춤을 지칭하는 용어로 사용되었다. 신무용은 서구 현대무용을 일본에 전파한 이시이 바쿠(石井漠)에게 사사한 최승희와 조택원에 의해 전통무용과 현대무용을 절충한 스타일로 발전했다.
25. 「고전무용의 새 방향」, 『동아일보』, 1954.12.9(4).
26. 「신구인의 교체, 고전무용의 예술적 승화」, 『경향신문』, 1954.12.19(4).

었다.[27] 『자유세계』는 이 미담을 놓치지 않고 "김백봉 여사는 '찬란한 여명의 나라'의 전통적인 무용을 한국의 젊은 세대에 가르칠 장소를 얻게"[28] 되었다고 홍보했다. 첫 발표회 때 안제승의 초대로 참석한 USIS 영화과장은 그녀의 무용을 전 세계에 알리고자 영화화를 청했다.[29] 그리하여 완성된 작품이 바로 〈부채춤〉이다. 〈부채춤〉 이후에도 USIS는 〈표 11〉과 같이 김백봉의 공연 실황을 영화로 기록했다.

먼저 〈우리 마을의 이야기〉 〈부채춤〉 〈지효〉는 모두 1956년 4월 13일부터 16일까지 서울 시공관(현 명동예술극장)에서 열린 김백봉의 두 번째 무용발표회의 공연 실황을 기록한 것이다. 〈우리 마을의 이야기〉는 김백봉이 과거에 살았던 마을의 전설을 소재로 한 민속무용극이고 〈지효(至孝)〉는 효녀 심청의 이야기를 소재로 만든 민속무용극이다. 〈부채춤〉은 1954년의 첫 발표회에서부터 주목을 받아 고정 레퍼토리가 된 작품이다. 세 영화 모두 도입부에 공연 팸플릿을 클로즈업으로 보여준 다음 공연 실황으로 넘어가는 구성으로 편집되어 있다. 카메라가 거의 고정된 상태에서 좌우로 팬(pan)하며 쇼트의 크기와 위치만 변화를 주어 무대 위의 무용 동작을 최대한 충실히 전달하는 데 주력해 촬영되었다.

다음으로 〈한국예술사절단 동남아 방문〉과 〈방콕에서 춤추는 김백봉 여사〉는 제2차 한국예술사절단의 동남아 순회 공연을 기록한 영화다. 한국예술사절단은 반공 아시아의 유대강화와 친선도모를 목적으로 한국아시아반공연맹이라는 민간외교 단체가 조직했다. 한국자유총연맹의 전신인 이 연맹은 1954년 6월 진해에서 개최되었던 아시아민족

---

27. 김향명 1976, 426-431.
28. 「한국무용계의 혜성 김백봉 여사」, 『자유세계』 제4권 제2호 (1955.2).
29. 김향명 1976, 432-433.

〈표 11〉 USIS가 제작한 김백봉 관련 기록영화

제목	내용 요약	분류
〈우리 마을의 이야기〉(A Tale of Our Village)〉(830)	시공관에서 공연된 김백봉의 무용극 실황	무용, 아시아 문화, 한국
〈부채춤(Fan Dance)〉(831)	시공관에서 공연된 김백봉의 부채춤 실황	무용, 아시아 문화, 한국
〈지효(Filial Piety)〉(832)	시공관에서 공연된 김백봉의 무용극 실황	무용, 아시아 문화, 한국
〈방콕에서 춤추는 김백봉 여사 (Kim Paik Bong Dancing in Bangkok)〉(962)	1958년 한국예술사절단의 일원으로 태국을 방문한 김백봉과 그 무용단이 태국의 불교사원에서 공연한 기록영화.	국제협조, 교육과 문화교류, 무용, 아시아 문화
〈한국예술사절단 동남아 방문 (Korean Cultural Goodwill Mission Visit to South East Asia)〉	1958년 2월에 출발해 사이공, 방콕, 마닐라, 홍콩, 타이베이 등지를 순회한 한국예술사절단의 민간 외교 활동을 각지 USIS의 협력으로 기록한 영화. 베트남의 응오 딘 지엠 대통령 앞에서 김백봉이 부채춤을 피로하는 모습을 담았다.	
〈리틀 오케스트라 한국공연 (Little Orchestra Performance in Korea)〉(L998)	1959년 4월에 한국을 방문한 리틀 오케스트라의 공연과 단원들의 한국 고적 시찰, 한국인과의 교류, 김백봉의 답례 공연을 기록.	음악, 교육과 문화교류
〈1959년도 회고 (Highlights of 1959)〉(L1026)	한국예술사절단의 동남아 순회 공연 중 현지 관객에게 사인을 해주는 김백봉의 모습을 담았다.	한국, 역사

( ) 안은 원제 및 USIS 영화목록의 일련번호.

반공연맹대회를 계기로 이승만과 장제스가 창설했고 8개국이 가입해 각국에 지부가 있었다. 연맹은 회원국의 문화교류를 위해 1957년 3월에 이미 제1차로 한국예술사절단을 파견했고 1958년 2월에 제2차 파견이 있었다. 김백봉과 그의 무용단은 1, 2차 모두에 참가했다.

〈한국예술사절단 동남아 방문〉은 사이공, 방콕, 마닐라, 홍콩, 자유중국의 USIS가 협력한 기록영화다. 사절단은 베트남, 태국, 필리핀, 홍콩, 대만, 류큐제도를 방문해 각 정부의 고관들 및 시민들의 환영 속에서 공연을 하고 각국의 시가지와 관광지를 견학했다. 특히 김백봉은 베트남에서 사절단의 정식 공연에 앞서 대통령 관저에 초대받아 응오 딘 디엠(吳廷琰, Ngo Dinh Diem) 대통령 앞에서 부채춤을 추었다. 태국 방문 때는 방콕의 한 사원에서 장고춤을 비롯한 인기 레퍼토리를 공연했다.

태국 USIS가 그 공연을 영화로 기록했고 태국 전국에서 상영했다.

한국 USIS는 태국 USIS가 촬영한 공연에 복혜숙이 등장하는 프롤로그를 덧붙여 〈방콕에서 춤추는 김백봉 여사〉를 제작했다. 복혜숙은 일제강점기부터 연극, 영화, 라디오, 텔레비전 등 다방면에서 활동해온 배우로 1955년에는 대한영화배우협회를 설립하고 초대 회장을 지낸 문화계의 원로였다. 건물 밖의 자동차 소음까지 녹음되어버려 급조한 인상을 주는 프롤로그에서 복혜숙은 USIS의 의뢰로 이 영화를 소개하게 되었다고 밝힌다. 동남아시아 지도를 비춘 화면에 김백봉 무용단이 지나간 루트에 대한 설명이 이어진 뒤 "태국 있는 미국공보원에서 만들어서 태국 국민에게 보여준 꼭 같은 영화"가 시작된다.

오프닝은 국제친선 도모라는 취지에 걸맞게 한국예술사절단을 환영하는 태국 고관들과 시민들, 사절단의 방콕 관광으로 구성되었다. 관광지에서 마주친 승려에게 목례하는 김백봉의 모습을 몽타주해 불교가 국교인 태국에 대한 문화적 존중을 표현했다. 김백봉의 공연도 불교사원에서 이루어졌다. 새벽녘의 불교사원을 배경에 두고 전경에서 춤추는 김백봉과 그의 무용단, 무용을 지켜보는 태국인들의 모습이 교차된다. 춤추는 김백봉과 무용수들은 대부분 미디엄 쇼트 내지는 풀 쇼트로 촬영되었다.

야외공연이라 막은 없지만 무용이 한 단락될 때마다 어린이를 포함한 소규모 관객이 박수를 보내는 모습이 삽입되어 있다. 공연 장면과 태국인 관람객의 반응을 교차해서 보여주는 편집은 그들이 새벽의 불교사원에서 김백봉의 공연을 실제로 관람한 것 같은 인상을 주지만 나중에 편집해 넣었을 가능성도 배제할 수 없다. 태국의 불교사원이라는 이국적 공간에서 한국의 전통음악이 흐르는 가운데 한복을 입은 무용수들이 추는 한국무용 또한 이중노출로 촬영된 것 같은 위화감을 불러일으킨다. 영화는 "우리 친구 수십만 태국사람들에게 한국이 지니고 있는 훌륭한 예술과 문화를 소개하고 있"다는 복혜숙의 내레이션으로 코드화된 공간과 춤추는 몸, 연출된 관객의 이질성을 봉합하고자 하지만 냉전 오리엔탈리즘이 상정한 자유아시아, 즉 '무시간적이며 보편

〈방콕에서 춤추는 김백봉〉의 한 장면. © NARA

적인 아시아'는 어디에도 존재하지 않는다는 사실이 노출될 뿐이다.

김백봉의 춤은 위의 영화들 외에도 리버티뉴스 〈동남아 예술사절단 귀국〉(제207호), 〈한국학생 문화 사절단〉(제386호), 〈국제친선의 밤〉(제387호), 〈문화교류〉(제505호)를 통해 전국의 영화관에서 상영되었다. 다시 말하면 김백봉의 한국무용이 대중에 알려지는 데 USIS는 핵심적 매개 역할을 했던 것이다.[30] 그런데 USIS는 왜 한국무용가를 지원하고 한국무용의 국제화를 촉진하는 것이 공보선전에 유용하리라고 판단했을까? USIS뿐만 아니라 1950년대 미국의 미디어도 한국무용과 전통예술에 관심을 보였다. 한 예로 한국무용의 선구자 조택원의 아내이자 후계자인 김문숙에 따르면, 당시 미국에는 동남아 예술을 소개하는 텔레비전 프로그램이 있었고 그녀도 1959년에 캐스팅되어 화관무, 승무, 북춤 등을 미국 시청자들에게 선보였다.[31]

미국의 냉전 이데올로그들은 이차세계대전 이후 전 세계로 미국의 세력이 팽창함에 따라 인종적으로, 민족적으로 다양한 이상 국가라는

---

30. 김백봉은 1972년 2월 14일 온양에서 택시를 타고 가다가 불의의 교통사고를 당한다. 그 당시 택시 운전수는 극장에서 리버티뉴스에서 〈부채춤〉을 보고 자신의 승객이 김백봉이라는 것을 알아보았다고 한다. 김항명 1976, 440.
31. 문애령 2001, 52.

이미지를 동원했고 아시아에 대해 그것은 타자에 대한 관용과 포용이라는 상상으로 나타났다.[32] 냉전기 미국의 오리엔탈리즘은 서양 문명의 우월성을 전제로 한 유럽의 오리엔탈리즘과 달리 타자에 대한 관용과 포용이라는 민주주의의 가치를 전경화하며 비공산(noncommunist) 아시아의 문화를 신비화하고 욕망했다. 미국 정부는 문화교류라는 이름으로 냉전 오리엔탈리즘적 상상을 북돋우었고 지역성으로 코드화된 아시아 이미지는 영화, 텔레비전, 뮤지컬 같은 다양한 대중미디어를 통해 전파되었다.

주한미공보원 영화의 '아시아 문화' 표상

미국 의회가 USIA의 다큐멘터리 프로그램을 승인한 데에는 스탈린과 흐루쇼프의 공이 있다고도 할 만한다.[33] 1950년대에 걸쳐 USIA 다큐멘터리는 소련의 문화냉전에 대응하기 위해 다양한 주제를 개발했기 때문이다. '아시아 문화'도 그중 하나였다. 그 당시 미국은 중국과 소련의 높은 경제 성장률이 탈식민 이후 근대화를 모색하던 빈곤한 신생 아시아 국가들에 인상적인 사례를 제공하지 않을까 우려했다. 때문에 아시아인들에게 자본주의적 근대화에 성공한 아시아 국가의 모델을 제시하는 것, 아시아의 전통과 문화는 공산주의와 양립할 수 없다고 각인시키는 것, 미국이 아시아인이 중요시하는 문화적, 정신적 가치에 대해 충분히 이해하고 있으며 미국식 근대화의 목적은 전통의 파괴가 아니라 오히려 그것의 수호와 재건이라는 점을 설득하는 것, 자유아시아의 반공, 경제, 정치, 문화적 연대를 보여주는 것이 1950년대 아시아에 대한

---

32. Klein 2003, 11.   33. MacCann 1973, 174.

공보선전의 당면 목표가 되었다.

한국전쟁, 제1차 인도차이나전쟁(1946-1954), 제1차 대만해협 위기(1954-55), 제2차 대만해협 위기(1958) 등 1950년대 동아시아는 냉전이 열전으로 바뀔 위험이 항시 잠재되어 있었다. 냉전기 최초의 열전이 발발한 장소로서 전 세계의 이목이 집중된 한국에서 USIS는 미국과 유엔의 원조를 홍보하는 한편, 미국이 한국의 전통문화를 존중하며 그것의 보존과 재건을 위해 노력하고 있다는 메시지를 전하기 위해 여러 가지로 고심했다. USIS 영화과가 한복 입은 남성이 성덕대왕신종(에밀레

리버티 프로덕션의 1950년대 타이틀백(위)과 태국 USIS의 1950년대 타이틀백(아래). ⓒ NARA

종)을 타종하는 화면을 리버티 프로덕션의 타이틀백으로 사용하거나 한국의 전통문화를 소재로 한 영화를 제작한 것도 그 일환이었다. 또 다른 예로 상서로움의 상징인 흰 코끼리가 등장하는 태국 USIS 영화의 타이틀백에서 보다시피 1950년대 USIA는 각 USIS를 통해 영화 프로그램을 현지화하는 전략을 추구했다.

1960년대 들어서도 동아시아 지역의 분쟁은 가라앉지 않았다. 게다가 미국이 제2차 인도차이나전쟁, 즉 베트남전쟁(1965-1975)에 직접 개입하고 한국, 대만 등의 우방이 파병함으로써 이 지역의 정치적 불안은 급속도로 확대되었다. 1964년 미국 의회는 거의 만장일치로 베트남전쟁을 승인했지만 명분 없는 전쟁이 장기화됨에 따라 미국의 국가 이

미지는 날로 실추되었다. 이 시기 동아시아에서는 중동, 아프리카, 라틴 아메리카와 마찬가지로 반미운동이 전개되어 USIS가 현지 주민들에게 습격당하는 사건이 빈번했다. USIA는 이에 대처하기 위해 자신들의 활동 중 프로파간다나 첩보에 해당하는 부분을 불가시화하고 국제여론을 미국에 유리하게 만드는 작업을 했나갔다.[34]

1960년대 USIA 영화는 미국의 우월성을 일방적으로 과시하지 않고 기존의 국제교류라는 주제를 세련화하여 한층 대화적인 모습으로 아시아 대중에게 다가가려 했다. 한국 USIS의 경우 한국의 경제개발과 성공적 근대화를 강조하는 한편, 국민통합을 위해 전통문화의 수호를 내세운 한국 정부의 목표를 지원하는 방식을 취했다. 이 시기 USIS 영화는 한국의 정치, 사회, 문화 등을 고려, 주제와 대상을 주의 깊게 선택했으며 내레이션에서도 냉전적 수사학을 최소화하고 미국에 대한 신뢰감을 구축하기 위해 노력했다. 1950, 60년대에 걸쳐 USIS가 공보선전의 당면 문제와 연관해 아시아의 문화를 어떻게 표상해왔는가를 논하기 위해 아래에서는 '아시아 문화(Asian Culture)'로 분류된 영화들을 〈표 12〉로 정리한 다음 각 영화의 제작 배경에 대해 논하기로 한다.[35]

문화예술을 소재로 한 이상의 영화들은 언뜻 냉전 프로파간다와 직결되지 않는 것처럼 보이지만 이 또한 한국의 문화적·지리적·역사적

---

34. 기시·쓰치야 2012, 23-24.
35. USIS의 1958년, 1964년, 1967년의 영화목록을 검토하여 작성했다. '아시아 문화'라는 범주는 1958년 영화목록에는 없고 1964년, 1967년 목록에만 존재하므로 1958년 목록의 경우 '음악' '미술' '무용' 등의 분류에서 유추해 작성했다. USIS 영화목록에서 한 영화는 반드시 한 분류에만 속하는 것이 아니라 주제에 따라 여러 분류에 속한다. 예를 들어 〈가야금〉은 '아시아 문화'뿐만 아니라 '한국' 및 '음악' 분류에도 포함되어 있다. 한편, 1967년도의 영화목록은 영어 버전만 있기 때문에 한국 신문과 USIS 기관지 『자유세계』에 공개되었던 제목으로 작성했고 문헌자료가 없는 경우 필자가 번역했다. 1958년과 1964년 목록의 영화는 연도순으로 정리했고 연도 미상의 경우 USIS 번호 순으로 선후 관계를 정리했다. 단, 1967년 목록은 필름의 길이에 따라 1릴-A, 2릴-B, 3릴-C, 4릴 이상-D로 분류되어 있어 선후 관계를 알 수 없다.

〈표 12〉 '아시아 문화' 관련 USIS 영화

1958년 필름 목록	1964년 필름 목록	1967년 필름 목록
〈가야금(Kayakum)〉(1953, 677)	〈가야금〉(L677)	〈가야금〉(D-12)
〈비율빈의 발전(Philippine Progress)〉(1955, 794)*	〈비율빈의 발전〉(794)	〈비율빈의 발전〉(B-65)
〈우리세대 제22호-A(Our Times No.22: Asian Artists in Crystal)〉(축소 버전, 1956, 784)	〈우리 세대 제22호〉(782)	
〈우리 마을의 이야기(A Tale of Our Village)〉(1956, 830)*	〈우리 마을의 이야기〉(L830)	〈우리 마을의 이야기〉(C-36)
〈부채춤(Fan Dance)〉(1956, 831)*	〈부채춤〉(L831)	〈부채춤〉(A-53)
〈지효(Filial Piety)〉(1956, 832)	〈지효〉(L832)	〈지효〉(A-54)
	〈수정공예에 비친 아시아 예술(Asian Artists in Crystal)〉(1956, 821)*	〈수정공예에 비친 아시아 예술〉(B-70)
	〈히말라야의 네팔왕국(Himalayan Awakening)〉(892)	
	〈방콕에서 춤추는 김백봉여사(Kim Paik Bong Dancing in Bangkok)〉(1958, 962)*	〈방콕에서 춤추는 김백봉여사〉(C-32)
	〈인간문화재(The Master's Hand)〉(1961, L1144)*	〈인간문화재〉(B-145)
	〈중국의 미술국보(Chinese Art Treasures)〉(1961, 1161)*	〈중국의 미술 국보〉(A-95)
		〈동양의 필법(Oriental Brushwork)〉(1957, B-90)
		〈한국미술전시회(Korean Art Exhibition)〉(1958, A-64)
		〈중국 회화의 기법(Art of Chinese Paintings)〉(1962, B-163)
		〈사랑방(The Inn)〉(1963, D-34)*
		〈자랑스러운 유산(A Legacy)〉(1965, C-126)*
		〈영화잡지 제28호: 탈춤(Film Magazine #28: Mask Dance)〉(A-147)*
		〈중국 미술 삼천년(Three Thousand Years of Chinese Art)〉(B-159)
6 편	11 편	16 편

*는 필름이 현존하는 영화, ( ) 속은 순서대로 원제, 공개연도, USIS 영화목록의 일련번호.

특성에 맞춰 조율된 프로그램이었다. USIS는 전통적으로 중화문화권의 영향을 받았던 한국이 아시아의 어느 국가보다 중국문화에 친숙하리라고 여겨 '자유중국'의 문화를 소개하는 영화들로 프로그램을 구성했다. 미국에서 열린 대만의 왕실 미술품 전시회를 담은 〈중국의 미술국보〉, 중국의 전통 화법을 지켜온 대만 화가 황권비(Huang Chun-pi)[36]의 예술 세계를 다룬 〈중국 회화의 기법〉, 타이중(臺中)의 고궁박물관을 비롯해 대만중앙연구원(Academia Sinica), 타이베이 국립역사박물관에 보존되어 있는 국보를 통해 중국미술사를 설명하는 〈중국미술 삼천년〉이 그에 해당한다. 이 영화들에는 공산중국이 아니라 대만이야말로 중국문화와 전통의 담지자라는 메시지가 내포되어 있다.

반면 한국 USIS의 프로그램에서 지리적으로 가장 가까운 우방국 일본에 관한 영화는 거의 찾아볼 수 없다. 1950년대 USIA의 국가별 지침 중 한국에 대해서는 "아시아의 반공 단결과 한국의 경제 이익이 일본과의 관계 수복으로 촉진될 수 있다고 여론형성층(Opinion Leader)을 설득한다"[37]는 내용이 들어가 있었다. 그럼에도 한국 국민의 반일감정을 잘 파악하고 있었던 한국 USIS는 일본과 관련된 영화는 프로그램에 넣지 않았다.

유일한 예외는 한일협정 비준 반대데모가 한창이던 1965년에 한국 USIS가 자체 제작한 〈자랑스러운 유산〉이다. 조선 도공의 후예인 사쓰마도기(薩摩燒)의 명문도가 심수관(沈壽官)을 조명한 이 영화는 한일기본조약 조인 직후에 공개되었다. 도자기는 불교, 차와 더불어 한국에서

36. 1949년 대만사범대학 예술과 교수 겸 주임. 1955년 대만 교육부의 초빙으로 학술심의회 위원 및 국립 고궁박물관 관리위원회 위원이 되었다. 1957년 미국의 중국미술협진회의 초청으로 미국 각지에서 강연하고 중국화 전시회를 개최했고 세계적으로 이름을 떨치게 되었다.

37. 1954년 12월 USIA가 모든 USIS 지국에 배포한 기밀문서 「극동에 대한 지령과 그 대상자(Far East Directives and Audiences)」, 기시·쓰치야 2012, 30.

일본으로 전래된 고급문화 중 하나로 묘사된다. 조선 도공 이삼평을 기리기 위해 일본인들이 세운 기념비에서부터 여전히 조선 고유의 제작 방식과 생활 방식을 고수하는 심수관까지, 영화는 조선의 도자 기술이 일본에서 존경받고 있음을 강조하며 한국인의 문화적 자부심을 고양한다. USIS가 이렇게 도자기를 매개로 두 국가를 공통 문화권으로 묶고 한국에서 일본으로의 문화적 전파를 강조한 까닭은 양국의 협력을 통해 동북아 평화체제가 구축될 수 있다는 이면의 메시지를 납득시키기 위해서였다.[38] USIS는 한일협정 반대데모가 한창인 시점에 이 영화를 제작했다. 4월혁명 이후 최대 규모였던 시위로 인해 서울에는 위수령이 발동되었고 한일협정에 미국의 개입과 압박이 있었다는 점이 드러남으로써 반미 구호가 등장했다. 따라서 USIS는 한반도에서 전래된 문화를 일본이 고급문화로서 소중히 보존하고 있음을 보여주어 반일감정을 무마하고 한일협력을 설득하려 했던 것이다.

〈표 12〉의 영화들을 한국과의 문화지리적 관계가 아니라 USIS의 공보 목표에 따라 분류해 보면 크게 ① 미국의 원조로 발전하는 아시아, ② 아시아의 전통문화에 대한 미국의 존중과 지원, ③ 미국과 자유아시아 또는 자유아시아 국가 간의 문화교류라는 주제로 수렴된다.

먼저 ①에 해당하는 〈비율빈의 발전〉과 〈히말라야의 네팔왕국〉을 살펴보자. 〈비율빈의 발전〉은 이차세계대전의 전장 중 하나이자 미국의 "영토"였던 필리핀이 1946년 7월 4일 독립해 정치적, 경제적 발전을 이

---

38. USIS는 이 영화를 그해 11월 청룡영화제 비(非)극영화 부문에 출품했다. 「청룡상에 출품된 영화들」, 『조선일보』, 1965.11.28(4). 한편, 1998년 KBS는 14대 심수관을 취재, 〈400년만의 귀향 조선도공 심수관〉을 방송했고 2012년에는 MBC가 14, 15대 심수관을 취재, 〈MBC스페셜 한일공동기획 400년 흘러온 도공의 혼〉을 방송했다. 이처럼 일본으로 건너간 조선도공이라는 소재는 한국 문화의 우수성과 한일 양국의 국제친선이라는 틀 속에서 대중적으로 소비되어왔는데 과거의 문화 전파에 현재의 한일관계를 투영한 이 TV 프로그램들이 USIS가 선취한 모델에 의거하고 있다는 점을 기억할 필요가 있다.

루어가는 모습을 보여준다. 스페인, 미국의 식민지이자 일본 점령지였던 필리핀의 과거가 짧고 모호하게 처리된 것에 비해 신생 독립국가 필리핀의 재건상은 다방면에서 자세히 조명된다. 그때마다 내레이션은 필리핀의 번영과 안정에 민주주의적 시스템과 미국의 원조 프로그램이 지대한 역할을 했다는 점을 강조한다. 마지막 신에서는 UN의 일원으로서 한국전쟁에 파병된 필리핀 군인들이 귀환하는 쇼트를 삽입했다. USIS는 성공적인 신흥국가 필리핀의 발전상이 한국전쟁 이후 미국과 UN의 원조를 바탕으로 재건을 도모하던 한국에 중요한 시사를 던져 줄 것이라 판단해 이 영화를 장기간에 걸쳐 프로그램에 편성했다. 필름이 보존되어 있지 않지만 〈히말라야의 네팔왕국〉은 "20세기 네팔… 그 네팔의 문화, 사회, 정치 또 현하의 경제발전 및 인도와 미국 원조에 의한 개발 등을 소개한"[39] 영화로, 왕정국가 네팔의 민주적, 경제적 발전에 미국의 원조 프로그램이 미친 영향을 다루었을 것으로 추정된다.

②는 중국의 미술을 소재로 한 〈중국미술 삼천년〉과 〈중국 회화의 기법〉과 한국의 예술을 소재로 한 〈가야금〉〈부채춤〉〈지효〉〈우리 마을의 이야기〉〈방콕에서 춤추는 김백봉여사〉〈인간문화재〉〈영화잡지 제28호〉 등 아시아의 전통예술에 대한 것들이 압도적으로 많다. 1950년대에 만들어진 〈가야금〉은 아악 공연을, 〈부채춤〉〈지효〉〈우리 마을의 이야기〉〈방콕에서 춤추는 김백봉여사〉는 김백봉의 한국무용 공연 실황을 담았다. 1960년대에 만들어진 〈인간문화재〉는 나전칠기장(螺鈿漆器匠) 김봉룡, 〈영화잡지 제28호〉는 경남 지역에서 전해 내려온 민속무로 문화유산으로 지정받은 탈춤 고성오광대를 기록한 영화다.

앞서 USIS의 한국무용 영화에 대한 분석에서 살펴보았듯이, 1950년

---

39. 미국공보원 1964, 67.

대 USIS의 공보 목표가 아시아 예술을 지원하고 세계에 소개하는 문화 선진국으로서 미국의 이미지를 구축하는 데 있었다면 1960년대의 공보 목표는 아시아 신생국가들의 문화 민족주의를 순치하여 자유아시아의 문화적 통합에 기여하게끔 하는 데 있었다. 예를 들어 1961년에 제작된 〈인간문화재〉는 한국 정부의 문화재 거버넌스와 밀접한 관계가 있다. 1961년 10월 2일 한국 정부는 문교부 산하에 문화재관리국을 설치하고 중요무형문화재를 지정하기 시작했는데 일사(一沙) 김봉룡은 그때 제10호 나전장 보유자로 인정받아 인간문화재가 되었다. USIS 영화 과장 험프리 렌지는 충무의 나전칠기기술원양성소를 직접 방문하여 부소장 김봉룡을 취재하고 영화 제작에 착수했다.[40] 한국을 대표하는 나전장 김봉룡이 사재를 털어 나전칠기 학교를 세우고 제자를 양성한다는 내용의 다큐픽션은 전통예술의 전승을 위해 희생한 그의 훌륭한 시민정신(good citizenship)을 치하하고 그가 세운 학교의 근대적이며 자유주의적 교육을 강조한다. 그런데 사실 이 학교는 이미 일제강점기에 설립된 것이었고 조선의 마지막 명장 전성규로부터 사사받은 김봉룡은 1925년 파리에서 열린 세계장식미술품박람회, 1927년 도쿄시 주최 전국우량국산품 감상회, 1941년 조선미술전람회 등에서 수상하는 등 해방 전부터 유명했던 민예가였다. 영화는 그런 사실을 전혀 언급하지 않고 김봉룡의 학교를 착실히 발전해가는 개도국 한국이 전통문화를 어떻게 근대화하고 세계화했는가를 증명한 사례의 하나로 조명한다. 이는 개발주의를 민족주의와 결합시킴으로써 정권의 정당성을 인정받고 국민통합에 이용하고자 했던 한국 정부의 이해관계와 맞물린 기획이었다. 뒷날 국립영화제작소가 김봉룡을 소재로 〈자개〉(1979)를 만들었다

---

40. 「각광받는 나전칠기문화」, 『경향신문』, 1961.8.6(3).

〈한국미술전시회〉에서 고대 불상을 응시하는 미국인.
© NARA

는 사실은 한국인의 문화적 자긍심을 자유아시아의 문화적 통합에 이용한 USIS의 기획이 '전통의 세계화'라는 이름으로 내면화되었다는 것을 의미한다.

마지막으로 ③은 국제친선 및 문화교류를 표방한 공공외교 영화들이다. 〈수정공예에 비친 아시아 예술〉 〈중국의 미술국보〉 〈한국미술전시회〉[41]는 아시아의 전통미술과 유물을 미국 내 전시회를 통해 보여주고, 거기에 감탄과 존경을 표하는 미국인의 모습을 다시 아시아인 관객에게 보여주는 구성을 취했다. 특히 워싱턴국립미술관에서 열린 대만 국보 전시회와 한국의 국보 전시회를 담은 〈중국의 미술국보〉와 〈한국미술전시회〉는 형식과 내용에 있어 매우 유사하다. 이 영화들의 시나리오를 검토해보면 아시아 예술에 감탄하는 미국인의 모습은 전시회를 찾은 관람객을 무작위로 촬영해서 얻은 것이 아니라 사전에 세심하게 연출된 것이었다. 〈동양의 필법〉[42], 〈사랑방〉 역시 아시아 예술에 대한 미국인의 애호와 존중을 그리면서 미국인 예술가와 아시아 예술가의 교류를 통해서 동서양의 문화 통합을 표현했다. 두 영화에서 우월한 서양과 열등한 동양이라는 유럽

41. 참고로 〈한국미술전시회〉는 〈한국미술의 대표작(Korean Art Masterpieces)〉의 축약본이다. 〈한국미술의 대표작〉은 워싱턴 국립미술관을 비롯해 미국 내 8개소에서 전시된 해방 이후 최초의 한국 국보 해외 전시회를 기록한 영상이다. 5-7세기의 불상, 장신구, 조각, 금관 등 비롯해 한국의 고미술품이 전시되었고 서울 국립박물관의 김재원(金載元) 관장과 워싱턴국립미술관의 존 워커 관장이 개막식에 참여했다.

42. 이 필름은 현존하지 않아 USIS 영화목록의 설명을 옮기는 것으로 내용 요약을 대신한다. "동양 미술에 대한 한 미국 미술가의 감사를 묘사. 동양 미술가들은 정확한 세부 묘사보다 자연스러운 사물의 정수, 움직임과 조화를 제안했다고 설명된다. 회화와 서예의 관계가 묘사된다." USIS 1967, 40.

식 오리엔탈리즘의 이분법적 위계는 뒤집힌다. 대신 동양 예술에서 영감을 얻은 서양 예술가의 손에서 태어난 혼종적 예술은 동양의 문화적 자긍심을 만족시키는 동시에 아시아 문화를 이해하고 후원하는 문화 제국으로서의 미국의 위상을 강화한다.

제12장
주한미공보원이 남긴 것들

〈나에게 물어봐!〉는 왜 사장되었을까?

USIA 영화는 기본적으로 '진실이라는 전략(strategy of truth)'에 바탕을 두고 제작되었다. 따라서 가급적이면 프로파간다적 색체를 지우고 다큐멘터리의 톤을 유지하려고 했다. 그럼에도 영화 속 사실이 미국의 실천으로 이어지지 않는 경우도 있었으며 '미국의 진실'에 다른 국가의 관객이 동의하지 않는 경우도 있었다. 일례로 한국 USIS가 만든 애니메이션 〈나에게 물어봐!(Ask Me!)〉(USIS A-127, 1964)는 한국 관객이 제작 의도에 동의하지 않아 필름이 사장되었다. USIS 영화의 공보 효과와 높은 인기에도 불구하고 수용자 측은 USIS 영화가 보여준 미국의 진실을 선택적으로 받아들였던 것이다.

1964년 USIS는 주한미대사관의 PAO이자 USIS 국장이던 나고르스키의 아이디어로 민주주의 개념과 기본 원칙을 쉽게 전달할 1권 분량의 흑백 애니메이션을 기획했다. 서던캘리포니아대학 영화학과 교수로 영화평론가, 미 국무부 영화과 고문, 미국영화인협회 윤리위원장이기도 했던 리처드 D. 맥캔(Richard Dyer MacCann)이 각본을 썼다. 맥캔은 당시 한국 정부 공보부 산하 국립영화제작소의 고문으로 초빙되어 1963년 4월부터 4개월간 기록영화에 대한 강의와 지도를 담당하고 있었고[1] 공보부의 추천으로 그해 제7회 샌프란시스코영화제에 출품된 〈오발탄〉(1961)의 영어자막을 감수하기도 했다. 훗날 그는 미국 정부의 영화공작에 협력했던 경험을 바탕으로 관제 다큐멘터리의 역사를 다룬 『국민의 영화: 미국 정부 영화의 정치적 역사(The People's Films: A Political History of U.S. Government Motion Picture)』(1973)를 집필하기도 했다.

〈나에게 물어봐!〉라는 6분가량의 단편 애니메이션으로 완성되었다. 해설은 빌리 P. 스윈들(Billy P. Swindle)이, 음악은 앨런 C. 헤이먼이 담당했다. 연출은 〈석탄〉 〈황토길〉 등의 촬영을 담당한 상남영화제작소의 촬영감독 김태환이, 예술감독은 상남영화제작소의 애니메이션 작화 담당자로 국립영화제작소의 애니메이션 〈개미와 배짱이〉(1961), 〈나는 물이다〉(1962) 등에 참여했던 정도빈이 맡았다. 〈나에게 물어봐!〉가 완성된 뒤 USIA 영화부는 다른 언어 버전으로 여러 벌을 제작해 한국 외의 다른 극동국가에서 활용하기 위해 USIA 조사국에 관객 반응에 대한 조사를 의뢰했다.[2] 그런데 조사 결과 USIS의 예상을 뒤엎고 이 애니메이션은 비효과적이고 혼동하기 쉬우며 매력이 없다는 결론이 도출되었다. 이로 인해 다른 언어 버전을 만들겠다는 계획이 취소되었을 뿐만

---

1. 「한국영화계서의 세 가지 발견 미 국무성 영화제작소 고문 리처드 D. 맥캔」, 『한국일보』, 1963.7.26(7).
2. "Korean Reactions to 'Ask Me!' A Short Animated Cartoon Film: M-340-61", 25 May 1964, Records of Research Project, East Asia, 1964-73, Office of Research, Box 6, Entry 1017, RG 306.

아니라 USIA는 한국 USIS의 애니메이션 제작 예산의 삭감을 고려했다.

USIA 조사국의 조사 방법은 한국 USIS 지부 10개소의 이용객에게 질문지를 배부하고 그에 대한 답변으로 판단하는 전형적인 설문조사였다. 비교를 위해 5개소의 이용객은 90분 분량의 영화 프로그램에 삽입된 〈나에게 물어봐!〉를 보고 답변하고, 다른 5개소의 이용객은 그 필름을 보지 않고 답변했다. 설문지 내용은 성별, 연령, 교육 정도, 직업에 대한 일반적 질문과 함께 내용에 대한 이해도, 선호도 평가, 민주주의에 대한 태도를 파악하기 위한 질문들로 구성되어 있었다. 응답자는 15세에서 34세의 청년층이 70퍼센트 이상을 차지했는데 그들 중 다수가 중등학교 이상의 교육을 받은 식자층이었다. 응답자의 성별은 남성이 78퍼센트로 여성에 비해 압도적으로 많았다. 설문 내용 중 민주주의에 대한 태도를 가늠하기 위한 질의응답을 표로 만들어서 정리하면 〈표 13〉과 같다.

전체적으로 살피면 〈나에게 물어봐!〉를 보지 않은 관객이 보았던 관객보다 민주주의의 원칙에 대해 더 많이 동의했다. 민주주의를 계몽하기 위해 만든 애니메이션이 역효과를 낳았다고 판단할 수밖에 없는 결과다. 세부적으로 보았을 때 동의가 가장 높았던 민주주의의 원칙은 필름을 본 경우와 보지 않은 경우 모두 민주주의의 정의에 관련된 1번 질문이었다. 동의가 낮았던 민주주의의 원칙은 필름을 본 경우 2번, 4번, 6번이었고 보지 않은 경우 2번, 6번 7번으로 민주적 토론과 법률의 우위에 대한 질문들이었다.

설문지에는 다른 질문들도 있었는데, 답변으로 판단하건대 〈표 13〉과 같은 결과가 나온 요인은 〈나에게 물어봐!〉의 만듦새에 있었다. 차후 비슷한 종류의 교육용 애니메이션을 제작할 요량으로 "다큐멘터리 애니메이션을 보고 싶습니까?"라는 질문이 있었는데 이 애니메이션을

〈표 13〉 민주주의의 원칙 중 선택된 10개 항목에 대한 태도

민주주의의 원칙	동의(%)	
	영화를 본 경우	보지 않은 경우
1. 민주주의에는 대중의 참여가 필요하다.	91	95
2. 심각한 범죄는 공개 재판이 필요하다.	78	82
3. 민주주의에서 개인의 자유는 타인의 안녕에 영향을 미치는 정도에 따라서만 제한된다.	83	90
4. 공공의 문제에 대해 많은 다른 견해가 있다는 것은 민주주의를 위해 좋은 일이다.	78	86
5. 비밀투표를 할 권리는 민주주의의 기본이다.	84	91
6. 공공의 문제에 대한 토론은 건전한 판단을 위해 필요하다.	79	84
7. 선량한 시민이 법에 복종하지 않는 경우는 어떤 경우에도 없다.	82	83
8. 선량한 시민은 도움이 필요한 다른 시민을 돕는다.	85	91
9. 공공의 문제에 대해 알고 있을 때에만 좋은 시민이 될 수 있다.	81	85
10. 일반적으로 다양한 국민의 대표자가 그들의 의견을 자유롭게 표현할 수 있을 때 가장 좋은 생각이 승리할 수 있다.	86	92

보지 않은 이용객은 35%가 '매우 자주', 60%가 '그다지'라고 답변한 데 비해 보았던 이용객은 22%만이 '매우 자주', 72%가 '그다지'라고 대답했다. 〈나에게 물어봐!〉를 보고 나서 오히려 다큐멘터리 애니메이션에 부정적 생각을 갖게 되었다는 의미다. USIA 조사국은 이 영화가 역효과를 냈던 이유를 다음과 같이 열거했다. ① 손으로 그린 그림이 조악하고, ② 유머가 재미있지 않고, ③ 움직임이 부자연스럽다.

상업 애니메이션에 비해 작화도 조악했지만 각본에도 문제가 있었다. 1인칭 화자-해설자는 인류의 진화와 더불어 민주주의라는 제도가 어떻게 탄생해 최선의 정치제도로 자리 잡게 되었는지를 들려준다. 원시인이 화살을 쏘아 들짐승을 사냥하는 장면을 통해 문명 이전의 사회를 묘사한 다음, 사회가 복잡해지고 인구가 늘어 질서유지가 힘들어진 상황을 무질서한 차량 운행으로 인한 교통사고로 표현한다. 인구 증가에 따른 사회적 혼란을 교통 혼잡에 비유한 것은 그다지 적절해 보이지

〈나에게 물어봐〉의 부적절한 비유. © NARA   〈나에게 물어봐!〉의 라스트 신. © NARA

않는데, 이어지는 비유는 한층 비약이 심하다. 철갑옷을 입은 인물이 왕관을 쓰고 사람과 자동차를 한 방향으로 유도해 모두 절벽에서 추락한다는 묘사는 전제군주제(왕관)에 대한 비판인지, 전체주의(한 방향으로 유도된 자동차)에 대한 비판인지 애매모호하다.

이어서 영화는 대의민주주의와 주기적인 선거를 권력 독점에 대한 대안으로 제시한다. 현대의 유권자들은 무기명 비밀투표를 통해 대통령을 선출한다. 대통령의 카퍼레이드와 그것을 환영하는 군중의 모습은 앞서 보여준 자동차의 맹목적 행진과는 대조를 이룬다. 그런데 라스트신에서 "나는 합리적인 사람입니다. 항상 좋은 지도자를 기꺼이 따를 의향이 있습니다. 그러나 나를 위해 뭐가 좋을지 결정하기 전에 나에게 물어봐야 한다고 생각합니다"라고 말한 주인공은 짐승 가죽 위에 앉은 무리에 합류한다. 원시에서 현대로 진행된 시간의 흐름이 다시 역행한 느낌을 주는 결말인데 그것이 무슨 의미인지는 모호하다. 교통질서와 인간사회의 질서를 등치시킨 부적절한 비유는 관객이 이 영화를 해석하는 데 영향을 미쳤을 것이다.

USIA 조사국은 고려하지 않았던 것처럼 보이지만 작화와 각본뿐만 아니라 설문에도 문제가 있었다. 가령 〈표 13〉에서 가장 낮은 동의율을 보인 4번 설문 "공공의 문제에 대해 많은 다른 견해가 있다는 것은 민주주의를 위해 좋은 일이다"는 다양한 소수의견을 중요시한 민주주의의 원칙이지만 "두 명의 현존하는 진짜 상대자" 중에서 대표를 고르는 양당제를 가장 합리적이며 이상적인 민주주의 제도라고 설명한 영화 내용과 충돌하는 것으로 여겨질 수 있다.

한편, 한국 관객이 설문이 제시한 미국식 민주주의의 원칙에 동의하지 않았을 가능성도 고려해 보아야 한다. 이 영화가 공개된 1964년은 4월혁명 이후 최대의 시위였던 한일협정 반대시위(3·24 및 6·3)가 있었고 시위 국면에서 민주주의의 개념을 둘러싸고 군사정권과 대학생-지식인 그룹 사이에 치열한 이념 경쟁이 벌어진 시기다. 군사정권은 민주주의에 반하는 쿠데타와 군사독재를 합리화하기 위해 '민족적 민주주의'라는 개념을 통치 이념으로 내세웠다. 수입된 서구 민주주의가 뿌리를 내리지 못하고 실패를 거듭한 원인을 지난 정권의 비주체성에서 찾고 '민주주의의 한국화'를 주장한 것이다. 그러나 박정희가 군정 연장을 선언한 1963년의 '3·16 번의(翻意) 파동' 이후 지식인들은 민족적 민주주의의 저의를 의심하기 시작했다. 그들은 인도네시아의 교도 민주주의, 파키스탄의 기본적 민주주의 등 제3세계 민주주의와의 비교를 통해 박정권의 민족적 민주주의가 독재를 합리화하기 위한 수단에 불과하다고 비판했다.[3]

요컨대 〈나에게 물어봐!〉가 상영되었던 시기 한국에서 민주주의의 개념은 독재정권 퇴진론과 연계된 심각한 의제였던 것이다. 한국 정부는 민족적 민주주의에 반대하는 시위를 체제 전복 기도로 간주했다. 1964년 5월 20일 서울대 문리대 교정에서 '민족적 민주주의 장례식'이

---

3. 예를 들어 대표적 지식인 잡지 『사상계』의 민족적 민주주의 비판을 참조. 김성식, 「민족주의와 민주주의」 및 임방현, 「자주/사대 논쟁의 저변: 이른바 민족적 민주주의 사상의 주변」, 『사상계』 제11권 제12호 (1963년 11월호); 남재희, 「박정권의 공약과 '미지수(未知數)' 민주주의: 그들의 주의 주장을 어떻게 볼 것인가」 및 홍승면, 「박정권의 민족주의란?: 불투명하고도 모호한 김종필 씨의 발언과 몇 가지의 의문점」, 『사상계』 제11권 제14호 (1963년 12월호).

라는 퍼포먼스형 학생 시위가 있었다. 정부는 곧바로 경찰을 동원해 시위를 무력 진압하고 학생들을 대거 연행했다. 사법부는 학생들에 대한 경찰의 구속영장 신청을 대부분 기각했지만 5월 21일 새벽 육군공수단 소속 군인 13명이 완전무장을 한 채 육군 구급차를 타고 법원에 난입했다. 그들은 경찰의 호위를 받으며 당직 판사의 자택으로 몰려가 영장 발부를 협박했으나 정부는 무장 군인의 법률 유린 사태에 대해 아무런 조처도 취하지 않았다.[4] 비폭력 시위가 경찰의 무차별 폭력으로 진압당하고 학원 사찰이 계속되는 상황에서 한일협정 반대시위는 6월 3일 최고조에 이르렀다. 그날 밤 정부는 서울 일원에 비상계엄령을 선포하고 수백 명의 시위자를 구속했다. 이처럼 법 안에서의 투쟁이 불가능해진 상황에서 "선량한 시민이 법에 복종하지 않는 경우는 어떤 경우에도 없다"(〈표 13〉의 7번 설문)는 교과서적 원칙은 과연 얼마나 공감을 얻을 수 있었을까? 더구나 USIS 영화의 관객이 주로 학생층이었다는 점을 상기한다면 그들은 도리어 민주주의를 계몽하려는 미국이 왜 한국군 2개 전투사단의 사용을 용인함으로써 독재정권의 비상계엄을 도왔느냐고 묻고 싶지 않았을까?

주한미공보원 영화를 만든 한국인들

영화가 미국 정부의 공보선전에 사용된 역사가 오랜 만큼 미국의 관제 영화는 영화인 배출의 한 통로가 되었다. 한국에서도 미군 점령 이후 그와 같은 현상이 나타났다. 미군정 영화과와 OCI 영화과는 조영 영화인들에게 하청을 주어 미국 영화를 더빙하거나 한국어 뉴스릴을 제작

---

4. 「무장군인 사법부에 압력」, 『동아일보』, 1964.5.21(1).

했다. 한국전쟁 발발로 영화공보의 필요성이 극적으로 확장되자 USIS는 실무 경험의 유무를 가리지 않고 직원을 채용해 훈련시켰다. USIS는 전쟁으로 인해 파괴된 영화 시설이 복구될 때까지 실질적으로 남한 유일의 제작사였고 상남영화제작소는 유일의 스튜디오였다. 상남영화제작소는 미국인 소장이 행정 및 감독 업무를 맡고 그 외에 모든 것은 한국인 직원들이 맡아서 하는 형태로 운영되었다. 두 번의 후퇴와 두 번의 수복을 거치는 동안 영화계 인사들이 월북하거나 납북당했고 새로운 인력을 훈련시켜 영화 제작에 투입해야 했기 때문은 상남영화제작소는 그야말로 '영화학교'가 되었다.

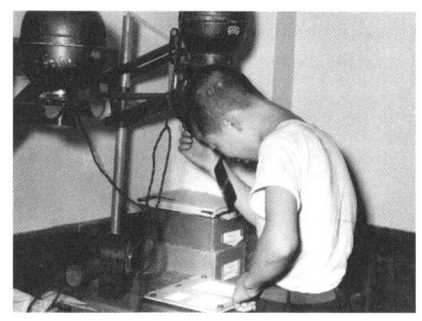
필름 확대 중인 USIS 부산의 직원(1950. 11). ⓒ NARA

이동영사 준비 중인 USIS의 한국인 직원(1955). ⓒ NARA

USIS의 뉴스릴 제작팀(1956). ⓒ NARA

상남영화제작소에서 경험을 쌓은 영화인들은 1950년대 후반에 상업영화계나 국립영화제작소로 이동했다. 김기영 감독이 〈주검의 상자〉 이후 상업영화계로 완전히 옮겨간 것을 시작으로 1958년을 전후하여 배석인(연출), 정윤주(음악), 백명제(음악), 김형중(기술, 녹음·현상), 김영권(아나운서), 정도빈(애니메이션 작화) 등이 한국 정부 공보실 선전국 영화과(1961년에 국립영화제작소 직제로 변경됨)로 이직했다. 1960년대 상남영화제작소에서는 양승룡(연출), 전선명(연출, 촬영, 편집), 김종찬(연출, 촬영), 김태환(연출, 촬영), 한탁성(연출), 박보황(촬영), 이완현(촬영), 임경진(촬영, 조명), 김종구(녹음), 이병호(녹음, 조연출), 나병태(조명), 김형환(프로세싱), 백명제(음악), 이경하(음악), 이종호(음악), 최병우(음악), 조병기(해설), 안소현(편집), 김석규(행정) 등 35명 내외의 인력이 상시적으로 일했다.[5]

〈주검의 상자〉의 촬영감독이었던 양승룡은 1950년대에는 주로 촬영을 담당했지만 1960년대에는 〈억지 봉잡이〉(1962) 〈황토길〉 〈사랑방〉 〈석탄〉 〈자랑스러운 유산〉 〈탱크〉 〈다시 사는 길〉 〈산〉 등을 연출했다. 양승룡이 연출한 영화의 촬영과 편집을 맡았던 전선명은 나중에 〈등대〉 〈한강수천리〉 〈새 일터〉 〈젊은 어부들〉 〈험프리 W. 렌지에게〉 등을 연출했다. 전선명이 연출한 영화의 촬영을 맡았던 김태환, 김정찬 등도 후에 연출을 담당했다. 즉 상남영화제작소는 편집·촬영 보조에서 시작, 궁극적으로 연출을 맡기는 식으로 단계적으로 업무를 고도화해 직원을 훈련시켰다.

상남영화제작소의 설비는 1960년대 초반까지도 한국 영화계보다 앞서 있었다. 1962년도에 한국 최초로 자동현상기가 도입되었고 〈탱크〉 옵티컬 프린터, 사운드 축소기뿐만 아니라 당시로서는 한국에서 유일하게 애니메이션 카메라, 칼라 현상기 등을 갖추었고 싱크로나이징 모터를 갖춘 녹음실과 스크린 프로세스 시설도 확보하고 있었다.[6] 상남은 새 기자재와 기술 실험을 위해 극영화를 제작하기도 했다. 예를 들어 1955년에 〈주검의 상자〉는 마그네틱 레코더로 한국 최초의 동시녹음 영화로 제작되었고 1962년에는 USIS 영화 중 최초의 컬러영화 〈억

---

5. 상남영화제작소의 업무 분장은 공영민 2011, 35-36 및 USIS 영화의 타이틀백을 참조, 정리했다.

6. 「자유의 종을 울려 10년: 상남 '라보' 현지 르포」.

지 봉잡이〉가 제작되었다. 당시 한국에는 독일산 아그파 컬러필름 현상소만 있어서 USIS 영화과장 렌지는 미국에 가서 이 필름을 현상해왔다.[7] 이미 1961년 신상옥 감독의 〈성춘향〉이 코닥 컬러 시네마스코프를, 홍성기 감독의 〈춘향전〉이 아그파 컬러 시네마스코프를 도입하고 있었고 국립영화제작소도 1963년부터 컬러 현상 시설을 갖추고 컬러필름을 생산할 예정이었기 때문에 USIS도 〈억지 봉잡이〉를 통해 컬러영화를 실험한 것이다.

제작 실무자들뿐만 아니라 USIA가 보낸 필름을 더빙하기 위해 성우가 양성되었고 배우도 배출되었다. 미국에서 만들어진 영화에 한국 관객이 몰입할 수 있도록 USIS 영화는 도입부에 할아버지 역의 배우를 등장시켰는데, 갓 쓰고 장죽을 문 할아버지는 1950년대 한국 관객에게 사랑받는 캐릭터가 되었다.[8] USIS 영화는 기본적으로 다큐멘터리였지만 실화의 장본인이 출연하기 힘든 경우 배우로 대체했다. 이렇다 보니 USIS 영화가 한국 영화로서 국내외 영화제에 출품되는 경우가 더러 있었다. 〈사랑방〉의 경우 1964년도 제3회 대종상 비(非)극영화 부문에 출품되었을 뿐만 아니라 같은 해 타이베이에서 열린 제11회 아시아영화제에서도 한국 영화로 다큐멘터리 부문에 출품되었다.

USIS가 직업 배우를 캐스팅해 극영화를 제작한 경우도 있었다. 코미디영화 〈억지 봉잡이〉에는 구봉서와 '합죽이·막둥이'라는 예명으로 콤비로 활동한 인기 코미디언 '합죽이' 김희갑이 캐스팅되었다.[9] 한형모 감독의 〈청춘쌍곡선〉(1956) 이래 150여 편의 영화에 출연한 김희갑은

7. 「공항일기」, 『동아일보』, 1962.3.22.(3); 「우리나라서도 색채 영화 현상」, 『조선일보』, 1962.12.25(8).
8. Ridgway 1989, 17.
9. 〈억지 봉잡이〉는 이 영화를 연출한 양승룡 감독의 성을 따서 '양 프로덕션' 작품으로 공개되었다.

1962년에만 34편의 영화에 출연했을 정도로 주가를 올리던 배우였다. 같은 해 제작된 신상옥 감독의 〈사랑방 손님과 어머니〉에도 조연으로 출연했는데 제9회 아시아영화제에 출품된 그 영화가 조연상을 수상함으로써 그의 이름은 국제적으로 알려졌다.[10]

1964년 9월 김희갑은 국립영화제작소로 이직한 배석인 감독과 함께 미 국무부의 초청을 받았다. 그들은 국무부가 미리 짜놓은 일정표대로 4개월 간 할리우드를 비롯하여 19개의 도시를 순회 관광했고 배우 어니스트 보그나인(Ernest Borgnine) 등 미국 영화인들을 만났으며 한국 재외공관 관리들과 한인 동포들을 만났다. 김희갑은 귀국 전 한인 TV에 출연해 미국 여행에 대한 감상과 미국 친구들 한국 교포들에 대한 감사를 전했다. 〈리버티뉴스〉(제603호, 1965)는 김포공항에서 있었던 그의 귀국 환영식을 취재했다. 그는 이 여행에 대해 "나 같은 후진국 배우를 초청하여 미국의 구석구석을 구경시키려는 목적도 '미국=위대한 나라'라는 인식을 심어주려는 게 아닌가 싶었다"[11]라고 회고했다.

USIS 영화에 종사했던 한국인 인력은 1960년대 후반을 기점으로 감소했다. 1967년 5월 30일 상남영화제작소가 미 국무부의 방침으로 〈리버티뉴스〉의 제작을 중단했기 때문이다. 6월 1일에 마지막 〈리버티뉴스〉(제721호)가 공개되었다. USIS는 한국 뉴스릴이 세계적 수준에 도달했기 때문에 〈리버티뉴스〉의 필요성이 줄었다고 설명하며 앞으로는 한국의 발전상을 소개하는 다큐멘터리를 만들 계획이라고 밝혔다.[12] USIA는 이미 1966년부터 〈리버티뉴스〉의 효과에 대해 조사를 진행 중

10. 미 국무부 초청 여행 당시 김희갑은 유니버설 스튜디오를 견학하다가 우연히 리처드 맥캔을 만났고 맥캔은 〈사랑방 손님과 어머니〉의 계란장수를 정확히 알아보았고 할리우드 영화 출연을 권유했다. 김희갑 1992, 232.

11. 김희갑 1992, 218, 222.

12. 「유종(有終) 15년 봉사 리버티뉴스 폐문」, 『매일경제신문』, 1967.6.2.(3); 「리버티뉴스 고별 7백 21호로 끝내」, 『동아일보』, 1967.5.24(3).

이었고 그해 7월 무렵에 주한미대사의 동의를 단서로 제작 중단이 결정되어 있었다.[13]

1960년대 후반 〈대한뉴스〉의 배포 범위는 사실상 〈리버티뉴스〉를 상회했다. 1966년 8월, 9월에 걸쳐 인구 기준으로 대·중·소도시에 거주하는 16세 이상의 성인 2천 74명을 대상으로 한 표본조사에 의하면 노출빈도와 선호도는 대도시일수록 〈리버티뉴스〉가 높았고 중소도시일수록 〈대한뉴스〉가 높았다.[14] 이 조사가 11개 도시에 한정된 표본조사였다는 것을 감안하면 전국으로 확대했을 경우 〈대한뉴스〉가 더 광범위하게 배포되었을 가능성이 높다. 〈리버티뉴스〉는 한국 정부의 허가를 받아 〈대한뉴스〉와 한 주씩 교차하여 극장에 배급되었지만 프린트 수가 한정되어 있어서 모든 극장을 커버하지는 못했기 때문이다.

영상에 대한 만족도와 흥미는 〈리버티뉴스〉가 〈대한뉴스〉에 비해 약간 높았지만 시청자의 이해도와 보도의 신속성은 〈대한뉴스〉가 앞서 있었다. 즉 〈리버티뉴스〉의 시사성도 과거에 비해 반감되었던 것이다. 또한 〈리버티뉴스〉를 선호하는 층은 대체로 중등학교 이상의 교육을 받은 자들이었지만 그들 중 22퍼센트만이 USIS가 제작 주체라는 점을 인식하고 있었고 심지어 6%는 한국 정부가 제작 주체라고 잘못 알고 있었다. 한편 서울, 부산과 같은 대도시의 TV 보급률이 향상되어 극장에서보다 TV로 뉴스를 접하는 빈도가 높아간다는 것도 제작 중단의 한 이유가 되었다.

13. Thomas L. Hughes, Director, Bureau of Intelligence and Research, Dept. of State to Leo P. Crespi, Deputy Director, Research and Reference Service, USIA, "Memorandum," 29 Jul. 1966, Office of Research Records of Research Projects, East Asia, 1967-73, Box 8, Entry 1017, RG 306, NARA.

14. Regional Research Center, USIS Manila, "Liberty News: Audience Characteristics and Reactions," 7 Mar. 1967, Office of Research Records of Research Projects, East Asia, 1967-73, Box 8, Entry 1017, RG 306, NARA.

USIS는 〈리버티뉴스〉 중단 이후 〈스크린 리포트〉라는 10분 내외의 뉴스릴을 1968년부터 1972년까지 총31호를 발행했다. 〈대한뉴스〉에 비해 〈리버티뉴스〉의 장점은 해외뉴스 보도에 있었는데 USIS는 그 점을 특화하여 〈스크린 리포트〉의 내용을 미국과 관련된 이슈로 한정했다. 미국의 대한 원조, 주한미군 소식, 각 지역 USIS의 행사 안내, 미국의 첨단 기술에 대한 소개, 자유 진영 간 국제교류 및 친선활동 등에 대한 뉴스가 〈스크린 리포트〉를 통해 1, 2개월에 1호씩 발행되었다.

〈내 친구 헤이먼〉의 귀화

1960년대 후반 USIS가 영화 제작을 축소한 것은 USIS 영화의 영향력 감소뿐만 아니라 데탕트(détente)로 불린 미소 간 긴장완화 국면과도 관계가 있었다. 대통령에 당선된 닉슨은 임기 첫 해인 1969년 7월 닉슨독트린(Nixon Doctrine)을 발표했다. 그 취지는 미국이 아시아 지역 분쟁에 더는 개입하지 않을 것이며 아시아 각국이 자주적으로 대처해야 한다는 것이었다. 닉슨독트린이 대한정책에 반영되어 1971년 6월까지 6만 4천 명의 주한미군 중 2만 명이 철수했다.[15] 1972년 초에 닉슨이 베이징과 모스크바를 방문함으로써 데탕트는 실현되었다. 베트남전쟁의 수렁에 빠져 해외 공보선전에 대한 신뢰가 거의 붕괴된 상태에서 정권을 인수한 닉슨은 국무부의 기존 외교노선에서 탈피해 돌파구를 찾고자 했고, 따라서 USIA의 입지도 축소될 수밖에 없었다. 대통령보좌관 겸 NSC 사무국장으로 임명된 헨리 키신저(Henry Kissinger)는 USIA 국장을 NSC에서 배제했다.[16] 그는 국무부 장관으로 임명되자 이른바 '키신

---

15. 「주한미군 추가 철수 거부」, 『매일경제신문』, 1971.11.10(1).

저 외교'라고 불린, 외교행정의 전통을 따르지 않는 독자적 노선을 취하면서 USIA의 전략적 이용을 대폭 축소했다.

닉슨 재임 초기에 제작된 〈내 친구 헤이먼(My Friend, Allen Heyman)〉(1969)은 한국전쟁에 참전했던 미군이 다시 한국으로 돌아와 한국 사회에 동화되어가는 모습을 보여준다. '한국인-수혜자'에게 문화를 전파하는 '미국인-시혜자'를 주제로 한 아이젠하워 집권기의 문화외교 영화나 동서양의 문화 통합을 주제로 한 케네디 집권기의 냉전 국제주의 영화에 비해 〈내 친구 헤이먼〉에서 시혜자와 수혜자의 위치와 전통과 근대의 위계는 뒤바뀌어 있다. 헤이먼은 미국의 예술을 한국에 전파하거나 미국의 예술에 한국의 예술을 접목하기 위해 한국에 온 것이 아니라 국악을 배우기 위해 왔으며, 그가 숭모하는 대상은 한강의 기적을 이룬 냉전근대 한국이 아니라 그로 인해 사라져가는 옛 한국이다.

한국인 아내와 결혼해 계동 한옥에 정착한 헤이먼은 영어교사인 동시에 한글과 한국어, 한국식 생활 방식을 공부하는 학생이기도 하다. 그는 말보로보다 백조 담배를 애호하고 한국 고서적과 도자기를 아낀다. 거문고, 태평소, 장구, 바라춤, 탈춤, 한복, 문인화 등 한국 전통예술을 섭렵하고자 고고학적 열정을 불태울 뿐만 아니라 미국에 한국의 전통문화를 소개하는 역할을 기꺼이 맡는다. 〈내 친구 헤이먼〉은 헤이먼이 한국 문화를 주제로 한 국제회의에 연사로 등장한 장면과 국악을 녹음하는 장면을 통해 그가 한국학 전문가가 되었음을 보여주는 것으로 끝맺는다. 그런데 이 영화 이후 헤이먼은 '미국인 친구'를 초월해 진짜 한국인이 되는 길을 택했다.

이제 헤이먼이 아니라 해의만(海義滿)의 삶에 대해서 이야기할 차례

---

16. Cull 2008, 294.

다.¹⁷ 1931년 미국 뉴욕에서 태어나 1952년 콜로라도주립대학을 졸업한 그는 1953년 위생병으로 강원도 양구의 야전병원에서 근무하게 되었다. 빨치산들이 아군의 수면을 방해하기 위해 새벽 두세 시만 되면 두들겼던 북, 태평소, 징, 꽹과리 소리에 그는 어느덧 마음을 빼앗기게 되었다. 야전병원에서 만난 간호사 고정순과 1956년 한국에서 결혼식을 올린 그는 1959년 컬럼비아대학에서 음악교육으로 학위를 받고 1960년에 다시 한국으로 돌아왔다. 그리고 인사동 근처의 한국국악예술학교에서 박녹주 선생 등 당대의 명창들을 사사하며 그곳에서 영어와 오선보 사용법을 가르쳤다. 독학으로 한국어를 익혀 나가기를 3년, 1963년에는 미국인 최초로 뉴욕 아시아학회에서 한국 전통음악에 대해 발표하고 바라춤을 직접 선보여 주목을 끌었다. 그는 삼천리가무단의 미국 공연을 성사시키는 데도 주도적 역할을 했다. 1961년부터 미국 아시아협회는 아시아의 민속예술을 미국에 소개하는 프로그램을 운영했는데 협회의 연락 사무를 맡았던 그의 주선으로 1964년 봄 삼천리가무단이 미국에 초청되었다. 그는 무대감독으로서 가무단을 이끌고 링컨센터를 비롯해 미국 대학과 대학원 등 27곳에서 순회공연을 했다.¹⁸

해의만이 국악도라는 사실에 비해 그가 USIS 영화의 음악을 담당했다는 사실은 잘 알려져 있지 않다. 그는 USIS 영화 〈황토길〉〈사랑방〉〈한라산〉〈나에게 물어봐!〉와 그 자신이 출연한 〈내 친구 헤이먼〉에서도 음악을 맡았다. 1964년 제2회 청룡영화제에서는 비(非)극영화 부분

17. 해의만에 대한 전기적 사실은 다음의 인터뷰 기사를 참조했다. 「마이 홈(2): 홍익대 강사 엘런 C. 헤이먼 씨 택(宅)」, 『매일경제신문』, 1971.1.9(7); 「김문이 만난 사람: '푸른 눈' 원로 국악학자 해의만의 국악사랑 50년」, 『서울신문』, 2012.8.2(25).

18. 「미국 가는 우리 민속 가무단」, 『동아일보』, 1963.7.5(7); 「삼천리가무단 15일 등정」, 『동아일보』, 1964.1.9(7).

에 출품된 〈한라산〉의 음악으로 특별상을 수상하기도 했다(《리버티뉴스》 제592호 참조). USIS뿐만 아니라 국립영화제작소의 다큐멘터리 〈낙동강〉(1964)의 음악을 담당했고 중앙정보부가 협찬하고 내무부 치안국이 제작한 방첩영화 〈능선을 지켜라(The High Hill)〉(연대미상)에서도 음악을 담당했다.

영화음악뿐만 아니라 국립영화제작소가 제작한 경제개발 홍보영화에 출연하기도 했다. 전국 각지에 흩어져 사는 자식들을 방문하는 아버지를 통해 대한민국의 발전상과 희망 찬 미래를 홍보하는 '팔도강산 시리즈' 중 한 편인 〈내일의 팔도강산〉(1971)에서 그는 주인공 김희갑 노인의 미국인 친구 미스터 헤이먼으로 출연했다. 미스터 헤이먼은 한국전쟁 참전 경험이 있는 미국인 사업가이자 한국의 전통문화에 심취한 한국통으로, 어느 정도 그 자신을 반영한 캐릭터다. 헤이먼은 사업 구상을 위해 한국을 방문했다가 김희갑, 황정순 부부와 함께 제주도를 여행한다. 카메라는 제주도 해안가의 폭포를 배경으로 헤이먼이 판소리 가락을 뽑고 김희갑이 그에 맞춰 춤을 추는 모습을 보여준다.

이처럼 〈내 친구 헤이먼〉과 〈내일의 팔도강산〉 모두 한미 간의 국제친선을 상징하는 인물로 '헤이먼'을 호명했지만 그 어느 쪽도 '헤이먼의 해의만 되기'를 예상했던 것 같지는 않다. 전국을 돌아다니며 한국인에게조차 잊혀가는 국악 자료를 수집·연구하면서 영어로 한국의 전통문화를 소개해오던 헤이먼은 1995년에 30여 년 동안 써왔던 한국 이름인 해의만으로 개명하고 귀화했다. 한국 정부는 2011년 국악을 해외에 알려온 공로를 인정해 해의만에게 은관문화훈장을 수상했고 2014년 한국인 해의만은 여생을 마감했다.

해의만의 삶은 우리에게 냉전의 패러독스를 일깨운다. 오늘날 학계에서는 냉전을 전 지구적 미국화의 결정적 계기로 보는 시각이 일반적이다.[19] 그러나 냉전이라는 특수한 상황이 이질적 장소들을 '자유세계'라는 하나의 이름으로 묶으면서 미국인의 해외 파견 및 이주, 이문화 경험 또한 유례없이 확장되었고, 그들은 다시 미국으로 돌아가 자기들의 경험을 전파했다. 국악인 해의만이나 한국 영화인의 동료가 되었던 코넌트 같은 인물들은 냉전기의 문화 전파가 반드시 일방향적이기만 한 것은 아니었다는 점을 잘 보여준다. 냉전에서 싸워 이기기 위한 도구로 간주되었던 문화와 우정은 때로는 냉전을 초월하며 예상치 못한 결과를 낳기도 했던 것이다.

미국학의 탄생: 〈미국문화센터와 지역사회〉

미국의 한국학은 '조용한 아침의 나라'를 다녀간 선교사들로부터 시작되었다. 남한 점령과 한국전쟁을 거치면서 미국 내 한국학은 냉전 전략과 관련된 실용적 영역을 중심으로 전개되었고 학술적 연구는 저조한 편이었다. 한미 수교 이후 1965년까지 미국 대학에서 한국을 주제로 박사학위를 받은 자는 69명에 불과했고 그 대부분이 동양사나 종교학 전공이었다.[20]

그런데 1960년대 중반 미국 정부와 민간재단이 해외 지역학 펀드를 확대하기 시작하면서 한국학에도 새로운 전기가 마련되었다. 특히 포드재단은 이 시기 각 대학의 동아시아연구소에 파격적 연구비를 지원했고 한국학 연구소도 수혜 대상이 되었다. 포드재단은 1967년 7월부터 3년간 하와이대학, 콜롬비아대학, 워싱턴대학, 하버드대학, 캘리포니

---

19. 예를 들어 한국의 미국화를 연구한 김덕호·원용진 2008 참조.

20. 「국회도서관조사자료」, 『동아일보』, 1966.8.27(6).

아대학, 프린스턴대학에 한국학 연구비를 각기 10만 달러씩 지원했다. 또한 미국학술단체연합회(American Council of Learned Society)와 사회과학연구단체연합회(Social Science Research Council)가 공동 후원한 미국 최초의 한국학 연구단체인 한국학이사회의 발족에도 별도로 지원금을 제공했다.[21] 1970년대 중반 해외 지역학에 대한 미국 정부와 포드재단의 관심이 줄어들자 한국학에 대한 재정적 지원도 감소했다. 그러나 그 사이에 집적된 성과와 한국의 고도경제성장이라는 외부적 요인에 힘입어 한국학에 대한 관심은 확장되어갔다. 이 시기 미국 내 한국학은 역사, 언어, 문화연구 단계를 넘어 연구 분야가 확대되고 학술단체도 17개로 증가했다.[22]

미국 대학에서 한국학의 싹이 트고 있던 1960년대 중반, 한국 대학에서는 미국학이 태동을 시작했다. USIS와 한미교육위원단(Fulbright Commission)이 미국학의 세계화에 주도적 역할을 했고 록펠러재단, 아시아재단, 포드재단 등의 민간재단도 재정 지원을 시작했다. 예를 들어 1962년부터 1967년까지 포드재단으로부터 약 70만 달러를 지원받은 고려대학교 아세아문제연구소는 한국에 미국의 근대화론을 전파하는 학문적 교두보 역할을 했다.[23]

냉전은 미국 내의 지역학뿐만 아니라 미국학의 전 세계적 확산에도 기여했다. 한국 학계에 미국학 도입을 위한 프로그램이 본격적으로 가동된 것은 새로운 풀브라이트 협정이 조인된 1963년부터였다. 1963년 서강대학교 김용권 교수가 풀브라이터로 선정되어 한국 최초로 미국학 연구를 위해 미네소타대학으로 파견되었다. 대신 서강대 영문과에

---

21. 「미국의 한국학연구」, 『동아일보』, 1967.12.7(5).
22. 양기백 1975, 120; 김성규 2008, 378.
23. 김건우 2017, 72.

는 조지 R. 시드니(Gorge R. Sidney) 교수가 풀브라이터로 파견되었다. 시드니 교수의 지원으로 1965년 이 학과에는 국내 최초로 미국학 프로그램(부전공)이 개설되었다. 한미교육위원단은 미국학 도입을 위해 행정 및 재정적 부분을 담당했고 USIS는 미국학 강연, 토론회, 세미나 등을 개최, 방한한 풀브라이트 교수들이 한국학자들과 교류할 수 있는 장을 만들어주는 역할을 했다. 1965년 2월 시드니 교수의 주도로 USIS가 개최한 불국사 세미나는 한국아메리카학회 창립의 직접적 계기가 되었다.[24]

불국사 세미나로부터 석 달 뒤인 1965년 5월 21일 한국아메리카학회가 창립되었다. 경희대학교 영문과 교수이자 영자신문 『The Korean Republic』(현 『The Korea Herald』)의 이사장을 역임한 주요섭[25]이 회장, 경희대 영문과 교수 양병탁, 서강대 사학과 교수 이보형, 서강대 영문과 교수 존 E. 번브록(John. E. Bernbrock) 신부가 부회장으로 선출되었다. 한국아메리카학회는 같은 해 11월 '뉴딜의 연구'를 주제로 제1회 세미나를 개최했고, 1966년 4월에는 부산 해운대에서 '미국의 대중문화'를 주제로 제1회 학술대회를 개최했다.[26]

학회 창립뿐만 아니라 연구소 육성에도 한미교육위원단과 USIS가 관여했다. 1965년 12월 전남대학교 미국문화연구소를 시작으로 1967년 11월 전북대학교에, 1968년 2월 고려대학교에, 9월 성균관대학교에 미국문화연구소가 설립되었다. 이때 풀브라이트 교수들이 연구소 운영을

---

24. 허은 2017b, 349.
25. 단편 「사랑손님과 어머니」(1935)로 잘 알려진 소설가 주요섭은 주요한의 동생으로, 형과 함께 상하이로 망명했다가 미국으로 건너가 스탠포드대학 대학원에서 교육심리학을 전공했다. 해방 후 영자신문 『Korea Times』
주필, 국제펜클럽 한국본부 위원장을 역임했고 미 국무부 초청으로 1963년 8월에 도미해 뉴욕주립대학, 미시간대학, 미주리대학, 로드아일랜드대학에서 1년간 한국 문학과 한국 문화에 대해 강의했다.
26. 한국아메리카학회 1969, 136.

도왔고 USIS는 각 지역의 지부를 통해 학술활동을 지원했다. 예를 들어 시드니 교수와 클리프턴 필립스(Clifton Phillips) 교수는 고려대 미국문화연구소의 컨설턴트로 참여했다.

고려대 미국문화연구소의 제1차 아메리카나 심포지엄은 서울 USIS의 신관 이전 기념행사의 일환으로 1968년 3월 11일부터 15일까지 개최되었다. 이 심포지엄은 미국 문학, 회화, 조각, 음악, 건축의 역사적 배경을 주제로 삼았다. 부대행사로 '미국유학을 위한 준비'라는 한미교육위원단 측의 유학 설명회가 이어졌다. 제2차 심포지엄은 같은 해 9월 9일부터 13일까지 고려대 미국문화연구소와 서울 USIS의 공동 주최로 개최되었다. 전후 미국 문화와 예술을 주제로 1차보다 성대하게 치러졌다. 회화, 조각, 건축, 음악, 문학, 연극, 영화, TV에 대한 다양한 연구가 발표되었고 마지막 날에는 '현대미국의 예술과 한국'에 대한 종합토론이 있었다.[27] 대학교수뿐만 아니라 영화평론가 이영일, 동양TV 방송국장 김규 등 15명의 한국인 전문가가 연사로 참가한 2차 아메리카나 심포지엄은 미국학이 완전히 한국 학계에 자리 잡았다는 인상을 남겼다.

USIS 영화 〈미국문화센터와 지역사회(American Culture Center and Community)〉는 제2차 아메리카나 심포지엄 중의 한 장면을 담았다. 입추의 여지없이 강연장을 가득 메우고 전문가의 의견을 경청하는 청중은 대부분 청년층이다. 미국 유학을 꿈꾸는 한국 청년들에게 봄, 가을 2차례씩 열리는 아메리카나 심포지엄은 빠질 수 없는 학습 현장이자 정보수집 현장이었을 것이다. 이 영화는 USIS가 미국학 육성을 당면 과제로 설정했으며 청년층을 목표 그룹(target group)으로 삼았다는 점

---

27. 「미국문학 어제와 오늘: 아메리카나 심포지엄」, 『중앙일보』, 1968.3.19; 「아메리카나 심포지엄 9일 미국문화센터서」, 『중앙일보』, 1968.9.3.; 「현대미국예술과 한국」, 『동아일보』, 1968.9.14(5).

을 잘 보여준다.

제2차 아메리카나 심포지엄, 서울 미국문화센터 도서관 벽에 걸린 닉슨의 사진, 부산 미국문화센터가 주최한 아폴로 11호 달 착륙 기념 전시회 장면 등으로 보아 〈미국문화센터와 지역사회〉는 닉슨 재임 초기(1969)에 제작되었다. USIS 영화로는 드물게 여성이 해설을 맡았다. 해설자는 "누구라도 이곳에 와서 미국의 성공과 실패에 대해, 양국의 관계에 대해 공부하고 토론할" 수 있는 미국문화센터가 서울, 부산, 대구, 광주에 있음을 알려주고 각 지부별로 어떤 프로그램을 운영하고 있는지 소개한다. 영화 속 청년들은 도서관에서 영어 도서를 열람·대출하고, 영어 토론회에서 발표를 하며, 미국학 심포지엄에 참석하고, 미국인과 친교를 맺는 등 미국문화센터를 자기개발에 적극적으로 활용한다. 기본적으로 미국문화센터는 누구나 이용할 수 있었지만 〈미국문화센터와 지역사회〉가 보여주었듯이 이 시기 USIS가 중점을 둔 대상은 도시 거주 청년층, 특히 대학 이상의 고등교육 이수자들이었다.

기존의 영화 상영과 도서 대출 사업이 한계에 이르렀다고 판단한 USIS는 1965년 7월부터 고학력 식자층을 대상으로 한 계간 교양잡지 『논단』을 발간했다. 이 잡지의 전략은 번역을 통해 한국 지식인 계층과 미국 지성계를 중계하는 것이었다. 지면은 대체로 미국과 관련된 이슈의 번역문으로 채워졌다. 『논단』이 번역이나 기고를 의뢰한 인물들은 『사상계』『세대』『신동아』 등 당대 지식인 잡지의 기고자이자 편집자였던 교수, 언론인, 전문가들이었다. USIS는 고려대 사회연구소(Social Research Institute)에 『논단』의 독자층 조사를 의뢰했고 1967년 3월에서 9월에 걸쳐 설문으로 조사가 이루어졌다. 설문에 답한 독자의 80퍼센트 이상이 19세에서 29세 사이의 대학 재학생이거나 졸업생이었다. 즉 『논단』의 독자층은 비교 대상이 된 한국 잡지 『사상계』『세대』『신

동아』 등의 독자층과 겹쳤다.²⁸ 『논단』은 미국과 관련된 최신 이슈나 저서, 이론을 소개하여 미국학의 학문적 통로를 제시함으로써 이 잡지들과 경쟁하고자 했다. 그러나 한국 내 이슈를 더 많이, 더 깊이 있게 다루지 못한 것은 『논단』의 상대적 한계였다.

1960년대 후반 USIS가 미국학 육성 프로그램을 제공한 데는 외국 문화원의 설립도 어느 정도 영향을 미쳤던 것으로 보인다. 1968년 주한독일문화원(Göthe-Institut)과 주한프랑스문화원(Alliance Française)의 설립을 시작으로 1971년에는 일본공보문화원, 1973년에는 영국문화원(British Council)이 설립되어 미국문화센터는 외국 문화원들과 경쟁하게 되었다. 규모면에서는 미국문화센터가 가장 컸지만 프로그램의 내용은 대동소이했다. 미국문화센터와 마찬가지로 외국 문화원들도 어학 코스를 운영했고, 도서실을 개방했으며, 영화를 상영·대여했다. 토론 클럽, 회화 클럽을 조직하거나 국비유학생을 선발하는 등의 프로그램도 비슷했다. 프랑스문화원, 독일문화원, 영국문화원이 조직한 클럽이 그 나라 말로 고급회화를 구사할 수 있는 지식인 회원에게만 열려 있었던 것에 비해 미국문화센터는 영어 실력에 제한을 두지 않았고 고교생과 대학생 중심으로 클럽을 운영하고 있었다.²⁹

USIS는 한국인에게 문화, 예술, 학문의 선진국으로 인식되어 있는 독일이나 프랑스의 문화원과 경쟁하기 위해 차별화된 프로그램을 개발해야 했다. 이미 독일문화원은 1959년에 설립된 한국독문학회를, 프랑

---

28. Sung Chick Hong, Director of Social Research Institute Korea University, "Report on Non-Dan Readership Survey," Regional Research Center, USIS Manila, 28 Sep. 1967, 20, Office of Research Records of Research Projects, East Asia, 1967-73, Box 8, Entry 1017, RG 306, NARA.

29. 「자국 PR의 공로 주한외국문화원 실태」, 『동아일보』, 1971.2.1.(5). 〈미국문화센터 지역사회〉의 영어 토론 장면에서도 이를 확인할 수 있다.

스문화원은 1961년에 설립된 한국불문학회를 재정적으로 지원하고 있었다. 프랑스문화원은 문화·예술을 검열했던 한국의 독재 치하에서 문화 해방구이자 서구 예술영화의 창구로서 명성을 얻기 시작했다. 독일문화원은 독일인 대상 한국어 강좌를 개설하고 독일 희곡을 공연하는 국내 극단에 공연비를 지원하는 등 상호교류에 중점을 둔 프로그램을 운영하고 있었다. USIS는 미국학 육성 프로그램을 중심으로 아카데믹한 변화를 추구했다. 1968년부터 미국학 세미나와 심포지엄을 후원했고, 국제학술회의에 한국 학자의 참여나 국내 학회의 학술지 발간도 지원하기 시작했다.[30] 국내 학술단체뿐만 아니라 하와이 동서문화센터 등 미국 내 한국학 연구기관이나 학술단체의 활동도 지원했다.

 USIS의 강점은 다른 외국 문화원에 비해 일찍부터 지부를 확보해두었다는 것이다. 부산 프랑스문화원이 1980년에, 부산 독일문화원이 1989년에 설립되었고 그 외의 지부가 추가된 것은 훨씬 뒤의 일이었으나 미국문화센터는 1947년에 이미 주요 10대 도시에 지부를 마련했었다. 1960년대 들어 4대 도시로 지부가 축소되기는 했지만 지역 문화센터의 프로그램을 활성화하는 한편 문턱을 낮추어 미국문화센터가 지역사회에 이바지한다는 인상을 주려고 노력했다. 미국학과 직접 관련이 없는 단체라 할지라도 지원 대상에 포함시켜 각종 학술단체, 예술단체, 시민단체가 회의 장소로, 음악가, 무용가, 미술가들이 전시회나 발표회 장소로 지역 미국문화센터의 강당을 무료로 이용했다. 규모가 축소되기는 했지만 미국문화센터가 소장한 도서나 영화의 무료 대여도 이전과 마찬가지로 계속되었다.

 "미국문화센터는 당신과 지역사회를 위한 프로그램을 제공하기 위

---

30. 「모습 바꾸어진 주한외국문화원 활동: 소개에서 교류로」, 『경향신문』, 1971.5.6(5).

해 존재한다"는 〈미국문화센터와 지역사회〉의 마무리 멘트처럼 USIS는 지역주민의 실질적 관심사에 미국의 이슈를 접목시키는 방식을 취했다. 예를 들어 광주 미국문화센터의 세미나를 조명한 신을 살펴보자. 센터 직원인 미국인이 미국 다큐멘터리 〈지역사회 학교운동(To Touch a Child)〉(1962)의 개요와 상영 취지를 '한국어'로 설명한 뒤 영화가 상영된다. 이 영화는 방과 후에 학교를 개방하여 성인교육, 직업교육, 스포츠·문화 활동의 장소로 활용함으로써 지역사회와 학교가 안고 있던 문제를 성공적으로 해결한 미시간주 플린트시(City of Flint)의 시민운동을 소개한 다큐멘터리다. 상영 종료 후 토론이 이어지고 한국인 토론자는 영화의 아이디어를 참조해 광주시의 놀이터 문제를 해결할 시사점을 얻었다고 말한다. 실제로 이 영화의 상영을 계기로 한국에서는 1969년에 한국지역사회교육협의회(KACE)가 결성되었고 방과 후에 학교를 개방해 가족교육이나 성인교육에 활용하는 운동이 전개되기도 했다.[31]

1960년대 후반 한국은 경제뿐만 아니라 문화적으로도 피원조국의 위치에서 벗어나고 있었다. 특히 지식인-대학생 그룹은 수동적 위치에서 벗어나 적극적으로 필요한 지식과 정보를 찾아 여러 외국 문화원들을 이용했고 그들이 제공한 프로그램을 비판적으로 수용했다. USIS는 그들의 문화적 관심사와 연구열에 대해 잘 파악하고 있었고 미국문화센터의 프로그램에도 그 점을 적극적으로 반영했다. 또한 지역사회의 목표대상에게도 미국을 참조하고 연구하는 적극적 역할을 부여했다. 이는 한국 내 미국학의 확산과 대중화라는 공보 목표와 결부되어 있었다.

---

[31] 1969년 현대그룹의 정주영 회장을 초대 회장으로 해 결성된 KACE는 비영리 민간단체로, 전국에 30개의 지역협의회를 두고 평생교육원, 도서관 사업, 교사연수 및 전문가 양성, 가족 문화사업, 어린이 프로그램 등 다양한 사업을 전개하고 있다. 한국지역사회교육협의회(KACE), http://kace.or.kr.

맺는 글

한국의 탄핵 사태와 미국의 대선 무렵 시드니에서 연구년을 보내며 이 책을 쓰기 시작했다. 그 당시 호주 언론은 한국 교민들의 촛불집회보다는 힐러리의 이메일 스캔들과 트럼프의 기행을 보도하는 데 분주했다. 정치 경험이 없는 부동산 재벌이 내건 공약 중에는 불법이민 방지와 범죄예방을 위해 멕시코와 미국 접경에 장벽을 건설하겠다는 공약이 있었다. 전쟁 상태가 아닌 국가 사이에 장벽이라니, 미국 국민이 동의할 리 없다는 것이 중론이었지만 예상을 깨고 트럼프는 미국의 제45대 대통령으로 당선되었다.

그리하여 삼년 째, 두 차례 셧다운(shutdown, 연방정부업무 일시중지) 협박에 굴복한 미국 의회는 2019년 2월 15일 장벽 예산을 통과시켜주었다. 그러나 트럼프는 예산이 부족하다는 이유로 합의를 깨고 국가비상사태를 선포해버렸다. 현재 3분의 1정도 설치된 장벽을 2020년대선 전까지 완료하는 것이 그의 목표다. 국경 장벽이 쌓여가는 동안 무역 장벽도 높아졌다. 미국의 무역제재에 중국이 역제재로 대응하면서 시작된 무역전쟁의 여파로 세계경제가 혼돈에 빠졌다. 눈에 보이거나 보이지 않는 장벽을 사이에 두고 오해와 증오는 쌓여가고 우리의 일상은 어느덧 새로운 냉전(New Cold War)에 잠식되어가고 있다. 그 용어가 과도하다는 비판도 있지만 우리 시대가 냉전 시대의 잘못을 더욱 유치한 형태로 반복하고 있다는 것만은 확실해 보인다.

신냉전이 냉전에 비해 더 종잡을 수 없다고 느껴지는 것은 다극화체제의 국제사회가 이념이나 군사력보다는 경제적 이해관계에 따라 합종연횡하기 때문이다. 진영 내부의 갈등을 진영 논리로 눌러왔던 냉전기의 양극체제가 붕괴되자 일사불란했던 리더십도 적과 아군의 명확했던 경계도 희미해져버렸다. 시장의 합리성이나 외교적 중재를 기대하는 것이 점점 어려워지자 장기불황의 늪에서 자본주의 국가들은 영국의 브렉시트(Brexit)나 트럼프 정권의 미국우선주의(America First)처럼 각자도생을 택했다. 냉전적 사고회로로 판단하면 동맹에 대한 이반일 테지만 신냉전 시대의 유일한 진리는 '경제에는 동맹이 없다'는 것이다.

이 책을 쓰는 동안 한반도는 사드 배치와 북핵 문제를 둘러싸고 신냉전의 주요 무대로 부상했다. 사드 배치에 반대하는 중국의 경제 보복으로 동북아시아의 경기가 요동쳤고 특히 한국경제에는 핵폭탄급 여파가 미쳤다. 북미 간 미사일 발사 위협이 연일 이어지다가 탄핵 사태를 거쳐 정권이 바뀌고 2018년 '6·12 싱가포르 합의'가 극적으로 성사되었다. 합의의 여운이 채 가시지 않은 상황에서 미국은 무역전쟁을 선포했고 중국과 관세폭탄을 주거니 받거니 하고 있다. 잃어버린 20년을 가까스로 벗어난 일본은 말려들기도 싫지만 패싱당할까 불안해하면서 주변국들과 과거사 전쟁을 계속하고 있다.

책을 마무리하는 동안 남·북·미 관계가 요동치는 바람에 '맺는 글'

을 맺지 못하고 여러 번 고쳐 썼다. '하노이 노딜' 이후 비핵화는 교착 상태이고 2019년 4월 25일에는 북러정상회담과 미일정상회담이 동시에 열렸다. 지난 세기의 냉전 구도가 다시 이 땅에서 반복되고 있는 것이다. 냉전이 종식되었다고는 하지만 그것이 우리의 삶에 드리운 그늘은 여전히 짙다. 내 부모님이 그 긴 전쟁에서 살아남아 자식을 낳고 길렀다는 사실이 거의 기적처럼 느껴진다. 우리 세대는 새로운 냉전에서 벗어나 평화라는 기적을 이룰 수 있을까?

    냉전의 끝물에 유년기를 보낸 나는 개인이 무엇을 보고 쓰고 이동하고 생각하느냐가 개인만의 문제가 아니었던 시절을 희미하게 기억하고 있다. "자수하여 광명 찾자"라는 셀프 간첩신고 표어와 탈북한 김만철 일가 중에 내 또래의 남매가 있었던 것, 학교에서 평화의 댐 건설 성금을 모금했던 일, TV 드라마 〈지금 평양에선〉의 잔혹한 고문 장면 등이 두서없이 떠오른다. 냉전의 그늘 아래서 자란 내가 이제 대학 강단에서 "보았을 때도 113, 들었을 때도 113"이라는 표어의 뜻을 전혀 모르는 세대를 가르치고 있다. 냉전을 책 속의 사건으로만 인식하는 내 학생들은 순전히 공포와 적개심만으로 어떻게 반백 년 동안 전쟁이 계속될 수 있었는지 의아해한다. "그때는 인터넷이 없어서"라는 대답이 우스갯소리가 아닌 것은 국가와 국가, 국가와 개인 간의 정보 불균형이 그 전쟁을 장기간 지속시킨 중요한 요인이기 때문이다. 작은 자유와 평범한 일상마저 희생되었던 그 전쟁을 제대로 알아야 현재의 보이지 않는 장벽에 대처할 수 있을 것이다. 세계가 그때보다는 더 현명한 결정을 내리기를 바라며 냉전의 그늘 아래서도 꿋꿋이 자라난 모든 사람들에게 이 책을 바친다.

감사의 말

2006년에 일제강점기 한국 영화에 관한 박사학위 논문을 책으로 출판한 뒤, 후속 작업으로 해방 이후 한국 영화사를 써볼 생각을 했다. 그 무렵 일본어로 쓴 내 학위논문을 읽은 일본과 대만 연구자들이 미군정기 한국 영화에 대해 발표할 기회를 만들어주셨는데 돌이켜보면 그때가 이 연구의 시작점이었던 것 같다. 학술회의나 초청 강연 등으로 동아시아의 문화냉전에 대해 견해를 교환하다 보니 함께 책을 쓰게 되었고 『문화냉전과 아시아』라는 단행본으로 한국, 일본, 대만에서 출판되었다. 그때의 인연으로 학술회의에 왕래하면서 관계 자료를 교환했던 교토대학의 쓰치야 유카 교수와 일본대학의 미사와 마미에 교수께 감사드린다. 『문화냉전과 아시아』를 중국어로 번역·출판해주셨고 학술회의에 초청하여 대만의 문화냉전 연구를 파악할 기회를 주신 후젠가톨릭대학의 린훙이 교수께도 감사드린다.

2011년부터 삼 년간 '한국 근현대 영상자료 수집 및 DB구축' 프로젝트를 이끈 고려대학교 허은 교수를 비롯해 고려대 한국사연구소 역사영상융합연구팀, 한국영상자료원 한국영화사연구소에도 고마움을 전하고 싶다. 그 프로젝트에 공동 연구원으로 초빙해주신 덕분에 몇몇 영상물을 시청할 수 있었고 사학자들의 조밀하고 체계적인 연구와 영화학자들의 아카이빙을 어깨 너머로 배울 수 있었다.

2011년부터 이 년에 걸친 한국연구재단의 신진연구자지원사업은 이 책의 밑그림을 그리는 데 도움을 주었다. 2013년부터 삼 년에 걸친 한국연구재단의 인문저술지원사업은 재정적 지원뿐만 아니라 '마감'이라는 압박감을 줌으로써 무릎 부상과 손가락 건초염에도 불구하고 초인적 능력을 발휘하게끔 했다. 친절하지만 단호하여 내 더딘 작업에 속도를 붙여준 인문사회연구지원팀과 한국연구재단의 무궁한 발전을 기원한다.

2016년 한 해 동안 UNSW로 파견해 강의와 업무에서 해방시켜준 부산대학교에도 감사를 보낸다. 덕분에 여유로운 환경에서 오롯이 원고에만 전념할 수 있었다. 시드니에서 평온한 일 년을 보내게 해주신 UNSW의 신기현 교수, UNSW 한국학연구소(KRI)의 권승호 소장과 김현옥 부장, RMIT의 김요셉 교수께도 감사드린다. 그분들과 그 가족들의 환대와 도움으로 나와 내 가족은 한국에서는 누리기 힘든 목가적 여유를 맛볼 수 있었다.

9년간 계속해온 '『사상계』 윤독회'와 7년째인 '한일 냉전문학 세미나'의 손남훈 교수, 조정민 교수, 김경숙 박사, 이시성, 이희원, 임명선, 장수희 선생님들과의 공부는 이 책 곳곳에 녹아있다. 앞으로도 오랫동안 함께 공부할 수 있기를 바란다. 먼 곳에 산다는 핑계 아닌 핑계로 필요할 때만 연락하는 제자를 타박하지 않고 초고를 읽어주신 신형기, 정명교 두 분 은사님들께도 죄송하고 또 감사하다는 말씀을 꼭 전하고 싶다. 출판과 관련해 조언을 해준 이화진 선배, 권명아 선배와 일일이 거명하지 못하는 많은 선후배들, 직장 동료들, 나의 학생들에게도 너그러운 이해를 구한다.

학술서 출판시장이 날로 위축되어가는데도 저자의 책을 기꺼이 출판해주신 현실문화연구의 김수기 대표님과 출판사 직원들께도 감사의 인사를 드린다. 『만주영화협회와 조선영화』를 출판했던 인연이 이렇게 이어져서 기쁘다. 이 책이 도움이 되지는 못하더라도 누가 되지 않기를 진심으로 바란다.

마지막으로 나의 가족에게 감사와 사랑을 전한다. 뱃속에 있을 때부터 만주영화협회의 프로파간다 영화를 보아야 했던 나래와 POW 영화와 전투 푸티지를 보아야 했던 이든에게는 부족한 엄마의 딸, 아들로 태어나 건강하게 구김살 없이 커준 것이 미안하고 고마울 뿐이다. 글 짓는 여자를 만나서 밥 짓는 남자가 된 나의 반려이자 동료 한동욱 교수에게도 애틋한 동지애를 표하고 싶다.

참고문헌

1. 미국 국립공문서관(NARA) 공문서

RG 56 General Records of the Department of the Treasury

RG 59 General Records of the Department of State

RG 208 Records of the Office of War Information

RG 242 National Archives Collection of Foreign Records Seized

RG 306 Records of U.S. Information Agency

RG 331 Records of Allied Operation and Occupation Headquarters

RG 332 Records of USAFIK: XXIV Corps

RG 338 Records of U.S. Army Operational Tactical and Support Organizations(World War II and Thereafter)

RG 469 Records of Records of U.S. Foreign Assistance Agencies, 1948-1961

RG 554 Records of Far Command, the Supreme Command of Allied Powers and the United Nations Command

2. 신문 및 잡지

『경향신문』

『대동신문』

『독립신보』

『동아일보』

『민성』

『매일경제신문』

『부인』

『사상계』
『서울신문』
『신천지』
『아메리카』
『영화예술』
『영화천국』
『예술영화』
『예술조선』
『예술통신』
『자유만세』
『자유세계』
『조선인민보』
『조선일보』
『주간조선』
『중앙일보』
『중외신보』
『제주신보』
『한겨레』
『한성일보』

3. 한국어 논문 및 저서

강명구·백미숙, 「문화적 냉전과 한국최초의 텔레비전 HLKZ」, 『한국언론학보』 51권 5호, 2007.

강범구·이형표, 『주제사: 1950년대 한국영화의 스타일 1』, 한국영상자료원, 2009.

강준만, 『한국현대사 산책 2권: 1960년대편 2권』, 인물과사상사, 2004a.

_____, 『한국현대사 산책 3권: 4·19 혁명에서 3선개헌까지』, 인물과사상사, 2004b.

고바야시 소메이, 「한국전쟁기 유엔군의 포로교육 프로그램」, 기시 도시히

코·쓰치야 유카 편, 김려실 역, 『문화냉전과 아시아: 냉전 연구를 탈 중심화하기』, 소명출판, 2012.

공영민, 「공보처 영화과 영화인력: 대한원조와 테드 코넌트를 중심으로」, 한 국영상자료원, 『냉전시대 한국의 문화영화』, 2011.

국립소록도병원, 『소록도 80년사: 1916-1996』, 1996.

권보드래, 「실존, 자유주의, 프래그머티즘」, 권보드래 외, 『아프레걸 사상계를 읽다: 1950년대 문화의 자유와 통제』, 동국대학교출판부, 2009.

권주혁, 「한국전쟁 기갑전의 전투 패턴 분석」, 경기대학교 정치전문대학원 석사학위논문, 2011.

_____, 「현대 기갑전의 비교전투사적 연구」, 경기대학교 정치전문대학원 박사학위논문, 2014.

기시 도시히코·쓰치야 유카 편, 김려실 역, 『문화냉전과 아시아: 냉전 연구를 탈중심화하기』, 소명출판, 2012.

김갑영, 『4-H구락부지도전서』, 농림부·아세아재단, 1955.

김건우, 『대한민국의 설계자들』, 느티나무책방, 2017.

김덕호·원용진 편, 『아메리카나이제이션: 해방 이후 한국에서의 미국화』, 푸른역사, 2008.

김려실, 「〈자유만세〉의 탈정전화를 위한 시론(試論)」, 『한국문예비평연구』 28집, 2009.

_____, 「1950년대 한국영화에 나타난 '미국적 가치'에 대한 양가성: 한형모 프로덕션의 영화를 중심으로」, 『현대문학의 연구』 제42권, 2010.

_____, 「댄스, 부채춤, USIS 영화: 문화냉전과 1950년대 USIS의 문화공보」, 『현대문학의 연구』 49호, 2013a.

_____, 「1950, 60년대 주한미공보원(USIS) 영화의 '아시아 문화' 표상에 대한 고찰」, 『한국문예비평연구』 40집, 2013b.

_____, 「냉전과 박애: 냉전기 미국의 구라활동과 USIS 영화 〈황토길〉의 사례」, 『현대문학의 연구』 55집, 한국문학연구학회, 2015a.

_____, 「식민지 조선의 문화영화와 그 기원: 조선총독부 제작 문화영화를 중심으로」, 허은 편, 『영상과 아카이빙 그리고 새로운 역사쓰기』 선인,

2015b.

_____, 「뉴스릴 전쟁: 한국전쟁기 미국의 뉴스릴과 〈리버티 뉴스〉의 탄생」, 『현대영화연구』 25호, 현대영화연구소, 2016.

_____, 「냉전사 재고와 영상역사 쓰기: 주한미공보원(USIS)의 원조 홍보영화를 중심으로」, 『로컬리티의 인문학』 19호, 부산대학교 한국민족문화연구소, 2018a.

_____, 「'원자력의 평화이용 캠페인'과 주한미공보원(USIS) 영화공보」, 『비교한국학』 Vol.26 No.2, 2018b.

김미란, 「문화 냉전기 한국 펜과 국제 문화 교류」, 『상허학보』 41집, 2014.

김성규, 「하버드대학의 동아시아연구소들」, 『역사문화연구』 29호, 2008.

김성화, 「MDT 사업의 평가」, 『대한나학회지』 27권, 1994.

김은숙, 『불타는 미국』, 아가페, 1988.

김차덕, 「아폴로 11호의 생방송」, 『효원춘추: 부대교수 수필집』, 부대신문사, 1969.

김태우, 『폭격: 미공군의 공중폭격 기록으로 읽는 한국전쟁』, 창비, 2013.

김한상, 「냉전체제와 내셔널 시네마의 혼종적 원천: 〈죽엄의 상자〉 등 김기영의 미공보원(USIS) 문화영화를 중심으로」, 『영화연구』 47호, 2011.

김항명, 『백조의 날개』, 명서원, 1976.

김혜경, 「논쟁의 장으로서의 "가족": '박정희체제'하 핵가족 담론과 성별규범의 재구성」, 이재경 외, 『조국 근대화'의 젠더정치: 가족·노동·섹슈얼리티』, 아르케, 2015.

김흥수, 「한국전쟁 시기 기독교 외원단체의 구호활동」, 『한국기독교와 역사』 23호, 2005.

김희갑, 『어느 광대의 사랑: 김희갑 자서전』, 삼진기획, 1992.

류상영, 「한국의 경제개발과 1960년대 한미관계: 중층적 메카니즘」, 『한국정치학보』, 제36집 제3호, 2002.

리영희, 『동굴속의 독백』, 나남, 2000.

문애령 대담, 『한국현대무용사의 인물들』, 눈빛, 2001.

문화공보부, 『문화공보 30년』, 1979.

미즈노 나오키·문경수, 한승동 역, 『재일조선인: 역사, 그 너머의 역사』, 삼천리, 2016.
박수현, 「미 군정 공보기구 조직의 변천(1945.8~1945.5)」, 『한국사론』 56, 2010.
박연희, 「1950년대 한국 펜클럽과 아시아재단의 문화원조: 세계작가회의 참관기를 중심으로」, 『한국학연구』 제40집, 2016.
방송문화진흥회 편, 『한국방송총람』, 나남, 1991.
배성룡, 「'운크라' 원조의 비판: 1956년 연차보고서에 대하여」, 『지방행정』 5권 10호, 1956.
베른트 슈퇴버, 최승완 역, 『냉전이란 무엇인가: 극단의 시대 1945-1991』, 역사비평사, 2008.
부르스 커밍스·존 할리데이, 차성수·양동주 역, 『한국전쟁의 전개 과정』, 태암, 1989.
빌 니콜스, 이선화 역, 『다큐멘터리 입문』, 한울아카데미, 2005.
사토 다다오 저, 유현목 역, 『일본영화 이야기』, 다보문화, 1993.
성강현, 「거제도 포로수용소의 9·17 폭동 연구」, 『한국민족운동사연구』 86권, 2016.
수잔 손택, 이재원 역, 『은유로서의 질병』, 이후, 2002.
수잔 헤이워드, 이영기 역, 『영화 사전: 이론과 비평』, 한나래, 2001.
아노 카렌, 권복규 역, 『전염병의 문화사』, 사이언스북스, 2001.
안병헌·김백봉 감수, 『안병헌의 춤 이야기: 지칠 줄 모르는 생명력』, 이안에, 2009.
양기백, 「미국의 한국학 현황」, 『도협월보』 Vol.16 No.4, 1975.
여석기, 「나와 영문학과 연극」, 『대학교육』, vol. 26, 1987.
오드라 J. 울프, 김명진·이종민, 『냉전의 과학』, 궁리, 2017.
와다 하루키, 서동만 역, 『한국전쟁』, 창작과비평사, 1999.
유숙현, 「거제도 포로수용소에서 포로의 체험과 송환선택」, 연세대학교 사학과 석사논문, 2008.
유지형, 『24년간의 대화: 김기영 감독 인터뷰집』, 선, 2006.
유진오 외, 『고난의 90일』, 수도문화사, 1950.

유치진 구술, 유민영 정리, 『동랑 유치진 전집 9』, 서울예대출판부, 1992.
윌리엄 맥어스킬, 전미영 역, 『냉정한 이타주의자』, 부키, 2017.
이경순 구술, 김미현 편, 『한국영화 기술사 연구』, 영화진흥위원회, 2002.
이근삼·서연호 편, 「우천 오영진선생 연보」, 『오영진 전집 5: 영화평론·수필』, 범한서적, 1989.
이명자, 『북한영화사』, 커뮤니케이션북스, 2007.
이반 일리치·데이비드 케일리, 권루시안 역, 『이반 일리치와 나눈 대화』, 물레, 2010.
이순진, 「아시아재단의 한국에서의 문화사업」, 『한국학연구』 제40집, 2016.
이승희, 「흥행장의 정치경제학과 폭력의 구조, (1945~1961)」, 이순진·이승희 편, 『한국영화와 민주주의』, 선인, 2011.
이영일, 『한국영화전사』, 소도, 2004.
이임하, 「한국전쟁기 유엔민간원조사령부(UNCACK)의 만성 전염병 관리」, 『史林』 49호, 2014.
이화연, 「미국 공공외교와 풀브라이트 프로그램: 한국 사례를 중심으로」, 연세대학교 정치학과 대학원 석사학위논문, 2006.
이효인, 『김기영: 하녀들 봉기하다』, 하늘아래, 2002.
쓰치야 유카, 「'원자력의 혜택'을 세계로」, 허은 편, 『영상과 아카이빙 그리고 새로운 역사쓰기』, 선인, 2015.
_____, 「평화를 위한 원자력과 아시아의 미국산 원자로 확산」, 오타 오사무·허은 편, 『동아시아 냉전의 문화』, 소명출판, 2017.
자크 랑시에르, 김상운 역, 『이미지의 운명: 랑시에르의 미학 강의』, 현실문화, 2014.
자크 랑시에르, 주영일 역, 『미학 안의 불편함』, 인간사랑, 2008.
장영민, 「미군정기 미국의 대한선전정책」, 『한국근현대사연구』 16집, 2001.
_____, 「한국전쟁 전반기 미군의 심리전에 관한 고찰」, 『군사』 제55, 2005.
_____, 「해방후 '미국의 소리(Voice of America) 한국어 방송'에 관한 연구」, 『한국근현대사연구』 50호, 2009.
(재)인천문화재단 한하운 전집 편집위원회, 『한하운 전집』, 문학과 지성사,

2010.

재조선미국육군사령부, 『군정청법령집 국문판』, 민족문화, 1983.

전숙희, 「낙랑클럽이 한국을 알렸어요」, 문제안 외, 『8·15의 기억: 해방공간의 풍경, 40인의 역사체험』, 한길사, 2005.

정근식 편, 『구술사료선집1: 한센병, 고통의 기억과 질병 정책』, 국사편찬위원회, 2005.

정병욱, 「해방 직후 일본인 잔류자들: 식민지배의 연속과 단절」, 『역사비평』 64호, 2003년 가을.

정비석, 『자유부인 하』, 정음사, 1954.

정수웅, 『최승희: 격동의 시대를 살다간 어느 무용가의 생애와 예술』, 눈빛, 2004.

정우택, 「'한하운 시집 사건'(1953)의 의미와 이병철」, 『상허학보』 40집, 2014.

정일준, 「해방이후 문화제국주의와 미국유학생」, 『역사비평』 통권 17호, 1991년 겨울.

정종화, 「동란기 한국영화인의 제작활동 연구」, 『영상예술연구』 vol.2, 2002.

정진석, 「문둥이 시인 한하운과 올챙이 기자 오소백」, 『전쟁기의 언론과 문학』, 소명출판, 2012.

제주4·3사건 진상규명 및 희생자 명예회복위원회, 『제주4·3사건 진상조사 보고서』 선인, 2003.

조병화, 「우주의 하이웨이: 아폴로 11호 달 착륙 기념」, 『먼지와 바람 사이』, 동화출판공사, 1972.

조혜정, 「미군정기 영화정책에 관한 연구」, 중앙대학교 영화학과 박사학위논문, 1997.

_____, 「미군정기 뉴스영화의 관점과 이념적 기반 연구」, 『한국민족운동사연구』 68호, 2011.

존 루이스 개디스, 박건영 역, 『새로 쓰는 냉전의 역사』, 사회평론, 2002.

존 버거, 박범수 역, 『본다는 것의 의미』, 동문선, 1980.

주윤정, 「해방 후 한센인 관련 사회사업: 천주교계의 활동을 중심으로」, 『교회사연구』 29집, 2007.

차재영·염찬희, 「1950년대 주한 미공보원의 기록영화와 미국의 이미지 구축」, 『한국언론학보』 56권 1호, 2012.

최병택, 「남장로회선교부 한센병 환자 수용정책의 성격(1909~1950)」, 『한국기독교와 역사』 32호, 2010.

최원식, 「한하운과 『한하운시초』」, 『민족문학사연구』 54호, 2014.

최종고, 『대한민국 건국과 한국 여성: 이승만과 메논 그리고 모윤숙』, 기파랑, 2012.

폴 비릴리오, 권혜원 역, 『전쟁과 영화: 지각의 병참학』, 한나래, 2004.

프랜시스 스토너 손더스, 유광태·임채원 역, 『문화적 냉전: CIA와 지식인들』, 그린비, 2017.

한국아메리카학회, 「학계소식」, 『미국학 논집』, 1969.

한국영상자료원, 『냉전시대 한국의 문화영화: 테드 코넌트, 험프리 렌지 콜렉션을 중심으로』, 한국영상자료원, 2011.

한국영상자료원 한국영화사연구소 편, 『이방인이 기록한 전후 한국, 영화: 시어도어 코넌트 컬렉션』, 한국영상자료원, 2015.

한국예술연구소 편, 『이영일의 한국영화사를 위한 증언록—유장산·이경순·이필우·이창근 편』, 소도, 2003.

한남전우회 편, 『육군독립기갑연대사』, 1997.

허은, 『미국의 헤게모니와 한국 민족주의』, 고려대학교 민족문화연구원, 2008.

_____, 『영상, 역사를 비추다: 한국현대사 영상자료해제집 V~VI, 리버티뉴스 해제집 1, 2』, 선인, 2017a.

_____, 「냉전시대 동아시아 지역의 미국학(American Studies) 확산과 '지적 네트워크' 구축」, 오타 오사무·허은 편, 『동아시아 냉전의 문화』, 소명출판, 2017b.

현석진, 「아폴로 11호와 사업경영자」, 『타이어 고무』 22호, 대한타이어공업협회, 1969.

후지이 다케시, 「1950년대 반공 교재의 정치학」, 『역사비평연구』 30호, 2013.

미국공보원, 『USIS 영화목록』, 1958.

미국공보원, 『미국공보원 영화목록』, 1964.

4. 영어 자료

Amstrong, Charles K. "The Cultural Cold War in Korea, 1945-1950." *The Journal of Asian Studies* 62, no.1, 2003.

Barnhisel, Greg. *Cold War Modernists: Art, Literature, and American Cultural Diplomacy*. New York: Colombia University Press, 2015.

Caldwell, John C. *The Korean Story*. Chicago: Henry Regnery Company, 1952.

Cho, Chong Hyuk. "The U.S. Media, Korean War Censorship, and the Bridge at No Gun Ri." *Korean Journal of Communication Studies* 16, no. 4, 2008.

Cull, Nicholas J. *The Cold War and the United States Information Agency: American Propaganda and Public Diplomacy, 1945-1989*. New York: Cambridge University Press, 2008.

_____, "The Man Who Invented Truth: The Tenure of Edward R. Murrow as Director of the United States Information Agency During the Kennedy Years." in *Across the Blocs: Cold War Culture and Social History*. Mitter, Rana, and Patrick Major, eds. London: Frank Cass, 2003.

Kim, Jane S. H. "Leprosy and Citizenship in Korea under American Occupation(1945~1948)." 『史學硏究』 100호, 2010.

Distribution Section Motion Picture Branch American Embassy Tokyo. *USIS Film Catalog for Japan*. 1953.

Frank, Pat. *The Long Way Round*. Philadelphia: J. B. Lippincott Co., 1953.

Klein, Christina. *Cold War Orientalism: Asia in the middlebrow Imagination 1945-1961*. Berkeley: University of California

Press, 2003.

MacCann, Richard Dyer. *The People's Films: A Political History of U.S. Government Motion Picture*. New York: Hastings House Publishers, 1973.

Osgood, Kenneth. *Total Cold War: Eisenhower's Secret Propaganda Battle at Home and Abroad*. Lawrence: the University Press of Kansas, 2006.

Saunders, Frances Stonor. *The Cultural Cold War: The CIA and the World of Arts and Letters*. New York: The New Press, 1999.

USIS Korea. *Korea Builds: United States Aid Program in Korea*. 1966.

_____, *USIS Film Catalog*. Oct 1967.

"Garden City Telegram: Sergeant Has Role in Film." *Garden City* (Kansas). 6 May 1963.

"Marian Anderson Ends Korea Tour." *Toledo Blade*. 2 Jun. 1953.

"Opera Star Wins Fans in Korea." *The Times-News* (Hendersonville, N. C.). 26 Feb. 1953.

5. 일본어 자료

金達寿, 「孫令監」, 『新日本文学』, 1951年9月号, 浅田次郎 ほか編, 『コレクション 戦争と文学 1: 朝鮮戦争』, 東京: 集英社, 2012.

許殷, 「冷戦期アメリカの民族国家形成への介入とヘゲモニー構築の最前線—在韓米国公報院の映画」, 土屋由香・吉見俊哉, 『占領する眼・占領する声: CIE/USIS映画とVOAラジオ』, 東京:東京大学出版会, 2012.

佐々木卓也, 『アイゼンハワー政権の封じ込め政策—ソ連の脅威、ミサイル・ギャップ論争と東西交流』, 東京: 有斐閣, 2008.

杉山實, 『USIS 映画目録 1959年版』, 1959.

谷川建司, 『アメリカ映画と占領政策』, 京都:京都大学学術出版会, 2002.

土屋由香, 『親米日本の構築—アメリカの対日情報・教育政策と日本占領』, 東京: 明石書店, 2009.

土屋由香,「原子力平和利用USIS映画」, 土屋由香・吉見俊哉編,『占領する眼・占領する声: CIE/USIS映画とVOAラジオ』, 東京:東京大学出版会, 2012.

張赫宙,「眼」,『文藝』, 1953年10月号, 浅田次郎 ほか編,『コレクション 戦争と文学 1: 朝鮮戦争』, 東京:集英社, 2012.

藤田文子,『アメリカ文化外交と日本 —— 冷戦期の文化と人の交流』, 東京:東京大学出版会, 2015.

野口赫宙,「現地ルポ —— 朝鮮の慟哭」,『婦人倶楽部』, 1953年1月号.

吉見俊哉,『夢の原子力』, 東京:ちくま親書, 2012.

渡辺靖,『アメリカン・センター —— アメリカの国際文化戦略』, 東京:岩波書店, 2008.

6. 기타

〈대한뉴스〉, e-영상역사관 http://www.ehistory.go.kr/page/koreanews/korea_news.jsp.

법제처 국가법령정보센터, http://law.go.kr.

안시환,「전영객잔: 김기영 세계의 첫걸음」,『씨네21』, 2011.6.16, http://www.cine21.com/news/view/?mag_id=66317.

사회복지법인 기독교연합봉사회, http://www.ucsc.or.kr.

한국근현대영상아카이브, http://kfilm.khistory.org.

한국방송사업단,〈KBS 특선: 춤으로 50년 김백봉〉, KBS, 1981.

한국영상자료원, https://www.koreafilm.or.kr.

한국지역사회교육협의회(KACE), http://kace.or.kr.

「박정희 대통령이 세우고 비문까지 쓴 부산 태종대 '순직선원위령탑'」,『주간조선』 2465호, http://pub.chosun.com/client/news/viw.asp?cate=C01&mcate=M1003&nNewsNumb=20170725392&nidx=25393.

「"잔존가치 0원" … 비탈길 못 오르는 '깡통 전차'」,『KBS 뉴스』, KBS, 2018.10.19.

「캄보디아 우물의 비밀」,『PD 수첩』, MBC, 2016. 2. 16.

「코리안 아메리칸 리포트: 5·16 군사정변을 예측한 팔리 보고서」,『미주 한국일보』, 2012.12.5, http://www.koreatimes.com.

「PD수첩 피디들 "세월호·노조·국정원·사드는 금기어였다"」, 『한겨레』, 2017.7.25. http://www.hani.co.kr/arti/society/media/804026. html.

Colombia University Libraries, "Conant Biographical Note", http://library.columbia.edu/locations/eastasian/korean/rarespecial/conant_collection/biographical_note.html.

Cumming, Isabel. interviewed by G. Lewis Schmidt, 15 Jan. 1990, *Foreign Affairs Oral History Project Information Series*, The Association for Diplomatic Studies and Training, http://www.adst.org/oralhistory/oral-history-interviews.

Cushing, John Allen. interviewed by Charles Stuart Kennedy, 10 Sep. 2009, *Foreign Affairs Oral History Project Information Series*, The Association for Diplomatic Studies and Training, http://www.adst.org/oralhistory/oral-history-interviews.

Disney, Walter. Walter Disney Treasures(DVD): On the Front Lines, 2004.

Haverkamp, Roy T. interviewed by Charles Stuart Kennedy, 11 Apr. 1994, *Foreign Affairs Oral History Project Information Series*, The Association for Diplomatic Studies and Training, http://www.adst.org/oralhistory/oral-history-interviews.

IMDb, http://www.imdb.com.

Internet Archive. https://archive.org.

"In the Memory of Evelyn Becker McCune: Evelyn McCune Obituary", Stratford Evans Merced Funeral Home, http://obits.dignitymemorial.com/dignity-memorial/obituary.aspx?n=Evelyn-McCune&lc=7025&pid=158395180&mid=5161674.

Movie Walker. http://movie.walkerplus.com.

"Peace Corps Milestones." http://www.peacecorps.gov.

Ridgeway, William G. interviewed by G. Lewis Schmidt, 28 Feb. 1989, *Foreign Affairs Oral History Project Information Series*, The Association for Diplomatic Studies and Training, http://www.adst.org/oralhistory/oral-history-interviews.

The Project Apollo Archive. http://www.apolloarchive.com.

"Worldwide Generosity Aids Korean Orphans." *Pacific Stars and Stripes*. 20 Aug. 1951, http://www.koreanchildren.org/docs/PSS-013-Q.htm.

Wikipedia, http://en.wikipedia.org.

찾아보기

ㄱ

〈거리의 등대(Light House on the Street)〉 304, 309~310, 323~324
〈고집(Ko-Chip)〉 163, 166, 171, 172, 174
국제영화부(IMP) 8, 25~26, 29~34, 36, 45, 47~48, 57, 86~88, 91, 118~120, 123~124, 134, 140~143, 145~147, 164, 263
김기영 155~156, 190, 228, 306, 391
김달수 136
김백봉 366~374, 380
김일성 104, 366
김정혁 62, 139
김활란(Helen Kim) 183
김희갑 393~394, 399

ㄴ

〈나는 트럭이다(I am a Truck)〉 155, 204, 306
〈나에게 물어봐!(Ask Me!)〉 384~390
〈내 친구 헤이먼(My Friend, Allen Heyman)〉 396~399
뉴먼, 글렌(Glenn Newman) 42, 47, 68, 74
닉슨, 리처드 M.(Richard Milhous Nixon) 222, 279, 285~287, 404

ㄷ

〈대한전진보〉, 〈조선전진보(Progress of Korea)〉 71~72, 108
데이비스, 엘머(Elmer Holmes Davis) 25~26, 28

ㄹ

레이건, 로널드(Ronald Wilson Reagan) 300
로버, 루이스(Louis Lober) 27, 33, 36
루스벨트, 프랭클린(Franklin Delano Roosevelt) 25~27, 92, 296
리버티 프로덕션 15, 122, 138, 156, 195, 230~231, 235, 375
리지웨이, 윌리엄(William G. Ridgeway)

94, 121~2, 138~141, 143~146, 184~185, 229, 232, 234

ㅁ

마셜, 조지 C.(Gorge Catlett Marshall) 90, 127, 202
마셜 플랜 91, 93, 202~203, 311
말리크, 야코프(Яков Александрович Малик) 124, 137
맥아더, 더글라스(Douglas MacArthur) 73, 118, 119, 121, 124, 128, 132, 140, 149, 164, 230
머로, 에드워드 R.(Edward R. Murrow) 239~241, 281
메이어, 찰스 C.(Charles C. Mayer) 62~63, 132~133
멜럿, 로웰(Lowell Mellet) 26~28
모윤숙(Marion Moh) 176, 178~181, 183~184, 260
무초, 존 J.(John Joseph Muccio) 96, 119~20, 139, 184
문화냉전 10~11, 17, 21, 88, 92, 94, 113~114, 183, 227, 258, 267, 374, 411
미국문화센터 400, 404~407
미국문화원 78, 297~300
미국영화수출협회(MPEA) 9, 32, 47, 62~65, 108

미국학 400~407
〈미국문화센터와 지역사회(American Culture Center and Community)〉 400, 403~404, 407
민족적 민주주의 360, 389

ㅂ

박정희 242~243, 244, 253~254, 256, 282, 326, 332~333, 389
〈방콕에서 춤추는 김백봉여사(Kim Paik Bong Dancing in Bangkok)〉 377, 380
배석인 190, 391, 394
밴 플리트, 제임스(James Alward Van Fleet) 159, 262, 309
베르거, 마이클(Michael Bergher) 36
부산미문화원 방화사건(부미방) 297~300
〈부채춤(Fan Dance)〉 360~361, 370~371, 373, 377, 380
브라운, 돈(Don Brown) 45, 132, 135
브릭스, 엘리스 O.(Ellis Ormsbee Briggs) 152, 184~185, 262

ㅅ

〈사랑방(The Inn)〉 290, 292, 377, 382, 392~394, 398

〈사랑의 병실(Ward of Affection)〉
  155~158, 304~305
4·19, 4월혁명 111, 234, 237~238,
  241~242, 253, 277, 326, 379, 389
4·3사건 99, 251~256
살차, 크리스 폰(Chris von Saltza)
  288~289
상남영화제작소 138, 146, 147,
  184~185, 188, 190, 195, 234~235,
  290, 385, 391~392, 394
샤피로, 데이비드(David Shapiro)
  290~292
〈석탄(Coal)〉 327~329, 337, 385, 392
〈수정공예에 비친 아시아 예술(Asian
  Artists in Crystal)〉 275, 377, 382
스미스-문트 법(Smith-Mundt Act) 88,
  90~92, 126, 257, 267
스튜어트, 제임스 L.(James L. Stewart)
  74~75, 94, 96, 117, 119~120
스탈린, 이오시프(Иосиф Сталин)
  181~182, 226, 258, 374
스푸트니크(Sputnik) 217, 219
신상옥 393~394

ㅇ

아이젠하워, 드와이트 D.(Dwight David
  Eisenhower) 14, 18, 82, 176~177,
  179~182, 190~193, 195, 199~200,
  203, 205, 209, 214, 216~217,
  226~227, 234, 237, 240, 257~258,
  261, 264, 266~269, 278, 280, 325,
  397
아폴로 계획(Project Apollo) 218~219
암스트롱, 닐(Neil Alden Armstrong) 68,
  219, 222~223
양승룡 190, 290, 392, 393
애치슨, 딘 G.(Dean Gooderham
  Acheson) 99, 134, 204
애치슨 선언(Acheson line declaration)
  99, 115
앤더슨, 매리언(Marian Anderson)
  262~264
앤더슨, 찰스 317
에드워즈, 허버트 T.(Herbert T. Edwards)
  118~119, 134, 140, 146
여순 10·19사건 99~100, 243
〈A는 원자(A is for Atom)〉 210~211,
  213
오영진 156, 231, 232
운크라(UNKRA, 유엔한국재건단) 18, 160,
  163~168, 171~173, 175, 190, 250,
  266, 304, 307, 312~314, 343
원자력의 평화 이용(Atom for Peace) 18,
  199~200, 202~210, 214, 216
윌슨, 토마스 W.(Thomas Woodrow
  Wilson) 23~24
유솜(USOM, 주한미경제협조처) 9, 239,

270, 284, 305, 318~319, 330~331, 336, 349
〈유엔과 세계동란(United Nations and World Disputes)〉 123~125, 129, 164
이승만(Syngman Rhee) 96, 109~110, 121, 169, 179~181, 184, 216, 237, 258, 262, 277, 309, 365, 371
이형표(Arthur Lee) 138, 165~166, 169, 190
〈인간문화재(The Master's Hand)〉 377, 380~381
〈인민투표(The People Vote)〉 81~86
일리치, 이반(Illich Ivan) 284, 287

ㅈ

〈자랑스러운 유산(A Legacy)〉 377~378, 392
〈자유부인〉 363
『자유부인』 359~360, 362
장택상 39~40, 44~45
장혁주 130~131
〈전우(Brothers in Arms)〉 100~102
〈제2의 적(The Second Enemy)〉 304, 306~307, 323, 335, 348
조선영화동맹(영맹) 39~40, 43, 45, 71~72
조선영화제작주식회사(조영) 72~73, 83
존스턴, 에릭(Eric Johnston) 127~128

존슨, 린든 B.(Lyndon Baines Johnson) 242, 295~296, 363~364
〈주검의 상자(Boxes of Death)〉 148, 155~156, 228~234, 391~392
주요섭 402
주요한 311, 402
주한미공보국(OCI) 9, 17, 71~84, 86, 94, 108, 138, 365, 390
중앙영화배급사(CMPE) 8, 32~33, 36, 42, 45, 47~49, 53~66, 68, 72, 77, 83, 105, 128, 131~133, 139, 269
진실 캠페인 115, 138, 181~182, 192

ㅊ

최승희 365~369

ㅋ

캐넌, 조지 F.(Gorge F. Kennan) 74, 242
케네디, 존 F.(John Fitzgerald Kennedy) 18, 218~219, 234, 239~242, 264, 277, 279~282, 284, 287, 293~294, 325~326, 397
코넌트, 시어도어 R.(Theodore Richards Conant) 164~166, 168~169, 174~175, 400
콜드웰, 존 C.(John Cope Caldwell) 84~87, 94, 100

ㅌ

태너, 찰스 M.(Charles M. Tanner) 80, 94, 118, 140

〈탱크(Tank)〉 243~250, 327, 333, 337, 392

트루먼, 해리 S.(Harry Shippe Truman) 82, 88, 90, 115, 118, 121, 127, 138, 166, 176, 181, 204, 269

ㅍ

페어뱅크, 존 K.(John King Fairbank) 33, 36

평화봉사단, 평화부대(Peace Corps) 18, 277, 279~286, 294

프랭크, 팻(Pat Frank) 166~169, 172~173, 201

풀브라이트, W. 제임스(James William Fulbright) 89, 257

풀브라이트법, 풀브라이트-헤이즈법(Fulbright Hays Act) 89, 287, 293

풀브라이트 프로그램 14, 18, 89~90, 259, 287~289, 290~291, 294

피플 투 피플 프로그램 18, 258, 268

ㅎ

〈한강수천리(The Mighty Han)〉 327, 331, 337, 392

〈한국에서의 범죄(The Crime of Korea)〉 125~128

〈한국의 전력 증가(More Power to Korea)〉 322

한하운 331, 346~358

함석헌 223

〈황토길(Litany of Hope)〉 327, 331, 346~356, 358, 385, 392, 398

헤이먼, 앨런 C., 해의만(Alan Charles Heyman) 290, 346, 385, 397, 399

흐루쇼프, 니키타 세르게예비치(Никита Сергéевич Хрущёв) 182, 192, 240, 267, 277, 374

문화냉전
미국의 공보선전과 주한미공보원 영화

1판 1쇄 2019년 10월 4일

지은이 김려실
펴낸이 김수기

펴낸곳 현실문화연구
등록 1999년 4월 23일 / 제25100-2015-000091호
주소 서울시 은평구 통일로 684 서울혁신파크 1동 403호
전화 02-393-1125 / **팩스** 02-393-1128 / **전자우편** hyunsilbook@daum.net
ⓗ hyunsilbook.blog.me　ⓕ hyunsilbook　ⓣ hyunsilbook

ISBN 978-89-6564-235-0 (03680)

이 도서의 국립중앙도서관 출판예정도서목록(CIP)은
서지정보유통지원시스템 홈페이지(http://seoji.nl.go.kr)와
국가자료종합목록 구축시스템(http://kolis-net.nl.go.kr)에서 이용하실 수 있습니다.
(CIP제어번호: CIP2019033517)

이 저서는 2013년 정부(교육부)의 재원으로 한국연구재단의 지원을 받아 수행된
연구임(NRF-2013S1A6A4014846).